D1619471

Georg Wichmann
1876-1944

Der Maler des Riesengebirges und sein Kreis

Hans Wichmann

Georg Wichmann
1876-1944

Der Maler des Riesengebirges und sein Kreis

**Bergstadtverlag
Wilhelm Gottlieb Korn**

Die Deutsche Bibliothek – CIP-Einheitsaufnahme

Wichmann, Hans:
Georg Wichmann : 1876-1944; Der Maler des Riesengebirges und sein Kreis / Hans Wichmann.
– Würzburg : Bergstadtverl. Korn, 1996
ISBN 3-87057-212-4
NE: Wichmann, Hans

© 1996 by Bergstadtverlag Wilhelm Gottlieb Korn GmbH, Würzburg. Alle Rechte vorbehalten. Ohne schriftliche Genehmigung des Verlages ist es nicht gestattet, das Werk unter Verwendung mechanischer, elektronischer und anderer Systeme in irgendeiner Weise zu verarbeiten und zu verbreiten. Insbesondere vorbehalten sind die Rechte der Vervielfältigung – auch von Teilen des Werkes – auf photomechanischem oder ähnlichen Wege, der tontechnischen Wiedergabe, des Vortrags, der Funk- und Fernsehsendung, der Speicherung in Datenverarbeitungsanlagen, der Übersetzung und der literarischen oder anderweitigen Bearbeitung.

Abbildungsnachweis siehe Seite 228

Dieses Buch ist aus säurefreiem und alterungsbeständigem Papier hergestellt.

Umschlaggestaltung, Bild- und Satzspiegel:
Mendell & Oberer, Graphic Design, München
Layout: Hans Wichmann
Lektorat: Dagmar Lutz, München
Reproduktionen: repro-center, München
Satz, Druck und Bindung: Wagner GmbH, Nördlingen
Printed in Germany
ISBN 3-87057-212-4

Inhalt

Zum Geleit

Dieses meisterhaft gestaltete Werk beschenkt seine Leser und Betrachter dreifach, denn es enthält eigentlich drei Bücher. Das eine führt ein in das Wesen des Riesengebirges als Natur- und Seelenlandschaft und als Kristallisationspunkt europäischer Kulturgeschichte um die letzte Jahrhundertwende. Das andere ist eine ebenso klare wie subtile Monographie über das Werk des Malers Georg Wichmann in seinen kunstepochalen und individuellen Ursprüngen, seinen Entwicklungen und seiner durchgehenden Eigenart. Das letzte ist eine Sammlung von über 200 Kurzbiographien kulturgeschichtlich bedeutender Persönlichkeiten des 19. und frühen 20. Jahrhunderts im schlesischen Riesengebirge mit repräsentativen Illustrationen.
Der cantus firmus dieser dreiteiligen missa veritatis ist die einmalige Landschaft des Riesengebirges. Die klare tektonische Gliederung, die den Hirschberger Kessel bildet, spricht in ihrer geometrischen Übersichtlichkeit den Verstand an. Die klimatische Besonderheit mit ihren ergiebigen Sommerregen begünstigt romantische Stimmungen und eine Vielfalt der Flora, wodurch die Einbildungskraft reiche Nahrung erhält. Die Harmonie von Verstand und Einbildungskraft aber bestimmt unser ästhetisches Urteil über Gegenstände der Natur und der Kunst. So ist das Riesengebirge ein mögliches Arkadien für alles strebende und suchende menschliche Schöpfertum. Und wie dieses Schöpfertum nach Unvergänglichkeit strebt, so ist die erhabene Struktur und Wucht dieser Berge geradezu ein Symbol der Unsterblichkeit.
Die Tonart wird bestimmt durch den Maler Georg Wichmann in seiner ganz dem Gelingen des Werkes verpflichteten Haltung, die durch ausübende Hingabe an Musik und Literatur umfassend künstlerisch durchgebildet ist.
Für die Interpretation schließlich ist der Autor ein Glücksfall, Er läßt den Sohn taktvoll zurücktreten, soweit es die Charakteristik des Vaters erlaubt. Er ist selbst ein Spiegelbild der hier nur angedeuteten Elemente einer Welt aus Natur und Kultur, die als ein Beispiel für Gelungenes festgehalten zu werden verdient zur Ermutigung für kommende Generationen. Wahres und Schönes, das wir als wirklich erkennen, regt uns an, es zu übertreffen.

Eberhard Günter Schulz

Vorwort

Diese Arbeit wurde mit Zaudern und Zagen begonnen, und dies, obwohl der Verfasser unter anderem mehrere Künstlermonographien in Buchform veröffentlicht hat. Ihnen gegenüber war die Erfassung von Leben und Werk des Vaters, des Malers des Riesengebirges, Georg Wichmann, eine durchaus neue Erfahrung, war sie doch zugleich von der Frage nach den eigenen Herkünften und dem Bemühen, Objektivität zu wahren, bestimmt.
Hinzu kam ein zweites: Durch diese Vergangenheit zog sich die kaum vernarbende Wunde der Vertreibung, die ihr zentrales Wesen im Verlust des vertrauten geistigen Bezugsfeldes zu Menschen, Dingen und Lebensraum hat, mit dem wohl Heimat zu charakterisieren wäre. Auch war durch die politische Situation dieser ehemalige Lebensraum viele Jahrzehnte so gut wie unbetretbar. Dadurch – mit dem historischen Abstand anwachsend – erfuhr die ehemalige Heimat eine eigenartig mystische Umhüllung, und die Scheu wuchs, die sich verklärende Erinnerungswelt mit einer völlig veränderten Wirklichkeit zu konfrontieren, wissend, daß damit wiederum ein Stück Sein zerstört werden würde.
Zudem wurde das Lebenswerk Georg Wichmanns, das aus etwa 2000 Gemälden und einigen tausend Zeichnungen bestand, vor allem in Schlesien bewahrt, es war, nach dem Verlust der einst blühenden deutschen Landschaft, deshalb kaum mehr erreichbar. Erst durch die sich seit 1990 abzeichnende geänderte politische Lage konnte der seit langem gehegte Wunsch, zumindest Teile dieses Werkes aufzufinden und erneut bewußt zu machen, in die Realität umgesetzt werden.
Seitdem war es möglich, etwa neunzig Arbeiten, glücklicherweise aus allen Schaffensphasen Georg Wichmanns, wieder zu entdecken. Sie vermitteln einen grobmaschigen Überblick über die sich innerhalb des Œuvres abzeichnende Wandlung. Dennoch sind die nachweisbaren Bilder Zufallsfunde. Wenn sich trotzdem das Bild einer hohen Durchschnittsqualität ergibt, so bestätigt dies die Notwendigkeit dieser Publikation und belohnt die Anstrengung, Leben und Werk Georg Wichmanns, gewissermaßen in letzter Minute vor dem Auslöschen unmittelbarer Erinnerung, einer unverschuldeten damnatio memoriae zu entreißen.
Daneben zielt diese Veröffentlichung auf die Verdeutlichung geistiger Leistung in einem weitergespannten topographischen Rahmen, auf einen Teil schlesischer Kulturgeschichte, der sich aus vielfältigen Beziehungen auf unterschiedlichen Ebenen zu einem Gewebe verdichtete und in der unvergleichlichen Riesengebirgslandschaft sein Wesen hatte. Dieses Feld geistiger Beziehungen bedingte die Bildung der Künstlerkolonie in Schreiberhau, und diese wiederum ruhte auf der schon seit dem beginnenden 19. Jahrhundert in die »Magische Talsenke« des Hirschberger Tales eingebrachte Kultivierung, Pflege und behutsame Erschließung, fußte auf den Erlebniswelten, welche die Riesengebirgs-

landschaft in den Werken mehrerer Maler- und Dichtergenerationen ausgelöst hatte. Von diesen Generationen wurde mit wechselnden formalen Mitteln an einem Strang fortgeflochten, den wir als Deutsche Romantik zu bezeichnen pflegen, in der eine Haltung zum Ausdruck gelangte, die heute zwar erneut die Gemüter bewegt, deren zugrunde liegende ethische Normen jedoch von einer transzendenzlosen, autonom gewordenen Vorstellung kaum mehr verstanden werden können.
Es erschien deshalb sinnvoll, Leben und Werk Georg Wichmanns in dieses Geflecht einzubinden und aus ihm seine Eigenart abzuleiten, dies auch, um anzudeuten, daß die Entfaltung geistigen Lebens ungemein vergänglich und gefährdet, von zahlreichen Imponderabilien abhängig, äußerst leicht auszutreiben, aber kaum mehr rekultivierbar ist.
Wie jede geschichtliche Arbeit will auch diese dem Vergessen und möglicher Verfälschung entgegenwirken. Die beigefügte, sicher noch erweiterbare Vitensammlung von Künstlern, Schriftstellern, Wissenschaftlern und Mäzenen des 19. und beginnenden 20. Jahrhunderts dient der gleichen Aufgabe. Auch durch sie wird versucht, die Erinnerung an Leistungen und begabte Menschen wachzuhalten.
Die Arbeit hätte ohne die entgegenkommende Unterstützung und Förderung zahlreicher Personen und Institutionen nicht realisiert werden können. An erster Stelle gilt mein besonderer Dank allen denen, die halfen, Arbeiten Georg Wichmanns aufzufinden. Hier ist insbesondere Herr Dr. Jan Sakwerda, stellvertretender Direktor des Breslauer Medaillenkabinetts, zu nennen, dessen Neigung zur Riesengebirgsmalerei wertvolle Hinweise erbrachte. In gleicher Weise bin ich für liebenswürdige Hilfe Dr. Klaus Ullmann, Ehrenpräsident von Haus Schlesien in Königswinter, verbunden; weiterhin Frau Marie Esther von Brauchitsch, Süsel; Direktor Dr. Piotr Łukaszewicz des Muzeum Narodowe, Breslau; Direktor Dr. Stanislaw Firzt des Muzeum Okregowe in Hirschberg; Frau Helga Nippold-Boss, Starnberg; Helmut Scheunchen, Esslingen; Alexander Schott, München; Frau Dora Stratz, Freiburg; Hans-Hermann Thiel, Detmold; Frau Marianne Veitl, Osnabrück, und Frau Gisela Werner, Goslar. Sie alle haben in großem Entgegenkommen auf Bilder verwiesen oder Aufnahmen ermöglicht. Den Aufbau der Vitensammlung förderten insbesondere Dr. Werner Bein von der Stiftung Kulturwerk Schlesien, Würzburg; Nachfahren der Familie Benna (Dipl. Ing. Architekt Volker G. E. Seidel); Frau Gundula Jesumann (Tochter von Herbert Hübner), Lütjensee; Meinrad Köhler, Deutsches Eichendorff Museum, Wangen/Allgäu; Prof. Dr. Gerhard Kosel, Berlin; P. Mieß, Essen; Dipl. Ing. Architekt Wolfgang Muthesius, Wolfsburg; Dr. Gerhard Leistner und Frau Dr. Ingrid Stilijanov-Nedo vom Museum Ostdeutsche Galerie, Regensburg; Frau Eva Reineke, Bibliothek des Deutschen Museums, München, und Prof. Dr. Dietmar Zoedler, Düsseldorf.
Außerordentlicher Dank gebührt darüber hinaus Dr. Albrecht Tyrell, dem Leiter des Museums für Landeskunde, Haus Schlesien, in Königswinter, der dem Unternehmen immer von neuem seine

Unterstützung lieh, ebenso dem Bruder des Verfassers, Prof. Dr. Siegfried Wichmann. Er begleitete die Arbeit mit Rat und Tat, auch stellte er in großem Entgegenkommen mehrere Aufnahmen von Bildern zur Verfügung. Darüber hinaus hat sich Dr. Peter Wolfrum von der Stiftung Kulturwerk Schlesien bei Durchsicht des Manuskripts durch Vorschläge und Ergänzung der Viten besonders verdient gemacht.
Verbunden bin ich daneben Frau Dagmar Lutz, München, die das Buch lektorierte, und Pierre Mendell mit Klaus Oberer für die Gestaltung von Umschlag und Einband.
Daß es gelang, für die Publikation den traditionsreichen, 1732 in Breslau gegründeten Bergstadtverlag Wilhelm Gottlieb Korn zu gewinnen, ist dem Vorstandsvorsitzenden der Stiftung Kulturwerk Schlesien, Prof. Dr. Eberhard G. Schulz, zu danken. Ihm ist der Verfasser für seine Aufgeschlossenheit und sein Interesse besonders verbunden.
Dank gilt nicht zuletzt auch den Bibliotheken und Instituten wie dem Herder-Institut in Marburg, dem Museum Ostdeutsche Galerie in Regensburg, dem Haus Schlesien in Königswinter, der Stiftung Kulturwerk Schlesien in Würzburg, dem Sudetendeutschen Archiv, dem Adalbert-Stifter-Verein und dem Haus des deutschen Ostens in München. Bei der Arbeit wurde deutlich, wie wichtig gerade diese und verwandte Institutionen als Bewahrungsstätten von Kulturleistungen des deutschen Ostens sind, ohne deren Existenz die Erinnerung an einen breiten Bereich europäischer Gestaltentwicklung bereits ausgelöscht wäre.

Hans Wichmann
Starnberg, im Januar 1996

Die ästhetische Aneignung des Riesengebirges im 19. Jahrhundert

Wenn wir daran gehen, ein relativ spätes Teilstück der Riesengebirgsmalerei zu betrachten, noch dazu begrenzt und konzentriert auf nur einen Maler, also auf nur eine Sicht und Aussage, dann muß man wohl zuerst fragen: auf welchen Schultern, auf welcher Geschichte steht dieser Zeitraum und dieses Werk? Wann wurde überhaupt dieses Mittelgebirge als bildwürdig entdeckt, was bewog diese Menschen, sich gerade diesem einsamen, verschlossenen, wetterwendischen und materiell armen Bereich Schlesiens zu öffnen? Bei unserer nachfolgenden Skizze werden wir immer gleiche Konditionen feststellen, eine Konstante also, die jedoch je nach der Eigenart und den jeweiligen Lebensbedingungen einer Verschiebung, Veränderung oder Schattierung unterliegt und in der Malerei den Wandel der europäischen Malerei, getönt durch das Wesen der Region, spiegelt.
Im allgemeinen wird ein Anfang der Riesengebirgsmalerei des 19. Jahrhunderts in Arbeiten von Carl Christoph Reinhardt gesehen (vgl. S. 207), der 1789 nach Hirschberg übersiedelte und jährlich zwei Riesengebirgsansichten an die Berliner Akademie lieferte, eine Aufgabe, die von dem preußischen Minister Anton Heinitz (1725-1802)[1] befördert worden war, einem schon unter Friedrich dem Großen amtierenden Minister. Preußen hatte damals eine Friedensphase von einem Vierteljahrhundert hinter sich und war aufgeblüht, auch die hinzugewonnene Provinz Schlesien. Sie hatten eine neue, moderne Verwaltung erhalten. Landwirtschaft, Bergbau und Hüttenwesen waren unter der persönlichen Kontrolle des Königs effektiver entwickelt worden. Auf kirchlichem Gebiet unterlagen Katholiken und Protestanten der gleichen Toleranz. 500 neue Volksschulen hatte man gegründet. Das Gesicht wandte sich infolgedessen weg von Habsburg, Wien und Böhmen, hin nach Preußen, Berlin und Breslau. Das Riesengebirge aber – ehemals kulturell und wirtschaftlich besonders im Glashandel stark nach Böhmen ausgerichtet[2] – nahm nur verlangsamt an dem wirtschaftlichen Aufschwung teil, zumal der Nachfolger Friedrichs des Großen, Friedrich Wilhelm II., der Französischen Revolution weder innen- noch außenpolitisch zündende Ideen entgegenzusetzen hatte und auch dem Staatsleben trotz ästhetischer Neigungen keine nachhaltigen Impulse vermittelte. Theodor Fontane hat die allgemein bequem gewordene Haltung der Jahrhundertwende, die auch die Anfangsphase Friedrich Wilhelms III. bestimmte, in seinem »Schach von Wuthenow« vorzüglich charakterisiert.
Auf dieser politisch-ökonomischen Situation basierte letztlich auch die langsame ästhetische Aneignung des Riesengebirges bzw. die des nun preußischen Berglandes mit seinem höchsten Berg, der Schneekoppe. Hatte sich doch die intensive Anteilnahme Friedrichs des Großen an der Erschließung und Entwicklung seiner neuen Länder auch auf seine Adlaten übertragen und

begann sie damit auch, in die Randzonen vorzudringen. So wurden die Bäder im Riesengebirge, besonders Warmbrunn, für die preußische Gesellschaft und das Königshaus mehr und mehr ein Begriff. Zudem schien die Berglandschaft mit ihrem sagenumwobenen Zauber, mit ihren scheinbar noch unentdeckten Geheimnissen die Gemüter vor allem in Berlin zu bewegen, dessen nüchterner Rationalismus von potentiellen Erlebnisfeldern verlebendigt werden konnte. Auf diesem Boden gedieh die Nachfrage nach Bildern, nach Ansichten, nach genauen Schilderungen. Stecher, Maler, Holzschneider begannen deshalb bereits in der zweiten Hälfte des 18. Jahrhunderts, die Neugier zu befriedigen. Maler des Klassizismus verliehen dem Gebirge die erste bildhafte Gestalt, begannen über die Befriedigung topographisch-materieller Gegenständlichkeit hinaus, sich der Eigenart dieser Bergnatur zu nähern, ohne sie jedoch zu erschließen. Günther Grundmann (vgl. S. 193) hat die Arbeiten dieser Maler – neben Reinhardt vor allem Frégévize (vgl. S. 191) – in seinem Buch »Das Riesengebirge in der Malerei der Romantik«[3] ebenso behandelt wie die zeitgleichen Kupferstecher und Aquarellisten Anton Paetz (vgl. S. 205), Gottfried Daniel Berger (vgl. S. 183), Adrian Zingg (vgl. S. 219), Johann Heinrich Bleuler (vgl. S. 185), Anton Balzer (vgl. S. 182) und viele andere. Sie haben dazu beigetragen, das Gebirge nicht nur in Preußen bekannter zu machen, sondern in zahlreichen deutschen Landen und Ländern, weilte doch selbst die anmutige, so verehrte Königin Luise[4], Gemahlin König Friedrich Wilhelms III., 1800 in Warmbrunn. Sie wurde dort durch den Grafen Johann Nepomuk Schaffgotsch (vgl. S. 209) mit Ehrenpforten, Obelisken und Altären, die von 14 000 von 100 Bergknappen gehegten Lampen illuminiert wurden, empfangen.[5]

Die Riesengebirgsbilder und -ansichten gaben ein von Staffagefiguren belebtes, durchaus komponiertes Land wieder, mit freundlichen, wirtlichen Gegenden, in die zu reisen, um sich animieren zu lassen, durchaus reizvoll erschien.

Dieser Annäherungsprozeß an das Riesengebirge wurde jedoch durch Napoleon retardiert und gestört. Spätestens mit Jena und Auerstedt und der Flucht Friedrich Wilhelms III. nach Memel 1806/07 richtete sich die Konzentration des Preußischen Hofes auf weltpolitische Ereignisse, und das Riesengebirge versank erneut in verträumte Zurückgezogenheit, legte einen Schleier vor das Antlitz karger Bergeigenart. Mit der okkupierenden Gewalt des Empereurs wurden nicht nur die Kräfteverhältnisse in der Welt verändert; mit ihrer Wandlung veränderte sich auch das formale Gesicht der Kunst. Während sich in Paris ein neuer Kaiserstil entfaltete, wurde in Deutschland der Repräsentationsanspruch von schlichteren Formen und Baukörpern mit verhaltener Instrumentierung abgelöst. Sie waren Ausdruck einer neuartigen Verinnerlichung von Werten, konzentrierten sich auf Pflicht und Freiheit, waren verbunden mit Reformen, mit der Aufwertung des Bürgers, mit der Besinnung auf die gemeinsame Stärke. Der Wille, die Knechtschaft abzuschütteln, der Wunsch nach Eigenbestimmung begünstigte eine nur im deutschsprachigen Raum hervorgebrachte Innerlichkeit, den Traum von der »Blauen

Morgennebel im Riesengebirge
von Caspar David Friedrich, 1812

Öl auf Leinwand, 54,9 cm × 70,3 cm
Bes.: Bayerische Staatsgemälde-sammlungen

Mit den Bildern Caspar David Friedrichs (vgl. S. 191) erreicht schon in der ersten Hälfte des 19. Jahrhunderts die Darstellung des Riesengebirges eine neuartige künstlerische Dimension. Das Motiv wird durch ihn aus dem topographisch bestimmten Andenkenmilieu in die Weltmalerei gehoben. Seine Qualität, die subtile Erfassung bestimmter Wesensmerkmale wird von nun an – unabhängig von formalem Wechsel – Ansporn und Richtschnur für die zukünftige Riesengebirgsmalerei.
Im Juli 1810 durchwanderte Friedrich mit seinem Freund Georg Friedrich Kersting das Riesengebirge. Es entstanden dabei zahlreiche Zeichnungen und Aquarelle, nach denen er bis in seine Spätzeit im Atelier große Kompositionen malte.
Dieses zumeist in das Jahr 1812 datierte Bild basiert auf der Studie des Elbgrundes mit dem »Ziegenrücken« (vgl. Abb. S. 26) vom Kamm aus gesehen, die durch einen zweiten, erfundenen Höhenzug phantastisch übersteigert wird. »Man glaubt«, so Grundmann, »die Erschütterung des Künstlers im Anblick einer Gebirgsplastik zu spüren, deren Profillinien ihm zum Symbol der kosmischen Geburtsstunde dieser Landschaft wurden.«
Lit. u. a.: Grundmann, Günther, Das Riesengebirge in der Malerei der Romantik. 3. Aufl. München 1965, 68 ff., insbesondere 82, 86, 94, 95 – [Kat.] Neue Pinakothek, Neue Staatsgalerie München. Meisterwerke der deutschen Malerei des 19. Jahrhunderts. München 1967, 21-22 [dort weit. Lit.] – Börsch-Supan H. u. K. W. Jähnig, Caspar David Friedrich. München 1973.

Morgen im Riesengebirge
(Das Kreuz im Gebirge)
von Caspar David Friedrich, 1810/11

Öl auf Leinwand, 108 cm × 170 cm
Bes.: Verwaltung der Staatlichen Schlösser und Gärten, Schloß Charlottenburg
Als Leihgabe in der Nationalgalerie, Berlin

Das Bild, unmittelbar nach der Riesengebirgswanderung entstanden, gibt keine topographisch genaue Situation des Gebirges wieder, ist vielmehr eine Phantasielandschaft, die sich aus Skizzen zusammensetzt. Dennoch aber ist in ihm das Wesen der Bergwelt eindringlich gefaßt, zentriert und überhöht durch das Kreuz, zu dem eine weibliche Staffagefigur einen Mann emporzieht. Nach Grundmann liegt dem aufragenden Fels die in der Städtischen Kunstsammlung in Chemnitz bewahrte Zeichnung vom 11. 7. 1810 »Felsskizze mit Fernblick« zugrunde, in der er die Mannsteine zu erkennen glaubt. Das Bild wurde im März 1811 fertiggestellt, verspätet in die Frühjahrs-Ausstellung der Dresdener Akademie eingereicht, 1812 in Weimar und Berlin gezeigt und hier von König Friedrich Wilhelm III. (vgl. S. 191) erworben. Dem Kreuz und seinen Staffagefiguren sind vielfältige Deutungen unterlegt worden, bei denen diejenigen, die den Gestalten symbolisch-allegorischen Gehalt zuordnen, wohl den Intentionen des Malers am besten gerecht werden.
1832 ließ Prinzessin Maria Anna, Gemahlin von Prinz Wilhelm von Preußen (vgl. S. 217), seßhaft im Schloß Fischbach, ein gußeisernes Kreuz auf dem Falkenberg im Hirschberger Tal errichten, dessen Inschrift auch den Segen »für das ganze Thal« erflehte. Vermutlich hatte Maria Anna das Bild Friedrichs im Königlichen Schloß in Berlin gesehen und die Bildidee erneut manifestiert.
Lit. u. a.: Grundmann Günther, Das Riesengebirge in der Malerei der Romantik. 3. Aufl. München 1965, 85, 97-98 – [Kat. Ausst.] Caspar David Friedrich. Hamburger Kunsthalle 1974. München 1981, 180-181 [dort weit. Lit.].

Blume«[6], dem Symbol der romantischen Poesie und ihrer nach dem Unendlichen gerichteten Sehnsucht. Diese eigenartige, schweifende Empfindungswelt suchte sich bei ihrer Bildwerdung spezifische Gegenstände und geistig verwandte Motive, an denen sie gedeihen, an denen sie sich entfalten konnte, die sie verstärkten und transportierten. In der Malerei waren dies Themen wie der Blick aus dem Fenster, die Ruine, das Grab, die sinkende Sonne, der aufsteigende Mond oder die Rückenfigur, Themen, die Versenkung, nicht Erreichbares, Trauer, Alleinsein oder das Geheimnisvolle offenbarten. Nicht die kraftstrotzende Natur oder bergende, sonnendurchflutete Gefilde, sondern das grenzenlos Fließende, Nebelumwobene, Unergründliche einer Landschaft wurde in der deutschen Romantik tragender Bildinhalt. Caspar David Friedrich (vgl. S. 191) hat diese Weltsicht unnachahmlich visualisiert und im Wesen des Riesengebirges, das er im Juli 1810 mit Georg Kersting (1785-1847)[7] durchwanderte, einen seinen Bildvorstellungen entsprechenden Aussageträger gefunden. Ein wenig von dem Zauber der in Jahrmillionen abgeschliffenen, sich in unendlich scheinender Bewegung zum Horizont dehnenden Berge und Hügel hatte schon Christoph Nathe (vgl. S. 204) bei seinen Riesengebirgswanderungen am Ausgang des 18. Jahrhunderts eingefangen; aber erst Friedrich begnügte sich nicht mit seiner Topographie, sondern erfaßte den Charakter des Riesengebirges.[8] Mit seinen Werken wanderte sein Abbild in die Sammlungen der Zarenfamilie, durch Goethe in die großherzoglichen Weimarer Sammlungen oder in die Hände Friedrich Wilhelms III. nach Berlin. Heute sind diese Bilder zentrale Werke in den großen Galerien der Welt.[9] Sie verweisen dort auch auf das Riesengebirge als Medium, mehr jedoch auf das Erlebnis der Natur, bezweckte man doch, wie Carl Ludwig Fernow in seinen 1806 veröffentlichten römischen Vorlesungen feststellte, »durch die Darstellung idealischer Naturscenen eine ästhetische Stimmung zu bewirken«.[10] In den Friedrich-Bildern wird das Riesengebirge als beispielhafte Natur, ja als Sinnträger von Landschaft erfaßt und zugleich national verinnerlicht; denn zweifellos ist die Empfindungslage durch die ausgesetzte, überlagerte historische Situation mitbestimmt, die sich bis 1813 leidenschaftlich national auflädt, um sich nach der Völkerschlacht bei Leipzig in einem Überdruß an Weltereignissen und Leichenbergen abzukühlen. Parallel dazu verengt sich erneut die Sicht einer ganzheitlich empfundenen Natur im Sinne Friedrichs auf das Ausschnitthafte, von Detailfaktoren bestimmte Abbild, etwa bei Carl Gustav Carus (vgl. S. 186), dem Arzt, Naturphilosophen und Maler, der 10 Jahre nach Friedrich im August 1820 das Riesengebirge auf derselben Route durchwanderte und in seinen Lebenserinnerungen kommentierte.[11]

Die Landschaftsmalerei, innerhalb der Akademien als untergeordnete Disziplin betrachtet, begann sich als gleichberechtigt neben Historienbild, Genredarstellung oder Porträt zu etablieren, es fiel ihr, wie Carus sagte, die Aufgabe zu, »das Geheimnis göttlichen Lebens in der Natur« abzubilden. Wir münden damit im deutschsprachigen Raum in eine Phase, in der sich Nachromantik und

Biedermeier durchdringen. Sie wird von einem später kaum mehr anzutreffenden charaktervollen Bürgertum getragen[12], von dessen Maximen mehrere Generationen zu zehren vermochten. Ästhetisch wird diese sich etwa zwischen 1815 und 1840 dehnende Zeitspanne von einer kultivierten Bescheidenheit bestimmt mit vorzüglich geformten Möbeln und Geräten und einer verhaltenen, wohlproportionierten Architektur. Die seßhaften und privaten Lebenselemente mit Haus, Garten und Familie bestimmten das Leben. Handwerk und vervielfältigende Kunst dienten dieser abendländischen Lebensform. So florierte beispielsweise der Verkauf von Porzellan der Königlichen Porzellanmanufaktur Berlin mit Landschaftsveduten auch des Riesengebirges[13] in gleicher Weise wie der von gestochenen, später lithographierten Ansichten des Gebirges, seiner Bauden und seiner vorgelagerten Schlösser eines in Schmiedeberg von dem Kupferstecher Friedrich August Tittel (vgl. S. 214) gegründeten und von Ernst Wilhelm Knippel (vgl. S. 199) weitergeführten Verlages. Die Ansichten wurden per Katalog angeboten.
Auch das preußische Königshaus spiegelt diese Lebensform, weniger in seinem Zentrum Berlin, mehr in seinen Refugien, zu denen nach wie vor das Riesengebirge gehörte. So erwarben Prinz Wilhelm von Preußen (vgl. S. 217), Bruder Friedrich Wilhelms III., 1822 gemeinsam mit seiner Gemahlin Prinzessin Maria Anna von Hessen-Homburg im östlichen Teil des Hirschberger Tales das Gut Fischbach, König Friedrich Wilhelm III. (vgl. S. 191) 1831 Schloß Erdmannsdorf als Sommersitze. 1839 kaufte dieser für seine Lieblingstochter Prinzessin Luise der Niederlande den unmittelbar daneben liegenden Sitz Schildau. Diese Schlösser waren umgürtet von einer parkartigen Hügellandschaft, die in der Nähe von den beiden markanten Falkenbergen pointiert und von der Silhouette des Schmiedeberger Kamms mit Schneekoppe hinterlegt wurde. »Gesellschaftliche und freundschaftliche Bande bezogen die Nachbargüter in das heitere Leben der Sommerwochen mit ein, so vor allem Buchwald, die Besitzung der Gräfin von Reden (vgl. S. 207), Ruhberg, das bescheidene Schlößchen der Fürstin Luise Radziwill, und die Schlösser Stonsdorf und Neuhof bei Schmiedeberg im Besitz des Prinzen Reuß j. L. Außer den königlichen Ehepaaren Friedrich Wilhelm III. und IV. sind vor allem die Prinzen Adalbert und Waldemar, die Prinzessin Marie von Hessen, spätere Königin von Bayern, die Großfürstinnen Olga und Alexandra Fedorowna, der Großfürst Nikolaus, später der Kaiser und die Kaiserin von Rußland, stete Gäste und Begleiter in Fischbach und Erdmannsdorf.«[14] Die Sitze dieser Fürsten, ihre Schlösser und Bauten waren durchaus bescheiden, obwohl Umbauten von Friedrich von Schinkel (vgl. S. 210)[15] und Friedrich August Stüler (vgl. S. 214) geplant bzw. durchgeführt worden waren. Sie zeigten sich in einem romantisierenden, Elemente englischer Gotik einbeziehenden Gewande, waren nicht der Landschaft auferlegt, sondern ihr eingefügt, höhten, ohne zu beherrschen. Hinter diesen Bauten stand zudem die Geschichte alter Geschlechter. Von europäischer Bedeutung war daneben die Park- und Landschaftsgestaltung dieser Sitze, die zusammenflos-

Erdmannsdorf, um 1845

Erdmannsdorf, um 1845

Das Gut mit seinem einfachen Barockschloß wurde 1831 durch König Friedrich Wilhelm III. von Preußen (vgl. S. 191) erworben. Bereits 1832 besuchte Friedrich von Schinkel (vgl. S. 210) im Auftrag des Königs das Hirschberger Tal, begutachtete den Bau und unterbreitete Vorschläge für seine Sanierung und Erweiterung, die in den folgenden Jahren ebenso wie die Gestaltung von Park und Landschaft in die Wege geleitet bzw. durchgeführt wurden. Die Fortschritte begleiteten Prinz Wilhelm, Herr von Fischbach, Schinkel und Minister Rother (vgl. S. 209). 1836 erhielt Schinkel den Auftrag, eine Kirche in Erdmannsdorf zu errichten, deren Bau 1838 fast vollendet war, so daß Schinkel feststellen konnte: »habe mich im ganzen sehr gefreut über die freie Aussicht und die Wirkung namentlich der Kirche«. Minister Rother schrieb am 9. 11. 1837 an den König: »Dabei kann ich nicht unbemerkt lassen, daß ich den Äußerungen des Oberbaudirektors Schinkel beitreten muß, daß Erdmannsdorf jetzt ein höchst überraschendes Aussehen gewonnen hat und wohl nicht leicht ein schönerer Punkt in Deutschland gefunden werden dürfte.«
1838 stürzte jedoch der Turm und ein Teil des Kirchenschiffes ein, und 1840 starb Friedrich Wilhelm III. Aber sein Nachfolger, Friedrich Wilhelm IV. (vgl. S. 191), der »Romantiker auf dem Thron«, nahm sich erneut energisch der Aufgabe an und bestimmte noch vor seiner Krönung den Fortgang der Arbeiten, die nun vor allem von August Stüler (vgl. S. 214) bestimmt wurden. Von diesem stammt der Entwurf der gotisierenden Umgestaltung des Schlosses (1841-1844) und der Wiederaufbau der nun erweiterten und veränderten Kirche (Einweihung am 8. 12. 1840). Friedrich Wilhelm IV. sorgte im Verein mit Friederike Gräfin von Reden (vgl. S. 207) für die Ansiedlung der Zillertaler Exulanten, ebenso war er Bauherr der norwegischen Stabwerkkirche Wang bei Brückenberg (1842-1844).
Die von Ludwig Erhard Lütke (vgl. S. 200) gezeichnete Lithographie (15 cm × 22,3 cm) zeigt die Erdmannsdorfer Landschaft, in der auch Georg Wichmann malte (vgl. S. 121). Im Talgrund die begonnenen Zillertaler Siedlungen, rechts die Kirche, deren Campanile noch das von Schinkel konzipierte flache Zeltdach trägt, das später durch einen Spitzturm ersetzt wurde.
Das in Privatbesitz befindliche Blatt gehört als sechstes zu der im Berliner Verlag E. H. Schroeder herausgegebenen Folge »Das Riesengebirge«.
Lit. u. a.: Wiese Erich, Biedermeierreise durch Schlesien. Darmstadt 1966, 284-285 [dort weit. Lit.] – Grundmann Günther, Die Königlichen Schlösser Erdmannsdorf, Fischbach und Schildau und ihre Parkanlagen. Schinkels Entwürfe zur Kirche in Erdmannsdorf. In: Kunstwanderungen im Riesengebirge. München 1969, 139-158 [dort weit. Lit.] – Reitzig Hans, Erdmannsdorf. Ein deutsches Aranjuez: Schlesien 18, 1973, 129-138 [dort weit. Lit.] – Wolfrum Peter, Die Kirche Wang. Würzburg 1994 [dort weit. Lit.].

Schloß Fischbach, um 1850

Das ehemalige mittelalterliche Wasserschloß wurde ebenso wie die dazu gehörige Herrschaft 1822 von Prinz Wilhelm von Preußen (vgl. S. 217), Sohn Königs Friedrich Wilhelm II., für 810 000 Taler erworben, wohl angeregt durch Besuche bei Gräfin von Reden (vgl. S. 207) in dem nahe liegenden Schloß Buchwald. Prinz Wilhelm und seine Gemahlin Maria Anna (Marianne) von Hessen-Homburg verbrachten dort zumeist die Sommermonate, erschlossen und pflegten in vorbildlicher Weise die Landschaft. So ließen sie ein Wegesystem – zuerst auf den Falkenstein (ein Gipfel der Falkenberge) – ebenso anlegen wie Aussichtsplätze, Gewächshäuser, Teiche oder Skulpturengruppen. Das gesellige Leben erfuhr 1835 einen Höhepunkt durch den mehrtägigen Besuch des Bruders, König Friedrich Wilhelm III. (vgl. S. 191) und die Kaiserin von Rußland, Alexandra, mit großem Gefolge.
1838 begann die Planung eines Umbaus des Schlosses, der 1846 auf der Basis von Entwürfen August Stülers (vgl. S. 214) in englisch inspirierter, gotisierender Manier abgeschlossen wurde. Dabei erhielt der Turm eine achteckige Erhöhung mit einem Zinnenkranz, ein Motiv, das sich an allen Wandungen und auch an der Brücke wiederholte.
Die kolorierte Lithographie (17,3 cm × 24,2 cm) von Ernst Knippel aus Schmiedeberg (vgl. S. 199) zeigt die Eingangssituation des von einem Wassergraben umzogenen und über eine Brücke zugänglichen Schlosses.
Lit. u. a.: Wiese Erich, Biedermeierreise durch Schlesien. Darmstadt 1966, 266-272 [dort weit. Lit.].
Besitzer der Lithographie: Museum Ostdeutsche Galerie, Regensburg.

sen zu einem mächtigen, sich an die Berge drängenden Areal, das wohl die berühmten Pücklerschen Anlagen in Muskau in der Großräumigkeit und in der vorsichtigen Lenkung, an der auch Peter Joseph Lenné[16] beteiligt war, übertraf. Vor allem verbanden sich in schönster Weise Parkanlagen und landwirtschaftlich genutzte Flächen der beigeordneten Güter. Erschließung, Akzentuierung und Bewahrung urtümlicher Flächen gingen nahtlos ineinander über, ergaben das Bild einer den Menschen bergenden Kulturlandschaft. Durchzogen wurde das Land vom Boberfluß; Wasserflächen und Teiche[17] spiegelten die Eichen- und Pappelalleen, die von den Schlössern und Gütern zu Vorbergen und architektonisch gehöhten Aussichtspunkten führten mit Tee-, Garten- und Jagdhäusern, Aussichtstürmen, Tempeln, Kirchen, Mausoleen und Denkmälern. Die Landschaft begann nun durch die architektonischen Attribute das zu spiegeln, was die Romantik mit den Bildern der Landschaft zum Ausdruck bringen wollte: Innerlichkeit, religiöse Erfüllung, Tiefe oder Reinheit. Die überantwortete Naturschönheit wurde nicht achtlos als selbstverständlich hingenommen, sondern in Dankbarkeit gepflegt und zeichenhaft gehöht. So ließ Prinzessin Maria Anna 1832 ein hohes gußeisernes Kreuz auf den Falkenbergen errichten, in Erdmannsdorf baute Friedrich Wilhelm III. eine Kirche, die Vergänglichkeit des Menschenwerks wurde durch die künstlichen Ruinen der »Heinrichsburg« über Stonsdorf symbolisiert, und schließlich erwarb aufgrund des Vorschlags des auch im Riesengebirge arbeitenden norwegischen Malers Christian Dahl (vgl. S. 187) König Friedrich Wilhelm IV. 1840 in Norwegen eine alte Stabwerkkirche, die zerlegt auf abenteuerlichen Wegen mit Fuhrwerken und per Schiff über Berlin nach dem Riesengebirge verbracht wurde, um in Brückenberg als Kirche Wang neu errichtet zu werden.[18] Das Bemühen, dem schweifenden religiösen Gefühl Ausdruck zu verleihen, »Kirche und Thron«[19] zu verbinden, fand seinen tatkräftigen Ausdruck in der Aufnahme von 440 Tiroler Exulanten, die Friedrich Wilhelm III. auf seinem Boden in Erdmannsdorf ansiedelte. Unter weltweiter Beachtung waren 1837 in vier Trecks die Zillertaler Protestanten in ihren Trachten mit Gerätschaften und Vieh in ihrer neuen Riesengebirgsheimat eingetroffen und errichteten hier ihre Siedlungen mit Häusern in der Form ihrer alpenländischen Zillertaler Bauten. 1844 wurde zur wirtschaftlichen Absicherung dieser Heimatvertriebenen eine mechanische Flachsspinnerei in Betrieb genommen. So formte eine bis heute beispielhafte, durchaus romantische Vorstellung von einer friedlichen, kultivierbaren Natur eine real greifbare Landschaft, die zuerst nur in der Bildwelt der Maler bestand.

Gegen Mitte des 19. Jahrhunderts war durch die Erschließung und Kultivierung des Riesengebirgsvorlandes, durch die damit einhergehende Berichterstattung in Wort und Bild das Riesengebirge zu einem europäischen Begriff geworden. Seine landschaftliche Schönheit, die Wiedergabe seines Wesens in der Malerei der Romantik und die Ansiedlung europäischen Adels im zweiten Viertel des Jahrhunderts bedeutete Aufwertung, so daß seine alpin anmutenden Partien, seine dunklen Waldgürtel, Burg- und Kirchenruinen ebenso wie die lieblichen Talzonen auch beliebte Motive der nachromantischen Malerei blieben. Selbst Karl Blechen malte – von Dresden kommend – 1823 die Ruine Oybin, Wilhelm Brücke (vgl. S. 185) Zonen um Erdmannsdorf und die Kirche Wang, Caspar Scheuren (vgl. S. 210) die Zillertaler Siedlungen. Aber erst Ludwig Richter (vgl. S. 208) machte mit seiner biedermeierlichen Realistik das Riesengebirge volkstümlich. Seine 15 in Stahlstiche übersetzten Darstellungen bekannter Motive wie Schneekoppe, Schneegruben, Teiche, Bauden, Schlösser und Burgen, die 1841 in Leipzig bei Georg Wigand unter dem Titel »Wanderungen durch das Riesengebirge und die Grafschaft Glatz« erschienen, drangen in das Herz, zeigten die Welt im Einklang mit dem Menschen, ließen den Frieden atmen, der aber bereits in dem schönen Bild der Nationalgalerie in Berlin, 1839 von Richter gemalt, mit dem Kleinen Teich, am Rande den Kraxenträger mit Kind und Hund, durch einen für das Gebirge typischen plötzlichen Wettereinbruch gestört wird, gestört ebenso wie die politische Landschaft durch den 1844 erfolgten Aufstand der hungernden schlesischen Weber.[20] Er ist ein Symptom der anbrechenden neuen Zeit mit wachsender Industrialisierung und sozialer Umschichtung in gleicher Weise wie die 1841 erfolgte Gründung der Gräflich Schaffgotsch'schen Josephinenhütte (vgl. S. 198) in Schreiberhau. Trotz dieser sich rasch entwickelnden Industrieanlage blieb das Riesengebirge im Kern unberührt, blieb für die Gebirgler ein karges Land, dem nur unter hohem Einsatz der Lebensunterhalt abzuringen war. Vor allem nach der Revolution im Jahr 1848 innen- und außenpolitisch verstrickt, wurde der Blick des preußischen Königshauses von den stillen Gefilden des Hirschberger Tales abgezogen, und auch die ästhetische Aneignung des Riesengebirges verharrte auf vorgegebenen Positionen. Die Darstellung der Landschaft war dadurch in den nächsten Jahrzehnten nur geringen Veränderungen unterworfen. Der seherischen Schau Caspar David Friedrichs und der stilisierten, kultivierten aristokratischen Lebensform hatte das dritte Viertel des 19. Jahrhunderts nichts Ebenbürtiges zur Seite zu stellen. Kleinmeister wie Karl Friedrich Mosch (vgl. S. 203), Ernst Wilhelm Knippel (vgl. S. 199) oder Theodor Blätterbauer (vgl. S. 184) ließen die Tradition der bekannten Sehenswürdigkeiten und Ansichten des Riesengebirges wieder aufleben, ebenso wie die Glas- und Porzellanmaler. Diese Stiche, Aquarelle und Lithographien trugen das Andenken an das still gewordene Bergland in Städte, Bibliotheken und Bürgerhäuser und ernährten notdürftig ihre Erzeuger. Erst mit der politischen Stabilisierung nach 1864, 1866 und vor allem nach 1870/71, dem Ende der kriegerischen Auseinandersetzungen, begann mit gründerzeitlicher Prosperität und einer Friedenszeit im Kaiserreich eine neue Entdeckung des Riesengebirges, wieder durch eine Reihe von Malerpionieren, die wie Adolf Dressler (vgl. S. 188) mit Staffelei, Leinwand und Malkasten unmittelbar vor der Natur ihre Bilder malten, der Natur gewissermaßen auf den Leib rückten und in sie realistisch eintauchten. Aber die dritte ästhetische Aneignung des Riesengebirges erfolgte nicht durch die Malerei, auch nicht durch Architektur

Die Promenade in Warmbrunn mit Theater und Galerie

»Warmbrunn (das Warmbad) liegt an beiden Ufern des Zackens, der, aus der Mitte des Gebirges rauschend, oft auch überschwemmend, herabfällt in seine Ebene, welche ringsum nur niedere Hügelreihen umgeben; die Häuser sind stattlich, viele sogar elegant gebaut... Das gräfliche Schloß, dicht an der Hauptstraße und der Promenade, mit einem Garten, der an die Parkanlagen der Galerie stößt, ist ein großes Gebäude...; nahe am Schloß ist das geschmackvoll gebaute und zierlich dekorierte Theater [vgl. Albert Tollberg, S. 214], in dem zur Zeit der Badesaison eine reisende Gesellschaft spielt. Dicht daneben befindet sich der Kursaal, die Galerie genannt [vgl. Carl Gottfried Geisler, S. 192], der Versammlungsort der vornehmen, vorzugsweise adeligen Badegäste...
Nach Tisch begaben wir uns auf das sogenannte Landhäuschen, eine Restauration mit Salons usw., die von der eleganten Welt besucht und kaum eine halbe Stunde von Warmbrunn entfernt ist. Von hier hat man die nächste, wahrhaft reizende Aussicht in das Gebirge. Der Abend gestaltete sich wunderschön; der Riesenkamm zeigte sich hinter dem Kynast schwarz am tiefblauen Horizont; wie die Sonne sank, legte sich weißer Nebel über die Wälder und Täler, die Schneekoppe erschien in gelbem Licht,... über der Großen Sturmhaube jagten blaßrote Wolken hin; in einem Moment war das Gebirge in graue Schleier gehüllt. Doch nicht lange, so schmolz glühendes Abendrot durch die Luft, durchleuchtete die Dünste und ließ die Berge in feurigem Rot erscheinen. Fern hinter Schreiberhau, an der Westseite des Kamms, grollte dumpf ein Gewitter; die glühende Schneekoppe verblaßte allmählich, immer dunkler wurden die Täler, der Reifträger, die Sturmhaube, das Hohe Rad versanken nach und nach in der Nacht – nur der Kegel der Schneekoppe glühte noch in matter Purpurfarbe. Endlich verblaßte auch dieser; einzelne Blitze überzuckten momentan die Berggruppen mit schwefelgelbem Schein – dann versanken diese wieder in der Finsternis.«
So schildert Carl Herloßsohn in seinen 1841 in Leipzig erschienenen »Wanderungen durch das Riesengebirge und die Grafschaft Glatz« (Neuausgabe: München 1978, 107-108) Eindrücke von Bad Warmbrunn, und wir erfahren, was die Menschen vor der allgemeinen Verbreitung des Fernsehens zu bestaunen in der Lage waren.
Aus der Schloßgärtnerei Bad Warmbrunn erhielt Georg Wichmann in den dreißiger Jahren des 20. Jahrhunderts alljährlich in mit Rupfen vernähten Weidenkörben die Jungpflanzen und Blumen für seinen Garten in Ober-Schreiberhau.
Die Lithographie (14,8 cm × 22 cm) zeichnete Ludwig Erhard Lütke (vgl. S. 200). Der im Besitz des Museums Ostdeutsche Galerie, Regensburg, befindliche Abzug gehört als drittes Blatt zu der von dem Berliner Verleger E. H. Schroeder herausgegebenen Folge »Das Riesengebirge«.
Lit. u. a.: Andreae Friedrich, Warmbrunn. Die Gesellschaft eines schlesischen Bades. Warmbrunn [o. J. 1923] – Grundmann Günther, Schlesische Architektur im Dienste der Herrschaft Schaffgotsch und der Probstei Warmbrunn. Straßburg 1930 = Studien zur deutschen Kunstgeschichte 274 – Wiese Erich, Biedermeierreise durch Schlesien. Darmstadt 1966, 288-295 [dort weit. Lit.].

oder Landschaftsgestaltung, sondern durch Dichtung und Literatur. Carl und Gerhart Hauptmann entdeckten 1890 von Flinsberg kommend das Riesengebirge und das Schreiberhauer Tal erneut. Gerhart Hauptmann schildert dieses Erlebnis in seinen Erinnerungen, die unter dem Titel »Die großen Beichten« erschienen, wie folgt: »Als wir uns in dem lieblichen Badeort eine Weile vergnügt hatten, Martha, Marie, Carl und ich, unternahmen wir eine Wanderung, die uns über den höchsten Punkt des Gebirges, über den Hochstein, nach Schreiberhau im Riesengebirge bringen sollte. Vom Hochstein aus – es war Mitte Mai – entfaltete sich die Tiefe des Tales vor uns und die rein konturierten Massen des Riesengebirges bis zur Schneekoppe in voller Herrlichkeit. Hier, sagte uns plötzlich ein kühner Gedanke, hier wollen wir bleiben, hier wollen wir Fuß fassen. Wir stolperten also, berauscht und beseligt, vom Hochstein in die Schreiberhauer Täler hinunter. Direkt, wie uns vorkam, ins Paradies. Plötzlich befanden wir uns auf einem Gelände, das uns überaus wohl gefiel, erfuhren sogleich, es sei verkäuflich, fielen ins Haus, verhandelten mit dem Besitzer, und am Tage darauf ist der Kaufvertrag in Gegenwart meines Vaters bereits unterfertigt worden.«[21] Das erworbene Haus war ein ehemaliges Bauernhaus mit einem Umgriff von 32 Morgen[22] hügeligen Landes mit herrlichem Blick auf den Riesengebirgskamm, im Frühling umsäumt von zartrosafarbenen Wildkrokussen. Hier wohnten Carl und Gerhart Hauptmann mit ihren Frauen, bis Zwistigkeiten Gerhart Hauptmann 1894 aus diesem Domizil nach Berlin, später nach Agnetendorf trieben. In dem Schreiberhauer Haus schrieb er u. a. »Die Weber«, »Kollege Crampton«, »Der Biberpelz« und »Hanneles Himmelfahrt«.[23] Für Carl Hauptmann blieb es Heimat bis zu seinem Tode 1921. Hier entstand sein dichterisches Werk. Es war ein Ort geistiger Begegnung, heftiger Diskussionen, ein Kristallisations- und Treffpunkt von Malern, Dichtern, Literaten und Wissenschaftlern, das Zentrum einer Künstlerkolonie und damit eine dritte Verdichtung kulturellen Lebens mit diesmal weltweiter Ausstrahlung. In diesem Haus war Georg Wichmann häufig zu Gast, und in ihm hängen heute, als einer Zweigstelle des Hirschberger Museums und Gedenkstätte, auch Werke seiner Hand.

Freunde um Carl und Gerhart Hauptmann in Schreiberhau, um 1900

Stehend von links nach rechts: Werner Sombart (vgl. S. 212), Robert Kahn, Hermann Stehr (vgl. S. 213), Margarete Marschalk, Carl Hauptmann (vgl. S. 194), der Verleger Samuel Fischer; sitzend: Gerhart Hauptmann (vgl. S. 195), Frau Fischer.
Margarete Marschalk (1875-1957), Geigerin, war die zweite Frau Gerhart Hauptmanns und lernte diesen kennen, als ihr Bruder, der Komponist Max Marschalk, mit dem Dichter die Musik zu »Hanneles Himmelfahrt« besprach.
(Die Aufnahme stellte freundlicherweise Prof. Dr. Gerhard Kosel, Berlin, zur Verfügung.)

Zum Wesen des Riesengebirges Beschreibungen von Malern und Dichtern

Sicher ist es kein Zufall, daß sich immer wieder von neuem gerade im Riesengebirge geistig-kulturelle Verdichtungen ergaben und daß empfindungsfähige Menschen durch Pinsel, Stift, Meißel oder im Medium der Sprache ihre Betroffenheit, ihr Angerührtsein von dieser Landschaft und ihrem Wesen festhalten und von ihm Kunde geben wollten. Diese dem Gebirge eigenen medialen Kräfte, die sich in Sagen und Märchen[24], im unmittelbaren Erleben des Nahen und des Fernen offenbarten, haben besonders im letzten Viertel des 19. Jahrhunderts reichen schriftstellerischen, ja dichterischen Ausdruck gefunden. Da eine intensive Wechselbeziehung zwischen Medium und Künstler bestand – eine Verbundenheit –, scheint es angebracht, sich des Wesens dieser Gebirgslandschaft, ihrer kraftvollen Versunkenheit, ihrer Lieblichkeit, erbarmungslosen Härte oder ihrer noch undomestizierten Wildheit zumindest streifend, vor allem durch Stimmen anderer, bewußt zu werden. Erst dann scheint es möglich, sich dem Motiv im Spiegelbild der Malerei zu nähern; denn alle, die da im Gebirge seßhaft waren und ein Stück seiner Eigenart einzufangen oder gar zu entreißen versuchten, liebten dieses Land und erkannten eine Landschaft, die der Geologe Hans Cloos (vgl. S. 186) zu »einer der schönsten der Erde« rechnete.
Das Riesengebirge, Teil der sogenannten »Sudeten«, untrennbar von dem sich nordwestlich anschiebenden Isergebirge, ist ein uraltes Gebirge, dessen Struktur von Granitgestein bestimmt wird. Die Tiefe förderte gewaltige Magmamassen, die zu Graniten erstarrten. Noch im erdgeschichtlichen Altertum ergossen sich Porphyr- und Melaphyrlava über das Land, in der Braunkohlenzeit drängten Lavamassen als Basalt erstarrend an die Oberfläche. So entstanden Gneise, Glimmerschiefer, Marmore. Hinzu kamen Anschwemmungen und Ablagerungen des Nordens in der Eiszeit. Variskische Faltung und Alpenfaltung bestimmten schließlich die Diagonalrichtung des Mittelgebirges, das weit älter als die Alpen ist. Es wurde durch die Bewegungen vieler Erdperioden abgetragen, verschliffen und zeigt sich dadurch in einer eigentümlichen, gelassenen, sanften Bildung, welche die ruhige, lapidar erscheinende Form der Kammlinie bestimmt. »Große, graue, von Kluftsystemen durchzogene Felsgruppen, die vielen ›Steine‹ überragen sie – mit ihren für die Granitverwitterung charakteristischen Formen, die sich z. B. auch im Harz finden, Überbleibsel bereits abgetragener Schalen, nicht aufgesetzte Verzierungen. Von der Schieferhülle des hohen Gewölbes stehen nur noch die Ränder. Ihr Gestein wurde in der Hitze des aufquellenden Granitmagmas gehärtet. Steile, schroffe Felswände, deren bekanntestes Stück der scharfe Grat des ›Ziegenrückens‹ ist, begleiten darum im Süden den sanft gerundeten Granitkamm; die dazwischen tief eingeschnittenen Längstäler der jungen Elbe und des Weißwassers

heben den eindrucksvollen Gegensatz der Formen noch besonders hervor. Auch die Schneekoppe gehört zu diesem Rahmen, sie zeigt sogar den unmittelbaren ›Kontakt‹ zwischen Granit am Fuß und dem zu besonders festem ›Hornfels‹ gebrannten Schiefer des Gipfels. Der höchste deutsche Berg nördlich der Alpen ist also ein echter ›Härtling‹, kein ehemaliger Vulkan.
Die nicht minder unvergeßlichen Glanzpunkte, die ›Schneegruben‹ und die ›Teiche‹, verdanken ihre Entstehung der Eiszeit. Sie entwickelte im Riesengebirge selbständige Gletscher und mit ihnen, begünstigt durch die Klüfte im Granit, vor allem die hoch oben in den Nordhang des Kammes eingesetzten, korbsesselartigen, steilrandigen Kare mit vorgelagerten Moränenwällen. Durch diese alpinen Zugaben ist der Formenschatz wesentlich bereichert, das Einmalige und Einzigartige des höchsten Teiles des Schlesierlandes wirkungsvoll ergänzt worden. In entsprechender Weise haben auch die anderen Blöcke des schlesischen Berglandes besondere Züge erhalten, jedes Stück besitzt ein eigenes Gesicht.
Zu diesen überraschend wechselnden und vielseitigen Bildern tragen auch die zahlreichen Täler bei. Wiederum sind die verschiedensten Formen vorhanden, von der kargen Kerbe . . . bis zu den schluchtartig eingesägten Rinnen, in denen rauschende Gebirgsflüsse die Felswiderstände durchbrechen.«[25] Und von ihnen gab es viele; denn das Riesen- und Isergebirge sind ausgesprochene Regenfänger, stauen sich doch hier zuerst die von den häufigen Nordwestwinden herangetragenen Wolken, um Regenmassen über das Land zu schütten. Im Winter bedeutet dies Schneereichtum mit zum Teil infernalischen Stürmen und tief verschneiten Wäldern. Anfang Oktober fiel in den höheren Lagen zumeist Schnee, der die Berge noch mit einem dicken, leuchtend weißen Pelz umhüllte, wenn in den Tälern bereits der Frühling eingezogen war. Hinzu gesellte sich häufiger Föhn, der mit einem rasch aufquellenden Gewölk direkt über dem Kamm, den »Moatzagotl«, verbunden war. Genauso rasch wie er aufkam, konnte er in einem Wettersturz zusammenbrechen mit Sturm, Hagel und Sturzbächen von Regen, die Rinnsale und Bäche in reißende, gefährliche Gewässer verwandelten.
Zwischen Riesen- und Isergebirge breitete sich eine hoch liegende Mulde, durchzogen von eingesenkten Hochmooren von tiefer, oft erschreckender Einsamkeit, während der Blick vom 1058 m hohen Hochstein des Isergebirges die bergende Hochtallandschaft von Schreiberhau mit ihren wirtlichen Wiesenmatten, Mischwäldern und Laubbaumgruppen aufzeigte, die sich ins Hirschberger Tal hinabsenkte, aus dem die granitenen Zwillinge der Falkenberge mit ihren Felstürmungen aufragten.[26] Überwölbt und nach Südwesten begrenzt wird dieses anmutige, weite Tal von der hohen Linie des Riesengebirgskamms. »Dieses Gebirge und seine wunderbar ruhige Silhouette hat in der Tat ›Größe ohne Ausschreitung‹ (Stehr). Deutlich erkennt das Auge die Baumgrenze, über ihr beginnen die Grasmatten und die viele Quadratkilometer großen Knieholzbestände, die auf dem nordöstlichen Abhang siebzehn und auf dem südwestlichen, der soge-

Der Zackelfall

»Nach abermaligem halbstündigen Emporsteigen vernimmt man in Schlucht und Wald schon von fernher das tobende Brausen des Wassers. Es ist der Zackerle, der vom östlichen Fuß des Reifträgers durch das dichte bewaldete Gehänge heranrauscht und von 2142 Fuß Seehöhe [ca. 845 m] in eine 120 Fuß [ca. 30 m] tiefe Felsschlucht herabstürzend den Zackelfall bildet. Das Wasser tobt in drei Absätzen über zwei Felsvorsprünge hinab. Dem Fall gegenüber befindet sich eine Barriere neben einem senkrechten Felsen. Von hier hat man den ganzen Anblick des imposanten Naturschauspiels. Die Wassermasse wird auch hier, wie fast bei allen Wasserfällen des Riesengebirges, gespannt [gestaut] . . . Dieses wilde, widerstrebende Toben der Bergwässer erregt seltsame Betrachtungen. Es ist, als entreiße sich der Quell mit Widerstreben seiner Bergeswiege und flute in die Täler, wo er, den Menschen dienstbar, ihre Mühlen und Hämmer treiben, ihre Schiffe tragen muß. Der hochgeborene Sohn der Freiheit eilt nur gezwungen der Knechtschaft entgegen.«
Zitiert nach: Carl Herloßsohn, Wanderungen durch das Riesengebirge und die Grafschaft Glatz. Leipzig [o. J. 1841]; Neuausgabe München 1978, 120, 123.

Der Ziegenrücken

Parallel zum Hauptkamm des Riesengebirges, etwa auf der Höhe von Kleiner Sturmhaube und Kleinem Rad, liegt auf der südlichen, böhmischen Seite, getrennt durch das Längstal des Weißwassers mit Teufelsgraben und Teufelsgrund, der Ziegenrükken. Er ist Teil des böhmischen Kamms, der in der Nähe der Schneekoppe mit dem zweigipfligen Brunnberg am Ostrand der Weißen Wiese seinen Ausgang nimmt, sich in Ziegenrücken, Korkonosch und Kesselkoppe bis hin zum Farmberg fortsetzt. Beide Kämme stoßen an den Elbwiesen wieder zusammen.
Der 1424 m hohe Ziegenrücken trägt seinen Namen gemäß seiner scharfen, gratigen Form zu Recht. Geologisch ist er ein Rand der ehemaligen Schieferhülle des Gebirges, deren Gestein durch die Hitze des aufquellenden Granitmagmas besonders gehärtet wurde. Die etwa eineinhalb Stunden erfordernde Gratwanderung gewährt »prächtige, ja großartige« Ausblicke, besonders nach Böhmen. (Nach Griebens Reiseführer Bd. 18, 1925, 110).

nannten böhmischen Seite, sogar 39 Quadratkilometer Fläche bedecken. Das ist ja überhaupt das Charakteristische der Pflanzenwelt des Riesengebirges und vieler anderer Bergzüge der Sudeten, daß gewisse alpine und subalpine Pflanzen in einer Fülle vorkommen, wie sie in den Alpen nicht anzutreffen ist. Denken wir nur an das massenhafte Vorkommen der Anemone Alpina, deren Fruchtstand Teufelsbart genannt wird, des reizenden Habmichlieb (Primula minima) oder in den Hochtälern des reichen Vorkommens von Türkenbund (Lilium martagon). Das sind nur wenige Vertreter von Massenblühern, bei denen wir aber nicht den herrlichen Riesengebirgs-Enzian (Gentiana asclepiadea) vergessen wollen, der ganze Abhänge mit seinen tiefblauen Blütenwedeln bedeckt ... Wie das Isergebirge, so sind auch die Hügel des Riesengebirge das weite Revier des Rotwildes und des Auerhahnes, und bis 1945 konnte man eine muntere, sich von Jahr zu Jahr stark vermehrende Herde des Mufflon, eines sardinischen Bergschafes, beobachten, das Graf [Friedrich] Schaffgotsch [vgl. S. 210] eingeführt hat.«[27]

Wenn wir nun von diesen landeskundlichen Bemerkungen hinüberwechseln zu den niedergeschriebenen Erlebnissen, so beginnt sich erst das Bild von dieser Riesengebirgswelt zu runden. So schreibt etwa Christoph Nathe (vgl. S. 204) in seinem 1806 in Weimar edierten »Mahlerische Wanderungen durch das Riesengebirge«, Tiefen- und Höhenerlebnis konstatierend: »Statt, daß man in der Tiefe der Schneegrube von den ungeheuren Felsenwänden wie in dem erhabensten Tempel eingeschlossen war und nichts als das Große der Gegenstände neben seiner eigenen Kleinheit und Beschränktheit empfand, fühlt man auf der Höhe des Großen Rades sein ganzes Wesen so erweitert und ausgedehnt, so daß es wohl Zeit und Mühe lohnend ist, sich diese verschiedenen Gefühle zu schaffen und darüber seine ästhetischen Betrachtungen anzustellen ... Man schwebt über die Tiefe des Tales hinüber zu den von der Zwischenluft so sanft blau tingierten Bergen, verweilt wie der Schmetterling auf seinen Blumen auf den Gegenständen, die das Auge vorzüglich anziehen, und würde, hätte man den schweren, langsamen Körper nicht, lieber gleich von einem Berg zum anderen hinschweben.«[28] Und J. Dittrich beschreibt den Eindruck des Elbfalls in seinen 1815 herausgegebenen »Bemerkungen auf einer Reise durch Schlesiens schönste Gegenden«: »... Auf schwammigstem Moosboden wandelten wir hinunter zum hundertfältigen Elbfall. Über dem Abgrund hängt ein Granitblock, und über ihn hinweg legt sich der Wanderer und blickt über unzählige Felsterrassen hinab in den Elbgrund. Das schwache Wasser stürzt mehr plätschernd als tobend von Absatz zu Absatz und siedet und schäumt hinunter in gräßliche Tiefe. Der Fall ist offen, denn auf beiden Seiten sinken die Berge schnell zurück und bilden das schauerlich-erhabene Becken, welches der Elbgrund heißt und weit hinab sichtbar ist. ... Wir schritten quer durch den Elbfall auf schlüpfrigen Steinen zum anderen Ufer und schraubten uns, ... schweißtriefend, die hohe steile Lehne hinan, welche, vom Spitzberge südwestlich herabfallend, uns zu den Grubenrändern gelangen ließ.«[29]

In geschliffener Sprache übermittelt uns der so vielseitig begabte Arzt, Maler und Naturphilosoph Carl Gustav Carus (vgl. S. 186) sein Riesengebirgserlebnis, das er während einer Wanderung im August 1820, auf verwandten Wegen, die schon Caspar David Friedrich (vgl. S. 191) zehn Jahre zuvor eingeschlagen hatte, erfuhr. Es erschien in seinen 1865/66 in Leipzig veröffentlichten »Lebenserinnerungen und Denkwürdigkeiten«[30]: »Auch diese in vier Tagen vollendete Tour über den Kamm des Riesengebirges, mit allen Glanzpunkten, die unter den Namen des Zackenfalles, der Elbquellen und Elbwiesen, des kleinen und großen Rades, der Sturmhaube, der Dreisteine und der Schneekoppe bekannt sind, hat mir einen tiefen und unvergeßlichen Eindruck hinterlassen. Hatte ich bei Rügen zum erstenmal die größern Wellen der See kennengelernt, so war mir dies Gebirge wie eine große beruhigte Welle an der Erdfeste des Planeten. Überall erkennt man zwar noch das harte starre Gerüst des granitenen Skeleton dieser Höhenzüge, aber nur einzelne Klippen, und diese meistens als Trümmerhaufen, ragen aus dem schon durch vieltausendjährige Verwitterung gerundeten, dem organischen Leben wieder zugänglich gewordenen erdigen Überzuge als von weitem kaum merkbare Störungen der großen Wellenlinien des Ganzen heraus! Und welche Zartheit ist in diesen Linien, die weich geschwungen, wie schwer treu nachzuzeichnen sind sie! Steht man auf den Elbwiesen, da, wo unser schöner Elbstrom als kleiner Bach zwischen einem Alpenrasen und leicht zu überschreiten dahinfließt, und blickt man nach den sogenannten Siebengründen hinein, wo mächtige Höhen in feinen Lufttinten sich heraufheben, wie hat man da Gelegenheit, abermals die Schönheit der Konturen, aber in ganz anderer Art als an den fast waagerechten Horizonten der See und der Rügenschen Küste zu bewundern! Ja, streckt sich denn, von Warmbrunn aus gesehen, nicht die gesamte Masse des Riesengebirges fast gleich den zartgeschwungenen Linien eines schönen Frauenkörpers dahin! Dies alles also war mir neu und gab mir viel zu beobachten. Dazu nun die reine, so noch nie geatmete Alpenluft dieser Höhen, die schon merklich abweichende Vegetation, zumal die weiten Strecken des seltsamen Knieholzes, welches, in dem Verwebtsein seiner Wurzeln und Zweige fast undurchdringlich, viele Abhänge und Rücken überzieht, die weiten Fernsichten ins offene Land, die anderen Farbtöne der Luft bei den herrlichen Morgen- und Abendröten; man möchte wochenlang verweilen, um alles dies durch ausführliche Studien sich vollständig einzuprägen.«
Fast zwei Jahrzehnte später, 1838, durchwanderte auch im August Ludwig Richter (vgl. S. 208) das Gebirge und begleitete seine Etappen mit skizzenhaften Tagebucheintragungen. So notiert er am Sonntag, den 13. August: »Es wurde schön. Schmutziger Weg nach dem Kynast ... Als ich kam, war noch alles still. Heiliges Waldrauschen. Sabbathgefühl. Herdenglocken im Walde. Die Gebirge enthüllen sich. Erzählungen eines Alten auf dem Thurme, wo ich die erste Ansicht des nebelfreien Gebirges hatte. Im Hintergrund die Schneegruben. – Weg an dem brausenden Bober [hier irrt Richter: der Zacken] nach Schreiberhau. Vitriol-

Der Große oder Schwarze Teich

Der Blick von der Nordwestseite des Steilhanges am Großen Teich mit der Schneekoppe im Hintergrund – so wie ihn die Heliogravüre zeigt – zählt zu den großartigsten Eindrücken, welche die Bergwelt des Riesengebirges offenbart. Oben auf der Kammlinie, in einer Höhe von 1410 Meter, errichtete man 1888/89 die Prinz Heinrich-Baude. Der Teich mit einer Länge von 551 Meter, einer Breite von 172 und einer Tiefe von 23 Meter liegt etwa 180 Meter tiefer. Carl Herloßsohn stellt 1841 fest: »Dieser Teich enthält weder Fische noch Insekten, durch seinen Abfluß entsteht die Große Lomnitz. Sein Ufer ist ein gewaltiger Steindamm, bewachsen mit Knieholz und anderem wilden Gesträuch. Sein Anblick ist mehr wild und erhaben als pittoresk. Über den Damm gelangt man gegen die Westseite des Teichs, wo mächtige Felstrümmer bis in die Hälfte seines Wasserspiegels sich hinein erstrecken. Auf diesen kann man bis über die Mitte hinübergehen, wodurch man eine schöne Aussicht auf die Schneekoppe erhält.« (Zitiert nach: C. H., Wanderungen durch das Riesengebirge... Leipzig [o. J. 1841]; Neuausgabe München 1978, 147) Vgl. auch das Bild Carl Ernst Morgensterns S. 202.

werk. Kaffee und Kuchen im Garten. Wundervolle Wasserfälle. Der Kochelfall. Weg durch den Wald nach Marienthal. Liebliche Berghütten zu Schreiberhau gehörig. ... Ein armes Schneiderlein wird mein Führer. Stille Sternennacht und Gebet.
14. August. Früh an den Zackenfall. Die Kluft – Wassersturz, der mich ganz betäubt. Die Schlesische Baude. Schöne Pflanzen. Wunderliche Milch- und Käsewirtschaft. Die Quarksteine, schöne Everdingische Granitgruppe. Mächtiges sanft gezogenes Gebirge, mit Streifen Knieholz bewachsen, sonst kahl, gelbrötlich, von Wolkenschatten und bläulich geisterhaften Lichtern zart überflogen ... eine Natur hier, als vernähme man noch Schöpferworte von jener großen Woche ... Schöner Abend. Spindler- oder Richterbaude. 7 Damen, Herren und 17 Führer und Träger. 30 Forellen ... Wir sitzen im Hausflur. Lustige Küche, Mädchen. – Weinsuppe. Nacht auf dem Heu, kalt.«[31]
Erzählfreudig – so wie die Stahlstiche des Riesengebirges nach seinen Vorlagen – berichtet Ludwig Richter über seine Eindrücke. Es ist die heitere biedermeierliche Wirklichkeit. Auch Carl Hauptmann greift in seinen Tagebuchaufzeichnungen, ein gutes halbes Jahrhundert später, die heile Welt des Riesengebirges auf, aber wie anders, durchtränkt nun von subjektiv-naturalistischem Erleben.
»Ein herber Frühling empfängt uns – ein echter Gebirgsfrühling. – Die Buchen sprießen golden auf dem schwarzen Tannengrund. – Die Bäche rauschen und gurgeln allenthalben. – Oben auf dem Kamme spinnen noch Nebel überm Schnee, und mit der Sonne, die früh hinter den Bergen versinkt, flieht der warme Hauch ... Mir ist, als träumte ich, die Welt, die mir noch eben so nahe war, all die Menschenkämpfe um Glück und Gunst, alles – Neid und Leid, Himmelssturm und Erdenqualen, alles sei versunken in den Abgrund hinter den Bergen. Und nur dieses eine sei da –: dieser nebelumwobene Grat in der Luft, diese grünen Matten – verstreute Hütten – dieser ätherhelle Himmel darüber gewölbt – und waldige Schluchten und Höhen – und Finken, die verloren singen, und Lerchen – und Blüten, die verloren blühen – und klar und rein alles, wie unberührt von aller Bedürftigkeit ...« Oder an anderer Stelle: »Kennt ihr die Lust – hoch oben in den Vorbergen – Schneeschuhe unter den Füßen – auf einem weiten Winterfelde stehen – Flockenwirbel um und um? – Tief unten traumhaft wie in Nebeln einzelne Hütten? – Frei aufatmen – und dann jauchzend hinab wie auf Flügeln! – Hinabgleiten über den weißsamtnen Hang wie ein Windeswehen – so leise und so leicht! ... So hab ich in tiefer Einsamkeit oben gestanden – Totenruhe rings – hab rückschauend das Leben in den Städten verlacht – bin von Kraft und Freiheit berauscht in mein winterschlafendes Bergnest gesaust – und habe immer, immer wieder gefühlt, ein Mensch zu sein.«[32]
Abgeklärter, distanzierter verleiht im Rückblick Gerhart Hauptmann seiner Bindung an das Riesengebirge Ausdruck, wenn er schreibt: »Versetze ich mich in die Zeiten zurück, als ich mich in der doch recht ungewöhnlichen Riesengebirgswelt heimisch machte, so registriert die Erinnerung eine neue Art der Verbun-

Die Schneegruben

Ihre Form wurde – ebenso wie die der weiter östlich liegenden Teiche oder des Melzer- und Riesengrunds – vor allem durch die Eiszeit (Pleistozän) aus dem Bergmassiv gefräst. Weit unten stauten sich losgelöste Felstrümmer, Geröllmassen und Sände zu mächtigen Wällen (Endmoränen). Immer wurden die Schneegruben als besonders eindrucksvolle Partien des Riesengebirges, als »von fürchterlicher Erhabenheit« (Berndt) beschrieben und gerühmt. Die östliche, unter dem Hohen Rad gelegene Große Schneegrube, deren Moränenbogen zwei Teiche zwischen Knieholz umschließt, ist von schroffen Felswänden umstanden, die im Südosten bis zu 212 Metern fast senkrecht emporragen. Gegenüber der westlich gelegenen Kleinen, auch Schreiberhauer Schneegrube ist sie durch einen Felsgrat, der zum 70. Geburtstag Wilhelm Bölsche (vgl. S. 185) gewidmet wurde, getrennt. Von ihm aus eröffnet sich wohl der schönste Ausblick in beide Abstürze. »Der obere Theil der (Kleinen) Grube besteht aus senkrecht, zerklüfteten Wänden von sehr dichtem feinkörnigen Granit, welcher flözartig liegt ... Am Westabhange sieht man in dem röthlichen Granit einen grauweißen Gang, der von oben herabgeht; dies ist ein ganzes mit einer weißgrauen Flechte überzogenes höchst merkwürdiges Basaltlager ... Es ist in ganz Deutschland, ja vielleicht in Europa, kein Punkt bekannt, wo der Basalt mit dem Granit so innig verbunden und in so bedeutender Höhe gefunden würde ...« (Berndt Johann, Wegweiser durch das Sudeten-Gebirge. Breslau 1828). Auf dem Kamm, neben den Granittürmen, im Schutze der Felsen der »Teufels- oder Rübezahlkanzel«, liegt in einer Höhe von 1490 Metern seit 1837 die Schneegrubenbaude, die, mehrfach baulich geändert, schließlich 1895/96 ihren charakteristischen Baukörper mit Aussichtsturm und großer Glasveranda erhielt (nach dem Krieg teilweise zerstört).

denheit mit der Natur. Diese bot sich ganz anders und in beinahe immer reger Dramatik dar, anspruchsvoller als in der Ebene oder am Fuß der Salzbrunner Vorberge. Der Vergleich führt auch auf Erkner zurück, die märkischen Seen und märkischen Wälder. Da fiel die Natur, oder sagen wir: Landschaft, nachdem sie ihren unendlich tiefen, ernsten Akkord einmal angeschlagen, in melancholisches Schweigen, eine Art existierender Nichtexistenz zurück. Hier war man von waldigen Bergen eingeschlossen. Man schritt bergauf oder schritt bergab, man schlängelte sich auf Fußsteigen über Lehnen und Böschungen, man verließ den Weg, kletterte, sich an Baumstämmen haltend, über Wurzelwerk oder rutschte ab. Ein Felstal, eng, granitenen Getürms links und rechts, tat sich auf, durchrauscht von den kupferfarbenen Wassern des Zacken. Sie schwollen mitunter gleichsam zu einem hüpfenden, springenden, rauschenden, tosenden, reißenden Heerwurm an. Etwas Befreites, Frohlockendes, Tolles lag darin. Da war im Gewirr der Blöcke des Flußbetts eine Tiefe, ein Stillstand, eine Teufe, wie der Gebirgler sagt. Sie führte den Namen ›Schwarze Wog‹. Hier hausten Nymphen und andere Berggeister. Die Holzfäller sagten, hier habe kein Lot je Grund gefunden. Ich sah mich nicht um nach Berggeistern oder nach Rübezahl. Es war aber trotzdem nicht zu verhindern, sie guckten mir durch die Fenster ins Haus hinein. Zu allen Zeiten des Lebens wirkt die Erinnerung, und immer wird sie, wenn auch die Lotung wie bei der Schwarzen Wog ins Grundlose fällt, in die Tiefen der Jugend hinabsteigen. ... Mit alledem ist zu wenig gesagt. Als ich hierher kam, ahnte ich kaum, in welchem Maße mich diese gewaltige Welt sich angleichen sollte. Sie umschloß mich mit ihrer tiefen Magie. Sie ließ nicht nach, mit der wilden Dramatik ihrer Gewölke, ihren Föhnen und Äquinoktialrasereien zugleich den Zauber der Jahreszeiten, den unerschöpflichen Reiz alpiner Schönheiten zu entfalten. Je mehr ich mich in das Damals hineinsinne, je ungeheurer in meinem kleinen Leben erstehen die Folgen jenes Schritts, der mich in diese Gebirge führte. Sie wurden die eigentliche Welt in der Welt für mich. Der Sinn meines Lebens in der Welt zum wahren Sein und Genießen darin ward mir hier erschlossen. Und ich wollte darüber hinaus nichts sehen, was nicht durch diesen Rahmen gesehen wurde ... Trat ich doch nur mit Überwindung aus ihm heraus und gewann durch alles das, was Höhen und Tiefen, Täler und Gipfel mir sagten, in die Tiefen und Höhen darunter und darüber hinaus einen unbeschränkten geistigen Blick ...

Die Natur also stellte hier überall ihre Forderung. Nicht wie ein Despot, sondern ähnlicher einer Magna Mater, die ihre Reize nur dem Tüchtigen schenkt. Oft stiegen wir auf die Hochebene des Gebirgswalles über die Baumgrenze. Dort sind die sogenannten Bauden spärlich verstreut. Die Luft ist dünn, und man wandert leicht. Das Auge dringt weit über Schlesiens Erde. Wieder und wieder erstieg man die Schneekoppe, wo das Lichtphänomen eines Sonnenaufgangs bei klarem Himmel berauscht, fast betäubt. Die Stille des ›Kamms‹ – wer wollte es leugnen? – ist rätselhaft. Das magische Schweigen des Bodens nicht minder. Ich habe

Schneekoppe und Riesengrund
(Text siehe nächste Seite)

das nicht im Schwarzwald, auch nicht in den Alpen auch nur ähnlich gefühlt. Es ist aber eine sprechende Ruhe, ein sprechendes Schweigen, als könnte sich jeden Augenblick ein hunderttausend Jahre verschollenes, in die Geheimnisse des Granites gefesseltes und gebanntes Leben mythisch und mystisch wiederherstellen. An gewissen Stellen, so in der Nähe der Schneegruben, liegen Halden verwaschener Blöcke, die selbst einer nicht ganz leicht erregbaren Phantasie Formen und Lebewesen darstellen, Fische, Seehunde, Wasserjungfern von der Art, wie man sie da und dort im Mittelalter beschrieben hat. Türme ähnlicher Gebilde riesiger Granitblöcke zeigen sich. Pferdeköpfe, Turmsteine, Quarksteine, was augenscheinlich auf Zwerge deutet. Die alte Schieferkappe der Schneekoppe, Rest der Gesamtbedeckung, hat kleine Platten, die nach Veilchen duften, überdeckt mit Veilchenmoos. Köstlich hier oben in reinster Luft diese duftenden Steine. Nicht zu erschöpfen, wie hier Natur jeden Augenblick beschäftigte und gleichsam zwang, so wenig wie möglich von der unendlichen Fülle der Schönheit und Gewalt ihres Jahreslaufs zu versäumen.«[33]

Gerhart Hauptmann hat vielleicht hiermit dasjenige sprachlich gefaßt, was alle künstlerisch aussagefähigen Bewohner dieses Gebirges durchdrang und was sie an dieses Riesengebirge kettete, was sie förmlich zwang, immer wieder von neuem dem wechselvollen Gesicht dieses Berglandes nachzuspüren, um hinter dem geheimnisvollen »Mienenspiel« dem rätselhaft erscheinenden Wesen näher zu kommen.[34] Wohl das muß es gewesen sein, was Georg Wichmann auftrieb, oft gegen drei Uhr morgens – noch in tiefer Nacht – zu seinem geliebten Partschweg zu gehen, um die ersten Sonnenstrahlen an den Rändern der Schneegruben zu erhaschen, oder wenn er selbst in Gewittern – Sturm und Regen trotzend – die jeweilige Stimmung einzufangen suchte.

Schneekoppe und Riesengrund (Abb. s. S. 32)

Mit 1603 Metern ist dieser Berg der höchste Gipfel des Riesengebirges, der sich etwa 260 Meter über dem Rücken des Gebirgskammes erhebt. Er hat die Form eines abgestumpften Kegels, besteht aus Granit mit Schieferhaube und ist mit Gneis und Glimmerschieferblöcken und -platten bedeckt. Über den Gipfel lief einst die deutsch-tschechoslowakische Grenze, die heute durch die polnisch-tschechische abgelöst wurde. Der vielbesuchte Berg, den 1790 auch Goethe, später Königin Luise, Kleist, Theodor Körner oder Caspar David Friedrich bestiegen, bietet einen weit reichenden Ausblick über Niederschlesien, den östlichen Teil der Oberlausitz, die Grafschaft Glatz und Böhmen. Gepriesen werden die grandiosen Sonnenaufgänge auf der Schneekoppe. Der Aufstieg von Schlesien erfolgte zumeist unmittelbar vom westlichen Kamm oder durch den Melzergrund, von böhmischer, südlicher Seite durch den Riesengrund mit dem Aupatal. Er vermittelt wohl den imposantesten Anblick des Berges mit den 600 Meter ansteigenden Steilhängen auch des Brunnberges. Dieser Riesengrund ist, wie Herloßsohn berichtet, »ringsum von schroffen Felswänden eingeschlossen ... [und] bildet den Anfang des großen Aupentals, das die Aupe durchströmt und worin das schöne Dorf gleichen Namens liegt. Es endigt erst bei seinem Ausgang nach Trautenau; betritt man es von der böhmischen Seite, vom Flecken Freiheit aus, so entfalten sich ... immer größere Naturschönheiten, immer mächtigere Berge steigen empor. Oberhalb Großaupe scheint das Tal mit einem Mal verschlossen zu sein, hier aber öffnet die Aupe plötzlich einen Durchgang, und man steht im tiefen Grund vor der hohen Riesenkoppe.« (Wanderungen durch das Riesengebirge ... Leipzig [o. J. 1841]; Neuausgabe München 1978, 146).

Künstlerkolonien als Refugien in Europa und im Riesengebirge
Ursachen ihrer Entstehung und geistige Hintergründe

Es ist kaum verwunderlich, daß die ungewöhnlich reizvolle Riesengebirgslandschaft kreative Menschen anzog. Waren es in der ersten Hälfte des 19. Jahrhunderts vor allem bildende Künstler, die als »optische Eroberer« das Bild für den Betrachter vorformten, und erfuhr das Gebirge durch die Neigung des preußischen Königshauses eine gewisse Popularität in den »oberen Schichten«, so ergab sich in der zweiten Hälfte des 19. Jahrhunderts, vor allem im letzten Viertel, eine Annäherung aus anderen Motiven. Künstler und Adel hatten zuerst die Landschaft als Ausdruck waltender, übergeordneter Mächte entdeckt, zugleich das Anders geartete, vielleicht Pittoreske, erlebt und erkundet. In der zweiten Hälfte des Jahrhunderts wandelten sich die beinahe verborgenen, schwer erreichbaren, noch als urtümlich vermuteten Zonen, wie das Riesengebirge, zu Refugien für Menschen, die sowohl den mißlichen Konsequenzen sozio-ökonomischer Wandlung in den Städten als auch den erstarrten institutionellen Vollzügen und Traditionen zu entfliehen versuchten. Aber bereits um die Jahrhundertwende wurden manche Quartiere dieser »Exulanten« durch die anschwellende »Sommer- und Winterfrische«, durch Kurort- und Freizeitverkehr eingeholt. Das bedeutete für die Einwohner der Gebirgs- und Seeregionen zwar eine neue Erwerbsquelle, zugleich begann aber damit eine Abnutzung und eine Überschwemmung mit den üblichen Geschmacklosigkeiten der Fremdenverkehrsindustrie. Dieser sich verzahnende Vorgang von Flucht und Erschließung verlief in den verschiedenen Refugien unterschiedlich schnell. Er war von der Eignung, von dem Tempo der Erschließung und von mehr oder weniger »dynamischen Persönlichkeiten« abhängig.
Diejenigen, die der Stadt und dem traditionellen Akademiebetrieb Valet sagten oder für eine bemessene Zeit der Gesellschaft den Rücken zukehrten, waren beileibe nicht nur Asketen oder begabte Söhne einfacher Leute, welche die Welt verbessern wollten, sondern auch – vor allem im letzten Jahrhundertviertel – Ästheten und »Sucher«. Sie führten auch nicht den Stift, sondern die Feder. Hinzu kamen solche, die sich in den Cafés die Köpfe heiß geredet hatten und die bürgerliche Welt verachteten, die, um zu berichten, in die entstehenden und die schon existierenden Künstlerkolonien pilgerten. Diese bildeten sich nicht nur in zahlreichen, noch wenig abgenutzten Orten Europas, sondern sogar auch in Amerika, lebte doch dort beispielsweise Henry David Thoreau[35], den idealistischen Individualismus R. W. Emersons in die Tat umsetzend, von 1845 bis 1847 in einer selbstgezimmerten Blockhütte und vertraute seine Erfahrungen und Erlebnisse dem 1854 veröffentlichten Tagebuch »Walden, or Life in the Woods« an.

Wohl eines der ersten Beispiele einer stark beachteten und Schule machenden Künstlerkolonie war die »Schule von Barbizon«[36], angesiedelt am westlichen Rande des Waldgebiets von Fontainebleau, das mit herrlichem alten Baumbestand, Gewässern, Freiflächen und Lichtungen zu den abwechslungsreichsten Waldungen in der Umgebung von Paris gehörte. Dort begann sich Ende der dreißiger Jahre des 19. Jahrhunderts eine Gruppe auch politisch engagierter Maler niederzulassen, um im Freien vor allem Landschaften zu malen, angeführt von Paul Huet, dem sich bald Jules Dupré, Theodore Rousseau, Narcisse Diaz, Constant Troyon, Charles-François Millet oder Camille Corot anschlossen. Das Wagnis gegenüber der in Europa bisher üblichen Konvention wird deutlich, wenn man sich vergegenwärtigt, daß 1825, nur etwa 10 Jahre zuvor, der Maler Peter Cornelius als neuer Direktor der Münchner Akademie König Ludwig I. von Bayern mitteilte: »Einen Lehrstuhl für Genre- und Landschaftsmalerei halte ich für überflüssig ... – Die Gattungsmalerei ist eine Art Moos oder Flechtengewächs am Stamme der Kunst.«[37] Erst gegen Mitte des Jahrhunderts (Pariser Salon von 1849) begann der Durchbruch dieser Plein-air-Landschaftsmalerei in der Öffentlichkeit, um während der Weltausstellungen von 1855 und vor allem 1867 in Paris geradezu triumphal bejubelt zu werden. Ab Mitte der sechziger Jahre schlossen sich dann auch ungewöhnliche materielle Erfolge an, und fast nahtlos mündete diese Freilichtmalerei durch Claude Monet, Auguste Renoir, Alfred Sisley oder Jean-Frédéric Bazille, die schon 1863 Chailly bei Fontainebleau besuchten, im Impressionismus. Gleichgerichtete Malerkolonien bildeten sich daneben in vielen europäischen Orten, so in Ferme de Saint-Siméon bei Le Havre, dem »Barbizon normand«, im holländischen Haag, dem belgischen Wechsel-der-Sande, im schottischen Cockburnspath, im dänischen Skagen oder in der Toscana in Castiglioncello und Piagentina, in denen sich die »Macchiaioli«[38], die »Farbfleckenmaler«, trafen. Natürlich erlebte auch Deutschland diese »Kolonienbildung«, diese Sezession, in einem besonders ausgeprägten Maße. Gerhard Wietek behandelt in seinem Buch »Deutsche Künstlerkolonien« insgesamt 18 Orte[39], von denen die frühesten bereits nach den Freiheitskriegen aufgesucht wurden und von denen manche bis weit in das 20. Jahrhundert hinein existierten. Zu ihnen zählte auch Schreiberhau im Riesengebirge. Die Anfänge dieser Künstlerkolonie erfolgten, wie die der Mehrzahl, im letzten Viertel des 19. Jahrhunderts bzw. um die Jahrhundertwende. Wie in allen diesen Domizilen begann die Ansiedlung mit nur einem oder wenigen, die dann Kristallisationspunkte von Gruppen wurden. Meistens wurden mehrere nahe beieinander liegende Dörfer Sitz dieser Künstler, von denen dann nur einer namentlich ins Bewußtsein trat. Die Auswahl der Situierung in Deutschland war typisch für die allgemeine Grundstimmung. So bildete sich einmal ein Schwerpunkt an der Ost- und Nordseeküste, besonders auf Rügen und Sylt, zum anderen in den Mittelgebirgen, im östlichen Rheingebiet, in Sachsen und im Riesengebirge, zum dritten eine kleine Gruppe im Alpenvorland bei Dachau, Osternberg, am Chiemsee und schließlich in

Worpswede – Schreiberhau, Wechselbeziehungen zwischen Künstlerkolonien

Heinrich Vogeler (1872-1942), Titelbild zu Oscar Wildes »Das Gespenst von Canterville«. Leipzig: Inselverlag 1906, Beispiel für eine Arbeit eines Hauptvertreters der Künstlerkolonie Worpswede. 1909 besuchte Vogeler, wie er in seinen »Erinnerungen« (hrsg. v. E. Weinert 1952) berichtet, Carl Hauptmann in Mittel-Schreiberhau und Gerhart Hauptmann in Agnetendorf, dessen Märchendrama »Die versunkene Glocke« er im Anschluß illustrierte (vgl. auch Anm. 40, 76).

Der Architekt, Entwerfer und Typograph Peter Behrens (1868-1940), 1899-1903 Mitglied der Künstlerkolonie Darmstadt, widmet 1900 dieser Künstlerkolonie seine Schrift »Feste des Lebens und der Kunst«, ediert bei Eugen Diederichs in Leipzig (Titelblatt in Blau und Braun).

Murnau. Bevorzugt wurden Hügellandschaften, Moorgebiete, Küstenstriche – noch nicht das dramatisch-heroische Hochgebirge der Alpen. Alle besaßen alte Volkskunst-Tradition mit stillen, abgeklärten geologischen Strukturen und einer lang gehegten Kulturlandschaft. Zwischen diesen abgelegenen Gruppen fanden durchaus auch Wechselbeziehungen statt, wurden Anregungen, Gedanken und Bestätigung ausgetauscht.[40] Vier dieser Ansiedlungen, nämlich Worpswede, Dachau, Darmstadt und Murnau, sind früh bekannt geworden, und zwar nicht nur durch die Beteiligung an zahlreichen Ausstellungen, sondern auch durch monographische Buchpublikationen. So schrieb bereits 1903 Rainer Maria Rilke eine erste selbständige Abhandlung über Worpswede[41] und Arthur Roessler 1905 über Neu-Dachau[42]. Andere dieser Kolonien verschwanden aus dem Gedächtnis, sind zum Teil zu Unrecht vergessen worden.
Für die deutschen Ansiedlungen dieser Art bewirkte die Auseinandersetzung mit Fragen wie »Gemeinschaft und Gesellschaft«[43], über Natur und Zivilisation und die Suche nach dem »Edlen und Wahren« eine ständige Spannung. Zudem bedeutete die Konfrontation mit der französischen Kunstentwicklung und den Avantgardeströmungen beständige Kontroverse. Gegenüber der in Frankreich immer subjektiver, zeit- und ereignisbetonter werdenden Sichtweise, die mit einer heller und freier werdenden Darstellung, ebenso mit einer immer stärkeren Durchlichtung und schließlich der Verwendung reiner Farbe verbunden war, verlief der Weg in Deutschland weit verschlungener. Sicher benutzten im ersten Viertel des 20. Jahrhunderts einzelne Gruppen dieser Künstlerkolonien impressive oder neoimpressionistische Bildmittel, auch abstrakte Ansätze werden sichtbar; aber das grübelnde Gedankengut und der unterschichtige romantische Hang mit seinen spezifischen Werten bestimmte letztlich den Tenor, der im 20. Jahrhundert eher zum Expressionismus als zur Abstraktion tendierte.

Kaum ein anderes Buch hat die Gemüter um 1900 so bewegt wie Friedrich Nietzsches (1844-1900) »Also sprach Zarathustra« (1883-1885, erste Gesamtausgabe 1892), natürlich auch in den Künstlerkolonien. Henry van de Velde (1863-1957) gestaltete die üppige rot-goldene Ornamentik des Doppeltitels und der Kapitel-Vorsatzblätter der 1908 im Leipziger Insel-Verlag erschienenen Prachtausgabe.

Für die Entfaltung von Gefühl und Empfindung ergaben sich nach der Reichsgründung im deutschsprachigen Raum durch das Zusammentreffen zahlreicher sich gegenseitig stimulierender Faktoren gute Voraussetzungen. Wagners metapolitisches Gesamtkunstwerk bewegte ebenso die Gemüter (»Religion als Kunst«[44]) wie der stilistische Glanz und die Gedankenfülle Friedrich Nietzsches verbunden mit anti-bürgerlicher Revolte. Durch ihn wiederum wurde Wagner intensiviert. In Wien, Berlin oder Breslau diskutierte man erregt über Nietzsches »Geburt der Tragödie«, die »Unzeitgemäßen Betrachtungen« oder über »Menschliches Allzumenschliches«.[45] Mit den Schriften Nietzsches stieg das Werk Arthur Schopenhauers neu empor, die These vom Vorrang des Willens und damit des »Lebens«, des Instinkts und Triebes. Und mit Nietzsche durchlief das gebildete Deutschland den Bruch mit Wagner, die Heraufkunft des Nihilismus, um schließlich mit »Also sprach Zarathustra« (1885 Privatdruck, erste Gesamtausgabe 1892) dem Buch »Für alle und keinen«, wie es Nietzsche selbst nannte, gegenüberzustehen, in dem die Ausformung eines neuen Menschen proklamiert wurde, dies in einer Zeit, in der man durchaus noch dem Fortschrittsoptimismus huldigte. Dieser »Zarathustra« übte zugleich Kritik an der Zivilisation, an dem Massenmenschen, an der Stadt. Natürlich ging diese Literatur nicht an den Malern und Dichtern in den einsamen Dörfern in Berggebieten und Mooren vorüber. Sie wurden bestätigt und belohnt etwa mit den Zeilen: »O Zarathustra, hier ist die große Stadt: hier hast du nichts zu suchen und alles zu verlieren. Warum wolltest du durch diesen Schlamm waten? Habe doch Mitleiden mit deinem Fuße! Speie lieber auf das Stadttor – und kehre um! Hier ist die Hölle für Einsiedler-Gedanken: hier werden große Gedanken lebendig gesotten und klein gekocht ... Speie auf die Stadt der eingedrückten Seelen und schmalen Brüste, der spitzen Augen, der klebrigen Finger – auf die Stadt der Aufdringlinge, der Unverschämten, der Schreib- und Schreihälse, der überheizten Ehrgeizigen: – wo alles Anbrüchige, Anrüchige, Lüsterne, Düstere, Übermürbe, Geschwürige, Verschwörerische zusammenschwärt: – speie auf die große Stadt und kehre um!«[46]

Aber da waren nicht nur Wagner, Schopenhauer und Nietzsche oder das Kokettieren mit Geheimlehren aus Madras[47], sondern auch der beginnende Vegetarismus[48], die Mazdaznan-Bewegung[49], die sich an zoroastrischen Lehren orientierte und strenge Enthaltsamkeit von Fleisch, Alkohol und Tabak verlangte. Auch die Jugendbewegung begann sich als alternative Kraft zu entfalten, und der Soziologe und Philosoph Ferdinand Tönnies veröffentlichte 1887 sein Buch »Gemeinschaft und Gesellschaft«, das erstaunlichen Zuspruch finden sollte. Obwohl bei Tönnies wohl mehr der Antagonismus der Begriffe angesprochen war, wurde »Gemeinschaft« mehr und mehr ein Wertbegriff, der heute als US-Import, deklariert als Kommunitarismus, seine Wiedergeburt erlebt. Generell war es eine Auseinandersetzung »zwischen Idealismus und Realismus, zwischen Konvention und Naturwollen«, wie dies 1892 Johannes Schlaf und Arno Holz in dem Vorwort der von ihnen veröffentlichten »Neuen Gleise« ausdrückten, oder mit anderen Worten standen sich die Wiedergabe ungeschminkter, naturalistischer Lebenswirklichkeit und eine verstärkt ganzheitlich ausgerichtete, einer integrierten Kulturleistung verpflichtete neuromantische Strömung gegenüber.

Diese vielen Gedanken, Vorschläge und Bemühungen konnten in Deutschland bei dem Blick auf die Landschaft wohl nicht mehr nur mit der Wiedergabe eines Seherlebnisses beantwortet werden. Zudem begannen sich die schweifenden, suchenden Bestrebungen – begünstigt sicher auch durch die Künstlerkolonien – an Begriff und Inhalt von Heimat festzuklammern, aus denen eine Heimatbewegung und eine Heimatkunst hervorwuchsen. Sie trachtete gegenüber der von Berlin ausgehenden Vorherrschaft vor allem großstädtischer Literatur, in der der »Pulsschlag der Volksseele« fehlte, auf Volkstum, Stammesart und Landschaft zurückzugreifen. Gedanken der Romantik, durch die 1890 anonym erschienene, Aufsehen erregende Veröffentlichung Julius Langbehns[50], »Rembrandt als Erzieher«, auch durch die »Deutschen Schriften«[51] Paul de Lagardes neu belebt, wurden von den Programmatikern aufgegriffen. Diese Bemühungen haben in der Heimatliteratur, welche die »Natur« und das »einfache Leben« einer überfeinerten, morbiden Kultur gegenüberstellten, wohl den stärksten Ausdruck gefunden. In dieser Literatur wurde auch die bäuerliche Welt darstellungswürdig. Sie basierte letztlich auf Rousseau und Herder. Vorbilder waren u. a. Hebel, Gotthelf, Reuter oder Storm, daneben Vertreter des poetischen Realismus wie Gottfried Keller, Otto Ludwig oder Wilhelm Raabe, dessen »Stopfkuchen«[52] zu Weltniveau gelangen sollte. Um die Jahrhundertwende entwickelte sich, gefördert durch die Heimatbewegung, eine reiche Stammesliteratur. Darüberhinaus lag es im Wesen des modernen Realismus und Naturalismus, nicht ideale Schauplätze zu erfinden, sondern die Verhältnisse bestimmter Landstriche zu zeichnen. So wird in den Werken von Carl und Gerhart Hauptmann in vielen Fällen das Riesengebirge gespiegelt. Hier begann sich nun der Kreis zu schließen; denn bildende Künstler und Schriftsteller, die sich in der Zeit der Jahrhundertwende um die Hauptmanns in Schreiberhau und Agnetendorf am Fuße des Riesengebirges gruppierten, waren eingebunden in dieses ungemein rege, spannungsreiche, auch divergierende geistige Geflecht, vermochten darauf zu antworten und auch Gehör zu finden. Maler und Schriftsteller trafen sich am gemeinsamen Schauplatz, in gemeinsamen Vorstellungswelten und gemeinsamen, verwandten Beobachtungsformen. Sie vermochten sich gegenseitig anzuregen. Deshalb waren die Künstlerkolonien in Schreiberhau und Worpswede wegen ihrer sowohl bildnerischen als auch literarischen Ausdrucksfähigkeit, trotz ihrer Unterschiede, wohl in einen geistig weiteren Rahmen gespannt und differenzierter als etwa Kronberg im Taunus, Sylt, Ekensund oder Grötzingen bei Karlsruhe – Worpswede durch Rainer Maria Rilke und Schreiberhau durch Carl und Gerhart Hauptmann (vgl. S. 194, 195). Von diesen ausstrahlungsfähigen, geistreichen Menschen in Schreiberhau wurden andere angezogen, so John Henry Mac-

Titel des von Bruno Wille (vgl. S. 218) verfaßten, im Riesengebirge spielenden Romans »Die Abendburg«, der 1909 bei Eugen Diederichs in Jena erschien, bereits 1910 seine zweite Auflage erlebte und von dem 1923 das 38 000ste Exemplar gedruckt wurde. Die Buchausstattung gestaltete F. H. Ernst Schneidler (1882-1956); Wille erhielt den Reclam-Literaturpreis für dieses Werk.

Der in München lebende Maler, Graphiker und Bildhauer Julius Exter (1863-1939) illustrierte 1893 die im gleichen Jahr in Mittel-Schreiberhau von Gerhart Hauptmann (vgl. S. 195) verfaßte und 1894 bei Samuel Fischer in Berlin edierte Erstausgabe des Dramas »Hanneles Himmelfahrt«. Titelblatt.

kay (vgl. S. 200), der schottische Schriftsteller und Wiederentdekker Max Stirners, von dem Richard Strauß eine Reihe von Gedichten vertonte. Er war ebenso wie Bruno Wille (vgl. S. 218) oder die Brüder Friedrich und Artur von Strom Freund Carl Hauptmanns. Wille, Erzähler, philosophischer Monist und Sozialist, schrieb Bekenntnisbücher und weltanschauliche Schriften, Gedichte und naturalistisch grüblerische Romane, gehörte dem Giordano-Bruno-Bund an und gründete 1901 mit Wilhelm Bölsche (vgl. S. 185) die »Freie Hochschule«. Letzterer wiederum, der Ehrenbürger Schreiberhaus, Philologe, Kunsthistoriker und Naturwissenschaftler, dessen Name ein Grat der Schneegruben trug, war ungemein populär. Seine volkstümlich-poetischen Darstellungen naturwissenschaftlicher Probleme, etwa »Das Liebesleben in der Natur« oder »Von Sonnen und Sonnenstäubchen«[53], vor allem seine Aufsätze in der Zeitschrift »Kosmos«, erlebten gewaltige Auflagen. Er war noch in den zwanziger Jahren, wie Hans von Hülsen (vgl. S. 197) schrieb, »Senior der Schreiberhauer Kolonie, war ein Mann des Lebensgenusses: aber sein Genießertum einte sich mit einer Fülle von Geist, Wissen, Produktivität, menschlicher Güte und liebenswürdigem rheinischen Temperament. Der kleine spitzbärtige Herr, der in den Händen hinter dem alterskrummen Rücken stets den Regenschirm trug, war unstreitig die bekannteste Erscheinung in Schreiberhau ... nicht nur ein Polyhistor ohnegleichen, sondern auch ein künstlerisches Temperament, das den trockensten Stoff belebte und anziehend machte, das die kniffligen Ergebnisse exaktester Wissenschaft wunderbar zu popularisieren verstand.«[54] Sein Einfluß als Vermittler eines zur Weltanschauung erhobenen Evolutionismus auf alle monistischen Bewegungen seiner Zeit war groß. Durch Carl Hauptmann und Bölsche, die sowohl Geistes- als auch Naturwissenschaften studiert hatten, war dieser Kreis auch für wissenschaftliche Fragestellungen disponiert, die durch den Nationalökonomen und Soziologen Werner Sombart (vgl. S. 212) ebenso wie durch den Juristen, Berliner Bürgermeister und Schriftsteller Georg Reicke (vgl. S. 207) interdisziplinär erweitert wurde. Dadurch ergab sich eine Gesprächsqualität, die trotz Stammesbindung und Heimatgefühl Welt- und Problemoffenheit zeigte und dieser Gruppe eine spezifische Note unter den Künstlerkolonien gab. Paula Modersohn-Becker aus Worpswede beschrieb treffend diese Situation bei einem Besuch im Riesengebirge in dem Brief vom 17. 1. 1906 an ihre Schwester Milly: »Dann war bei Hauptmanns ein lieber interessanter Kreis. Der Bürgermeister Reicke und seine Frau und der Soziologe Sombart, da gab es dann bei Tisch und Nachtisch immer interessante Debatten unter den Männern. Alle diese studierten Leute wirkten so anders als die Maler, mit denen wir gewohnt sind umzugehen.«[55]

Diese literarisch ausgerichtete Gruppierung der Künstlerkolonie wurde durch eine Reihe von Malern erweitert und ergänzt, von denen einige, wie Adolf Dressler (1833-1881, vgl. S. 188), seit dem dritten Viertel des 19. Jahrhunderts immer erneut das Riesengebirge besuchten. Dressler kam von der Künstlerkolonie in Kronberg, hatte hier einen optischen Verismus kennengelernt, der durch Peter Burnitz unmittelbar mit Barbizon in Verbindung stand. In Kronberg wurde Dressler vor allem durch J. F. Dielmann (1809-1885) und durch den »König von Kronberg« Anton Burger (1824-1905), der ungemein vielseitig arbeitend dort ein halbes Jahrhundert wirkte, angeregt. Dressler übertrug die lockere, koloristisch pointierte Malweise auf seine Riesengebirgsmotive. Als erster Lehrer eines 1880 beim Schlesischen Provinzialmuseum eingerichteten Meisterateliers hätte er hier Gelegenheit gehabt, verstärkt schulbildend zu wirken, zumal seine beiden wichtigsten Schüler, die ihn vor allem bei seinen Riesengebirgswanderungen begleiteten, Gertrud Staats (vgl. S. 213) und Georg Müller-Breslau (vgl. S. 203), wesentliche Beiträge zur schlesischen Freilichtmalerei geleistet haben. Jedoch starb er bereits 1881, verursacht durch Überarbeitung an einem riesigen Panoramabild des Riesengebirges für die Schlesische Gewerbeausstellung 1880 in Breslau. Dressler war für diese Aufgabe letztlich ungeeignet, weil ihm eine verinnerlichte Gesamtschau im Sinne C. D. Friedrichs fehlte, noch ihm eine illusionistische, bühnenbildartige Dekorationsmale-

1898 und 1900 veröffentlichte Wilhelm Bölsche (vgl. S. 185) in zwei Bänden sein Aufsehen erregendes popular-wissenschaftliches Werk »Das Liebesleben in der Natur«, das 1927 in einer erweiterten, bei Eugen Diederichs in Jena edierten Ausgabe den Druck von über 80 000 Exemplaren erlebte. Titelblatt.

Wilhelm Bölsche

Das Liebesleben in der Natur

Eine Entwickelungsgeschichte der Liebe

Erster Teil

79–81. Tausend.

Stark vermehrte und umgearbeitete Ausgabe

Verlegt bei Eugen Diederichs in Jena

1 9 2 7

rei gegeben war. Es scheint tragisch, daß Dressler an der veralteten, trivialen Aufgabe scheiterte, einem Panoramabild, einem Zwitter zwischen Bänkelsängerdarstellung und aufdämmerndem Kino, lagen doch seine Fähigkeiten in der Darstellung der intimen, stillen und konzentrierten Vorgebirgslandschaft.
Sein Nachfolger als Leiter der Landschaftsklasse und der Klasse für graphische Künste in Breslau, Carl Ernst Morgenstern (vgl. S. 202), war ebenso wie Dressler mit dem Riesengebirge verbunden. Hatte Dressler Impulse durch die Kronberger Künstler erhalten, so Morgenstern durch die in Dachau bei München, war dort aufgewachsen und hatte vor allem durch Eduard Schleich d. Ä.[56] Anregungen erfahren. Sein Motivrepertoire war breiter als das Dresslers, seine Pinselfaktur flüssig. Er malte rasch, ausschnitthaft den Eindruck bannend. Neben der Ölmalerei hat er auch aquarelliert und radiert. Ihm lag auch das Dekorative. So malte er u. a. eine Gaststube der Prinz-Heinrich-Baude aus. Generell war Morgenstern lebenstüchtig, auch in der Vermarktung seiner Kunst, ahnte den Strom der Zeit und die Zukunft des Gebirges, die wohl mehr in der Erschließung für Fremdenverkehr und dem Kuraufenthalt lag als in dem stillen Malerrefugium. Es machte ihm nichts aus, seine Kunst auch als reproduzierte Postkarte zu sehen. Unbekümmertheit und Positivismus machten ihn zu einem vorzüglichen Vermittlungsglied zwischen Kunst und Gesellschaft. So schrieb er 1912: »Es ist noch nicht lange her, daß Maler die Höhen des Gebirges zum Tummelplatz ihrer Studien gemacht haben. Es kostete erst einen schweren Kampf, den Laien begreiflich zu machen, welche Farbenpracht sich hier oben entfaltet, welche herrliche Stimmungen sich beobachten lassen, und wieviel Malerisches sonst noch sich dort verbirgt ... es bedurfte jahrelangen Ringens, um die wunderbare Schönheit unseres Gebirges der Allgemeinheit glaubhaft zu machen.« Und an anderer Stelle: »Ich habe vordem keinen Maler im Winter da droben getroffen, denn es war ein schlechtes Fortkommen ohne den damals hier noch unbekannten Schneeschuh, ein lustiges Malervölkchen überwinterte aber bald mehrere Jahre auf dem Kamm, und Sport und Kunst gingen Hand in Hand.«[57] Daneben besaß Morgenstern vorzügliche pädagogische Fähigkeiten und schloß zahlreiche fähige Maler für das Riesengebirge auf, so auch Alfred Nickisch und Georg Wichmann, die sich zum Kern der Schreiberhauer Künstlerkolonie im ersten Viertel des 20. Jahrhunderts entwickeln sollten. Morgensterns Malerei suchte die ereignisreiche Natur im Riesengebirge unmittelbar im Freien zu jeder Tages- und Jahreszeit. Sein Duktus ist locker, er arbeitete mit breitem Pinsel, löste sich vom Darstellungswert der Farbe und verlieh ihr schönenden Eigenwert. Gedankenbefrachtung oder Landschaft als subjektiver Gefühlsträger wurde vermieden.
Daneben bot das Riesengebirge mit Schreiberhau eine zweite Facette malerischer Aussage, die vor allem durch Hermann Hendrich (1856-1931) vertreten wurde. Durch seine Freundschaft mit Bruno Wille (vgl. S. 218), dem Mitbegründer der deutschen Gartenstadtbewegung, der starken Einfluß auf Hendrich ausübte, erfolgte zugleich eine Verklammerung mit der literarischen Gruppe.

Die Sagenhalle
des Rieſengebirges
(Schreiberhau)

Der Mythus von Wotan-Rübezahl
in Werken der bildenden Kunſt

Acht Bilder von Hermann Hendrich
Rübezahl-Standbild von Hugo Schuchardt
Bauwerk von Paul Engler
Der ſchlafende Wotan. Standbild von Prof.
Rudolf Maiſon
Erläuterung von Dr. Bruno Wille

Elftes bis fünfzigſtes Tauſend.

Verlag der „Sagenhalle“ G. m. b. H.
Berlin und Mittel-Schreiberhau
1904

Informationsschrift der »Sagenhalle« in Mittel-Schreiberhau. Sie erschien erstmals 1903. Hier wiedergegeben das Titelblatt der zweiten Auflage von 1904.

In Hendrichs 1903 errichteter Sagenhalle in Mittel-Schreiberhau zeigte der aus acht großformatigen Bildern bestehende Rübezahl-Wotan-Zyklus enge Zusammenhänge mit der literarischen Welt. In ihm gelangte die eigentümlich mystische Stimmung der »magischen Talsenke«[58] auch in der Malerei zum Ausdruck, die bei Gerhart Hauptmann, Wilhelm Bölsche oder Bruno Wille in gleicher Weise vorhanden war, wie bei Carl Hauptmann, der feststellte: »Mancher moderne Tor hält ›Mystiker‹ sein für ein Verbrechen des Künstlers. Wann und wo waren je große Künstler anders? Wann und wo hatten sie ihr Haus anders, als an das dunkle, reiche, wogende Meer der großen Ahnungen und Erkennungen und Gesichte gebaut? Sie tauchten in jene Flut das eigene, einzelne, vergängliche Leben und erhoben es daraus als dauernde Gestalt und als unvergängliches Gleichnis.«[59]

Hendrich befrachtete in seinem Zyklus die Riesengebirgslandschaft mit dem Walten Rübezahls als Träger germanischer Götterkulte. Zweifellos traf er damit eine nicht nur im Riesengebirge verbreitete Stimmung, die sowohl in dem floralen Jugendstil als auch in den schweifenden, brodelnden Gefühlsströmen einen Ankerplatz suchte, um sie in Landschaft, Natur, Heimat oder einem erträumten Gral zur Ruhe kommen zu lassen.
Schreiberhau und das Wesen des Riesengebirges zogen diese zeittypischen Vorstellungswelten an und brachten sie in Dichtung und Malerei zur Konkretisierung. Das Fluidum des Ortes hatte die Mächtigkeit, als Katalysator zu wirken und schlug kreative Menschen in seinen Bann. Dies verlieh dem Gebirge eine besondere Ausstrahlung. Sie vermochte selbst dem immer stärker werdenden Fremdenverkehr zu trotzen.
Georg Wichmann ließ sich in dieser Zeit, im dritten Jahrzehnt seines Lebens, als Maler im Riesengebirge nieder, durchlief im Hauptmannhaus in Mittel-Schreiberhau, in Cunnersdorf und Kiesewald diese Gedankenwelt, erlebte noch in den Hochlagen und in den Dörfern um Fischbach die weitgehend intakte Natur oder gehegte Kulturlandschaft und das heraufdämmernde neue Jahrhundert, das noch durchaus von den nach Verinnerlichung suchenden Strömungen des 19. Jahrhunderts bestimmt wurde.

Titelblatt des 1913 bei Rowohlt in Leipzig erschienenen Romans von Carl Hauptmann (vgl. S. 194) »Ismael Friedmann« mit Widmung an die zwischen 1911 und 1919 in Ober-Schreiberhau lebende und arbeitende Textilkünstlerin und Malerin Wanda Bibrowicz (vgl. S. 183). Dieses Exemplar wird im Haus Schlesien in Königswinter bewahrt.

Ismael Friedmann

von

Carl Hauptmann

1 9 1 3

Ernst Rowohlt Verlag in Leipzig

Wanda Bibrowicz

mit viel Verehrung zur
fröhl. Weihnacht
Mittel Schreiberhau
1912
Carl Hauptmann

Die Künstlerkolonie Schreiberhau und Georg Wichmann

Die Nennung des Namens Schreiberhau[60] als Ort der Künstlerkolonie[61] im Riesengebirge ist lediglich eine Art Metapher. Ähnlich wie Worpswede[62] nicht ohne Fischerhude oder Westerwede im Rahmen der eigentümlichen Moorlandschaft erfaßt werden kann, so kann auch die Schreiberhauer Künstlerkolonie nicht ohne das Riesengebirge, ohne Hirschberg, Warmbrunn, Hermsdorf, Kiesewald, Bärndorf oder Wolfshau gedacht werden. Sicher war Schreiberhau ein Kristallisationspunkt, insbesondere für die Literatur, ausgehend von der Ansiedlung der Brüder Hauptmann um 1890, dann wieder durch die Gründung der Vereinigung bildender Künstler St. Lukas für die Malerei am Ende des ersten Viertels des 20. Jahrhunderts; aber die bildenden Künstler waren, ähnlich einer Streusiedlung, in mehreren nahegelegenen Dörfern ansässig. Sie waren meist Eigenbrötler, trafen sich hin und wieder, ließen sich aber in Ruhe gemäß der Stachelschwein-Parabel Schopenhauers[63]. Schließlich waren sie der Stadt, ihrer Deformation und Menschenansammlung entflohen. Immerhin war aber Schreiberhau in seiner Flächenausdehnung mit 75 Quadratkilometern nicht nur die größte Gemeinde des Riesengebirges, sondern Preußens und übertraf 1905 damit noch Berlin. Seit 1902 wurde es durch sechs Bahnhöfe erschlossen, dehnte sich über unterschiedliche Höhenlagen von etwa 500 bis 900 Meter[64] – ja in seinen extremen Höhenlagen über 1350 Meter –, umschloß Berge, Täler, Hochmoore und war zum großen Teil erfüllt von gewaltigen, im Besitz der Grafen Schaffgotsch befindlichen Waldungen. Seine Siedlungen verdichteten sich an dem vom Zacken und Zackerle durchflossenen Mariental; Streusiedlungen bildeten »Kolonien« an den Hängen des Iser- und Riesengebirges. Die Hauptachse des Marientals, die Wilhelmstraße, barg das Versorgungs- und Unterhaltungszentrum mit Geschäften, Lokalen, Hotels und Cafés; seine Sanatorien – von einem reinen, rauhen Klima begünstigt – lagen verborgen in großen Parkanlagen mit nach Norden gerichteten Liegehallen. Der Wanderer der zwanziger Jahre fühlte sich an den »Zauberberg«[65], an Davos, erinnert. Dabei rückten dem Betrachter beim Blick auf die Berge ihre hochliegenden Horizontlinien geradezu auf den Leib. Freie Sicht mit großem, überwölbendem Himmel offenbarte nur der Talblick. Die Architektur Schreiberhaus in seinem Marientaler Kern war belanglos, entsprach etwa der Qualität, die Knut Hamsun bei der Schilderung Schweizer Kurorte anspricht. Die alten Streusiedlungen wie »Kochel-«, »Sieben-« oder »Baberhäuser« mit ihren holzverschalten, vergrauten und niedrigen Bauernhäusern fügten sich dagegen unauffällig der Landschaft ein, waren aus ihr und ihrem Material herausgewachsen. Hier vor allem nisteten sich die Maler, Radierer und Literaten ein, ehe sie sich zum Teil eigene Häuser errichteten oder die bäuerliche Bausubstanz ihren Ansprüchen anpaßten, wie dies Carl und Gerhart Hauptmann in Mittel-Schreiberhau getan hatten.

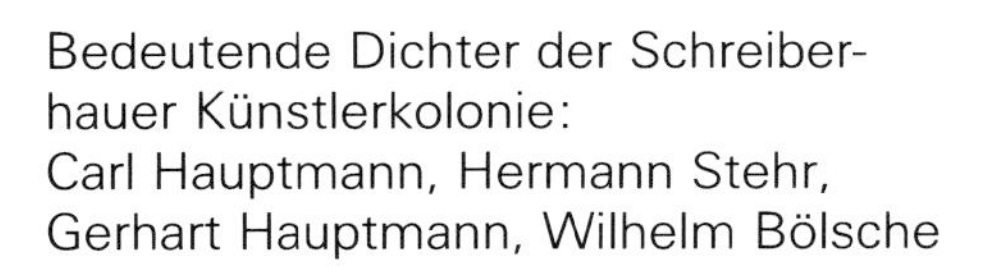
Bedeutende Dichter der Schreiberhauer Künstlerkolonie:
Carl Hauptmann, Hermann Stehr, Gerhart Hauptmann, Wilhelm Bölsche

Carl Hauptmann (vgl. S. 194) lebte von 1891 bis zu seinem Tode 1921 in einem mit seinem Bruder Gerhart erworbenen und umgebauten Bauernhaus in Mittel-Schreiberhau. Hier entstand der größte Teil seines Werkes. Das Anwesen wurde später als Museum genutzt und im Februar 1995 wieder eröffnet.

Der Bildhauer Paul Siegert (vgl. S. 212) schuf 1934 dieses im Besitz des Landes Rheinland-Pfalz befindliche Steinporträt von Hermann Stehr (vgl. S. 213). Der Dichter lebte von 1915 bis 1926 in Bad Warmbrunn und anschließend bis zu seinem Tod 1940 in Ober-Schreiberhau.

Gerhart Hauptmann (vgl. S. 195), aufgenommen 1930.
Er lebte von 1891 bis 1894 in Mittel-Schreiberhau und ab 1901 in seinem großzügigen Haus »Wiesenstein« in Agnetendorf, in dem er 1946 auch starb.

Wilhelm Bölsche (vgl. S. 185) zählte zu den charakteristischen Persönlichkeiten Schreiberhaus, vor allem der zwanziger und dreißiger Jahre. Seine naturwissenschaftlichen Bücher erlebten hohe Auflagen. Innerhalb Schreiberhaus war er vom Siebenhäuser Tal zum Mariental gewechselt. Seine heute weitgehend verlorenen Sammlungen wurden im einstigen Wohnhaus Carl Hauptmanns bewahrt.

Im ersten Jahrzehnt des 20. Jahrhunderts trugen vor allem drei benachbarte Orte zu dem hohen Kulturniveau des Riesengebirges bei: einmal Agnetendorf, dann Bad Warmbrunn und zum dritten Schreiberhau. In Agnetendorf hatte sich Gerhart Hauptmann von Hans Grisebach (vgl. S. 193) 1899/1901 sein schloßartiges »Haus Wiesenstein« errichten lassen, das zur Begegnungsstätte von Menschen des geistigen Deutschlands werden sollte. Hier trafen sich Hermann Stehr (vgl. S. 213), Carl Hauptmann (vgl. S. 194), Rudolf Rittner[66], Johannes Schlaf[67] und viele andere, hier verkehrten in den nächsten Jahren Wilhelm Bölsche (vgl. S. 185), Werner Sombart (vgl. S. 212), Otto Brahm[68], Walter Rathenau[69] oder Paul Schlenther[70]. An den Namen wird ersichtlich, daß sie nicht nur aus dem Norden kamen, sondern auch aus den Nachbargemeinden, etwa aus Warmbrunn, in dem aufgrund einer großzügigen Stiftung, mit Unterstützung des Staates und unter Förderung zahlreicher Persönlichkeiten, eine Holzschnitzschule errichtet wurde, die am 17. November 1902 eröffnet werden konnte. Sie wurde, wie ihr Biograph Günther Grundmann[71] mitteilte, anfänglich von Hermann Walde[72] geleitet (bis 1907), der eine Reihe befähigter Lehrkräfte berief, darunter auch Cyrillo dell'Antonio (vgl. S. 181) aus Moena in Südtirol. Die Schule übte eine starke Anziehungskraft vor allem auf junge Holzbildhauer aus Schlesien aus und erfuhr bereits während der Ausstellung »Handwerk und Kunstgewerbe« 1904 in Breslau, der »Niederschlesischen Industrie- und Gewerbeausstellung« 1906 in Görlitz und im gleichen Jahr während der »Deutschen Kunstgewerbe-Ausstellung« in Dresden Anerkennung. Nachfolger von Hermann Walde wurde 1907 der Bildhauer Richard Kieser[73], dem es gelang, in Gemeinsamkeit mit der Graf Schaffgotschschen Josephinenhütte bzw. der Spitzenschule der Fürstin von Pleß (vgl. S. 206) u. a. für den Schlesischen Hausfleißverein eine Verkaufsorganisation zu gründen, die 1912 in einem gut gestalteten, von dem Architekten Alfred Vogelsang entworfenen Gebäude ihr Domizil fand. Ab 1919 wurde sie von Günther Grundmann (vgl. S. 193) geleitet.[74] Holzschnitzschule und Verkaufsinstitution von Heimindustrie ergänzten sich, schufen einen kulturellen Unterbau, der das lokale Handwerk formal anregte und durch Lehrer und Leiter der Schule die Künstlerkolonie in Schreiberhau erweiterte. Diese wiederum wurde im ersten Jahrzehnt unseres Jahrhunderts noch durchaus von der Dichterkolonie geistig dominiert, besaßen doch Carl Hauptmann, Wilhelm Bölsche, John Mackay oder Bruno Wille bekannte Namen und erwirkte dieser seßhaft gewordene Kern Besuche und Begegnungen. So trafen sich in Mittel-Schreiberhau Samuel Fischer[75] mit seinen Autoren, die Modersohns[76] aus Worpswede, Johannes Guthmann (vgl. S. 194) aus Berlin, der ab 1921 mit seinem Freund Joachim Zimmermann (vgl. S. 219) in Mittel-Schreiberhau ein opulentes Haus bewohnte. Querverbindungen ergaben sich vor allem mit Agnetendorf, etwa mit dem Maler Otto Mueller (vgl. S. 203), der zwischen 1898 und 1908 an beiden Orten weilte, von dem auch Züge in die Gestalt »Einhart des Lächlers« von Carl Hauptmann Eingang gefunden haben sollen.

Eine eigenständige Kolonie bildender Künstler hatte sich in dem Jahrzehnt vor dem Ersten Weltkrieg noch nicht konstituiert. Zwar wurde die von Hermann Hendrich (vgl. S. 196) gebaute Sagenhalle[77] stark frequentiert, waren doch ein Jahr nach der Eröffnung bereits 10 000 Exemplare des von Bruno Wille verfaßten Kataloges verkauft und mußte eine zweite Auflage gedruckt werden; jedoch hatte sich Carl Ernst Morgenstern (vgl. S. 202) 1900 nicht in Schreiberhau, sondern in Wolfshau angesiedelt, Georg Wichmann baute sein erstes Haus im Riesengebirge, das Landhaus »53«[78], in Kiesewald, und Paul Aust war in Hermsdorf ansässig. Aber der Berliner Maler Hanns Fechner (vgl. S. 189) ließ sich 1910 – erblindet – an der Hochsteinlehne in Mittel-Schreiberhau nieder und richtete sich in einem, von einer mächtigen Esche überragten Bauernhaus (vgl. Abb. S. 190), das er »Hütte Hagal« (Hege das All) nannte, ein, um hier noch zwanzig Jahre zu leben und zu wirken. »Wer die magische Schwelle dieser Hütte überschritt«, so berichtet M. Roegner, »... saß drinnen in der großen Stube unter der niedrigen Balkendecke einem alten König gegenüber ... Wie er aussah? Machtvoll, prachtvoll, ein Märchenkönig mit schlohweiß aufgebäumtem Lockenhaar und feinem Genießergesicht – aber die Augen unter der hohen Denkerstirn waren tot. Und der Gast bemerkte das häufig nicht einmal; denn er war alsbald gefangen vom Zauber einer starken Vitalität voll hoher Geistigkeit, voll lachenden Humors.«[79] Hanns Fechner fügte sich vorzüglich in die eigenartige, von Naturmystik bestimmte Atmosphäre Schreiberhaus in dem ersten Jahrzehnt des neuen Jahrhunderts ein, und verstärkte die Klammer zwischen Literatur und bildender Kunst. Von ihm sollte vor allem nach dem Ersten Weltkrieg der Zusammenschluß der bildenden Künstler in der Schreiberhauer und Hirschberger Talsenke ausgehen.
Schreiberhau hatte sich inzwischen zu einem gesuchten Kurort und Wintersportplatz entwickelt. Ein reiches Netz an Wanderwegen, welche später die Namen der Künstler Carl Hauptmann, Hermann Hendrich, Hanns Fechner, Hermann Stehr oder Wilhelm Bölsche tragen sollten, erschloß die Landschaft. An seiner Anlage und Markierung war der 1880 von Theodor Donat (vgl. S. 188) gegründete Riesengebirgsverein, dem ein gleichzeitiges österreichisches Pendant gegenüberstand, wesentlich beteiligt. Im Winter führten Schlitten, im Sommer Pferdekutschen die Kurgäste in die Pensionen, Sanatorien oder Bauden, von denen bei Schnee Hörnerschlitten die in Decken eingehüllten Passagiere in sausender Fahrt zu Tale brachten.[80] 1905 besaß dieser Ort annähernd 5000 Einwohner mit einer entsprechenden Infrastruktur. Neben dem anschwellenden Fremdenverkehr stellte die Josephinenhütte (vgl. S. 198) mit ausgelagerten Schleifmühlen und Glasmalereiwerkstätten für einen großen Teil der Bevölkerung die Existenzgrundlage dar. Die Erschließung und Frequentierung war natürlich nicht auf Schreiberhau beschränkt, sondern war überall im Riesengebirge anzutreffen, und im Tal führte die »Hirschberger Thalbahn«[81] mit einem Streckennetz von 19,2 Kilometern Sportler und Kurgäste an die gesuchten Bergorte heran. Diese »Entdeckung« und Nutzung der Landschaft durch breite Besuchermassen hatte zwangsläufig auch Kehrseiten in Abnutzung, Verän-

derung, ja Zerstörung, die sich konsequenterweise auf den Träger, das Wesen dieses Gebirges, seine Schönheit und Eigenart, deretwegen es ursprünglich gesucht wurde, auswirken mußte. Als Reaktion erfolgte bereits 1904 in Dresden die Gründung des Bundes Heimatschutz[82], der sich gegen die rücksichtslose Ausbeutung der Natur durch die Industrie und den »Unfug des Reklamewesens« wandte. 1905 und 1908 bildeten sich Vereinigungen ähnlicher Art in der Schweiz und in Nordtirol. Dieser Heimatschutz zielte darüberhinaus auf die Erhaltung der geschichtlichen Eigenart, auf die kulturwürdige Gestaltung von Flur- und Ortsbildern, Pflege und Fortbildung der Bau- und Handwerkskultur, der Volkskunst und der überkommenen Kulturwerte.
Der in Schreiberhau geborene Architekt Theodor Effenberger (vgl. S. 189) hatte sich für diese Fragen ebenso eingesetzt wie Bruno Wille (vgl. S. 218) und Wilhelm Bölsche (vgl. S. 185). Die beiden letzteren sahen als Mitbegründer der deutschen Gartenstadtbewegung 1902[83] die Probleme zukünftigen Stadtlebens mit Maßnahmen des Heimatschutzes verzahnt. Das hatte mit Heimattümelei nichts zu tun; denn in gleicher Weise wie Barbizon – ein Synonym für eine emanzipatorische Bewegung in der Malerei – besaßen die von England ausgehende, durch Ebenezer Howard[84] initiierte Gartenstadtbewegung und die Bemühungen um Heimatschutz europäische Maßstäbe. Im Zuge dieser Initiativen erfolgte seit dem beginnenden 20. Jahrhundert auch die Einrichtung von Heimatmuseen mit dem Ziel, sowohl die Denkmäler der heimischen Natur und Kultur zu sammeln, als auch diese in einen größeren Zusammenhang zu stellen und zu erforschen.[85] An diesen Bemühungen nahm das Riesengebirge früh und aktiv teil. Nachdem bereits seit der Gründung des Riesengebirgsvereins 1890 insbesondere durch Hugo Seydel[86] (vgl. S. 212), Hirschberg, Sammlungen zusammengetragen worden waren, konnte 1913 das von Carl Grosser (vgl. S. 193) konzipierte Riesengebirgsmuseum[87] am Kavaliersberg in Hirschberg eröffnet werden, das in seiner guten Proportion und zurückhaltenden Detailgliederung den Maximen ortsgerechten Bauens entsprach. Ebenfalls im ersten Jahrzehnt setzte im Bereich des Baus neuer Gebirgsbauden gegenüber dem türmchenbewehrten Historismus eine Wende ein. Man begann diese Einrichtungen des Fremdenverkehrs vermehrt der Landschaft einzufügen. Das verwendete Material entsprach mit Stein und Holz, die Form mit großen Dächern, der jeweiligen Bergsituation.[88] Den Beginn dieser Entwicklung zeigte die 1906 von den Gebrüdern Albert (vgl. S. 181) errichtete Hampelbaude. Sie präsentierte eine funktionale, verhaltene Bergarchitektur, ebenso wie die von Herbert Eras (vgl. S. 189) entworfene, 1912/13 gebaute Teichmannbaude in Ober-Krummhübel. Durch den Ersten Weltkrieg wurde dieser Weg retardiert und erst nach seinem Ende verstärkt wieder aufgenommen.
Diese Bemühungen dienten jedoch nur der Steuerung und Kanalisierung eines Prozesses, der den ursprünglichen Charakter des Riesengebirges zu verändern begann; denn die unmittelbare Einwirkung von Sport und Fremdenverkehr verdrängte die ursprüngliche Stille und Gelassenheit, ließ diese nur wenigen abgelege-

nen Refugien, in die sich einzelne Künstler zurückzogen. So verkaufte Georg Wichmann sein Haus in Kiesewald, angewidert von der in Postkarten und Reiseandenken vermarkteten Kunst, und zog 1914 wie sein in Schreiberhau lebender Bruder Joachim (vgl. S. 217) nach Bärndorf im östlichen Riesengebirge unter dem Landeshuter Kamm und sanierte dort mit großem Aufwand ein Ensemble von in Blockbauweise errichteten Bauernhäusern, sein Bruder den alten, architektonisch besonders ausgezeichneten Kretscham. Auch der Maler und Radierer Erich Fuchs (vgl. S. 192) ließ sich im Mai 1914 in Bärndorf nieder und fand, wie er berichtet, »Zugang zur Wesensart der Dörfler und Gebirgler auf dem Kamm. Ich erlebte in ihren Räumen den ganzen Tagesablauf des häuslichen und beruflichen Lebens ... Hausgeräte lernte ich kennen, die mir sonst nie zu Gesicht gekommen waren.«[89]
Vielleicht waren die relative Großräumigkeit des Riesengebirges und seiner Täler, daneben der bei den meisten dort lebenden Künstlern ausgeprägte Hang nach Unabhängigkeit und Ungebundenheit der Grund, weshalb bis zum Ersten Weltkrieg kein Versuch unternommen wurde, sich durch einen Zusammenschluß zu konstituieren. Zudem fehlten die materiellen Voraussetzungen und ein geeigneter Ort zur Demonstration ihrer Arbeiten. Dies wurde erst durch den Plan, den granitenen Unterbau einer ehemaligen Brettschneidemühle, der mitten im Mariental an einer gewölbten Bruchsteinbrücke des Zackerles lag, zu einem Gastronomiebetrieb umzubauen, möglich. 1921/22 wurde dieses Projekt durch den in Schreiberhau lebenden Baurat Schumann (vgl. S. 211), der auch Eigentümer des Geländes war, realisiert. Es entstand trotz der schwierigen Bedingungen ein ästhetisch reizvoller Gebäudekomplex mit sich überschneidenden Bauteilen, hohen, mit engobierten Ziegeln bedeckten, von Schleppgauben belebten Satteldächern. Auf die massiven Granitzonen setzte sich eine dunkle Fachwerkkonstruktion mit weißer Ausfachung. An der Bachseite schloß sich, abgefangen durch einen Querbau, eine Veranda mit Pultdach über einer Bogenkonstruktion an. Die Giebel waren partiell dunkel verschalt. Das Gebäude ergab mit der Brücke ein beispielhaftes, die Baugestalt des Ortes aufwertendes Architekturensemble, ein Motiv, das Georg Wichmann mehrfach gemalt hat (vgl. S. 51).
Im ersten Geschoß dieses Gebäudes fand die 1922 gegründete »Vereinigung bildender Künstler St. Lukas«[90] ihr Domizil, und nach ihr erhielt das Gebäude den Namen »Lukasmühle«. Der Zusammenschluß erfolgte vor allem durch die Initiative Hanns Fechners (vgl. S. 189), aber auch durch Georg Wichmann, der eine angemessene Plattform zur Demonstration der bildenden Kunst des Riesengebirges gesucht hatte und mit Schumann befreundet war, der 1924 auch das kaum 100 Meter höher gelegene Haus Georg Wichmanns errichtete, das mit seinen verschalten Giebeln, den mit Pultdächern versehenen Nebengebäuden, mit Schleppgauben und engobierten Ziegeldächern einige Details der Lukasmühle weitertrug.
Ehrenmitglieder der Künstlervereinigung waren neben Hanns Fechner Gerhart Hauptmann und Hermann Stehr, so daß sich

Eingang zur Gaststätte Lukasmühle im Mariental in Ober-Schreiberhau unmittelbar am Zackerle.

Die Lukasmühle nach einem Gemälde von Georg Wichmann, um 1934

Öl auf Sperrholz, 100 cm × 125 cm
Bez. l. u.: Georg Wichmann

Der Bau war von 1922 bis 1930 Domizil der Vereinigung der bildenden Künstler St. Lukas, vor allem aber ein Hotel- und Gaststättenbetrieb mit »Schwemme« und Café. Georg Wichmann hat die Lukasmühle wiederholt gemalt, bereits kurz nach ihrer Fertigstellung in den beginnenden zwanziger Jahren (abgebildet in Friedrich Castelle: Die Bergstadt 14, 1926, 569, und Der Schlesier 41 v. 10. 10. 1975), dann auch im Winter in den dreißiger Jahren. In der ersten Fassung ist das Motiv verstärkt in einen landschaftlichen Rahmen eingebunden, in dieser Darstellung dominant als Architekturansicht behandelt. Sorgfältig ist im Wechselspiel von Licht und Schatten – dem Motiv dienend – jedes Architekturglied wiedergegeben; mit Bach, Brücke und Reifträger im Hintergrund die gute Einbindung in den landschaftlichen Zusammenhang zum Ausdruck gebracht. Das Bild war eine Auftragsarbeit für den Pächter des Bauwerks. Es ist heute nicht mehr nachweisbar.

Einer der für Schreiberhau typischen Wegweiser, die, angeregt durch die Holzschnitzschule in Bad Warmbrunn, von Helmut Benna (vgl. S. 183) entworfen und geschnitzt worden sind. Dieser Wegweiser wurde in den beginnenden dreißiger Jahren aufgestellt, war farbig gefaßt und verwies auf das 1931 neu bezogene Ausstellungslokal der Künstlervereinigung St. Lukas im Hotel zum Zackenfall. Er stand einst an der Einmündung der Winkler- in die Wilhelmstraße (zerstört).

auch darin eine Verzahnung von schreibender und bildender Künstlerkolonie dokumentierte. Bis 1930 blieb die Lukasmühle der Begegnungsort der »Lukasgilde«, die ab 31. Dezember ihre Ausstellungen in eine Raumflucht des Hotels Zackenfall an der Hauptstraße verlagerte. Das zehnjährige Bestehen wurde 1932 mit einer Sonderausstellung von Arbeiten des Malers Alfred Nickisch (vgl. S. 204) begangen. Er zählte zu den ältesten und eigentlichen Riesengebirgsmalern und -bildhauern und hatte sich 1917 in Schreiberhau niedergelassen. Dazu gehörte auch Cyrillo dell'Antonio (vgl. S. 181), seit 1922 Leiter der Warmbrunner Holzschnitzschule, neben Georg und Joachim Wichmann (vgl. S. 217). Dabei trugen die beiden Maler Nickisch und Georg Wichmann – beide Schüler Carl Ernst Morgensterns (vgl. S. 202) – die Linie der Riesengebirgsmalerei, so wie sie von Dressler (vgl. S. 188) vorgezeichnet war, weiter. In ihr dominierte die Beobachtung der Landschaft, die Bannung des atmosphärischen Wechsels, das Bemühen, den Charakter des Gebirges zu erfassen. Die Aussage der Bilder von Nickisch war unpathetisch und trotz der lockeren Pinselführung konzentriert und still. Er traf damit den spezifischen Gebirgscharakter.

Cyrillo dell'Antonio, Mitbegründer von »St. Lukas«, geliebt von seinen zahlreichen Schülern, ein technisch und gestalterisch ungemein begabter Holzbildhauer, verband in seinem Werk den ans Herz rührenden Ton echter Volkskunst mit großer bildnerischer Freiheit. Seine Porträts von Gerhart Hauptmann, Wilhelm Bölsche oder Hermann Stehr wurden mit großer Sicherheit frei aus dem Block geschlagen. Weiterhin verdanken wir ihm vorzügliche Plaketten, die dell'Antonio auch in einem Aufsatz über Joachim Wichmann als dessen Domäne besonders hervorhob, waren sie doch durch Spontaneität, Charakterisierungsfähigkeit und formale Straffheit ausgezeichnet. Daneben besaß Joachim Wichmann ein besonderes Gespür für die Schönheit bäuerlicher Baukunst. Das von ihm in Bärndorf nach dem Brand des alten Kretschams 1916 auf den alten Gewölben errichtete Fachwerkgebäude erregte (vgl. Abb. S. 63) über den regionalen Bereich hinaus Aufmerksamkeit und wurde von Gerhart Hauptmann und der Denkmalpflegebehörde gefördert.[91] Neben diesen vier Malern und Bildhauern gehörten anfänglich sechs weitere Maler bzw. Radierer zur Künstlervereinigung.[92] So hatte sich nach dem Ersten Weltkrieg Hans E. Oberländer (vgl. S. 204) in Schreiberhau angesiedelt, der ebenfalls Schüler Carl Ernst Morgensterns war und eine eigentümliche Maltechnik bevorzugte. Auf grober, präparierter Leinwand malte er über dünne, lasierende Untermalung mit dem Haarpinsel. Seine Form wechselte von impressionistischer Auffassung zu expressiver Aussage mit emailartiger Oberfläche, die durch Standöl und Lackzusätze erzeugt wurde. Oberländer war eng mit Alfred Nickisch und Franz von Jackowski (vgl. S. 198) befreundet, der seit 1920 in Ober-Schreiberhau lebte – seinem Bruder Nepomuk oblag die Geschäftsführung der Vereinigung St. Lukas. Auch Franz von Jackowski war durch die Schule Carl Ernst Morgensterns gegangen. Sein Bildbau war großzügig, abstrahierend. Häufig verwandte er reine Farbe, besonders im Blumenstillleben, ohne sich jedoch vom Motiv zu lösen.

Mitglieder der Schreiberhauer Künstlerkolonie und der Künstlervereinigung St. Lukas

Selbstporträt (Kupfer, getrieben, Durchmesser 10 cm, bez. r. u.: J. W. 02, Privatbesitz) des Bildhauers und Medailleurs Joachim Wichmann (vgl. S. 217), des jüngsten Bruders von Georg Wichmann, der sich nach seinem Studium im ersten Jahrzehnt des 20. Jahrhunderts in Schreiberhau niederließ und seit 1913 vor allem in Bärndorf lebte.

Der Riesengebirgsmaler Alfred Nickisch (vgl. S. 204) siedelte sich 1917 in den Schreiberhauer Kochelhäusern an. Ebenso wie Bölsche war er von größter Liebenswürdigkeit. Er war Gründungsmitglied des »Künstlerbundes Schlesien« 1908.

Professor Cyrillo dell'Antonio (vgl. S. 181), Mitbegründer der Künstlervereinigung St. Lukas bei der Korrektur. Er war seit 1903 Lehrer an der Warmbrunner Holzschnitzschule und von 1922 bis 1940 deren Leiter.

Zu den frühen Mitgliedern der Künstlergilde gehörte auch der promovierte Naturwissenschaftler Paul Aust (vgl. S. 182), der nach einer weiteren Ausbildung ab 1910 als Maler und Radierer in Hermsdorf zu Füßen der Burg Kynast lebte. Er hat vor allem die Vorgebirgslandschaft gemalt und sein Bestes als Radierer geleistet. Zu seinem 60. Geburtstag erfolgte 1926 eine Sonderausstellung in der Lukasmühle. Weiterhin zählte schon seit den Anfängen der Breslauer Porträtist und Landschaftsmaler Arnold Busch (vgl. S. 185) zu der Vereinigung, war er doch mit dem Erbauer der Lukasmühle und dem gleichaltrigen Georg Wichmann befreundet. Busch hat sowohl Schumann als auch die Tochter Wichmanns porträtiert.[93] In seinen Landschaften gelang ihm wiederholt eine an Sisley erinnernde lockere und durchlichtete Darstellungsform, die von den jüngeren Mitgliedern wie Werner Fechner (vgl. S. 190), dem Sohn Hanns Fechners, in einer neuartigen Brechung gesehen wurde. Werner Fechner war in Weimar Privatschüler Lyonel Feiningers gewesen. Ähnlich wie dieser stilisierte er, sich vom Motiv lösend. Linie und Farbfläche wurden zu den entscheidenden Aussageträgern. Eine besondere Neigung entwickelte er zu der Vogelwelt, die er immer von neuem in ihrer stillen Lebendigkeit malte.

Eine andere Bildfacette entwickelte Alexander Pfohl (vgl. S. 206), der vor allem als Designer der Josephinenhütte tätig war, daneben aber malte und auch Bühnenbilder entworfen hat. Seine dekorativen Aquarelle spiegeln eine lyrisch-romantische, noch der Wiener Schule verbundene Bildwelt. Anders wiederum arbeitete der 1896 in Gablonz geborene Artur Ressel (vgl. S. 208), ein Nachbar Gerhart Hauptmanns in Agnetendorf, der mit dem Transport des Sarges von Gerhart Hauptmann nach Hiddensee einen Teil seines Werkes retten konnte. Ressel trug eine völlig neue Note in die Schreiberhauer Künstlervereinigung. Eine eigenartig pittoreske Darstellungsform verband sich in seinen Arbeiten mit Elementen der Neuen Sachlichkeit. Alles wurde äußerst präzis in leuchtender, emailartiger Farbigkeit dargestellt, alles dennoch nicht so ganz ernst genommen, oder aber magisch verfremdet. Der im gleichen Jahr geborene Michael Uhlig (vgl. S. 215), ursprünglich Gärtner und Landwirt, löste sich dagegen mehr und mehr vom Gegenständlichen und mündete in der Abstraktion, während der in Breslau an der Akademie bei Oskar Moll, Alexander Kanoldt und Otto Mueller (vgl. S. 203) ausgebildete und ab 1930 in Ober-Schreiberhau lebende Herbert Martin Hübner (vgl. S. 197) eine expressive Malweise mit ungebrochener Farbe und kubisch-flächigen Formen praktizierte, die zum Plakat tendierte. Hübner verkörperte ebenso wie Willi Oltmanns (vgl. S. 205) eine neue, sportlich-aktive Generation. Er entwarf auch Plakate und war als Architekt tätig. Anfänglich in Ober-Schreiberhau in unmittelbarer Nachbarschaft mit Georg Wichmann lebend, weilte Hübner, intensiv diskutierend, oft im Hause Wichmanns.

Das romantisch-mythisch unterlegte Wesen der Riesengebirgsmalerei war jedoch von dieser Generation abgefallen. Es fand auch in der dekorativen Malerei Oltmanns, des jüngsten Mitgliedes der »Lukasgilde« keinen Ausdruck; denn seine Ölbilder und

Mitglieder der Künstlervereinigung St. Lukas in ihrem Ausstellungslokal innerhalb des Hotels zum Zackenfall beim Gedankenaustausch.

Von links: Alfred Nickisch, Franz von Jakkowski (vgl. S. 198), Georg Wichmann, Professor Cyrillo dell'Antonio, Willi Oltmanns (vgl. S. 205), der das jüngste Mitglied war.

Aquarelle lösen sich vom Motiv, an dessen Stelle eine großflächige Verwendung der Farbe tritt. Das Bild wird nun von scharf gesonderten Farbflächen bestimmt. Versucht man Oltmanns Bildwelt zu charakterisieren, so muß man sie dem Expressionismus zuordnen. Das Motiv tritt gegenüber einem subjektiv gesteigerten Farberlebnis in den Hintergrund. Nur mehr die Farbsensationen der sogenannten Natur sind Anreger, und folgerichtig verschließt das Motiv seine subtilen Abschattungen, Verhüllungen und Differenzierungen.

Die Riesengebirgsmalerei erstirbt ebenso wie die der anderen Künstlerkolonien konsequenterweise mit der Ablösung vom Motiv. Man benötigt dann die Refugien der Landschaft für die Kunst nicht mehr. Der Weg war also vorgezeichnet. Dennoch entstand 1945 durch die abrupte und gewaltsame Zerstörung des Geflechts der Künstlerkolonie Schreiberhau ein tiefgreifender Verlust an geistiger Kultur und subjektiver Leistung, obwohl 1945 der Zenit der Riesengebirgsmalerei überschritten war. Sie klang bereits in den dreißiger Jahren aus, um von internationalen Strömungen aufgesogen zu werden. Für Schreiberhau trugen vor allem die Schüler Adolf Dresslers und Carl Ernst Morgensterns die Beseelung im Naturerlebnis weiter. Hierin trafen sie sich mit den Dichtern und Literaten, mit Bruno Wille, Carl und Gerhart Hauptmann, mit Hermann Stehr und Wilhelm Bölsche. Hermann Hendrich versuchte sie symbolistisch, personifizierend einzufangen, Nickisch und Georg Wichmann gelang es – vor allem vor dem Ersten Weltkrieg – das magische Element im Landschaftsmotiv zum Klingen zu bringen. Dennoch ist im Vergleich zu Worpswede[94] das Mythisch-Symbolische, die partiell peinliche Betonung der »Quellwerte« nicht vorhanden.[95] Die existentielle Herausforderung der meisten Künstler ließ eine Stilisierung mit weißem Biedermeier-Frack und Streichergruppierung à la Barkenhoff[96] nicht zu. So war es symptomatisch, daß nur zwischen Carl Hauptmann und Worpswede ab 1899[97] bis etwa 1905/06 eine

nähere Beziehung bestand[98], weil Hauptmann am stärksten auf die überhitzte Gefühlsstimmung, die wohl auch durch die zahlreichen »Malweiber« ausgelöst wurde, reagierte.
Schreiberhau als Künstlervereinigung St. Lukas, zu der auch zeitweise die Maler und Radierer Erich Fuchs, Friedrich Iwan, Hermann van Rietschoten, Ludwig Schmidtbauer, Sidonie Springer und Artur Wasner gehörten (vgl. Vitensammlung S. 181 ff.), war zudem eine Art Zweckverband mit handfestem wirtschaftlichen Interesse, war keine Bruderschaft. Man wollte einen Ort haben, in dem man Arbeiten, die zum Verkauf standen, zeigen konnte. Die Künstlerkolonie Schreiberhau als Synonym für Kunst, die durch das Sein des Riesengebirges mit bestimmt wurde, fand sicher durch die Vereinigung eine gewisse Stimulation, wurde aber davon nicht getragen. Sie zog ihr Wesen aus den Beziehungen ähnlicher geistiger Voraussetzungen, spannte sich wie ein unsichtbares Netz zwischen verwandten Seelen und verwandter Erlebnisfähigkeit, ohne jedoch, wie zeitweise in Worpswede, überzuschäumen. Das Motiv, der Raum, die spezifische Landschaft dämpften distanzierend und beruhigend die brodelnden Gefühle.
Für Georg Wichmann förderte der Bau der Lukasmühle und die Gründung der Künstlervereinigung den Entschluß, schweren Herzens zwar, Bärndorf, das liebenswerte, kleine, abgelegene Dorf zu verlassen, um seinen vier- und fünfjährigen Kindern eine bessere Schulausbildung in Schreiberhau zu ermöglichen. Er hat bis zu seinem Tode 1944 der Gilde St. Lukas angehört, innig verbunden mit seiner Motivwelt, in der er bei jedem Bild das Wesen des Ganzen zu fassen versuchte.

In der Schreiberhauer Winklerstraße, die sich – nach einem der so häufigen April-Regengüsse – dunkel und verhangen zeigt. Wenige Minuten später konnte bereits gleißendes Licht den Ort erfüllen. Rechts der Abgang zur Lukasmühle, links der Beginn des Zackentalwegs, an dem – etwa 50 Meter entfernt – das »Faberhaus« Hermann Stehrs lag.

Der Maler des Riesengebirges Georg Wichmann
Herkunft – Aufbruch – Weg

In der westlichen Senke des Bober-Katzbach-Gebirges mit seinen gerühmten Ausblicken[99] in die Weiten des schlesischen Landes und auf das verblauende Riesengebirge liegt am linken Ufer des Bobers die ehemals preußische Kreisstadt Löwenberg. Bereits 1217 mit gitterförmigem Grundriß angelegt, zählte sie zu den ältesten deutschen Siedlungsbezirken an der Hohen Straße.[100] Das Löwenberger Recht fand auch außerhalb Schlesiens weite Verbreitung. Die mittelalterliche Tuchmacher- und spätere Leinenweberstadt besaß ein schönes, 1905-1908 von Hans Poelzig umgebautes Rathaus inmitten reicher bürgerlicher Architektur. Aus seinen Steinbrüchen stammte das Material für das Brandenburger Tor und das Reichstagsgebäude in Berlin. In diesem Löwenberg wurde Georg Wichmann am 11. März 1876 geboren. Sein Vater Georg Wichmann (1837-1932, vgl. Abb. S. 217), dessen Familie aus Stargard in Pommern stammte, war dort Waffenoffizier des 7. Königlich preußischen Grenadierregimentes. Hier hatten einzelne Mitglieder das Amt des Rechtspflegers innegehabt. Die mütterliche Linie kam aus Thüringen und läßt sich in die Steiermark zurückverfolgen. In beiden Familien sind vor allem im 18. und 19. Jahrhundert Kunsthandwerker und freie Künstler nachweisbar. Georg Wichmann der Jüngere hatte sechs ältere und drei jüngere Geschwister. Aufgrund der Versetzung seines Vaters zum 5. Kürassierregiment nach Riesenburg verbrachte er seine

Einige Kohle- und Kreidezeichnungen aus der Berliner Studienzeit Georg Wichmanns

Damenporträt, 57 cm × 43 cm, 1895; Porträt eines Mannes (en face), 50 cm × 39,5 cm, 1897; Profilporträt eines bärtigen Mannes, 54,5 cm × 43 cm, 1896. Neben vier weiteren Porträtzeichnungen (vgl. S. 223) werden diese Blätter im Muzeum Narodowe in Breslau bewahrt.

Kindheits- und Jugendjahre in Westpreußen, in Danzig und im Marienwerderschen Lande. Nach Beendigung seiner Gymnasialzeit, in der sich bereits seine Neigung zur Landschaftsmalerei bei zahlreichen Wanderungen in den Flußauen abzeichnete, besuchte er ab Februar 1895 die Berliner Akademie und nahm gleich im ersten Jahr seiner Studienzeit an dem Festzug anläß-

Georg Wichmann, etwa als fünfundzwanzigjähriger junger Maler in einem seiner sehr charakteristischen Cover-coat-Mäntel, deren Raglanschnitt er nie änderte. Die Aufnahme wurde von dem »akademisch gebildeten« Maler Karl Schäffer in Riesenburg gemacht.

lich des 80. Geburtstags von Adolph von Menzel teil. Diese Ehrung stand unter dem Motto »Die Welt huldigt Menzel«, und Georg Wichmann verneigte sich als Beduine verkleidet, auf einem äußerst unruhigen Kamel reitend, vor dem greisen Maler, dem am gleichen Tage der Titel »Wirklicher Geheimer Rat mit dem Prädikat Excellenz« verliehen wurde.[101] Georg Wichmann war an der Akademie Schüler Anton von Werners (1843-1915), des offiziellen Malers des Kaiserreichs, und wurde von ihm in die Darstellung von Haupt- und Staatsaktionen eingeübt. Dies bedeutete beständiges Zeichnen, Auseinandersetzung mit der menschlichen Gestalt und ihrer Struktur, sowohl am Modell als auch in der Anatomie, Darstellung von Details bei Uniformen und Roben und mündete in der Arbeit an einer riesigen Leinwand mit der Wiedergabe der Schlacht bei Königgrätz, einem von hunderten von Figuren, Kanonen und Kriegsgerät erfüllten Bild, das noch in Abstimmung mit Theodor Fontane, dem Kriegsberichterstatter des Preußisch-Österreichischen Krieges, entstand. Das Gemälde wurde bis zum Ende des Zweiten Weltkrieges in Familienbesitz bewahrt. 1898 wechselte Wichmann nach Karlsruhe in die Obhut von Leopold Graf von Kalckreuth, dessen Meisterschüler er wurde. Es entstanden in dieser Zeit seine ersten professionellen Landschaften, die in ihrer flächigen Anlage an frühe Arbeiten der »Nabis«[102] erinnern. Von Karlsruhe wandte sich Georg Wichmann nach Königsberg und setzte seine Studien bei Olof Jernberg fort. Dort erfolgte seine erste Prämiierung im Wettbewerb vor allem mit dem später in Berlin lebenden Landschafter und Präsidenten der Berliner Sezession Theo von Brockhusen (1882-1919), hier nahm er auch 1901 neben Hans Thoma, Wilhelm Trübner und Fritz von Uhde an der 40. Kunstausstellung des Kunstvereins in der Sommerbörse in Königsberg teil. Der Abschluß der Studien erfolgte bei Eduard Kaempffer (vgl. S. 198 f.) und Carl Ernst Morgenstern (vgl. S. 202 f.) in Breslau, mit denen er über ein Vierteljahrhundert in Freundschaft verbunden bleiben sollte. Morgenstern war es auch, mit dem er noch im ausklingenden 19. Jahrhundert im Riesengebirge wanderte und malte. Zwischen 1901 und 1903 lebte Georg Wichmann als freiberuflicher Landschafts- und Porträtmaler erneut in seiner Geburtsstadt Löwenberg, war aber gleichzeitig als Restaurator der Gemäldegalerie des Grafen Eduard von Pückler (1853-1924) in Schedlau tätig, eines Initiators der Gemeinschaftsbewegung und Vorsitzenden der Deutschen Christlichen Studentenvereinigung. Die gleiche Aufgabe oblag Georg Wichmann auch für die Gemäldegalerie des Grafen Praschma in Falkenberg in Oberschlesien. Er hatte dadurch Gelegenheit, sich mit unterschiedlichen technischen und formalen Möglichkeiten der europäischen Malerei auseinanderzusetzen und sie gleichsam hautnah kennenzulernen.

1904 ließ sich Georg Wichmann im Riesengebirge in dem kleinen Bergdorf Kiesewald nieder.[103] Der Entschluß wurde durch die Ansiedlung seines Vaters in Cunnersdorf, einem in den sogenannten »Abruzzen« liegenden Vorort Hirschbergs, begünstigt. Hier hatten fünf Söhne mit dem Vater einen großzügigen Alterssitz geplant und errichten lassen. Es bestand damit eine Begegnungsstätte der Familie, verbunden mit Musikveranstaltungen und Ausstellungen.[104]

Während Hirschberg[105] – an der Mündung des Zackens in den Bober gelegen – das Zentrum der Talsenke war, das es im Laufe der Jahrhunderte durch Textilherstellung, Handel, Gewerbe- und Hausfleiß zu Wohlstand gebracht hatte, waren die Gebirgsdörfer in wirtschaftlicher, sozialer und topographischer Hinsicht ausgesetzt. Aber sie waren noch offen und ursprünglich. Zwischen der Stadt Hirschberg mit ihrer vor allem barocken Bausubstanz, überhöht von der spätgotischen katholischen Hallenkirche, die Georg Wichmann immer von neuem zeichnete, und der protestantischen Gnadenkirche[106], zentriert durch einen von reichen Bürgerhäusern umzogenen Markt, dessen unteres Geschoß einen an Österreich erinnernden Laubengang umschloß, und dem Bergdorf Kiesewald in ca. 650 Meter Höhe, das 1905 aus 45 Häusern mit 300 Seelen bestand, spannte sich nun das Leben Georg Wichmanns. Die schwere gräflich Schaffgotsch'sche Hand, die auf den Einwohnern Kiesewalds lag, begann sich zu dieser Zeit zu lockern; denn die Gemeinde hatte kurz nach der Jahrhundertwende einen seit Jahren schwelenden Rechtsstreit vor dem Reichsgericht um die sogenannte Waldablösung gewonnen. Jeder Hausbesitzer erhielt vier Morgen Land kostenfrei übertragen, mußte lediglich den Baumbestand der Parzelle ablösen.[107] Dieser Vorgang begünstigte die Landveräußerung, mußten doch die zumeist kapitallosen Eigner, um einen Teil erhalten zu können, einen anderen verkaufen. Wahrscheinlich dadurch ermuntert, baute sich Georg Wichmann – seit 1907 mit Helene Scheder verheiratet (vgl. Abb. S. 63, 109) – 1908 das Landhaus Nr. 53, das 1914 in die Hände der Familie Dr. Schiefelbein überging. Es müssen damals für das junge Paar freie und glückliche Jahre zwischen Hirschberg und Kiesewald gewesen sein mit weiten Wanderungen in die Berge oder ins Tal, das seit 1892 bereits bis Petersdorf mit der Staatsbahn erschlossen war. Beide entdeckten meist zu Fuß das Hirschberger Tal und das Riesengebirge; er mit Malkasten, Keilrahmen und Staffelei ausgerüstet, sie mit einigen Büchern, aus denen gemeinsam gelesen oder vorgelesen wurde; er groß, mit krausem, schwarzem Haar, scharf geschnittenem Gesicht, schmalem Kopf, Spitzbart und blauen Augen, sie mit kastanienroten Locken, zierlich und bildschön. Es dauerte gar nicht lange, bis das ungewöhnliche Paar außerhalb des Familienkreises Freunde fand, so etwa in Stonsdorf in Prinzessin Reuß, im Bärndorfer Gerichtskretscham bei Familie Oertl, in Voigtsdorf bei Pa-

Das erste, 1908/09 in Kieselwald errichtete, an der Agnetendorfer Straße gelegene Wohnhaus Georg Wichmanns

Durch Blockbauweise und tief herabgezogenes Sparrendach mit Aufschiebling gliedert es sich in die Bauweise des Riesengebirges ein, trägt aber zugleich die formale Handschrift des Bauherrn, die sich vor allem in den gerundeten Fensterformen des Quergiebels abzeichnet. 1914, nach Übersiedlung nach Bärndorf, von Dr. Schiefelbein erworben. (Die Aufnahme wurde freundlicherweise durch Frau Gisela Werner zur Verfügung gestellt.)

stor Heinrich Zeller, in dessen Pfarrhaus, wie Günther Grundmann berichtet, ein wohl zwei Meter langes Gemälde mit den Schneegruben »im blauen Glast des Sommers«[108] hing.
Aber nicht nur im Tal wurde der Maler eine bekannte Erscheinung mit seinem weiten Cover-Coat-Mantel, Schnürstiefeln und Gamaschen, auch im Westen, in Schreiberhau, wo der Bruder Joachim lebte, fand Georg Wichmann sehr rasch Freunde im lebendigen Kreis um Carl Hauptmann. Diese ersten Jahre der intensiven Kontaktnahme mit dem Riesengebirge erbrachten eine Fülle von Zeichnungen und Gemälden, von denen eine Auswahl als erste Sonderausstellung im väterlichen Anwesen in Hirschberg-Cunnersdorf 1907/08 gezeigt wurde.
Neben der Malerei widmete sich Georg Wichmann, ebenso wie sein Bruder, intensiv der Musik. Er war nicht nur ein Verehrer der klassischen Musik, sondern spielte auch – bis ins hohe Alter – oft mehrere Stunden am Tag Klavier. Konzerte vor allem bedeutender Klavierinterpreten besuchte er immer wieder in Hirschberg, Breslau oder Berlin.
Wie schon oben vermerkt (vgl. S. 50), verließ er jedoch 1914 den kleinen Bergort Kiesewald, verkaufte sein bemerkenswertes Haus mit den vielen, klein unterteilten weißen Fenstern in dunkler Holzverschalung, mit dem großen, bergenden, an der Traufe ausschwingenden Satteldach und dem ungewöhnlichen Zaun, dessen Staketen jeweils nach Zeichnung mit der Hand angefertigt worden waren.
Kiesewald hatte sich inzwischen zu einem ausgeprägten Fremdenort entwickelt. Wurden dort schon 1905 in 32 von den 45 Häusern 135 Fremdenzimmer angeboten, so waren es 1914 in 36 Häusern 250. 1913 konnte man in dem Dörfchen 1250 Fremde, auch bereits während des Winters zählen.[109] Das bedeutete für die Bevölkerung sicher eine segensreiche Nährquelle, aber Georg Wichmann fühlte sich nicht mehr so recht zuhause. Ihm erschien dieser Prozeß wie eine Domestizierung der ursprünglichen Lebensräume, verbunden mit anwachsender Lakaienmentalität. Deshalb suchte er ein neues Refugium, das noch den unverbrauchten Charakter besaß, und fand es im Vorland, im kleinen Bauernflecken Bärndorf in der Nähe der großzügigen Kulturlandschaft um die Schlösser Erdmannsdorf, Buchwald und Fischbach. Das bachdurchzogene Dorf eröffnete einen faszinierenden Blick auf die Koppe und den Landeshuter Kamm. Unmittelbar nach der mit seinem Bruder durchgeführten Sanierung und dem Ausbau mehrerer bäuerlicher Häuser inmitten des Dorfes wurde er Soldat, kam an die Ostfront, erlebte 1915-1917 den Krieg in der Ukraine und begleitete das Geschehen, insbesondere aus der Gegend um Białystok, mit Kriegsskizzenbüchern.
Nach seiner Rückkehr begann eine neue Zeit, hatte doch der Weltkrieg die Welt und Deutschland verändert, dessen Wirtschaftskraft und Währung ausgehöhlt, auch wenn sich die Welle der Wandlung mit Verzögerung nach Bärndorf bewegte. Dennoch war es zugleich eine Zeit der Ideen, der Lebensbejahung und eines neuen Aufbaus. Georg Wichmann war 1919 und 1921 Vater zweier Kinder geworden. Es entstand damit ein existentieller

Teile des von den Brüdern Georg und Joachim Wichmann (vgl. S. 217) sanierten, zwischen Fischbach, Buchwald und Schmiedeberg gelegenen Ortes Bärndorf, um 1921

Im Vordergrund das von Georg Wichmann ausgebaute Wohnhaus (vgl. auch Abb. S. 113), aufgenommen von dem höher gelegenen Atelierhaus des Malers. Im Hintergrund rechts das nach einem Brand 1916 von Joachim Wichmann partiell neu errichtete Gebäude, »Goldene 70« genannt. »Mit feinem Gespür für das Charakteristische eines alten bäuerlichen Kretschams ... baute er das Fachwerkhaus stilvoll aus ...« (Grundmann, Künstler und Künstlerkolonien im Riesengebirge 1972, 372). Im Hintergrund links, getrennt durch einen Bachlauf, der Hof des Bauern Opitz (vgl. S. 122).

Die Familie in Bärndorf, 1921

Der Maler mit seiner Frau Helene (vgl. Abb. S. 109) und seinen Kindern Gisela (geb. 1919) und Siegfried (geb. 1921).

Ober-Schreiberhau. Blick von einer vom Haus Georg Wichmanns weit entfernten Gartenzone auf den Kamm.

Sog. In Ober-Schreiberhau wurde – wie oben beschrieben – die Lukasmühle gebaut, und 1922 erfolgte dort – noch vor dem Zenit der anwachsenden Inflation – die Gründung der Künstlervereinigung St. Lukas. Dies begünstigte den Entschluß, zum dritten Mal im Riesengebirge den Wohnsitz zu wechseln, erneut ein Haus auf der Basis der gewonnenen Erfahrungen zu errichten, und zwar mitten in dem meistbesuchten Luftkurort und Wintersportplatz im westlichen Riesengebirge, im Mariental Schreiberhaus, das »sich anschickte, ein schlesisches Davos«[110] zu werden. Dies bedeutete für Georg Wichmann eine Abkehr von seiner bisherigen Lebensform; denn der Elan Vital einer Familie konnte sich nicht in einem Refugium entfalten. Er suchte dieses nach seiner Ansiedlung in Ober-Schreiberhau vor allem im Wesen der Landschaft, in der Malerei und in der Musik zu finden.
Das Haus bot erstmals Gelegenheit, die vielfältigen Sammlungen aufzustellen und einzubringen. Außer einigen historischen Gemälden, unter denen ein vorzügliches Dreiviertelporträt von Antoine Pesne (1683-1759) besonders auffiel, bestand die Sammlung aus Gebrauchsdingen: aus Schränken, Tischen, Stühlen, Tafelklavieren, Kommoden, Zinn- und Messinggefäßen, Porzellan, Fayencen oder geschnittenen Gläsern. Unter ihnen sind insbesondere zahlreiche Frankenthaler figürliche Porzellane hervorzuheben, die den großen, gestuft aufgebauten rotbraunen Kachelofen des Ateliers umstanden, oder eine breite Kollektion äußerst seltener Proskauer Fayencen[111], zahlreiche erlesene Walzenkrüge bzw. alte bemalte schlesische Bauernschränke, die Erich Wiese (vgl. S. 217), Leiter des Schlesischen Museums in Breslau und häufiger Gast, immer von neuem in sein Museum zu übernehmen wünschte, vor allem aber das – wie eine Reliquie verehrte – Garnbehältnis aus dem Besitz der Königin Luise in Gestalt eines Monopteros mit Elfenbeinfüßen und -knauf und Ebenholzeinlagen. Mit diesen Dingen wurde gelebt. Bis hin in den Keller waren bemalte schlesische Schränke aufgestellt, unter den Treppenführungen bemalte Kommoden. Das alles war für die Bewohner völlig selbstverständlich, ebenso wie die raumhohen unterschiedlich geformten, von Georg Wichmann entworfenen unifarbenen Kachelöfen in Weiß, Grün, Rostrot, oder das großzügige Treppenhaus mit geschnitzten Antrittspfosten.
Das auf einem Hangareal liegende Haus erhielt aber seine besondere Auszeichnung durch den herrlichen Ausblick auf das Riesengebirgspanorama zwischen Reifträger und »Kleiner Sturmhaube«. Dieser Ausblick war ein stetes Motiv für häufig gemalte Ölskizzen und Zeichnungen, teils mit Blick auf den markanten Reifträger oder die Schneegruben, teils nur in den Garten mit seinem alten Baumbestand. Sie wurden häufig auf kleine Sperrholzplatten, die zu Dutzenden bereit standen, gemalt, zumeist äußerst rasch, einer Impression folgend, waren eine Art »Fingerübung« für die großen Formate, die fast ausschließlich im Freien, unmittelbar vor der Natur, entstanden. In oft stundenlangen Anmarschwegen suchte der Maler die Motive dort, wo sich noch eine weitgehend ursprüngliche Gebirgswelt oder aber die unverdorbene bäuerliche Kulturlandschaft zeigte. Deshalb besuchte Georg

Brief Georg Wichmanns vom 11. April 1940 an seinen Bruder Otto (1872-1948) in Freiburg.

Ob. Schreiberhau d. 11/4 40

Lieber Bruder Otto

Am 12. bist Du nun 68 Jahr, nicht wahr! Wo ist die Zeit hin – ich kann manchmal gar nicht fassen, daß wir nun schon am späten Abschnitt unseres Lebens stehen. Zum Geburtstag wünsche ich Dir nun alles alles Gute, was der Mensch dem andern wünschen kann – Gesundheit, frohen Sinn u. Freude an allem Schönen – Ich hoffe, daß du gesund bist u. den Tag im Kreise der Deinen recht froh erleben wirst – denn im Hause feiert man doch am harmonischsten – und so recht, wenn Kinder das Fest verschönen.

Ich bin dieser Tage viel draußen gewesen u. habe versucht, die Schönheit des Riesengebirges einzufangen. Aber mit welcher Anstrengung ist doch das Malen vor der Natur in den Morgenstunden bei noch ziemlich hartem Frost verbunden. Jetzt augenblicklich ist das Gebirge wohl am schönsten – im hellen Weiß prangt es den ganzen Tag – aber in den Morgenstunden ist's doch am Schönsten – Ehe ich an mein Ziel komme habe ich immer einen tüchtigen Marsch von 2–3 Stunden – nun begreift ihr wenn man ziemlich in Schweiß gebadet oben ankommt – Das eigentliche „Handwerk". Du kannst daran

Wichmann auch nach seiner Ansiedelung in Ober-Schreiberhau häufig zeichnend oder malend die Täler um Voigtsdorf, Kaiserswaldau, Bärndorf oder Fischbach.
In Ober-Schreiberhau ergaben sich sowohl mit der »Dichter«- als auch der »Maler-Kolonie« neue Kontakte oder die Vertiefung bereits vorhandener Freundschaften. So mit Hans von Hülsen, Wilhelm Bölsche und dem seit 1926 – nur etwa 150 Meter von dem Anwesen Georg Wichmanns entfernt – in seinem »Faberhaus« lebenden Hermann Stehr. Der Kreis der Dichter und Schriftsteller traf sich in den zwanziger Jahren zumeist in einem Raum von Schlickers Weinstuben, der nach einem kleinen präparierten Maskottchen den Namen »Bachstelze« trug[112]; die bildenden Künstler setzten sich in der Lukasmühle zusammen. In dieser Gruppe verband Wichmann mit Hanns Fechner, Arnold Busch, Alfred Nickisch und Cyrillo dell'Antonio besondere Freundschaft, zu denen sich später als heftige Diskutanten Herbert Martin Hübner und der Benjamin der Lukasgilde, Willi Oltmanns, gesellten.
Mitte der zwanziger Jahre war Georg Wichmann eine bekannte Erscheinung im Kulturleben des Riesengebirges, wie das Echo auf die zu seinem 50. Geburtstag 1926 in der Lukasmühle in Ober-Schreiberhau durchgeführte Jubiläumsausstellung zeigte. Dieser geistfreundliche Lebensgang, der sich zwischen Malerei, Literatur und Musik spannte, wurde lediglich durch einige Reisen unterbrochen. Wiederholt besuchten auch Pianisten wie Frederick Lamond (1868-1948), der Schüler Bülows und Liszts, beziehungsweise der junge, glanzvolle Claudio Arrau das Haus. Sicher wäre dieses dem Schönen zugekehrte Leben mit drei Kindern, deren jüngstes 1925 in Ober-Schreiberhau geboren wurde, beneidenswert zu nennen, hätte nicht die Weltwirtschaftskrise die ökonomischen Bedingungen eines freien Künstlers beeinträchtigt.[113] Wahrscheinlich war die erzwungene Einschränkung, die rückblickend auch als Gewinn gewertet werden kann, der Tribut für Freiheit und Unabhängigkeit. Diese wirtschaftlich schwierigen Jahre um 1930 begannen sich jedoch im Laufe der dreißiger Jahre zu lösen, denn es erfolgte mehr öffentliche Anerkennung, Ankäufe von Museen[114] und wiederholte Ausstellungen. Aber nach 1933 begann ein weit tiefgreifenderer Anschlag auf die Freiheit. Gesinnungsschnüffeleien, Verdächtigungen, der Vorwurf, mit Menschen zu verkehren, die dem neuen Regime nicht paßten, brachten Beunruhigung, Eingrenzung und Bedrohung. Hier bot wiederum die stille, formal gleichbleibende und sich dennoch optisch stetig verwandelnde Landschaft als Abbild überdauernder Mächte die Voraussetzung zur Lösung von Zwängen in einer inneren Emigration.
Auch in den dreißiger und beginnenden vierziger Jahren malte und zeichnete Georg Wichmann trotz wiederholter Erkrankung mit einer nochmals aufflammenden Intensität. Die anläßlich seines 60. Geburtstags durchgeführten Ausstellungen in der Künstlervereinigung St. Lukas in Schreiberhau und im Hirschberger Kunstsalon Paul Röpke fanden nicht nur einen Widerhall im Riesengebirge, sondern in ganz Schlesien. Das gleiche gilt für die

Georg Wichmann lesend, im Garten in Ober-Schreiberhau, 1942.

Ausstellung zu seinem 65. Geburtstag in der Marienkirche in Hirschberg. Bei seinem Tod am 28. November 1944 trauerte die Kunstwelt Deutschlands. Georg Wichmann war wenige Monate vor der russischen Besetzung des Riesengebirges gestorben. Vielleicht war es eine Gnade für den Maler des Riesengebirges, Zerstörung und Erniedrigung entzogen zu sein. Er hat mit und aus der Riesengebirgslandschaft gelebt und ihr Wesen immer wieder von neuem zu fassen gesucht. Dieser Impetus übertrug sich aus seinen Bildern auf den Betrachter, schrieb doch Günther Grundmann über Georg Wichmann: »Mir sind aus meiner Jugendzeit starke Eindrücke erinnerlich, die ich von seinen zum Teil großformatigen Bildern mitnahm und die meine Augen für das landschaftliche Szenarium meiner Heimat öffneten.«[115]

Der größte Teil der Gemälde Georg Wichmanns wurde durch Krieg und Vertreibung zerstört oder gilt als verschollen. Auch fiel der gesamte zeichnerische Nachlaß von einigen Tausend Blättern wohl der Zerstörung zum Opfer. Nur selten taucht heute im Kunsthandel ein Bild auf.

Das malerische Werk Georg Wichmanns
Entwicklung und Eigenart

1895 begann Georg Wichmann seine Studien an der Akademie der bildenden Künste in Berlin. Er hatte gerade sein 19. Lebensjahr vollendet, kam aus der westpreußischen Provinz in die Reichshauptstadt, in der sich das wilhelminische Zeitalter zu entfalten begann. Die offizielle Kunst war mit Makart, Piloty, Kaulbach, Böcklin oder Anton von Werner besetzt, dem Künder kaiserlichen Glanzes und Lehrer des jungen Malers. Von Werner pflegte seine Schüler im tradierten Sinne als Porträtist, Gesellschafts- und Schlachtenmaler auszubilden, verlangte Fleiß, Gewissenhaftigkeit und vor allem – aus der Menzel-Ära abgeleitetes – beständiges Üben[116]: Zeichnen in der Akademie, in der Anatomie, im Wirtshaus, am Wannsee, in der Bahn – überall. Dieses stetige Zeichnen ist Georg Wichmann zur Gewohnheit geworden. Er hat es bis zu seinem Tod gepflegt.
Neben dieser offiziellen Kunst, die sich durchaus in den Metropolen ähnelte – denn der »Stil der Könige« in Berlin, London, Wien, Paris oder St. Petersburg unterschied sich kaum –, gab es natürlich Unter- und Nebenströmungen, die in Frankreich den künftigen Hauptstrom vorbereiten sollten. Hier hatte sich der Impressionismus entfaltet, waren Cézanne, Gauguin, Seurat und van Gogh tätig gewesen und damit rückblickend ein klar erscheinender Weg der Weltkunst beschritten worden. Natürlich rankte sich um diese Kunst der »bildnerischen Äquivalente« auch in Frankreich ein gewisser Symbolismus, der diese Äquivalente mit seelischer Empfindung auflud. Er war auch den deutschen Unterströmungen – ein wenig heftiger zwar – eigen, dabei auch dem Jugendstil, der sogar sogenannte »Seelenmöbel« hervorzubringen vermochte.[117] In dem Übergewicht an Idealismus lag, wie Werner Haftmann feststellte, der Unterschied zu Frankreich. »Deutsche Idealisten bearbeiteten nicht die Natur, sie stilisierten sie.«[118] Daraus leitet er Irrtum, Fehltritt, Retardierung ab. Der Weg schiene gegenüber dem Frankreichs unrational, abwegig. Sicher war die sogenannte Entwicklung der Malerei in Frankreich nicht nur glücklicher, sondern auch beispielhafter; denn weder hat die deutsche Malerei eine ähnlich konsequente Linie wie Delacroix, Ingres, Courbet zu bieten, noch eine solche, in der Cézanne einen Zentralpunkt darstellt. Aber man wird der deutschen Aussage kaum gerecht, wenn man sie nur an Frankreich mißt, tastet sie doch – wenn auch weniger konsequent – einen anderen Bereich aus und konzentriert sich seit der Romantik vor allem auf die Suche nach dem Seelenhaften in der Natur. Durch die Koppelung der »Draußen-Natur« mit inneren Empfindungen wird das Subjektive in zahlreichen Schattierungen in die Malerei hereingenommen, und es sollte weltweit zum entscheidenden Element der modernen Kunst werden. Romantisch getönt blieb es in Deutschland bis in das 20. Jahrhundert hinein wirksam, um mit der Ausgrenzung der einstigen Natur zu verschwinden.

Sicher hatte Georg Wichmann damals von den Erfolgen der Worpsweder Künstlerkolonie im Münchner Glaspalast gehört (1895)[119], von den Gründungen der Sezessionen in Wien und Berlin (1897/98)[120], auch den 1895 erschienenen Roman »Effi Briest« seines verehrten Mentors Fontane gelesen oder Werke Gerhart Hauptmanns kennengelernt, zugleich unter dem Moloch der Großstadt gelitten: unter den schlechten Wohnungen, der Hektik des Verkehrs, der überreizten Fülle, Unrast und Unordnung. Ohne dieses Großstadttrauma hätte er kaum Berlin verlassen, um nach Karlsruhe, später nach Königsberg und Breslau zu gehen auf der Suche nach seinem Thema: der Natur, der Landschaft.[121] Das bedeutete zugleich auch ein Mißbehagen an dem erlebten offiziellen Kunstbetrieb und eine Hinwendung zu den deutschen Unterströmungen, zu den Einzelgängern wie Kalckreuth oder Thoma und eine aufmerksame Beobachtung der Gruppenbildungen, die sich ohne Eklat in den damals noch einsamen Küstenzonen, Mittelgebirgen und Mooren formten, um – wie Mackensen, der Begründer von Worpswede, äußerte – die Empfindung allein im »bewundernden Anschaun« der Natur weiterzubilden.[122] Diese eremitisch anmutende Abwendung von dem zerstreuenden Getriebe der Stadt[123], die um 1900 ebenso in England artikuliert wurde und mit unterschiedlichen Reformbemühungen[124] verbunden war, führte in der Auseinandersetzung mit der Natur einerseits zur Erkenntnis ihrer Fremdheit[125] gegenüber dem Menschen, zum anderen zur introvertierten Durchtränkung mit subjektiven Gefühlen. Beide Komponenten könnten an der Herausarbeitung der Abstraktion mitgewirkt haben, war doch Wassily Kandinsky – der Verfasser der ersten abstrakten Bilder[126] – aus der Künstlerkolonie in Murnau hervorgewachsen und stehen die abstrakten Kompositionen Paul Klees in ihren begleitenden Texten dem deutschen Naturlyrismus nahe. Bei dieser Betrachtung wäre der deutschen romantischen Strömung durchaus auch eine Rolle in der sogenannten Avantgarde-Malerei zuzuweisen.

Georg Wichmann schloß sich 1898 in Karlsruhe Leopold Graf Kalckreuth (1855-1928) an und wurde sein Meisterschüler, später Olof Jernberg und schließlich Carl Ernst Morgenstern (1847-1928), Maler des sogenannten Naturlyrismus, die von der zeitgenössischen Kritik der deutschen Moderne zugeordnet wurden.[127] Welche Anregungen sind nun von ihnen ausgegangen?

Graf Kalckreuth war in Karlsruhe mit den badischen Realisten um Friedrich Kallmorgen (1856-1924) und der Grötzinger Malerkolonie zusammengetroffen.[128] Vielleicht begann sich seine Thematik dadurch zu erweitern, und sicher ist auch Wichmann davon berührt worden, obwohl unmittelbare Anregungen aus seinen frühen Arbeiten kaum abhebbar sind. Zudem sind die wenigen noch nachweisbaren Gemälde aus der Zeit vor der Jahrhundertwende äußerst unterschiedlich. Gewiß trägt der »Blick vom Friedhof« (vgl. S. 82) romantisches Empfindungsgut weiter, und vielleicht spiegelt die »Weidelandschaft im Marienwerder Land« (vgl. S. 83) mit ihrem unattraktiven, alltäglichen Motiv, ihrer verhaltenen Farbe die von August Strindberg 1890 geforderte Wiederher-

stellung der »Ehrlichkeit«[129], die Abkehr von Verkünsteltem und damit die Bemühungen der Karlsruher Schule, die am offenkundigsten in dem kleinen Bild eines kärglichen Bergbauernhofes des Riesengebirges (vgl. S. 87) weitergetragen werden, in dem – durch Staffagefiguren angedeutet – der schwere Alltag ohne anekdotische Untertöne aufklingt. Inhaltlich atmen diese Ehrlichkeit zwar der interieurhafte »Vorgarten« (vgl. S. 79) und die »Uferlandschaft« (vgl. S. 81) in gleichem Maße, aber der Maler arbeitet hier mit anderen Mitteln. Überraschend wird in diesen Skizzen die Farbe in neuartiger Weise aktiviert. Sie stellen eine Art Erprobung der Leistungsfähigkeit der Farbe dar, die noch der Skizze anvertraut bleibt. So entsteht ein Fläche und Bildraum verspannendes Gefüge. Der Farbauftrag ist pastoser, modellierender. Auch werden der Farbe Teile der Aufgabe des Lichts übertragen, das sich damit vom Beleuchtungslicht zum Raumlicht zu verwandeln anschickt. Erst nach 1914 sollte diese noch durchaus experimentelle Darstellungsform auch in größeren, bildmäßig durchgearbeiteten Formaten zur Anwendung gelangen.
Zuvor aber – mit der Ansiedlung im Riesengebirge – begann eine anders geartete Auseinandersetzung, und zwar die mit dem Motiv, mit dem ihm innewohnenden Typischen, seiner atmosphärischen Wandlung, seinen Konstanten und Variablen, das Bemühen, das den Menschen Übergreifende zu fassen, im Endlichen an das Unendliche zu rühren.
Es wird heute im allgemeinen festgestellt, daß es nicht auf das gewählte Motiv ankomme, sondern allein auf den Blick, mit dem es der Maler für den Betrachter ins Bild stellt.[130] Das trifft sicher für unsere Tage zu, in denen alles darstellungswürdig geworden ist, läßt sich aber nicht ohne weiteres auf die Zeit der Künstlerkolonien übertragen, die das landschaftlich Besondere und das menschlich Besondere als Einheit im Sinne des »größeren Maßstabs«, der unserem Geist »von der simplen Majestät der Natur vorgehalten wird«[131], erleben wollten. Die Auseinandersetzung mit dem Motiv erfolgte dabei auf unterschiedlichen Ebenen. Einmal unter dem Aspekt der Erwartung des Betrachters, der zumeist nur nach topographischer Bestätigung, also nach einer ästhetisch gewohnten und tradiert vermittelten Vorstellung sucht. Mit ihr wollten sich die immigrierten Maler allgemein nicht identifizieren. Weit wichtiger war die Suche nach der Darstellung »des größeren Maßstabs«, den das Motiv vielleicht bereits in sich trug und den es zu heben galt. Weiterhin war der Riß zwischen innerer und äußerer Natur nur durch Kongruenz zu überbrücken. Das bedeutete, das Wesen des Motivs mußte mit dem Naturempfinden des Malers übereinstimmen, oder aber es galt, die verlorene Einheit bewußt darzustellen.[132] Natur wurde dabei immer in einem Spannungsverhältnis zu etwas gesehen, das nicht Natur war, und zugleich wurden Natur, Wahrheit und Wirklichkeit fast synonyme Begriffe.[133] Damit war das Naturmotiv, unabhängig von dem subjektiven Erlebnis oder der momentanen atmosphärischen Präsentation, eine Konstante, ja eine Instanz.
Für Georg Wichmann bedeutete das Riesengebirge vierzig Jahre lang Motiv und Instanz. Besonders in einigen erhalten gebliebe-

nen Skizzen ist zu beobachten, wie er immer wieder versuchte, diesen unterschiedlichen Ebenen gerecht zu werden.
Die bisher noch nachweisbaren Bilder der ersten Riesengebirgsphase, die mit der zwischen 1904 und 1914 in dem Bergdorf Kiesewald am Rande des Hirschberger Tales verbrachten Lebenszeit zusammenfällt, verdichten sich um 1910. Im Zeitraum dieses Abschnitts stand die Anstrengung, die Mächtigkeit, die Gewalt oder Gelassenheit dieses unverrückbaren Gegenübers zu erfassen, inkarniert vor allem in Partien des Riesengebirgskammes, in Bergregionen also, die auch selbst an der Küste, etwa in der Darstellung der Kreidefelsen von Rügen 1908 (vgl. S. 89), aufgegriffen wurden. Dabei spielt die Wiedergabe der »Schneegruben« bereits eine wichtige Rolle, waren sie doch der Blickpunkt vom Haus des Malers in Kiesewald, später auch von Schreiberhau, und neben der Schneekoppe ein visueller und auch touristischer »Glanzpunkt« als Relikt der Eiszeit.[134] Für Georg Wichmann waren sie aber mehr. Diese alpin anmutenden, korbsesselartig ausgefrästen Kare mit über 200 Meter hohen, steil abfallenden Granitwänden und Moränenwällen wirkten wie ein pièce de résistance in der sonst abgeschliffenen, beruhigten Formenwelt des Gebirgskammes, wie eine Art Drama, das atmosphärisch immer wieder dann inszeniert wurde, wenn die aufgehende Sonne Grate und Wände herausleuchtete, ihre Finger gleichsam auf die vernarbten Wunden legte. Wichmann hat diese Stunde und den gemäßen Blickwinkel auf die Schneegruben in der Zeit um 1910 wiederholt gemalt, etwa in dem verschollenen, um 1906/07 entstandenen Vorfrühlingsbild (vgl. S. 84/85) mit dem pflügenden Bauern. In seiner Gestalt wirken vielleicht Erinnerungen an Kalckreuth mit, an Bauern, Säer und Schnitter, deren Linie nach Frankreich führt, die als »Eingeborene«, eingebunden in tradiertes Volksleben, auf Elementares und »Wahrhaftigkeit«[135] verweisen, integriert und zugleich der schweigenden Naturgröße ausgesetzt sind. Bildinhalte dieser Art haben ihre Wurzelbereiche in der deutschen Romantik, in der sich zum erstenmal Landschaft zum Symbol wandelt und eine geheime Entsprechung zwischen Gemütszustand und Landschaft gesucht wird.[136]
1910, etwa vier Jahre später, malt Georg Wichmann erneut den Kamm aus der gleichen Blickrichtung, jedoch von höherem Standpunkt, ohne Staffagefigur (vgl. S. 98/99). Der Mensch, das Glied unmittelbarer Identifizierung mit der Natur als Kulturlandschaft, ist herausgenommen, damit auch seine symbolische Funktion. Infolgedessen ist der Betrachter nur mehr dem mächtigen Panorama des verschneiten Gebirges, der »Sturmhaube«, dem »Hohen Rad« und den zentral angeordneten Schneegruben ausgesetzt. Das Bild ist nun distanzierter, unerbittlicher und sein Motiv, der Gebirgskamm, von magisch faszinierender Kraft erfüllt, auch fehlen ihm diesmal die kompositionellen Raumstützen; denn die links wiedergegebenen kurzen Vertikalen – abgebrochene Stämme – betonen eher die Leere und Macht des Raumes, in der die wenigen groß angeschlagenen Formen und Linien elementare Entsprechungen darstellen, die zur Monumentalität aufwachsen.

Die Bildstruktur ist von abstrakter Klarheit. Folgen wir dem Lineament, so fällt die Begrenzungslinie des Vordergrunds nach rechts hin als durchgehende Schräge ab. Ihr schließt sich rechts ein dunkler Fichtenwaldstreifen an mit einem flacheren Kontur. Die dunkelblauen Vorberge links wiederum besitzen bereits eine fast waagerechte Begrenzung, und die Kammlinie schließlich ruht unabhängig von ihrer Schwingung durch die Bergkuppen in der Horizontalen. Die Schaukelbewegung des Lineaments, ausgelöst durch Schräge und Gegenschräge, kommt so im Gebirgskamm zur Ruhe. Anders wiederum beim Himmel, der über der Kammlinie am ruhigsten und zum oberen Rand hin durch dunstige Bewölkung bewegt erscheint. Die stärkste Bewegung und damit Ereignishaftigkeit ist oben und unten an den horizontalen Bildrändern abzulesen, die nach der Raumtiefe hin abklingen. Raumtiefe und Ereignislosigkeit spiegeln die Dauer. Sie ist dem Gebirge eigen. Diese formale Struktur wird durch die Farbe und die ihr zugewiesenen Pläne begleitet und unterstützt.
Betrachtet man die Bildfläche, so setzt sich der Vordergrund aus zwei Dreiecken zusammen. Das linke besteht – mit Binnenformen und Schneeresten – dominant aus gelbgrünen Farbwerten, während die schattige Zone rechts vor allem differenzierte Brauntöne aufweist. Diese Zone ist farblich äußerst komplex und sorgfältig durchgearbeitet. Hier wird auch das Licht durch die Farbe realisiert. Keilförmig schiebt sich nun von rechts das spitzwinklige, flächige schwarzgrüne Dreieck der Waldungen des Mittelgrundes an. Vorder- und Mittelgrund bilden zusammen ein schmales, langgezogenes Rechteck, das die knappe Hälfte der Bildfläche einnimmt. Darüber – relativ schmal – links noch verkürzt durch dunkelblau erscheinende Vorberge – das beleuchtete weiße Gebirge mit dem hellsten Licht auf Schneegrubengrat und Grubenrändern, dessen Echo in Schneeflecken der Diagonalen aufklingt. Das Licht überspielt und verlebendigt die erdgeschichtlichen Formationen, deren atmosphärische Erscheinung wir zwar ästhetisch erleben, deren Sein uns aber fremd entgegensteht.
Die Farbe schreitet von dem farblich leuchtenden, von Erdfarben bestimmten Vordergrund über den bereits distanzierten dunkelblauen Mittelgrund zu verhauchenden Blautönen in Gebirge und Himmel, also von Erdfarben zu Raumfarben. Gemäß ist auch die Farbstruktur, in der die Pinselfaktur zur Raumtiefe hin mehr und mehr zugunsten einer Lasurtechnik getilgt wird. Diese verzahnte Bildstruktur, die von einer subtilen Auswägung der Proportionen, des Verhältnisses von Land und Himmel, von betretbarem und abgehobenem Raum, von Beleuchtung und Durchleuchtung, von Erd- und Raumfarben oder technischen Äquivalenten bestimmt wird, erzeugt ein ungewöhnliches Porträt der Schneegruben, stellvertretend für das Riesengebirge. Es gelingt Georg Wichmann darin, seine »bewundernde Anschauung«, auch unsere Einsamkeit und Ausgesetztheit, gespiegelt im Medium des Motivs, zum Ausdruck zu bringen. Zweifellos zählt dieses Gemälde zu den charaktervollsten Bildern des Riesengebirges. Die sich darin abzeichnende ernste, ja schwerblütige Weltsicht ist auch zeitlich parallel entstandenen Bildern (vgl. S. 91) eigen, stellt ein

Charakteristikum der bis zum Ersten Weltkrieg währenden ersten Riesengebirgsphase dar. Sie wandelt sich – schon 1913 angedeutet (vgl. S. 107) – nach seiner Rückkunft aus dem Krieg zu einer verstärkten malerischen Erfassung der Wirklichkeit. Das Phänomen der atmosphärischen Wandlung, das zu einem ästhetischen Ereignis sublimierte, das stetig wechselnde Spiel der Natur, nicht ihre nicht mehr zugänglichen Konstanten, werden zum zentralen Bildgegenstand.

Georg Wichmann lebte damals in dem kleinen bäuerlich geprägten Bärndorf in der Talsenke und war Vater zweier Kinder. Sicher hat dies dazu beigetragen, den Maler vermehrt auf die unmittelbare Wirklichkeit zu lenken. Nach wie vor blieb das Riesengebirge sein Motiv, nun aber verstärkt der östliche Teil im Bereich der Schneekoppe oder der Falkenberge um Fischbach, Erdmannsdorf und Buchwald. Erst ab 1924 – mit Bezug des Schreiberhauer Hauses – taucht erneut das Schneegruben-Motiv neben dem »Reifträger« auf. Generell wurde seit den zwanziger Jahren die Farbe leuchtender, der Farbauftrag pastoser und die Pinselfaktur heftiger. Das Bild basiert nun auf der abkürzenden impressiven Primamalerei mit einem darunter liegenden Gerüst aus breitschwingenden Farbflächen, wie dies die »Herbstlandschaft bei Buchwald« (vgl. S. 112) zeigt. Daneben haben sich einige wenige Ölskizzen aus der Zeit unmittelbar nach der Mitte der zwanziger Jahre erhalten, in denen das experimentelle Austasten bestimmter Impressionsbereiche sichtbar wird. Da sind einmal die bereits aufgrund ihres Motivs auffallenden »Waldenburger Industrieanlagen« (vgl. S. 127) von 1926. Hier wird die Tragkraft farbiger Flächen, die in feinster Nuancierung zueinandergesetzt sind, erprobt. Dabei ordnet sich ein dichtes, teppichhaftes Farbgefüge zu festen Architekturen, in denen der rechte Winkel dominiert, überdeckt von einem ebenso flächigen, nur gering abgestuften Himmel. So ergibt sich ein Bild, in dem seine Fläche der Erscheinungsort einer Harmonie wird, die den Bildraum weitgehend negiert. Das gleiche Prinzip bestimmt auch die Ölskizze der »Landschaft mit Gehöft« (um 1927, vgl. S. 129). Auch hier werden Farbflächen gegeneinandergesetzt, aber mit einer völlig anderen Intention, nicht mehr die farbige Harmonie wird gesucht, sondern die Spannung von Licht- und Dunkelheitswerten bei gleichzeitig hoher Raumintensität. Es entsteht dadurch eine abstrakte Landschaft bei äußerster Reduktion der Mittel, in der das Motiv kaum mehr Bedeutung besitzt. Aber auch diese Ölskizzen stehen, auch in ihrer Thematik, mehr am Rande. In das Zentrum und die Typik der zwanziger Jahre führt das zwar kleine, dennoch optisch reiche, 1929 entstandene Bild »Blick auf Niederbärndorf« (vgl. S. 135). Gegenüber den 1910 entstandenen »Schneegruben« ist die Wandlung augenfällig. Das Bild scheint gelenkiger, lebendiger, vor allem ist in ihm der Gegensatz zwischen Mensch und Landschaft aufgehoben, dies nicht allein, weil es sich um eine bäuerliche Kulturlandschaft handelt, sondern weil ein anderes malerisches Anliegen das Bild bestimmt: die atmosphärische Stimmung nämlich, die den Raum erfüllt und die Erscheinung des Motivs überlagert. Wie schon in der oben erwähnten »Land-

schaft mit Gehöft« (vgl. S. 129) ist das nach links in eine Senke abfallende und von dort wieder aufsteigende Land streifenförmig, horizontal gegliedert. Rechts wird die Tiefe durch einen dunklen Waldsaum abgefangen, und hinter der Mulde mit dem angedeuteten Dorfrand erhebt sich das tonige, duftig gemalte, schon in den frühlingshaften Dunst eintauchende Bergland, das rechts – nur mehr schemenhaft angedeutet – von dem Kamm übergriffen wird. Dem Himmel mit seinen Nebeln ist mehr als die Hälfte der Bildfläche eingeräumt. Er steigt nicht hinter dem Land auf, sondern überwölbt es, umhüllt und durchtränkt es. Dies ist alles in einer subtil überhauchenden Farbskala zwischen Braun-, Grün-, Blau- und Grautönen gemalt, eher angedeutet als klar vor Augen gestellt. Alles hat aneinander Anteil; denn das Bildlicht verschmilzt in der Farbe. Land, Vegetation, Gehöfte, Berge und Täler unterliegen der gleichen Betroffenheit, die sich für den Betrachter im stetigen Wandel der ästhetischen Erscheinung offenbart und in dem Bild pars pro toto gefaßt ist. Die neue landschaftliche »Konstante« ist der durch Licht, Witterung, Tages- und Jahreszeiten bedingte Wechsel, dem in dieser Landschaft Gestalt verliehen worden ist. Das Motiv ist diesem immerwährenden Vorgang der Veränderung eingeordnet. Es ist topographisch noch durchaus erfahrbar, ist aber nur mehr Teil der Naturstimmung, die durch sorgfältige, von Erfahrung getränkte Beobachtung unter Zurückdrängung subjektiven Gefühls gewonnen wird. Damit ist das Bild der Landschaft zwar gegenüber der Auffassung der Vorkriegszeit objektivierter, zugleich aber schwindet das magische Element. Der Vorgang deckt sich mit der etwa gleichzeitigen Erfahrung, die in der komplexen Psychologie Carl Gustav Jungs (1875-1961) und seiner Züricher Schule gewonnen wurde.
Dieses Phänomen des Wechsels, der Veränderung und der immer neuen Erscheinung bei konstanten Vorgaben, der Rhythmus der Landschaft also, sollte Georg Wichmann auch in den dreißiger und beginnenden vierziger Jahren stetig beschäftigen. Ihnen spürte er in einer großen Zahl von Ölskizzen nach, in denen er immer gleiche Motive – vor allem die »Schneegruben« und den »Reifträger« (vgl. S. 153) – in wechselnden Erscheinungsformen, betroffen von den vielen »Gesichtern«, malte. In diesem Zeitraum – ab etwa den beginnenden dreißiger Jahren klarer abhebbar – verändert sich jedoch die Form und der Einsatz der Mittel. Vor allem wird der Farbe eine vermehrte Wirksamkeit und ein breiterer Spielraum zugebilligt. Ihr darstellender Charakter erfährt eine Verstärkung und wird beispielsweise bei aufglühenden Herbstbäumen oder -grasland als reine Farbe mit Eigenwert verwendet (vgl. S. 139). Daraus ergeben sich neuartige Beziehungen von Bildfläche und Bildraum. Zudem wird die Lichtwirkung ausschließlich der Farbe übertragen, damit das beleuchtende Licht in Raum- und Eigenlicht der Objekte gewandelt. Dieser Prozeß führt in manchen Bildern, wie den im Carl-Hauptmann-Haus in Mittel-Schreiberhau bewahrten »Schneegruben« (vgl. S. 169), zu einem emailhaft überstrahlten, förmlich glühenden Landschaftsraum, dessen Lichtphänomen das Motiv überlagert.
Typisch für den beginnenden Prozeß der Farbsteigerung ist die

am oberen Kochellauf um 1932 entstandene Landschaft (vgl. S. 147). Motivisch ist ein im Vordergrund sich verbreiternder und nach links verlierender Bachlauf mit seinem Granitgestein gegeben. Der Blick kann sich in der sprudelnden Lebendigkeit, die von der begleitenden Vegetation unterstützt wird, verlieren. Aber hinter dem Motiv steht eine komplizierte farbige und formale, sich verschränkende Struktur, die mit räumlichen und flächigen Verspannungen arbeitet. Da ist einmal der Bach selbst mit seinen schäumenden und seinen beruhigten Zonen. Er wird diagonal in die Tiefe geführt, dann in dieser Bewegung durch das zur Fläche drängende Orange-Gelb gebremst. Dieser nach rechts ziehenden Diagonale antwortet eine solche in die Gegenrichtung in Braun-, Grau- und Oliv-Tönungen. Sie führt von der Felsgruppe rechts zur angedeuteten Waldkulisse links oben. Dem nach links wirkenden Tiefenzug des Baches ist eine getupfte rot-orangefarbene, zur Fläche drängende Farbmacchia entgegengestellt, und die Tiefe des Gebirgskammes in seiner satten Blautönung findet ihre farbliche Entsprechung im Wasser vorn rechts. Man beobachtet also, daß formale Tiefenzüge durch zur Fläche drängende Farben wie Gelb, Orange oder Rot konterkariert werden, oder aber das Blau der Tiefe mit verwandten Farben des Vordergrundes korrespondiert. Dadurch entsteht ein den Bildraum und die Bildfläche übergreifendes Farbgeflecht, ein abstraktes Farbnetz, das die Aufgabe hat, das Motivische in ein ästhetisches Äquivalent zu verwandeln und damit wiederum das Vergängliche und Momentane in ein Bild, welches das Wesen des Riesengebirges spiegelt.
Obwohl bei Abfassung dieses Buches nur etwa 80 Gemälde oder Ölskizzen nachweisbar sind, somit zwangsläufig das Werk in einem äußerst rudimentären Zustand vorliegt, ist es dennoch möglich, einen Überblick über Entwicklung und Eigenart zu gewinnen. Die oben herausgegriffenen Arbeiten vermitteln dabei bestimmte Stufen oder Schritte, in denen sich Wandlung abzeichnet. Diese Wandlung ist nicht nur eine Veränderung der technischen Mittel, sondern spiegelt vielmehr eine sich verändernde Natursicht, stellt einen Wechsel der Einstellung zu den Konstanten der Landschaft dar und damit eine andere ästhetische Erfahrung.
Allein die Entscheidung, sich im Riesengebirge niederzulassen, ist Ausdruck einer bestimmten Haltung oder Naturvorstellung, hinter der die Erfahrung steht, daß Landschaften ästhetisch entwertet, ausgeschlachtet und verbraucht werden können. Dies setzt eine bestimmte Vorstellung von »Natur« voraus, die – noch unverletzt durch den Menschen – als Abglanz der Schöpfung gesehen wird. Der Mensch wird dieser noch intakten Natur nicht oder nur bedingt zugerechnet, etwa im Sinne Leibls, der sich bereits 1873 auf dem Lande niedergelassen hatte und aus Berbling seiner Mutter schrieb: »Hier in der freien Natur und unter Naturmenschen kann man natürlich malen.«[137] Oder vielleicht genauer und besser durch Luigi Pirandello in seinem 1908 geschriebenen Essay »L'umorismo« gekennzeichnet: »Wahr ist das Meer, wahr sind die Berge, die Felsen, wahr ist ein Grashalm. Doch der Mensch? Immer maskiert, ohne es zu wollen, ohne es zu wissen, maskiert mit dem Ding, was er guten Glaubens für sein Ich hält ...«

Georg Wichmann steht damit noch vor der Schranke, die Franz Marc bereits 1915 zum erstenmal in der Kunstgeschichte überschreiten sollte, indem er von der »gefühlswidrigen Häßlichkeit der Natur« und ihrer »Unreinheit« sprach.[138]

Die Veränderungsschritte im Werk Georg Wichmanns beruhen deshalb nicht auf einem Wechsel seiner Naturvorstellung, sondern auf einer Verlagerung der Schwerpunkte auf spezielle Bereiche, die ihm in den jeweiligen Lebensabschnitten als Konstanten der Natur wichtig erschienen. Der Wandel bedeutet infolgedessen nicht Entwicklung im positivistischen Sinne, sondern auch Aufgabe bestimmter Positionen, also Gewinn und Verlust. So hat die Phase bis etwa 1914 in ihrem Bemühen, die lapidaren, großartigen, den Menschen überdauernden Landschaftselemente sichtbar zu machen, eine beeindruckende Kraft, die unserer heutigen Sicht im Rahmen einer weltweiten »Krise der Landschaft« besonders entgegenkommt. Aber auch der zweite, die zwanziger Jahre dominierende Schritt, der auf die Durchdringung des Bildraumes zielt und den atmosphärischen Wechsel als das zentrale Wesen der Landschaft zu vergegenwärtigen sucht, bedeutet einen Entwicklungsschritt, natürlich unter Aufgabe spezifischer Aussagewerte. So wird der Landschaftsraum zwar lebendiger, optisch reicher, aber zugleich alltäglicher.

Der letzte Schritt schließlich, der die Bildwelt in den dreißiger und beginnenden vierziger Jahren bestimmt, erwächst aus dem Bemühen, der Farbe entscheidende Aufgaben in der Landschaftsdarstellung zu übertragen. Sie verspannt von nun an nicht nur als reine Farbe verstärkt das Bildgefüge, sondern wird zum Instrument einer partiellen Verklärung natürlicher Phänomene: Herbstbäume lodern gleichsam als Lichtträger, Himmelszonen wandeln sich zu perlmuttartig irisierenden Flächen, oder der Gebirgskamm wird durch die Farbe kostbar entrückt. Damit schließt sich gleichsam der Kreis mit der Frühphase; denn in dieser letzten Spanne steht nun die Landschaft erneut als das Andere gegenüber, jedoch ist dieses Andere nur mehr eine farbige Spiegelung des Riesengebirges und der Idee einer intakten Landschaft, unterlegt von einem Motiv.

Werke
1896-1943

Von den Ende 1995 nachweisbaren rund 90 Gemälden und Zeichnungen Georg Wichmanns werden 60 in diesem Buch wiedergegeben und der Rest in einem Verzeichnis (S. 223) aufgelistet. Unter diesen Arbeiten konnten bisher 12 nur durch Abbildungen und Hinweise in der Literatur eruiert und 3 durch zeitgenössische Aufnahmen belegt werden.
Die Arbeiten entstanden zum Teil bereits während des Studiums, stammen aber vor allem aus der vierzigjährigen Schaffenszeit im Riesengebirge.
Von den Bildern und Zeichnungen sind 63 signiert und 28 zugleich datiert, weiterhin 9 auf der Rückseite zum Teil eigenhändig beschriftet, zugeschrieben und datiert. Bei diesen wurde ebenso wie bei unbezeichneten Arbeiten die Zuordnung unter stilkritischen Gesichtspunkten vorgenommen, die durch die primäre Kenntnis des Schaffensvorganges und der Provenienz begünstigt wurde. Bei Angaben in Katalogen ohne Abbildungen war dies nicht möglich. Die Vorlagen der Wiedergaben waren von unterschiedlicher Qualität, bestanden zum Teil aus Kleindiapositiven und Aufsichtsvorlagen, so daß die farbliche Angleichung an das Original erschwert und nur durch mehrfache Korrekturvorgänge erreicht wurde.
Für die Geduld bei der Herstellung ist der Autor dem Münchner Repro-Center, Herrn und Frau Färber, besonders verbunden.

Vorgarten mit Pergola, 1896
Öl auf Karton, auf Mahagoniholz aufgezogen, 23,8 cm × 30 cm
Bez. r. u. in Weiß: 1896 Georg Wichmann
Privatbesitz, München

Georg Wichmann hat dieses Bild noch während seines Akademiestudiums in Berlin gemalt, und er hat dieses Bild sorgfältig gehütet. Noch heute befindet es sich in Familienbesitz. Dargestellt ist ein Ausschnitt eines rotgetünchten Fachwerkhauses (elterliches Wohnhaus) mit überwachsener Pergola, links unter dem von Läden flankierten Fenster einige duftig gemalte Rosenbüsche, im Vordergrund von Gartenwegen umflossen ein Rondell mit Blumenrabatte.
Das Bild gibt Ausdruck von der eigentlichen Neigung des damaligen Studenten, die sich nur heimlich neben der offiziellen Darstellung von Modellen, Uniformen, Roben und Schlachtenbildern offenbaren konnte. Diese Neigung konzentrierte sich auf die Beobachtung und Erfassung des in einer Harmonie befindlichen, noch unverdorbenen Lebensraums, auf die Wiedergabe von Landschaft mit dem darin integrierten Menschen.
Trotz der scheinbaren Ausschnitthaftigkeit des Motivs, trotz impressionistisch anmutender Sehweise offenbart das Bild pars pro toto eine gehegte, friedliche Welt und trotz der Stille hohe Lebendigkeit in der pointillistisch erfaßten flirrenden Licht-, Schatten- und Blütenwelt.

Uferlandschaft, 1897
Öl auf Karton, 37,7 cm × 27,5 cm
Auf der Rückseite mit Bleistift beschriftet:
G. Wichmann, 1897
Privatbesitz

Im Vordergrund der dunkle Lauf eines Flusses, dessen jenseitiges Ufer von hohem, durchleuchteten Schilf bestanden ist. In der Mitte zwei Männer an einem mit Schilf beladenen Kahn beschäftigt, im Hintergrund Laubwald, dessen Blattwerk partiell von Licht durchflossen wird, hinterlegt von einem grünlichblauen, wolkenfreien Himmel. Das sind die Elemente des Motivs, das einen von üppiger Vegetation umstandenen, bergenden Landschaftsraum suggeriert.

Georg Wichmann war zu dieser Zeit noch Schüler der Berliner Akademie. Locker und frei, mit sicherer Pinselfaktur ist dennoch dieses Bild gemalt, dessen Belichtung scheinwerferartig über den Mittelgrund gleitet, der sich mit seinen hellen Gelbwerten als Aktionszone von dem dunklen Unterholz der Baumkulisse abhebt. Die Farbskala bewegt sich vor allem im Grün- und Gelbbereich. Sie sollte sich in späteren Werken differenzieren und erweitern. Jedoch ist die bereits vollzogene Auseinandersetzung mit der realistischen Landschaftsmalerei etwa in der Art Barbizons und der deutschen Künstlerkolonien ablesbar.

Blick vom Friedhof auf einen Ortsrand, um 1900
Öl auf Karton, 30 cm × 40 cm
Bez. r. u. in Braun: Wichmann
Privatbesitz, Schreiberhau

Ebenso wie das Bild auf S. 79 hat Georg Wichmann dieses Gemälde nie veräußert. Es hing bis 1945 in seinem Atelier und bis heute im gleichen Haus in Ober-Schreiberhau. Thematisch ist es ein typisches Frühwerk, entstand wohl vor der Jahrhundertwende in Westpreußen, unmittelbar nach der Berliner Akademiezeit, die 1898 endete. Charakteristisch für diese Arbeit ist der romantisch-schwerblütige Grundklang, der sich bereits in dem Motiv – einem Blick von einem Friedhof auf einen jenseits eines Wiesengrundes an einem Hang liegenden Ortsrand – abzeichnet. Er greift damit auch das so häufig in den deutschen Künstlerkolonien zwischen Ahrenshoop und Nidden an der Ostsee oder Murnau am Alpenrand gemalte Friedhofsmotiv auf. Vergittert und gebremst wird der Ausblick in diesem Bild von einer großen, sich V-förmig aufgabelnden, oben angeschnittenen Linde. Ihr Stamm und ihr entlaubtes Geäst teilen den Bildraum in zwei Zonen: einmal den abfallenden Vordergrund mit einigen efeuüberwachsenen Gräbern, der durch den Plankenzaun begrenzt wird – ein zwar betretbarer, aber durch den Tod zugleich abgehobener Raum –, dann die des Hintergrundes mit dem die Gehäuse des Lebens tragenden Ortsrand, in dem links ein Kirchturm – auch dieser angeschnitten – aufragt. Zwischen ihnen der mächtige Baum als Zeichen vitaler Dauer. Diese Elemente des Seins sind zu einer Landschaft gefügt, ja lösen und versöhnen sich im Landschaftlichen.
Die Komposition ist in ihren Achsen, in der mehrfach entschieden angeschlagenen Waagerechten als Plankenzaun und in der hochliegenden Horizontlinie ebenso wie in der Vertikalen in Lindenstamm und Kirchturm, klar ausgewogen. Das gleiche zeigt die Farbe, deren darstellender Wert noch dominiert.

Herbstliche Weide im Marienwerder Land, um 1898
Öl auf Leinwand, 43 cm × 59 cm
Bez. r. u. in Schwarz: G. Wichmann
Privatbesitz, Freiburg

Dargestellt ist Weideland in der Nähe Riesenburgs, das zu einem baumgesäumten Damm ansteigt. Die Horizontlinie durchzieht das Bild fast waagerecht und teilt die Landschaft in zwei annähernd gleich hohe Hälften. Im Vordergrund krautige Bewachsung, halblinks ein Busch, im Mittelgrund weidendes schwarzweißes Vieh.
Ebenso wie der blaßblaue, leicht bewölkte Himmel farblich verhalten erscheint, ist auch die Vegetation herbstlich dürr, bereits teilweise abgestorben, mattgrün-ockerfarben. Es ist kein Motiv in touristischem Sinne, sondern ein Stück unattraktiven bäuerlichen Landes der Ebene, die ihren Ausdruck in der geraden, nach rechts oder links reproduzierbaren Horizontlinie ebenso findet wie in der Veranschaulichung des Elementaren in Land, Luft, Vegetation und Vieh. Das Lapidare, Zuständliche und Dauernde – sichtbar gemacht in der Landschaft – ist der Bildinhalt.

Vorfrühling (Schneegruben mit pflügendem Bauern), um 1907
Öl auf Leinwand
(nicht mehr nachweisbar)

Ob in Worpswede, auf Rügen, im Dachauer Moos oder im Riesengebirge, überall suchten die Maler der deutschen Künstlerkolonien in ihren Refugien das Ursprüngliche, noch Unverfälschte, gespiegelt in Landschaft und tradiertem Lebensrhythmus. Um die Jahrhundertwende war diese Ursprünglichkeit im Riesengebirge noch erhalten. Sie wiederzugeben ist das Anliegen des Malers, der sie sowohl in der übergreifenden Gebirgsszenerie darstellt, als auch in dem Pflüger, diesem Symbol für Brot, Nahrung, für sich rhythmisch wiederholende menschliche Tätigkeit. Zugleich aber gibt das Bild mehr wieder, nämlich den Kontrast zwischen Zeitlichem und Dauerndem, zwischen Existentiellem und Enthobenheit, von ewig Landschaftlichem und geduldet Menschlichem.
Die Komposition des betonten Querformats ist verschränkt und verzahnt. So führt der Acker mit dem Pflüger schräg in die Tiefe, andererseits beschreibt der Blick eine optische Schräge vom

Bauern zu den Schneegruben nach rechts. Von dort fällt auch das Licht ein. Dem horizontal lagernden, in seinem Kontur weich schwingenden Gebirgskamm mit »Großer Sturmhaube«, »Hohem Rad«, »Großer« und »Kleiner Schneegrube« und rechts – nur angedeutet – der »Veilchenkoppe« steht die nach links fallende Senke gegenüber. Die verschliffenen, gewölbten Formen atmen Ruhe, sind im Vordergrund Ausdruck alter Kulturlandschaft, im Gebirge Ergebnis planetarischer Geschichte.
Die Abbildung wurde dem Aufsatz Waldemar Müller-Eberharts »Georg Wichmann – Oberschreiberhau und andere Schlesier«, erschienen 1942 in der Zeitschrift »Deutsches Bild«, entnommen. Der Autor teilt mit, daß dieses Bild eines der ersten war, mit dem der Maler an die Öffentlichkeit trat. Es dürfte infolgedessen in der ersten im Haus des Vaters in Hirschberg 1907/08 durchgeführten Ausstellung gezeigt und dort auch verkauft worden sein. Dargestellt ist ein Motiv aus der Gegend um Kiesewald.

Bauernhaus mit Gebirgskamm, 1906
Öl auf Leinwand (auf Karton kaschiert), 23 cm × 31 cm
Bez. r. u. in Braun: 1906 Georg Wichmann
Privatbesitz, Warschau

Das wohl in der Gegend von Kiesewald, einem kleinen Bergdorf über Petersdorf, entstandene Bild, in dem Georg Wichmann seit 1904 lebte, gehört zu den wenigen Arbeiten, in denen nicht die freie Landschaft dominiert, sondern Mensch und Menschenwerk ein Übergewicht erhalten. Dies nicht nur durch das links angeschnittene Gebirgsbauernhaus mit zwei Staffagefiguren, sondern durch die Einbindung einer dadurch sichtbar werdenden sozialen Komponente, die auf die Härte, Kargheit und Schwere des bäuerlichen Lebens in einer abweisenden Natur hinweist. Es entsteht somit eine Stimmung, die sich mit einem Grundtenor der Malerei deutscher Künstlerkolonien verbindet und »Ehrlichkeit«, Wahrheit und Wirklichkeit des Lebens zum Ausdruck bringen möchte. Dennoch bleibt in dem Bild dieses Gefühl verhalten, sind doch die Figuren äußerst dezent dem Werk eingefügt: die eine Figur ist in der Türöffnung fast verborgen, während die sich zur Karre herabbeugende Bäuerin sich farblich der Umgebung einfügt.
Die Einfachheit des Hauses – Bergung für Mensch und Tier – mit seinem tief herabgezogenen Schindeldach und seinem sparsamen Beiwerk korrespondiert mit dem herben Charakter der Landschaft: mit dem herbstlich beschneiten Gebirge, dem knorrigen Baum, der die letzten Blätter verliert, und dem abgeweideten, abfallenden Wiesenplan. Über allem aufziehendes schweres Gewölk. Der Farbauftrag ist dünn, fast lasierend, so daß die Leinwandstruktur stark in Erscheinung tritt.

Zeichnung aus dem Gästebuch der Familie von Woikowsky-Biedau, das zwischen 1905 und 1918 geführt wurde
Bleistift, 10,2 cm × 14,7 cm (Größe der Seite 22 cm × 14,7 cm)
Bez. l. u.: G. Wichmann 1907. Kieselwald i/Rgb.

Die kleine Skizze wird hier gezeigt, weil sie zu den wenigen erhaltenen Zeichnungen Georg Wichmanns gehört. Der Maler verkehrte damals freundschaftlich mit der Familie von Woikowsky-Biedau, die auch in ihrer Kiesewalder Baude ein großes, heute verschollenes Gemälde Georg Wichmanns besaß.
In der Skizze ist, von hohem Blickpunkt gesehen, ein typisches Riesengebirgshaus mit verschaltem, naturbelassenen Giebel und großem geschindelten Dach dokumentiert, daneben die weite Talsicht in die Hirschberger Senke, hin zum Bober-Katzbach-Gebirge.

Kreidefelsen auf Rügen, 1908
Öl auf Leinwand, 18 cm × 27,3 cm
Bez. r. u. in Braun: G. Wichmann 1908
Besitzer: Altonaer Museum, Norddeutsches Landesmuseum, Hamburg

Während einer Reise in die Landschaften seiner väterlichen Herkunft besuchte Georg Wichmann 1908 auch die Inselgruppe Rügen, Vilm und Hiddensee vor der pommerschen Küste. Zu dieser Zeit war er bereits im Riesengebirge ansässig, das ebenso wie Rügen von Malern der Romantik und des beginnenden Realismus durchwandert worden war. So hatte dort Caspar David Friedrich 1818 seine berühmten »Kreidefelsen« gemalt, und ihm folgten – ebenso wie im Riesengebirge – C. G. Carus und Karl Blechen. Rügen gehörte somit wie das Riesengebirge zu den frühen Entdeckungen noch ursprünglicher Landschaften, die als Medien einer spezifisch deutschen verinnerlichten Aussage genutzt wurden. Ebenso wie im Riesengebirge bildete sich auf der Inselgruppe um die Jahrhundertwende eine Künstlerkolonie, in der auch Gerhart Hauptmann, der 1885 Hiddensee erstmals erlebte, sich dort 1931 niederließ und auch dort begraben ist, eine Rolle spielte.
Die »Kreidefelsen« Georg Wichmanns geben zwar einen markanten, touristisch gesuchten Punkt Rügens wieder, aber unkonventionell, bei aufkommendem Sturm. In der Mitte die ausgewaschenen Felsen aus niederer Vegetation hervorstoßend, rechts ein Laubbaum. Wasser und Land verschränken sich, umgreift doch im Vordergrund der steinige Strand eine Bucht, die zum offenen Meer hin von aufschäumenden Wellen durchfurcht wird. Der Himmel ist dunkel, nur einige zerflatternde Wolkenränder sind beleuchtet. Maßstab setzt links ein sich vom dunklen, entfernten Ufer absetzendes Boot mit rotbraunem Segel. Braun- und Olivtöne bestimmen die Farbskala. Die hellsten Partien werden von links über die Wellenkämme und den Gischt der anschlagenden Wellen zu den Felsen als Diagonale geführt, während der Blick von rechts über das akzentsetzende Segel in die Tiefe gleitet. Das Bild ist dünn mit teilweise durchscheinender Leinwand gemalt.

Lit. u. a.: [Kat. Ausst.] Rügen, Vilm, Hiddensee. Altonaer Museum. Hamburg 1977, 24, 41.

Winterlandschaft bei Kiesewald, 1908
Öl auf Leinwand, 80,5 cm × 120 cm
Bez. l. u. in Graublau: Georg Wichmann 1908
Privatbesitz, Starnberg

Auf einem Vorberg steigt links ein noch schneebedeckter, von Fahrspuren durchzogener Weg auf die Kulmination. Links ein schindelgedecktes Bergbauernhaus. Beherrschend rechts, aus einer Gruppe von Granitfelsen hervorwachsend, ein entlaubter, silhouettiert erscheinender Baum vor dem verblauenden Gebirgskamm mit teilweise umwölktem »Reifträger«. Der graue, verhangene Himmel zeigt links einen offenen, blaugrünen, kalten Streifen über einem abendlich beleuchteten Wolkensaum.
Der Farbauftrag ist dünn und flächig mit nur leicht pastoser Pinselfaktur, vor allem in den illuminierten Wolkenstreifen, die Farbskala gedämpft und verhalten. In ihr dominieren Grau, Blau, Braun und gebrochene Grüntöne.
Das Bild und seine Elemente sondern sich von vedutenhafter

Darstellung. Jedes Ding, ob Baum, Stein, Haus, Gebirgskamm, ist Ding an sich, spiegelt neben seiner motivisch bedingten, speziellen Eigenart zugleich das Grundsätzliche seiner Gattung, wird damit zum Symbol – auch der Wegweiser. Diese Darstellungsform berührt somit die Frage nach dem Sinn und gibt zugleich die zagende Antwort im Vorfrühlingshaften von schneebefreiten Zonen und der entsprechenden atmosphärischen Tönung. Die verinnerlichte Welt- und Werthaltung mit der untergeordneten Rolle des Menschen klingt in dem Bild erneut auf.
Es wurde vor 1910 in Hirschberg erworben, wurde fast ein Vierteljahrhundert in China bewahrt, ehe es sein Domizil am Starnberger See fand.

Bachlauf, um 1909
Öl auf Karton, 60 cm × 70 cm
(Rückseite des Bildes »Die Felsen«)
Privatbesitz

Das Bild – in seiner Wirkung durch Beschädigung der Pigmenthaut und mangelnde Pflege beeinträchtigt – vermittelt dennoch eine eigenartige, ungewöhnliche Stimmung. Es zeigt einen Bachlauf bei sinkendem Tag. Eigenartig dickflüssig, quecksilberartig, reflektiert das Gewässer das Licht und spiegelt in seinen dunklen Partien die begleitenden Gehölze, die, abstrakt silhouettiert, den von links abfallenden Hang überragen. Im Hintergrund rechts, schemenhaft, entmaterialisiert, ein Gebirgsrücken. Rechts drängt braunolivfarbenes Grasland an das Wasser.
Alles ist flächig, fast lasierend gemalt, mehr überhauchend als modellierend, nur die Lichtreflexe in Zinkweiß leuchten hell auf, während alles andere bereits in der anbrechenden Dämmerung versinkt.
Die ungewöhnliche Stimmung verwandelt das liebliche »Thoma-Motiv« in einen unkonventionellen Landschaftsraum, der uns nicht schützend umschließt, sondern gegenübersteht, den wir nicht zu besitzen, sondern nur zu betrachten vermögen.

Die Felsen, 1909
Öl auf Leinwand (kaschiert auf Pappe), 70 cm × 51 cm
Bez. l. u. in Zinnoberrot: Georg Wichmann 09
(später rechts 9 cm verbreitert)
Auf der Rückseite: Bachlauf
Privatbesitz

Das Bild ist hier in seiner ersten, noch nicht nach rechts erweiterten Fassung wiedergegeben. Diese strenge, die Gewalt und Mächtigkeit der Granitfelsen bannende Komposition war, wie in Gesprächen der dreißiger Jahre mit Georg Wichmann bestätigt, die eigentlich originale. Sie wurde damals nicht wiederhergestellt, weil der Karton auf der Rückseite mit einem weiteren Bild, einem Bachlauf, bedeckt war.
Das Bild entstand, während der Maler in dem Gebirgsdorf Kiesewald lebte. Es ist ein Porträt einer für das Riesengebirge charakteristischen Felsgruppe mit den für die Granitverwitterung typischen lastenden, unscharfen Formen. Diese »Steine« waren Überreste von bereits abgetragenen Schalen, sie waren Zeugen und zugleich Widerstände in einem Jahrmillionen währenden, abschleifenden Prozeß.

Georg Wichmann malte bis zum Ersten Weltkrieg in seinen durchgearbeiteten Bildern keine momentanen Seherlebnisse, vielmehr suchte er in dem Motiv grundlegende Konstanten zu spiegeln. Auch hier ist es das sich in den Felsen abzeichnende Element des Dauernden. Dreiviertel der Bildfläche werden von den Felsen eingenommen, rechts öffnet sich unter bewölktem Himmel ein schmaler Ausblick. Auf dem Gestein vermögen sich Leben und Vegetation nur als Flechten und Moos zu halten; der links auf der Höhe in einer Spalte angesiedelte Laubbaum verteidigt mühsam, windschief, seine Existenz. Im Vordergrund Birkenstümpfe zweier gefällter Bäume. Bedrängender Fels, um das Leben ringende Vegetation, Spuren menschlicher Eingriffe, kompakt zusammengedrängt, ein schmaler Ausblick, alles sorgsam detailliert gemalt, werden zu einem Stück symbolischer Welt.

Talsicht von Kiesewald, um 1909
Öl auf Karton, 71 cm × 49 cm
Bez. r. u. in Grauschwarz: G. Wichmann
Auf Rückseite Aufkleber, beschriftet: Fernsicht von Kiesewald
Besitzer: Ostdeutsche Studiensammlung Helmut Scheunchen, Esslingen

Ein wenig mehr als die Hälfte des Formates wird von dem farblich differenzierten, leicht dunstigen Himmel eingenommen, der sich über der »magischen Talsenke« (Hermann Stehr) wölbt. Vom Vordergrund mit einer keilförmigen, schneebedeckten Abrißkante springt der Blick in das Braune, schneefreie Tal, das gegen den Horizont von beschneiten Hügeln begrenzt wird, hinter denen – sich bereits mit der Atmosphäre mengend – das Bober-Katzbach-Gebirge erahnt werden kann. Am Rande des weißen Vordergrundes rechts ein verschneiter Laubbaum, an dem sich die Weite des Raumes abschätzen läßt.
Das Bild zeigt den Kontrast zur Bergsicht, und dennoch ist dieser Blick nicht befreiend, eher erfüllt von Schwermut, in dem der isolierte Baum in einem unbegrenzten Raum zum Symbol des Ausgesetztseins wird.

Lit. u. a.: Aukt.-Kat. Dr. Fritz Nagel. Stuttgart v. 5. 12. 1987, 238, Nr. 3449 – Freundschaftsgabe der Ostdeutschen Studiensammlung Helmut Scheunchen. Esslingen 1995.

Die Schneegruben im Morgenlicht, 1909
Öl auf Leinwand, 28 cm × 42 cm
Bez. l. u. in Schwarz: Georg Wichmann 1909
Privatbesitz, Detmold

Im Vordergrund eine weite, in den tiefen Lagen von milchigem Bodennebel erfüllte Senke, begrenzt von einem leicht nach rechts ansteigenden Waldsaum, in den scheinwerferartig ein erster Sonnenstrahl einfällt und die Spitzen einiger herbstlich gefärbter Laubbäume aufglühen läßt. Dahinter steigt majestätisch, nur einen schmalen, zartblauen, leicht rötlich überhauchten Himmelsstreif freilassend, der Riesengebirgskamm auf. Auf seinen Höhen – links an der Flanke des »Hohen Rades«, dann in den Schneegruben – die Morgensonne. Sie färbt die Granitfelsen, spendet der abweisenden Bergwelt den Schein des Lebens.
In diesem Bild wird nicht Landschaft als »Tummelwiese« der Menschen gegeben, sondern als Ausdruck von Dauer im Vergleich zu menschlicher Vergänglichkeit. Staunend – hier ergeben sich Verbindungen zur geistigen Situation der deutschen Romantik – wird dieses den Menschen übergreifende Sein betrachtet, das durch den atmosphärischen Wechsel in seinem Wesen bestätigt wird.

Vorfrühling mit Schneegruben, 1910
Öl auf Karton, auf Keilrahmen aufgezogen, 83 cm × 120 cm
Bez. r. u. in Maronenrot: Georg Wichmann 1910
Auf Rückseite Aufkleber, beschriftet: Kunsthandlung, Vergolderei und Rahmenfabrik von Kurt Siegismund, Danzig Heil. Geist Gasse N° 12
Privatbesitz

Groß, mit hohem Himmel ist dieses Porträt der Schneegruben ins Bild gesetzt. Von einem fast schneefreien Vorberg gleitet der Blick über einen nach rechts abfallenden Vordergrund, der von einem dunklen Waldstück abgefangen wird, zur »Großen Sturmhaube«, dem »Hohen Rad« und den Schneegruben, die noch von einem dicken Schneemantel umhüllt sind und von der flach einfallenden Morgensonne getroffen werden. Das von links kommende Licht setzt sich auf die jeweiligen Berghänge, betont hell den Grubengrat und deren rechte Steilwand. Vom leichten Dunst tauenden Schnees ist der Himmel erfüllt, der sich hier und da zu Schleiergewölk zusammenzieht.
Dem Bild liegt eine eigenartig abstrakte formale und farbige Dreiecksstruktur zugrunde. So bildet der im Schatten liegende Vordergrund ein dominant braunes Dreieck mit Binnenformen. Der

besonnte Teil mit Schneeresten, aufragenden Stämmen und Gebüsch – vorwiegend gelblichgrün – schiebt sich von links an das Mitteldreieck. Und von rechts antwortet das spitzwinklige Dreieck der Waldungen des Mittelgrundes. Diese Dreiecke bilden ein schmales, dunkel getöntes Rechteck, das sockelartig die knappe Hälfte der Bildhöhe einnimmt. Darüber nun, als relativ schmaler Streifen, der Gebirgskamm mit seiner schwingenden Konturlinie hell, gleichsam magisch aufleuchtend, eigentümlich verfremdet durch die Schrunden, Kanten und Abbrüche verschleifende Schneeumhüllung.
Durch die Reduktion auf abstrakte, elementare Grundformen, in die einerseits das Motiv eingelagert ist, das aber durch seine Wesensmerkmale verwandt antwortet, entsteht ein Porträt seines unnahbaren Wesens (vgl. auch S. 71/72).

Dorfstraße in Kiesewald, 1910
Öl auf Leinwand, 35 cm × 47 cm
Bez. l. u. in Rot: Georg Wichmann 1910
Privatbesitz, Freiburg

Eine leicht gekrümmte Dorfstraße mit Wagenspuren, rechts am Gehsteig ein eingeschossiges Bauernhaus mit einem davor gelagerten, mit Staketen eingefaßten Gärtchen. In diesem prangt üppiger rosafarbener Phlox. Auf der Straße, im Schatten der linksseitigen Laubbäume eine Bäuerin als Rückenfigur und eine Gruppe von Gänsen. Zwischen dem tief herabgezogenen Dach und der Baumkulisse wird in der Mitte des Bildes ein dreieckförmiges Stück Himmel sichtbar, in das die Schneegruben mit ihrer Baude aufragen.
Das sind die Gegenstände des Bildes, die aber erst durch formale Komposition, Gesamtform und Lichtführung ihre beeindrukkende Valenz erhalten. Das von links einfallende intensive Sonnenlicht streicht über Straße, Zaun und Stauden und akzentuiert die Blütenpracht, illuminiert noch ein Stück der weiß getünchten Wand des Hauses, das durch Licht und Blumen ungemein ausgezeichnet wird. Zum Mittelgrund hin, ausgehend von dem dunkel verschalten Giebel, dominiert der Schatten, der den Menschen gleichsam aufsaugt, nur noch von zwei Sonnenflecken durchbrochen wird. Über diesem von Licht und Blüten gehöhten Menschenwerk im Zentrum eine kleine Partie des Riesengebirges. Der motivische Tiefenzug, durch die Straßenführung hin zu den Schneegruben vorgezeichnet, wird durch das Querlicht gebremst, das Bild dadurch in miteinander verzahnte Raumschichten gegliedert und die Bildfläche somit bis an die Grenzen lebendig erfüllt.

Riesengebirgskamm im Frühsommer, um 1911
Öl auf Leinwand, 67 cm × 100 cm
Bez. r. u. in Braun: Georg Wichmann
Privatbesitz, Schlesien

Das Bild wurde an einem strahlenden Frühsommertag in der Umgebung des Bergdorfes Kiesewald bei noch flachem morgendlichen Sonnenstand gemalt. Über eine weite, von einem Weg durchzogene Senke gleitet der Blick über sanft gewölbte, sonnenübergossene Hügel zu einem schräg von links ansteigenden Waldrand, hinter dem sich das Riesengebirge mit »Sturmhaube«, »Hohem Rad«, »Großer« und »Kleiner Schneegrube« und »Veilchenkoppe« breitet. Darüber – nur ein Fünftel der Fläche einnehmend – ein zartblauer, leicht dunstiger Himmelstreif. Der großartige Panoramablick wird mit einer hohen, melodisch schwingenden Horizontlinie dargestellt.
Die Farbpläne – vorn verschattetes, dunkelgrünes, bräunlich durchtöntes Grasland, dann ein gelbgrüner Farbkeil mit sattgrünem Nadelwaldsaum, darüber das von Blau dominierte Gebirge mit dem atmosphärischen Himmelsstreifen – gliedern und unterstützen den Bau des Bildes, das von Raumtiefe und horizontaler, Stille atmender Lagerung bestimmt ist. In den einzelnen Farbzonen differenzierte Nuancierung, die in den Bergen mit den letzten Schneeresten zu schönstem Reichtum aufwächst. Zwischen den blauen Schatten und Schrunden überhaucht das erste Sonnenlicht die Ostflanken und Spitzen und verlebendigt das scheue Grün selbst auf den Berghängen.
Ähnlich wie Hokusai hunderte Male den Fujiyama darstellte, hat auch Georg Wichmann immer von neuem die Schneegruben gemalt. Hier zeigt er sein zentrales Motiv im Rahmen einer friedlichen Landschaft in heiterer Gelassenheit, immer noch unnahbar zwar, wohl betretbar, aber distanziert gegenüber menschlicher Zeitlichkeit. Das Strömen des Lichts im Bildraum kündigt die sich etwa ein Jahrfünft später ausprägende Betonung der Farbe, verbunden mit anwachsender Ereignishaftigkeit an.

Granitgestein in Herbstlandschaft, um 1911
Öl auf Leinwand (doubliert), 31 cm × 43 cm
Bez. r. u. in Rot: G. Wichmann
Privatbesitz, München

Links ein sandiger Pfad, rechts ein Hügel mit zusammenstürzender Granitkrone, im Hintergrund links ein Hang mit Fichten, alles durchsetzt mit herbstlichem Gras und niederem Gesträuch. Auf der Gesteinsgruppe einige Birken, die in den dünn gemalten blauen Himmel ragen. Die Spannung des unkonventionellen Motivs erwächst aus den Farbwerten: einem gedämpften Blau und Ockerbraun. Seine entscheidenden formalen Bewegungen verlaufen diagonal, mit dem Schnittpunkt in der Bildmitte.
Es ist das Motiv eines Malers, der das eigentliche Landschaftliche, das Wesen dieses Gebirges mit seinen eigentümlichen Granitfelsgruppen und die typische Atmosphäre der herbstlich aufglühenden, sich verwandelnden Natur wiederzugeben trachtet. Die Malweise ist dünn, läßt hier und da die feine Struktur der Leinwand durchscheinen. Nur im Blattwerk der Vegetation wird der Auftrag pastoser und modellierend. Die Strichführung zur Charakterisierung des verdorrten Grases verstärkt das aufzüngelnde Element der Goldockertönungen.

Lit. u. a.: Grundmann Günther, Schreiberhau im Riesengebirge. In: Wietek Gerhard (Hrsg.), Deutsche Künstlerkolonien. München 1976, 138.

Schneegruben mit Wolkentürmen, 1913
Öl auf Sperrholz, 74 cm × 89 cm
Bez. r. u. in Zinnoberrot: Georg Wichmann 1913
Privatbesitz, Starnberg

Zwischen 1904 und 1914 ist das Anliegen des Malers, das Dauernde, Zeitenthobene der Natur, gespiegelt vor allem in den in Jahrmillionen abgeschliffenen Formen des Riesengebirges, in seine Arbeiten zu bannen. Mensch und Menschenwerk scheinen nur geduldet, sind eingefügt, suchen sich Nischen, um zu existieren. Die atmosphärischen Elemente: Licht, Tages- und Jahreszeiten umspielen oder illuminieren die Konstanten der Erde. Mit Beginn des Ersten Weltkrieges, vor allem aber danach, erhalten diese Phänomene jedoch mehr Gewicht, damit ändern sich zwangsläufig Form und Farbe im malerischen Werk Georg Wichmanns.
Dieses 1913 entstandene Bild zeigt den sich zögernd andeutenden Übergang zu der zweiten Phase des Malers; denn das Atmosphärische erhält Gewicht, sowohl in den mächtigen Wolkenballungen, die das Bild dominieren, als auch in der Beleuchtung und den knospenden Jungbäumen links. Zudem wird der vom Menschen bearbeiteten Landschaft mit Äckern und dem in der Senke eingeschmiegten Bauernhaus größeres Gewicht eingeräumt.
In der Tiefe – mehr als Hintergrund, denn als Protagonist – der Kamm mit »Hohem Rad« und »Schneegruben«, verblauend, kaum beleuchtet, in seinen Details vor allem von Schneeresten artikuliert.
Die Komposition ist formal von der nach rechts abfallenden Schräge des Vordergrunds bestimmt, die links die beiden transparenten Bäume trägt. Rechts im Mittelgrund, hinterfangen von einer Nadelholzwaldung, überragt von beleuchteten Laubbäumen, das graue Schindeldach eines Bauernhauses, dahinter schließlich der Kamm mit seiner sanft schwingenden Horizontlinie. Der Blick wird von einer adäquaten Farbperspektive in den Raum begleitet, um mit dem aufquellenden Gewölk wieder zur Bildfläche zurückgeführt zu werden. Im Vergleich zu der distanzierenden Gewalt des Gebirges im Bild auf S. 98/99 von 1910 atmet dieses Werk frühlingshaften Zauber. Der Mensch ist in der Landschaft geduldet, selbst die Bergwelt ist eingebunden in den großen Rhythmus des atmosphärischen Geschehens.

Helene Wichmann, Gemahlin des Malers, im Garten, um 1917
Öl auf Karton (beschnitten) 36,5 cm × 25,5 cm

Helene Scheder (geb. 1885) und Georg Wichmann lernten sich in Falkenberg kennen, während der junge Maler im Schloß des Grafen Praschma die Gemäldegalerie betreute. Sie heirateten 1907.
Die leider in Polen beschnittene Skizze entstand um 1917, wurde bis 1945 im Familienbesitz in Ober-Schreiberhau bewahrt und befindet sich noch heute im gleichen Haus.
Wiedergegeben ist Helene Wichmann in Dreiviertelfigur im Garten ihrer Häuser in Bärndorf, in ihrem Refugium und eigentlichem Ambiente; denn sie war wohl in ihren verschiedenen Gärten in Kiesewald, Bärndorf und Schreiberhau mit ihren Blumen, die unter ihren Händen und in ihrer Obhut wunderbar gediehen, am glücklichsten.
Als helle Erscheinung, in weißem, gegürtetem Sommerkleid, hebt sich ihre Gestalt vom dunkelgrünen Grund ab. Versonnen, mit leicht geneigtem Kopf betrachtet die Dargestellte die umgebenden Päonienbüsche. Ihr kastanienrotes, gescheiteltes Haar verschmilzt mit dem Grund, ihr jugendliches Gesicht antwortet den Rottönen der Blüten.
Es ist eine rasch und bravourös gemalte Skizze, die sicher ihr Entstehen einem gemeinsamen Rundgang durch den Garten verdankt, bei dem Georg Wichmann spontan gesagt haben mag: »Bleib' doch einen Moment so stehen. Ich hole rasch den Malkasten.« Es entstand damit ein Porträt, in dessen Ambiente die Dargestellte nochmals gespiegelt wird, zugleich eine vom Licht bestimmte Impression, in welcher der Gestalt mit ihrem weißen, von Licht und Schatten überhauchten Gewand im Verein mit den Blüten die hellsten und dominierenden Farbwerte zugeordnet sind.

Am Rande der Schneegruben, um 1919/20
Öl auf Leinwand, 59 cm × 75 cm
Bez. r. u. in Rot: G. Wichmann
Privatbesitz, Breslau

Mächtig, breit gelagert, uralt, wie der Rückenpanzer einer riesigen Schildkröte, gibt der Maler den Riesengebirgskamm, gesehen von der Veilchenkoppe, unmittelbar nach der Schneeschmelze. Im Vordergrund pastos gemaltes abgestorbenes Gras, durchsetzt von Granitbrocken, links vor der Latschenzunge eine Wasserlache, dahinter der Kammweg dicht an dem Rande der Kleinen Schneegrube. Dann ansteigend, in Jahrtausenden abgeschliffen und sanft gerundet, das Kamm-Massiv, hinter dem sich die Wölbung des »Hohen Rades« zeigt. Nur rechts öffnet sich die Ferne mit verblauenden Überschneidungen. Der Himmel ist dunstig, zeigt leichtes Gewölk. Dies alles ist mit einer verhaltenen, sich zwischen Braunocker und lichtem Blau bewegenden Farbskala gemalt, deren Leben aus einem dichten Gefüge zum Teil reiner Farbtupfen erwächst. Der zu gedämpftem Ocker-Braun-Grün neigende Gesamtton erhält dadurch ein geheimnisvolles Vibrieren, das den Kamm vorfrühlingshaft verlebendigt. Das Bild erscheint wie eine Visualisierung der Äußerung Gerhart Hauptmanns »Die Stille des ›Kamms‹ – wer wollte es leugnen? – ist rätselhaft. Das magische Schweigen des Bodens nicht minder . . . Es ist aber eine sprechende Ruhe, ein sprechendes Schweigen, als könnte sich jeden Augenblick ein hunderttausend Jahre verschollenes, in die Geheimnisse des Granites gefesseltes und gebanntes Leben mythisch und mystisch wiederherstellen.«
(Die großen Beichten. Berlin 1966, 681.)

Herbstlandschaft bei Buchwald, um 1920
Öl auf Karton, 31 cm × 71,5 cm
Bez. l. u. in Grauweiß: G. Wichmann
Auf der Rückseite mit Bleistift l. o.: Herbstbild von Buchwald
Privatbesitz

Das langgezogene Querformat wurde von Georg Wichmann nur selten verwendet und steht hier als Beispiel für die nach dem Ersten Weltkrieg verstärkte Auseinandersetzung mit dem Raumproblem, speziell mit dem atmosphärisch erfüllten Raum. Dabei spielten die Fragen: wie weit kann ein Blickfeld gedehnt werden, ohne an Spannung zu verlieren?, wie können die Pläne hin zu den Rändern mit der Tiefe verbunden werden?, auf welche Weise kann das Motiv vom beleuchteten Panorama in einen durchleuchteten Raum überführt werden? eine wichtige Rolle, oder aber: wie kann das bestimmte Wesen der Vorgebirgslandschaft des Riesengebirges adäquat erfaßt werden? Typisch für diese sind ebenso wie für die Kammsilhouette die sanft gekrümmten Linien und Flächen, die, weit ausschwingend, in stetigen Überschneidungen zum Horizont fließen. Ihnen geht der Maler in diesem Bild besonders nach. So bestimmt der Acker mit der Staffage des pflügenden Bauern die konkave Mulde des Vordergrundes, dem der sich sanft aufwölbende Hügel rechts mit seinem herbstlich aufglühenden Waldrand antwortet. Seine Konturlinie wiederum fällt nach links zu der Senke ab, der als vertikales Gewicht die von aufwallenden Nebeln noch freie Schneekoppe gegenübersteht. In der Senke laufen zahlreiche, sich überschneidende Bewegungszüge zusammen. Sie sind die Replik auf die große, gelassene Fläche des Vordergrunds. Übergriffen wird die herbstliche Erde von einem zartblauen, dunstigen, von leichtem Gewölk durchsetzten Himmel, der dem schweren Braun des Ackers Immaterielles entgegensetzt. Es ist ein kunstvoll gebautes Bild, das mit Hilfe der abstrakten Struktur des Motivs das Elementare der Landschaft in prangender Zeitlichkeit sichtbar macht.

Das Wohnhaus Georg Wichmanns in Bärndorf, um 1924
Öl auf Leinwand, kaschiert auf Karton, 36,5 cm × 49 cm
Bez. r. u. in Braun: G. Wichmann
Privatbesitz

Gemeinsam mit seinem als Bildhauer tätigen Bruder Joachim, der in Schreiberhau lebte, war Georg Wichmann 1914 nach Bärndorf gezogen, einem kleinen, noch ursprünglichen Bauerndorf in der Nähe der Schlösser Fischbach und Erdmannsdorf. Das Dorf lag im östlichen Riesengebirge und eröffnete den Ausblick auf Schneekoppe und Landeshuter Kamm. Im Zentrum des Dorfes sanierte Joachim Wichmann einen alten Bauerngasthof, einen ehemaligen Kretscham, die sogenannte »Goldene 70«, dessen Fachwerkkonstruktion auf Gewölbeunterbau 1916 abbrannte, jedoch in den folgenden Jahren, unterstützt vom Landeskonservator und auch von Gerhart Hauptmann, neu errichtet wurde. Georg Wichmann baute in unmittelbarer Nähe zwei ehemalige Bauernhäuser aus. So entstand ein beispielhaftes Ensemble (vgl. Abb. S. 63). Das eine Haus diente als Wohnhaus, das andere als Atelierhaus. Das Bild zeigt den Blick von letzterem auf das Wohnhaus, einen Steinbau mit Schindeldach, hölzernem Quergiebel und Balkon an der Stirnseite.
Der Maler sieht das Haus als Teil der Landschaft, hinterlegt von einem baumbestandenen, nach links abfallenden Hang inmitten einer idyllischen, von einem Bach durchflossenen Mulde mit Obstbäumen, die das im Hintergrund liegende Anwesen des Bauern Opitz (vgl. Abb. S. 122) fast verdecken. Es ist ein sonniger Tag, der den weißen Putz und die Holzverschalung warm aufleuchten läßt. Die zum Teil pastose Pinselführung unterstreicht die lebendige, heitere Stimmung des Sommertages, ebenso wie das Wölkchen.

Gewässerrand mit Kamm und Schneekoppe, um 1922
Öl auf Karton, 33,5 cm × 48,5 cm
Bez. r. u. in Dunkelrot: Georg Wichmann
Privatbesitz, Breslau

Nach der Schneeschmelze in den Vorbergen entstanden an vielen Stellen des Hirschberger Tales Wasserflächen und Überflutungen, die im Laufe des Jahres zumeist wieder verlandeten, so etwa zwischen Warmbrunn und Hermsdorf, bei Wernersdorf, Märzdorf, Giersdorf und auch nördlich von Erdmannsdorf, gegen Fischbach und Quirl zu. Das Bild stellt eine solche Situation dar. Gemäß der Bergsicht entstand es im östlichen Teil des Tals, in der Nähe von Fischbach, mit Blick auf Schneekoppe, auf Melzergrund und die rechts und links anschließenden Gebirgsformationen.
Die Komposition des Vorfrühlingsbildes gliedert sich in drei quantitativ fast gleiche Zonen mit horizontaler Ausrichtung: im Vordergrund die Wasserfläche, dann ein von der noch schneebedeckten Bergkette überragter Waldsaum, schließlich ein leicht bewölkter, dunstiger Himmel. Das Licht ist diffus, ohne illuminierenden Charakter, die Wasserfläche ohne Bewegung. Sie fungiert als Spiegel, in dem nochmals Wald, Berge und Himmel aufscheinen. Beide Phänomene, der Charakter des Bildlichts und die sich in der glatten Wasserfläche abzeichnende atmosphärische Ruhe, tragen zur eigentümlichen vegetativen Stille des Bildes bei, zugleich wird durch die Spiegelung das vertikale Gegengewicht zur horizontalen Streifung eingebracht.
Die Farbkomposition – äußerst verhalten – vor allem auf die Skala von tonigen Blau- bzw. Braun-, Ocker- und Grünwerten reduziert, unterstützt die Stille. Der Blick wird zu der Nadelholzgruppe in die Mitte geführt, gleitet dann nach links zur Schneekoppe, um über das Gewölk des oberen Bildrandes wieder zur Fläche zurückzukehren. Dieser Tiefenrichtung steht wiederum die Beruhigung erwirkende horizontale Gliederung entgegen, die zur Breitenaustastung des Bildraumes anleitet. Beide Bewegungen sind gegeneinander ausgewogen. So entsteht ein Bildgefüge, das trotz seiner ausschnitthaften Offenheit formal fest zentriert ist und eine Vorfrühlingsstimmung an uns heranträgt, in deren Stille das Potentielle der Jahreszeit spürbar wird.

Blick auf die Schneekoppe und den Melzergrund, 1923
Öl auf Karton, 37 cm × 47 cm
Bez. l. u. in Braunschwarz: Georg Wichmann 23
Privatbesitz, München

Durch ansteigendes Vorland windet sich rechts ein Weg zur Höhe und führt den Blick in den Tiefraum. Nach rechts abfallende Streifungen aus Schattenzonen, Wiesen- und Ackerland. Hinter der Höhe der noch mit Schneeresten bedeckte Gebirgskamm, im Zentrum Schneekoppe und Melzergrund in gebrochenem Kobaltblau, darüber der von Coelinblau durchmischte Himmel, in dem einige Wölkchen treiben.
Gebannt ist ein heller Frühlingsmorgen im Riesengebirge mit lichtbelaubten Bäumen, erfüllt von kühler Frische, welche die Pfützen auf dem Weg gefrieren ließ. Wie so häufig stehen auch in diesem Bild die hellsten Partien im besonnten Weg und in den Schneefeldern der Berge in einem Diagonalbezug, während Schatten, Äcker und Wiesen die andere Diagonalrichtung markieren. Es legt sich damit ein unterschichtiges Bewegungsgitter über den Raum, das dem Motiv im Verein mit der Farbgebung, trotz seiner Stille, eine latente, Fläche und Tiefe erfüllende Spannung verleiht.

Blumenstilleben mit Glockenblumen, um 1923/24
Öl auf Karton, 67 cm × 48 cm
Ehemals auf der Rückseite eine Riesengebirgslandschaft
mit Schneekoppe. Diese Landschaft l. bez.: G. Wichmann
(Vorder- und Rückseite wurden getrennt und neu aufgezogen)
Privatbesitz, Breslau

Neben Landschaften hat Georg Wichmann häufig auch Stilleben gemalt, in Schreiberhau vor allem Flieder-, Päonien- und Phlox-Stilleben, die prangend von der vegetativen Fülle des Sommers kündeten. Im verschneiten Februar entstanden wiederholt Bilder mit Agaven, deren Blütenrispen sich am Nordfenster des Ateliers in festlich-lebendigem Weiß zart von der Schneelandschaft abhoben.
Der Entschluß, ein Stilleben zu malen, entstand zumeist spontan. Er wurde durch das Erlebnis eines Fliederstrauchs oder durch eine zufällige Zusammenballung von Blüten im Garten ausgelöst, in unserem Bild durch die Vereinigung von einigen Stengeln weißer, violetter und rosafarbener großer Glockenblumen, die links von einigen Mohn- und Goldlackblüten gleichsam umtanzt werden. Die Spontaneität, die Blumen erfassen zu wollen, wird bereits darin deutlich, daß ein schon mit einer Landschaft bedeckter Karton, der sich im Format zu eignen schien, als Malgrund benutzt wurde, wahrscheinlich auch deshalb, weil dieser Karton auf der Rückseite vergilbt war und dieser Ton als farbige Grundlage benutzt wurde, ist er doch vor allem als Umrahmung der Blüten stehen gelassen worden.
Georg Wichmann arbeitete in ähnlicher Weise in dem Bild auf S. 122. Es ist deshalb zu vermuten, daß dieses Bild etwa in der gleichen Zeit, also in Bärndorf, entstand.
Die Komposition ist klassisch, einfach. Der Strauß – leicht aus der Mitte nach links verschoben – steigt aus einer schlanken, ballusterförmigen, olivfarbenen Glasvase empor, verdichtet sich im Violett an der Mündung. Es wird von lachsroten bzw. weißen Blüten kreissegmentförmig umzogen. Links auf der in den Raum vorstoßenden Tischplatte ein rotes, durch eine Einlage leicht geöffnetes Buch, rechts ein etwa ein Drittel der Bildfläche bedekkender Schlitzkelim aus Familienbesitz. Das Licht liegt vor allem auf den Blütenkelchen, die belichtet und durchschienen werden und sich ornamental von dem diffus grauen, transparent erscheinenden Hintergrund abheben. Das Stilleben ist bravourös gemalt, lebt von der Farbe, die in starkem Maße auch als Kompositionselement fungiert, gibt doch die Schwarz-Weiß-Aufnahme kaum etwas von der bejahenden Lebendigkeit und Frische des Bildes wieder, das als Symbol des Lebens das ursprüngliche Wesen einer »nature morte« ins Positive verkehrt.

Vorgebirgslandschaft bei Erdmannsdorf (Ausschnitt), um 1924
Öl auf Leinwand, 35,5 cm × 48 cm
Bez. r. u. in Schwarz: G. Wichmann
Auf Rückseite Aufkleber beschriftet: Blick von Erdmannsdorf auf die Schneekoppe
Besitzer: Ostdeutsche Studiensammlung Helmut Scheunchen, Esslingen

Weite fruchtbare, von einem Bachlauf durchzogene Spätsommerlandschaft, links ein sich einschmiegendes Bauernhaus, im Mittelgrund Bewaldung, beschlossen von dem Gebirge mit Schneekoppe und Landeshuter Kamm. Darüber breitet sich, etwa ein Drittel der Fläche einnehmend, ein bewölkter Himmel. Das den nach links ziehenden Bachlauf begleitende Gebüsch ist pastos gemalt, ebenso das im Mittelgrund aufleuchtende, von Garben belebte streifenförmige Kornfeld. Das Gebirge dagegen ist zart, fast lasierend, in Blau und differenzierten Grüntönen gehalten, dem wiederum pastos das Gewölk, mit dem Pinselstrich modelliert, gegenübersteht. Allein durch diese Technik ergibt sich bereits Raumtiefe, die optisch diagonal ausgetastet wird. Die stärksten Helligkeitswerte sind dem schäumenden Bachlauf, dem Wiesenplan links bzw. dem Mittelgrund zugeordnet. Dadurch wird der Betrachter angeleitet, den Bildraum auszutasten. Formale und farbige Komposition verschränken sich und geben ein Bild von vegetativem, landschaftlichem und atmosphärischem Reichtum – von Kulturlandschaft im besten Sinne.

Lit. u. a.: [Aukt. Kat.] Dr. Fritz Nagel. Stuttgart v. 5. 12. 1987, 238, Nr. 3451 – Freundschaftsgabe der Ostdeutschen Studiensammlung Helmut Scheunchen. Esslingen 1995.

Bauernhaus in Bärndorf, um 1924
Öl auf Karton, 71,5 cm × 97,5 cm
Bez. l. u. in Zinnoberrot: G. Wichmann
Privatbesitz

Dargestellt ist ein typisches schlesisches Bauernhaus in Blockbauweise (Schrotholzbau) auf Bruchsteinsockel mit tief herabreichendem Dach und verschaltem Giebel. Die weiß gekalkten Lehmfugen heben sich hell vom dunklen Balkenwerk ab und geben dem lagernden Haus ebenso wie die blauen »Faschen« der Fenster ein besonderes Gepräge. Gemalt wurde der dem Bauern Opitz gehörende Hof vom Wohnhaus Georg Wichmanns in Bärndorf (vgl. Abb. S. 122) aus, das auf der anderen Seite der vom Bach durchzogenen Senke in unmittelbarer Nachbarschaft lag. Aber auch bei diesem Bild handelt es sich um eine Landschaft, in der Menschenwerk und Natur noch zusammenklingen und eine Stimmung auslösen. Sie vermittelt den Eindruck von Einklang im altruistischen Sinne. Der Bau ist partiell verdeckt von einem Obstbaum mit blauem Schatten, im Grase als getüpfelte Farbflecke einige Hühner, im Hintergrund ein tätiger Mensch; alles ist friedlich, und der blaue sommerliche Himmel bestärkt den Ausdruck der Frische, Helle und Heiterkeit.
Gemalt ist dieses Bild mit Verve, ohne Kläubelei, an manchen Stellen scheint der bräunliche Grund des Kartons durch. Der Austausch zwischen den Bildplänen, die Verbindung der Raumzonen erfolgt in starkem Maße durch die Farbe.

Verschneite Schneegruben am Partschweg
im Morgenlicht, um 1925
Öl auf Karton, 74 cm × 100,3 cm
Bez. l. u. in Zinnoberrot: Georg Wichmann
Privatbesitz

Dieses in den späten Jahren wiederholt gemalte Motiv ist wohl eines der frühesten Bilder seiner Art. Es entstand in der Mitte der zwanziger Jahre, kurz nach der Ansiedlung Georg Wichmanns in Schreiberhau, und gibt das noch verschneite Gebirgsmassiv im ersten Frühlicht, das flach auf Grate und Wände fällt, wieder. Im Tal ist bis auf geringe Reste der Schnee bereits geschmolzen.
Im Vergleich mit dem Bild auf S. 98/99 von 1910, das ebenfalls die schneebedeckten glazialen Ausschürfungen bei Morgenlicht zeigt, ist die 15 Jahre zuvor wiedergegebene passiv erscheinende Urdistanz nun zu einer aktiven, ausstrahlenden Majestät gewandelt. Das Ereignishafte des mit der Sonne und ihrer Strahlung aufgehenden Tages überzieht wie ein Abglanz der Schöpfungstage erneut die noch intakten Zonen der Riesengebirgslandschaft, in der das unter einem nur schmalen dunkelblauen Himmelsstreifen in gleißende Helle getauchte Schneegrubenmassiv durchaus dominiert. Dieser Erscheinung ist die noch weitgehend verschattete Vordergrundzone, in der sich vor allem menschliche Eingriffe in Weg und Abholzung abzeichnen, nachgeordnet. Sie ist breitflächig, abstrahierend angedeutet, setzt sich in ihren rotbraunen Erdfarben von den Grünwerten des Mittelgrundes, vor allem von dem leuchtenden, blau und gelblich schattierten Zinkweiß des Bergschnees ab. Rasch überspringt der Blick – gegenständlich durch den Lauf des Weges geführt – die Nutzzonen, um an den illuminierten Schneegruben zu haften, die geradezu triumphierend ihre unberührte Schönheit dem erkennenden Auge offenbaren.

Landschaft am Bodensee, 1926
Öl auf Karton, 17 cm × 32 cm
Auf der Rückseite o. r. mit Bleistift beschriftet:
G. Wichmann 1926
Privatbesitz

Während einer Reise zu einem Schweizer Freund entstand diese Skizze eines Bodenseemotivs von größter Einfachheit. Etwa ein Drittel der Fläche wird von der bräunlich-olivfarbenen Verlandungszone eingenommen, an die sich ein schmaler Streifen Wassers mit matt blauem, dahinter gelagerten abgeplatteten Berg schließt, der mit einer entfernten, zart getönten Bergkette hinterlegt ist. Darüber ein dunstiger Himmel. Rechts gibt ein Boot, winzig klein, den Maßstab dieser großräumigen, weiten Landschaft.
Mit einer äußerst schmalen Farbskala, die dominant auf nur zwei Werten, einem Olivbraun und einem gebrochenen Blau basiert, dünn, mit einer über alle Pläne gleichmäßigen Pinselfaktur entstand diese Landschaft von horizontaler Lagerung.

Waldenburger Industrieanlagen, 1926
Öl auf Karton, 12 cm × 22,4 cm
Beschriftet auf der Rückseite mit Bleistift:
G. Wichmann Waldenburg 1926
Privatbesitz

Georg Wichmann hat äußerst selten den Kontrast zur tradierten, noch bäuerlich bestimmten Landschaft gemalt. Technik und Industrie mit ihrem Maschinenwesen, mit Lärm, Unrast, Schmutz und menschlicher Autonomie waren ihm zuwider.
Zu den wenigen Bildern, in denen er dennoch diese Thematik aufgreift, gehört diese Darstellung einer Industrieanlage im Waldenburger Bergland, dem Land mit den zwei Gesichtern, in dem noch fast unberührte Landschaftszonen mit Industrieanlagen, Bergwerken und Halden unmittelbar aufeinandertrafen; denn inmitten grüner Waldlandschaft mit ihren Höhenzügen lag das zweitgrößte Industriegebiet Schlesiens und das drittgrößte Kohlenbecken des Reiches. Steinkohlenchemie, Hüttenwerke, Stahlbau, Maschinen-, Porzellanfabriken und Textil- und Schuhindustrie hatten sich hier angesiedelt.
Das in seiner Flächigkeit an Arbeiten der Künstlergruppe der Nabis erinnernde kleine Werk charakterisiert vor allem durch die Farbe – gebrochene Braun-, Grau- und Ockertöne – die trostlose Industriewelt; in Flächen und einigen Vertikalen die ihr zugrunde liegende einfache Geometrie und im Dunst der Atmosphäre, der den Azur des Himmels aufsaugt, die Ergebnisse. Trotz dieser Eigenschaften des Motivs verwandelt es sich im Bild zu einer ästhetischen, farblich und formal äußerst sublimen Kostbarkeit.

Landschaft mit Gehöft, um 1927
Öl auf Karton, 23,4 cm × 33,3 cm
Beschriftet auf der Rückseite mit Bleistift: G. Wichmann
Privatbesitz

Das Bild entstand wohl als Studie zur Erprobung der Struktur einer Landschaft. Etwa in der Höhe des unteren Drittels durchzieht ein leicht nach rechts geneigter Geländeabbruch die Fläche, an den sich das aus mehreren Gebäuden bestehende Gehöft schmiegt, dessen Baukörper aus rein stereometrischen Formen wie Quader oder Prismen in Gelb, Braun oder Weißgelb gefügt sind, eingebunden in eine dunkle Waldzunge. Der Vordergrund setzt sich aus wolkigem Braun – wohl Gebüsch andeutend – und einem grünen, von links kommenden, keilförmigen Wiesenplan zusammen. Ein fast gleich breiter Keil senkt sich von rechts als Mittelgrund. Er ist in horizontale gelbe und dunkelolivfarbene Streifen gegliedert. Darüber links eine sich nach rechts zuspitzende keilförmige Zone in milchigem Braunweiß, über der ein zartblauer Streifen als Kammzone interpretiert werden könnte, übergriffen links nochmals von einem weißblauen Wolkenkeil im braunweißen Himmelsplan.
Insgesamt ist dies eine ungemein reizvolle Komposition, die dominant aus spitzwinkligen Dreiecken mit homogenen leuchtenden und stumpfen, scharf kontrastierten Farbflächen besteht, über die sich eine optische Diagonalverspannung legt. Durch die formale Struktur und die jeweiligen Farbflächen wird Raumtiefe, Atmosphäre, Raumlicht, Beleuchtung, Gebautes und Vegetatives suggeriert, damit Landschaft in ihren Grundkonstanten.

Reifträger mit Neuschnee, um 1926
Öl auf Karton, 55 cm × 78 cm
Bez. r. u. in Blaugrün: G. Wichmann
Privatbesitz

Im Zentrum des Bildes ist der »Reifträger«, der westliche Eckpfeiler des Riesengebirges, unter einem flachen, lichtblauen, nur leicht bewölkten Himmel dargestellt. Es ist eine ungewöhnliche Sicht, wird doch dieser Berg, der im allgemeinen im Verbund mit dem Gebirgskamm gesehen wird, fast isoliert gegeben und ihm damit eine besondere Mächtigkeit und Eigenständigkeit verliehen. Diese Wirkung erfährt durch die tiefe, nur von Baumstümpfen durchsetzte, sonst leere Vordergrundzone Verstärkung, die sich distanzierend zwischen den Betrachter und den Berg spannt und ihn gleichsam entrückt. Dieser leicht gemuldete Vordergrund steigt nach rechts leicht an. Er wird im Mittelgrund von einer nach rechts abfallenden Hochwaldzunge begrenzt, hinter welcher der abgeplattete Kegel des Berges aufsteigt, auf dem sich links die Pferdekopfsteine abzeichnen, die einen herrlichen Blick ins Tal gewähren; rechts über dem »Reifträgerloch« die 1921/22 errichtete Baude. Die bewaldeten Bergpartien sind bereift. Gemäß der Stunde des Morgens fällt das eigenartig kühle Licht von links in die Landschaft, das selbst die Hänge nicht dramatisch illuminiert, sondern im Verein mit den verblauenden Schatten entmaterialisiert.
Generell ist es ein Winterbild par excellence mit dominierenden Blauwerten, die zum Grün gestuft sich nur im Mittelgrund verfestigen und kaum von anderen Farben durchsetzt sind. Zugleich ist es ein Porträt des Reifträgers, dem Schreiberhau besonders zugeordnet war, jedoch nicht als Vergnügungsfeld des Tourismus, sondern als unnahbar scheinende Individualität.

Falkenberge bei Fischbach, 1920
Bleistift auf Papier, 13,8 cm × 22,2 cm
Bez. r. u.: G. W. Fischbach 1920
Privatbesitz

Blick auf die Falkenberge, 1928
Öl auf Karton, 73 cm × 96 cm
Bez. l. u. in Rot: G. Wichmann 28
Privatbesitz

Markant, unübersehbar erheben sich im Hirschberger Tal die Falkenberge, die 1828 Johann Christian Berndt in seinem »Wegweiser durch die Sudeten« als »zwei sich von allen Seiten sehr steil emporhebende kegelförmige Berge« beschreibt, »die wie Zwillingsbrüder einander ganz gleich gebildet erscheinen, und sich nach Norden ans linke Boberufer bei Rohrlach und Boberstein abdachen. Beide bestehen aus Granit, der sich hier in großen Massen über einander thürmt, und aus dessen Schluchten üppiges Nadelholz empor wächst, und ragen mit ihren schroffen Spitzen hoch über alle Berge des Hirschberger Thales hervor.«
Georg Wichmann malte diese Berge aus der Gegend von Fischbach, also aus südöstlicher Richtung. Dadurch überschneiden sich die beiden Gipfel. Hinter dem 654 m hohen Falkenstein verschwindet fast der etwas niedrigere Forstberg.
Aber die Berggruppe ist nur eine Partie innerhalb einer lieblichen Sommerlandschaft von großer Tiefräumigkeit, die sich vor allem in der Diagonale von links unten nach rechts oben entfaltet. Hier gleitet der Blick, angeleitet durch den Weg, der in einer Linkskurve verschwindet, über Getreidefelder in den Talgrund, um sich rechts neben dem Falkenstein im hügeligen Gelände und dem

leicht dunstigen Himmel zu verlieren. Die andere Diagonale wird durch die Spitzen der Falkenberge und den Wipfel der Fichte, die den linken Bildrand festigt, akzentuiert. Ebenso wie der melodiöse, sich vielfältig überschneidende Linienfluß, der sich aus Konturen von Feldrainen, Hängen, Waldstücken und Bergen ergibt, ist die Farbe ungemein nuanciert, in den Falkenbergen fast aquarellartig flächig, zart und im Gesamtton verhalten. Gemäß dieser Farbwirkung ist auch der Farbauftrag dünn, nur im Vordergrund leicht pastos verdichtet. So entsteht das Abbild von Kulturlandschaft, die das »zweite Gesicht« des Riesengebirges zeigt, das Tal nämlich mit seinen Vorbergen und seiner vegetativen Vielfalt.

Zufällig hat sich die nebenstehend abgebildete, frühere Zeichnung des gleichen Motivs erhalten. Der Vergleich ist aufschlußreich, wird doch der spontane Eindruck der zeichnerischen Wiedergabe im Gemälde großräumig verarbeitet, ist der Berg in weit stärkerem Maße der Landschaft integriert und zielt damit die Aussage nicht auf das Vereinzelt-Ausschnitthafte, sondern auf den Zusammenhang und das Grundsätzliche.

Blick auf Nieder-Bärndorf, 1929
Öl auf Leinwand, auf Sperrholz kaschiert, 33,5 cm × 41,5 cm
Bez. r. u. in Braun: G. Wichmann
Beschriftet auf der Rückseite (Aufkleber): 10. Juli 1929 gewidmet in alter treuer Freundschaft Familie Drescher-Oertel
Privatbesitz, München

Der rechts angedeutete Weg führt nach Fischbach. In der Senke rechts der Gerichtskretscham der Familie Oertel. Felder und Wald rechts und links des Weges gehörten zum Besitz der Familie. Im Hintergrund erhebt sich rechts der Landeshuter Kamm, links, von Gewölk verhüllt, die Schneekoppe.
Gemalt ist das Bild in lockerer, flüssiger Technik mit breiter, dominant horizontaler Pinselführung, die den Baumschlag pastos modelliert.
Dargestellt ist eine Vorfrühlingslandschaft mit noch kahlen Bäumen und Schneeresten auf dem Kamm in äußerst zarter Farbigkeit mit grauem, bedecktem, dunstigem Himmel, im Mittelgrund valeurreiche Wiesenpläne, links zum Teil in Schweinfurter Grün.
Die großräumige Vorgebirgslandschaft gibt die differenzierte Stimmung des aus dem Winter auftauchenden, sich zu neuem Leben bereitenden Landes wieder. Der von Feuchtigkeit erfüllte Raum ist von hoher Lebendigkeit, trotz vegetativer Stille. Dieser Eindruck wird durch impressionistische Mittel erreicht, bei denen die Farbe Funktionen des Bildlichts übernimmt und die Pläne verspannt. Jedoch erschöpft sich der Bildinhalt nicht in einem ausschnitthaften, subjektiven Seherlebnis, sondern gibt zugleich das Charakteristische und Gültige einer Kulturlandschaft wieder.
Das Bild befand sich bis kurz vor Kriegsende in Bärndorf und gelangte über Berlin nach Osnabrück, um 1995 dank der Aufgeschlossenheit der Besitzer in die Hände der Nachfahren Georg Wichmanns zu gelangen (vgl. auch S. 61, 73/74).

Abenddämmerung mit Schneekoppe bei Fischbach, um 1929
Öl auf Sperrholz, 36 cm × 42,5 cm
Bez. r. u. in Grauschwarz: G. Wichmann
Auf der Rückseite Aufkleber mit Aufschrift: Georg Wichmann
Ob. Schreiberhau Rsgb. Abenddämmerung (Koppe Fischbach)
Im Besitz des Vereins der Schreiberhauer Heimatvertriebenen, Bad Harzburg

Vorfrühling und Abenddämmerung im Hirschberger Tal bei Fischbach mit Blick auf die noch schneebedeckten Berge; eine äußerst fragile, sich rasch verändernde Stimmung des Übergangs zeigt das Bild. Unten im Tal gerade schneefrei gewordenes feuchtes Land, links eine große, noch entlaubte, zart knospende Buche, an die sich lockere bewaldete Pläne anschließen mit einer schneisenartigen Öffnung, die den Blick zu Schneekoppe und Melzergrund führt. Der Himmel ist dunstig verhüllt, die Farbskala verhalten, alles ist duftig, transparent, den Grund mitschwingen lassend gemalt und entspricht damit in schönster Weise der vereilenden Stimmung und Situation.

Auf dem Riesengebirgskamm mit Schneegrubenrändern, 1929/30
Öl auf Leinwand, auf Karton kaschiert, 26 cm × 35 cm
Bez. l. u. in Zinnoberrot: G. Wichmann
Im Besitz des Vereins der Schreiberhauer Heimatvertriebenen, Bad Harzburg

Vergleicht man dieses Bild mit dem etwa ein Dezennium früher entstandenen fast gleichen Motiv mit seinen abgeschliffenen Formen und sanften Linien (vgl. S. 111), so wird einschneidender Wandel deutlich, und zwar nicht nur im Bildgehalt, sondern auch in Farbgebung, in technischer Behandlung und Verlagerung des zentralen Interesses. Zielte das ältere Bild auf die Wiedergabe von Dauer, Stille, auch Fremdartigkeit dieser Naturbildungen, so ist dieses Gemälde von ereignishafter Bewegung bestimmt, schneidet doch von links wie ein Keil der Abbruch der »Großen Schneegrube« mit farbigen Schatten in das differenzierte Ockergrün des Bergrückens mit seinem Kammweg, und antwortet das Kumulusgewölk als räumliche Bewegung diesem dramatischen Einschnitt. Das atmosphärische Element mit Licht und Schatten, Raumtiefe und plastischer Verdichtung, dazu eine intensive Farbspannung erfüllen das Bild mit hoher Lebendigkeit.

Herbstliche Schneegrubenlandschaft, um 1930
Öl auf Leinwand (neuer Keilrahmen), 90,3 cm × 122,5 cm
Bez. r. u. in Ziegelrot: Georg Wichmann
Privatbesitz

Blickt man von den Bergorten des Riesengebirges auf den Kamm, so ist die ungewöhnlich hohe Horizontlinie typisch. Das Gebirge erscheint nahe, rückt dem Betrachter förmlich auf den Leib. Dieses Charakteristikum zeichnet sich in fast allen Bildern des Riesengebirgskammes seit dem ausgehenden 18. Jahrhundert ab und ist auch diesem Bild zu eigen. Es entstand am Partschweg zwischen Schreiberhau und Kiesewald/Agnetendorf an einem Platz, der von dem Maler nach einem etwa zweistündigen Fußmarsch erreicht wurde. Nur ein Viertel des Bildraums ist dem Himmel eingeräumt. Dadurch erhält das Land und seine Auftürmung eine besondere Mächtigkeit. Breit ist der Vordergrund bei einem relativ schmalen Mittelbereich, darüber die dominierende Bergzone. Wiedergegeben sind von links die »Große Sturmhaube«, das »Hohe Rad«, die beiden »Schneegruben« und die »Veilchenkoppe«, in deren schwingendem Kontur die Schneegruben den Akzent bilden. Auf den Höhen liegt bereits Schnee, während im Tal noch der Herbst glüht. Auf dem abgeholzten Vordergrund leuchten das abgestorbene Gras in der Morgensonne, am Waldsaum gelb-orangebraun gefärbte Laubbäume auf, die sich von den Fichtenwaldungen abheben. Aufsteigender Dunst und der Rauch der Feuer von Waldarbeitern lockern optisch die Blauwerte der Berghänge, deren Schwere in der Höhe durch das Weiß des Schnees differenziert wird. Darüber ein dünn gemalter verhangener Himmel.
Bildorganisation, Raum- und Flächengliederung werden in diesem Bild nur mehr scheinbar durch lineare Strukturen bestimmt. Vielmehr erwächst aus der Farbe das Bezugssystem, wird doch die Fläche von der Farbmacchia dominiert, der in den einzelnen Plänen eine Leitfarbe zugeordnet ist: räumlich-optische Blauwerte, weiterhin vor allem Ocker- und Braunwerte, die der substantiellen Materie zugeordnet sind. Dennoch verwandelt sich das Bild, das vom Motiv objektiviert wird, nicht in ein subjektives Seherlebnis.

Riesengebirgskamm mit Alter Schlesischer Baude, um 1930
Öl auf Sperrholz, 24,2 cm × 36,2 cm (Rückseite mit Farbresten bestrichen)
Bez. r. u. in Altrosa: G. Wichmann
Privatbesitz, Starnberg

Aus der Mitte leicht nach rechts verschoben, auf der entwaldeten Zunge unterhalb des Schneeflecks, der oft bis Ende Juli liegenblieb, die Alte Schlesische Baude (1168 m), die in zwei Wanderstunden durch die romantischen Gründe des Seifen- und Reifträgerflosses von Schreiberhau aus zu erreichen war. In ihrer Nähe – unterhalb der Veilchenkoppe – entsprang die Obere Kochel. Diese Alte Schlesische Baude, abgelegen von der üblichen Kammroute, erlangte durch das unvollendete Epos »Eduard und Veronika« Theodor Körners, dem ein Erlebnis (1809) mit der Baudentochter Veronika Hallmann zugrundelag, Eingang in die Literatur.
Weit mehr als dieses interessierte aber der Schneefleck die Bewohner Schreiberhaus. An seiner Größe und Dauer war die Intensität oder Verspätung des Sommers abzumessen. Er ist infolgedessen der hellste, den Blick anziehende Punkt in dieser Skizze, die sehr genau die topographische Situation in ihren Überschneidungen erfaßt, die rechts und links von mächtigen Buchen begrenzt wird.
Das pastos gemalte, farblich stark nuancierte Bild, das bei naher Betrachtung eine breitgespannte Farbmacchia offenbart, wird von Grün- und Blautönen bestimmt, den dominanten Sommerfarben, die Georg Wichmann in der Natur nicht sonderlich liebte. Er sprach von undifferenziertem »Spinatgrün«. Diese Grünwerte werden in den höheren Kammpartien von bräunlich-rötlichen Tönen durchmischt, die in den Baummassen gesättigt wieder aufscheinen; darüber ein leichter, mit dunstigem Gewölk durchsetzter Himmel. Festgehalten ist die Spiegelung eines aufgehenden Sommertags im Riesengebirge.

Riesengebirgskamm mit »Schäfchen«-Wolken, um 1930
Öl auf Sperrholz, 20,6 cm × 37,5 cm
Privatbesitz, Starnberg

Die rasch entstandene Skizze zeigt das gleiche Motiv aus verwandter Sicht bei Abendbeleuchtung wie das Bild auf Seite 145, jedoch ist der Kamm breiter gefaßt. An das »Hohe Rad« schließt sich links noch die »Sturmhaube« an, und vor allem zeigt es einen ausklingenden Sommertag. Das eigentliche Phänomen und wohl der Anlaß für dieses Bild ist jedoch der Zug von rosa getönten »Schäfchen«-Wolken in dem grünlich blauen Himmel. Ihnen ist das hellste Licht, das sich von den Bergspitzen löst, vorbehalten.
Der Blick springt von einem hochgelegenen Standpunkt über die Spitzen von Laub- und Nadelbäumen, die sich am linken Bildrand bis über die Kammlinie erheben, zum hügeligen, teils waldbestandenen Mittelgrund, der durch einen ockerfarbigen Geländeabbruch farbig aufgelockert wird, über die verblauenden Nordhänge des Gebirges zu dem Gewölk über den Schneegruben, um mit diesen nach links geführt zu werden. Dadurch erfolgt eine Austastung des Bildraumes, unterstützt durch den niedergedrückten Rauch der Feuer von Waldarbeitern.
Gemalt ist diese Skizze mit breitem Pinsel und modellierendem Strich, durchgängig mit kräftigem, Grate bildenden Farbauftrag, der häufig zwei oder gar drei Farben während des Auftrags mischt.

Kirche in Klein Kauer, Kreis Glogau, 1931
Öl auf Leinwand, 76 cm × 98 cm
Bez. r. u. in Braun: G. Wichmann 31
Besitzer: Stiftung Kulturwerk Schlesien, Würzburg

Blickpunkt und Zentrum der Spätsommerlandschaft ist die leicht aus der Mitte nach rechts versetzte Wehrkirche mit Steildach und spitzer Turmhaube, die steil in einen von Kumuluswolken durchzogenen, räumlichen Himmel ragt, umstellt von einer hohen Friedhofsmauer. Lagernd, dagegengesetzt ist der Vordergrund mit dem goldfarbenen Getreidefeld, dessen zum Teil abgeerntete Garben in Puppen zusammengestellt sind. An der gewölbten Höhenlinie einige sie überragende Bäume, in der Senke ein angeschnittenes Gehöft.
Das Bild wurde 1932 dem Landrat von Glogau, Dr. Kurt Jerschke, dediziert, der aus Klein-Kauer stammte. Sein Inhalt steht vielfältig mit dem Anlaß in Verbindung, spiegelt Herkunft, Ernte und Bezogenheit, ist eingebunden in den Rhythmus der damals das Leben bestimmenden Mächte.
Unabhängig davon ist es eine partiell pastos gemalte, sorgfältig komponierte Landschaft, in welcher der in der Kirche zum Ausdruck gelangenden Vertikale die Horizontale der Hügellinie entgegengesetzt wird, zwischen die sich vermittelnd Vegetation schiebt. Dem Goldgelb des Feldes antwortet verhalten der helle, zartblaue Himmel; dieser atmosphärisch – das Getreide kompakt, hiesig. Generell sind harte Spannungen in komplementärer Gegensätzlichkeit vermieden. Sie werden nur unterschichtig angedeutet. Das Bergende und Geborgene steht im Vordergrund der Darstellung.
Das Bild, in den Kriegs- und Nachkriegswirren schwer beschädigt, wurde restauriert.

Winterlandschaft mit Hohem Rad und Schneegruben, um 1930
Öl auf Karton, 38 cm × 29,6 cm
Bez. l. u. in Krapprot: G. Wichmann
Privatbesitz, München

Es ist eine der häufig aus einem der Atelierfenster Georg Wichmanns gemalten Riesengebirgsskizzen mit dem markanten Gebirgsausschnitt zwischen »Hohem Rad« und »Veilchenkoppe«. Diese Skizzen zielten zumeist auf die Wiedergabe ungewöhnlicher Witterungssituationen, die den Maler faszinierten und die er festgehalten wissen wollte. In diesem Bild bannt er das Phänomen eines sich beruhigenden Schneesturms mit abziehenden, wirbligen Schneewolken bei gleichzeitigem Durchbruch der Westsonne, welche die Schneefelder und das Gewölk aufleuchten läßt, während Wolkenfetzen noch über die Kammlinie jagen. Die Unruhe der Witterung, die Turbulenz der Bewölkung, teilt sich gleichsam dem Licht mit, wird durch den Farbauftrag und die kurvierende Pinselschrift mit zum Ausdruck gebracht. Die Hänge mit ihren verschneiten Waldungen, die noch vom Wind bewegten Fichtenspitzen des Vordergrunds stehen dunkel dem Phänomen des illuminierten, aus dem Schneegewölk auftauchenden Gebirgskamms gegenüber, der sowohl in all der Unruhe souverän und gelassen verharrt, als auch zum Spiegel eines grandiosen atmosphärischen Schauspiels wird.

Gebirgsbach (Partie der Kochel), um 1932
Öl auf Karton, 75 cm × 102 cm
Bez. r. u. in Zinnoberrot: Georg Wichmann
Auf der Rückseite Aufkleber mit Beschriftung:
Hellmann, Berlin-Wilmersdorf, Bayrischstraße 2
Privatbesitz

Neben dem hohen Horizont ist für die Riesengebirgslandschaft um Schreiberhau ein weiteres Phänomen charakteristisch: Das Rauschen der Bäche, besonders das des Zackens, den zahlreiche Nebenarme speisen, die nach Regenfällen »zu einem hüpfenden, springenden, rauschenden, tosenden, reißenden Heerwurm« (Gerhart Hauptmann) anzuschwellen vermochten. »Etwas Befreites, Frohlockendes, Tolles lag darin«, schrieb Hauptmann.
Georg Wichmann liebte neben dem Zacken besonders den Oberlauf der Kochel, ein typischer, aus den Schneegruben-Teichen abfließender Riesengebirgsbach, der zwischen Granitblöcken dahinschäumte, ehe er sich nach seiner touristischen Aufwertung als »Kochelfall« in den Zacken ergoß. Diese Kochel war ein geheimnisvoller Gebirgsbach mit vielen Gesichtern, verträumt mit dunklen »Gumpen« unter weit überragendem Fichtengeäst, dann wieder munter fließend. Georg Wichmann hat sie wiederholt gemalt, in der ersten Zeit seines Riesengebirgsaufenthalts mehr die verschattete Seite, später – wie in unserem Bild – die helle, strömende, lebensspendende.
Etwa ein Drittel der Fläche wird in ganzer Breite von dem Bachbett mit Wasserstrudel und Granitgestein eingenommen, ehe sich das Gewässer in einer Linkskurve im bewegten Gelände verliert. An den Ufern leuchtend gelborangefarbenes Herbstgebüsch, links eine Fichtenwaldzunge, dahinter der Ausschnitt der Kammlinie. Nur ein schmaler Streifen mit grauem Gewölk ist dem Himmel vorbehalten. Es ist ein sorgfältig komponiertes, mit zwei ausgeprägten Diagonalzügen ausgestattetes Bild mit ineinandergreifenden Plänen, die den Raum nach allen Richtungen hin austasten und den Tiefenzug retardieren. Dieses Bildgerüst trägt unterschichtig das Motiv. Über ihm breitet sich das Erlebnis einer Landschaft in ihrem speziellen atmosphärisch-jahreszeitlichen Reiz (vgl. auch S. 75).

Schneegruben, vom Partschweg aus gesehen, 1932
Öl auf Sperrholz, 74 cm × 96 cm
Bez. r. u. in Rot: G. Wichmann
Bez. auf der Rückseite mit ovalem Stempel:
Paul Baar Nachf. / Kunsthandlung. Hirschberg Promenade 5
Das Gemälde wurde mit einer Urkunde vom 30. 9. 1933 vom Magistrat der Stadt Hirschberg dem Kommandeur des 2. Jägerbataillons, Oberstleutnant von Colchenhausen, als Abschiedsgeschenk dediziert und gelangte als Donation der Fliegerin Hanna Reitsch in das Museum für Landeskunde, Haus Schlesien in Königswinter.

Das Bild gibt das zentrale Kernstück des Riesengebirges, die Schneegruben, im Vorfrühling mit typisch hoher Horizontlinie wieder, gesehen von einer Stelle, die Joseph Partsch (vgl. S. 205) in Form eines Weges gewidmet war. Dieser Althistoriker und Geograph hatte in seinem 1894 erschienenen Buch »Die Vergletscherung des Riesengebirges« besonders diesen Bereich behandelt.
Etwa zwei Fünftel der Bildfläche werden von einer rotbraunen Farbzone beherrscht – abgeholztes, von Baumstümpfen durchsetztes Grasland –, dahinter der Saum von Fichtenwaldungen, die sich in nuanciertem, bräunlich schattiertem Grünblau zu den Moränen ziehen. Darüber lagert der Gebirgskamm, übergriffen von einem locker und dünn gemalten, wolkenfreien Frühlingshimmel. Vier horizontal gerichtete Farbzonen bestimmen somit das nach rechts und links offene Bild. Dabei drängen die warmen, braunroten, von Ocker differenzierten Farben nach vorn, stellen ein Gegengewicht gegenüber den dominant grünblauen, Tiefe erzeugenden Farbwerten des Mittelgrundes dar, besonders aber gegenüber dem Coelinblau des Himmels. Die im Gebirgskamm eingebrachten rötlichbraunen Töne schlagen jedoch eine Verbindung zum Vordergrund, so daß eine räumliche Verspannung entsteht. Der Blick wiederum wird von den stärksten Helligkeitswerten, den Schneeresten, vor allem in der Kleinen Schneegrube, angezogen. Damit erfolgt eine Konzentration des Bildgefüges in der Mitte des oberen Drittels. Dieser Tiefenbewegung steht, durch die Farbe unterstützt, der horizontale Aufbau gegenüber, der wiederum die blickmäßige Seitenaustastung fördert. So wird das ausschnitthafte Motiv in bildmäßige Ausgewogenheit überführt. Dieser sicheren, auf das Wesentliche ausgerichteten Komposition entspricht eine ebensolche Malweise. Sie ist flüssig, frei, umschreibend, läßt den Grund der unpräparierten Platte mitschwingen, zielt auf Erfassung der Stimmung, die durch Jahreszeit und Sonnenstand das uralte Gebirge umspielt und es in immer neuen Gesichtern aufscheinen läßt.

Alte Kirche in Kaiserswaldau, 1933
Öl auf Karton, 48,3 cm × 58,8 cm
Bez. r. u. in Dunkelrot: G. Wichmann 33
Auf der Rückseite beschriftet in der Schrift des Malers:
Georg Wichmann »Alte Kirche in Kaiserswaldau«;
dort weiterhin Skizzen von zwei Kühen
Besitzer: Museum für Landeskunde »Haus Schlesien«,
Königswinter

Stammten die Motive der ersten Hälfte der zwanziger Jahre vor allem aus dem östlichen Gebiet des Hirschberger Tales, aus der Gegend der Schlösser um Erdmannsdorf, Fischbach oder Buchwald, so malte Georg Wichmann in den dreißiger Jahren häufig auch im westlichen Tal in der Gegend um Kaiserswaldau und Voigtsdorf. Für ein oder zwei Wochen fuhr er zur Erntezeit nach Petersdorf, wanderte nach Kaiserswaldau, quartierte sich im dortigen Kretscham ein und arbeitete intensiv, um mehrere Skizzen und Gemälde mit reifenden Kornfeldern, beginnender Ernte, blühenden Gärten und immer wieder mit alten Dorfkirchen im hügeligen Land mit Ausblicken auf den Kamm nach Hause zu bringen.
Unser Bild zeigt ein solches Motiv. Links angeschnitten die alte Kaiserswaldauer Kirche mit ihrem ins Bild schneidenden Satteldach, bekrönt von dem achteckigen, spitzbehelmten Dachreiter. Der Bildraum ist streng gegliedert und zugleich durch geöffnete und geschlossene Zonen in Spannung gesetzt.
Im Vordergrund ein durch die Friedhofsmauer umhegter Gartenraum mit einem Mohnbeet, dahinter ein zweiter, der durch ein Tor erschlossene Friedhof, links mit der bergenden Kirche, und über der Mauer mit ihrer schrägen Abdeckung ein Stück der Kammlinie unter lichtblauem, leicht bewölktem Himmel.
Durch ein raumerschließendes Liniengerüst wird die Komposition bestimmt. Es beginnt im Vordergrund mit einer horizontalen Abstützung des Mohns, die auf die geöffnete Pforte weist, setzt sich in der Gegenrichtung mit dem Lauf der ruinösen formenreichen Friedhofsmauer fort und beschließt sich im oberen Bilddrittel durch den First des Kirchendaches, der sich als komplementärer Gegenzug zur Mauer abzeichnet. Diesen Horizontalen stehen links und rechts in Dachreiter und Baum zwei stabilisierende Vertikale entgegen, zwischen denen der Blick in die Raumtiefe gleitet.
Menschenwerk, Zeichen möglicher Transzendenz, Naturschönheit, Zeit im jahreszeitlichen Rhythmus, als »nagender Zahn« und als Dauer in der Form des Gebirges und im endlosen Spiel der Atmosphäre, werden gespiegelt.

Winterlandschaft mit Schneegruben in Abendbeleuchtung, um 1932/33
Öl auf Sperrholz, 19,2 cm × 29,7 cm
(Auf der Rückseite Farbabstriche in Grau und Rot)
Privatbesitz

Auch dieses Bild gehört zu den zahlreichen Farbskizzen gleichen Motivs mit dem Riesengebirgskamm, die Georg Wichmann von seinem Haus in Ober-Schreiberhau aus malte. Dabei faszinierte die jeweilige Naturstimmung oder -beleuchtung, hier die winterliche Abendstunde, in der das letzte Sonnenlicht die westlichen Spitzen und hoch gelegenen Schneeflächen nochmals rötete, während die Schneegruben, bereits verschattet, nur mehr an den Rändern einen Hauch von Farbe tragen. Diese Lichtsituation dauerte nur wenige Minuten, ehe sie verlosch. Das Bild ist infolgedessen äußerst rasch gemalt worden. Ein milchig, flächig gestrichener Himmel, aus dem das Licht zu schwinden beginnt, übergreift den Gebirgszug, dessen tiefer liegende Flanken bereits im Schatten versinken. Nur angedeutet, silhouettenhaft wahrnehmbar, nach rechts abfallend ein Fichtenwaldsaum, der aus vergrauenden Schneeflächen hervorwächst. Der Blick überspringt diese Zonen, um von dem letzten Aufglühen der Berge gefangen zu werden.

Der Reifträger im Morgenlicht, um 1934
Öl auf Sperrholz, 23,5 cm × 15,5 cm
Bez. r. u. in Ziegelrot: G. Wichmann
Privatbesitz

Von den Westfenstern des Hauses Georg Wichmanns war dieser Berg der spezielle Sichtpunkt, der in seinen unterschiedlichen Erscheinungsformen – verschneit, umwölkt, sturmgepeitscht, besonnt – immer von neuem den Blick auf sich zog.
Georg Wichmann hat ihn wiederholt gemalt, als einzelnen Berg – herausgenommen aus dem Zusammenhang des Kamms – zumeist als kleine Skizze, die jeweils ein spezifisches Naturphänomen festzuhalten trachtete, in diesem Bild die ersten Sonnenstrahlen auf den Schneefeldern, der »Tonsur« des Reifträgers und seiner waagerechten »Kahlzone«. Unter tiefblauem Himmel glüht der Berg gleichsam auf, während sich in den reifbesetzten Waldungen mit blauen Verschattungen nur ein Hauch dieses warmen Lichtes abzeichnet, das nochmals rechts auf dem Schneefeld zur Entfaltung gelangt. Die Kenntnis des Berges, seine jahrzehntelange Beobachtung, verleiht dem Strich größte Sicherheit.

Eichen in Fischbach, um 1934
Öl auf Sperrholz, 75,5 cm × 93 cm
Bez. r. u. in Zinnoberrot: G. Wichmann
Privatbesitz

Ein sonniger Spätherbsttag mit weitgehend entlaubten Bäumen, rechts eine mächtige Eiche an einem dammartigen Weg, der zwischen feuchten gelben Wiesen in die bewaldete Tiefe führt. Das Astwerk des Baumes überspannt die volle Breite des Formats und vergittert den Bildraum. Dem Baum gilt der erste Blick, der dann von ihm weg durch die Äste in Diagonalrichtung auf die links liegenden, in abgetöntem Kobaltblau gemalten Falkenberge geführt wird. Über ihnen, etwa die Hälfte der Bildfläche einnehmend, ein grünblauer, von einigen Wölkchen belebter Himmel.
Georg Wichmann liebte Bäume ungemein. Aufgrund seiner Intervention wurden wiederholt besonders markante Bäume nicht gefällt, einigen rettete er durch Kauf ihre Existenz mit der Bemerkung: man könne wohl aus einem Baum tausend Latten schneiden, aber aus tausend Latten keinen Baum machen.
Das Bild gibt einen dieser immer wieder besuchten und bewunderten Bäume wieder. Groß bestimmt zwar die Eiche das Gemälde, dennoch bleibt sie ein Teil der Landschaft, die ihre schwarzbraune Gestalt in Gelb- und Blauwerten umfängt. Der verharrenden Stämmigkeit, der dumpfen Gebanntheit an den Ort, wird die atmosphärische Beweglichkeit, der Wechsel des Lichts und leuchtende Farbigkeit entgegengesetzt. Aus dieser Kontrastierung empfängt das Bild seine Spannung.

Steg über Bachlauf mit Schneegruben hinter Birkengehölz, um 1934
Öl auf Preßholzplatte, 60 cm × 70 cm
Bez. l. u. in Braunrot: G. Wichmann
Privatbesitz

»Rund ums Mariental« hieß der »Kurweg 12« Schreiberhaus in der Mitte der dreißiger Jahre. Mit einer Ausdehnung von etwa 8 km Länge berührte er im Osten auch die Heinzelbaude. Im Osten dieser Heinzelbaude mit Freibad wiederum lag auch die ausgedehnte Scheundelwiese, in deren Nähe wohl das Motiv dieses Bildes zu lokalisieren ist.
Gemalt ist eine Vorfrühlingslandschaft in ansteigendem Wiesengelände, in dem ein Bachlauf von einem bildparallel angeordneten gesicherten Steg überspannt wird. Im Vordergrund, rechts und links von dem sprudelnden Gewässer, krautige Vegetation, auf dem Wiesenhang transparentes Birkengehölz, das in den blauen, noch von Schneeresten bedeckten Gebirgskamm hineinragt: links das »Hohe Rad«, verkürzt im Anschluß die Schneegruben, dann der Spornhübel, rechts die Veilchenkoppe; darüber ein bewölkter, bewegter Himmel.
Die in vier horizontale Streifen gegliederte, vorzüglich ausgewogene Komposition besitzt einen in der Bildmitte konzentrierten Tiefenzug, der zu den hellsten Schneeflecken des Kammes führt. Das Gewölk trägt schließlich den Blick nach der Raumaustastung zur Fläche zurück. Die starken Bewegungsrichtungen erfüllen das Bild im Verein mit dem sprudelnden Gewässer und der treibenden Bewölkung mit innerer Lebendigkeit und frühlingshafter Unruhe.

Bergpfad im Fichtenwald, um 1935
Öl auf Sperrholz, 103 cm × 80 cm
Bez. r. u. in Zinnoberrot: G. Wichmann
Privatbesitz

Das Bild gibt das ungewöhnliche Motiv eines Waldstücks, das ausschließlich von Fichten bestanden ist, wieder, damit Wald, wie er im Riesengebirge verbreitet war. Dort gab es riesige dunkle Waldungen in Schaffgotsch'schem Besitz, ob man nun den Leiterweg nach Kiesewald wanderte oder auf die Bauden, überall durchschritt man Fichtenwälder, die selbst bei Windstille mit einem eigentümlichen, murmelnden Rauschen erfüllt waren, das die Stille förmlich hörbar machte.
Dieses Waldstück bei der Adolfbaude spiegelt infolgedessen ein sehr typisches Stück des Riesengebirges. Dutzende von steil aufsteigenden Stämmen – im Vordergrund angeschnitten – bilden den sich stetig neu vergitternden Raum, durch den sich ein Bergpfad in die Höhe zieht. Der von links diagonal abfallende Waldboden ist noch erstorben, taucht in Ocker-Rotbraun aus dem Schnee auf, der sich in Resten im Vordergrund hält. Links oben wird zwischen Geäst ein kleines Stück hellen Himmels sichtbar, der mit den Schneeresten des Vordergrundes korrespondiert. Plastisch herausgearbeitet mit ihrer schrundigen, von links beleuchteten Rinde sind die ersten Stämme, die in der Tiefe zu einem vertikalen Lineament vor dunklem Grund verschmelzen, in dem nur das letzte sichtbare, sich in einer Linkskurve verlierende Wegstück mit seinem Schneefleck nochmals aufleuchtet.
Das Bild erscheint als Inkarnation vegetativen Schweigens, als die Darstellung einer touristischen »Unattraktion« – als das Gegenstück einer Vedute. Es war einst im Besitz des Landrats Franz von Bitter des Kreises Hirschberg.

Blick ins Schneetreiben, um 1935
Öl auf Sperrholz, 15,3 cm × 24,3 cm
Bez. l. u. in Zinnoberrot: G. Wichmann
Privatbesitz

Die kleine Ölskizze ist während starken Schneefalls gemalt worden und gibt die Sicht aus dem südlichen Atelierfenster in Ober-Schreiberhau in das vom Zackerle durchzogene Tal wieder. Links ein Ausschnitt einer mächtigen, tief verschneiten Fichte, die mit einer zweiten eine kapitale Gruppe bildete; in der Mitte die Spitzen einer Buche und rechts – unten angeschnitten – das Scheunendach des in der Senke lebenden Bauern und Zimmermanns Kluge. Der zum Gebirge ansteigende gegenüberliegende Hang mit dem Friedrichsweg und dem Hotel Lindenhof ist durch den Schneefall verhangen. Nur schemenhaft zeichnen sich einige dunkle Gehölze und rechts partiell das Haus des Tischlers Teuber ab.
Diese Skizzen, von denen einige bereits auf den vorangegangenen Seiten wiedergegeben wurden, waren Impressionen eines Naturschauspiels bei Sonne, Regen, Sturm, am Abend oder Morgen. Sie entstanden spontan und rasch; denn es galt, den Eindruck des sich schnell wandelnden Ereignisses festzuhalten. Pastos wird – wie auch in diesem Bild – die Form modelliert und durch den unruhigen Strich das Momentane akzentuiert.

Blick in den verschneiten Garten, um 1937
Öl auf Sperrholz, 21,3 cm × 28,5 cm
Bez. r. u. in Blau: G. Wichmann
Privatbesitz

Gemalt von einem nach Westen gerichteten Fenster im Giebel des Hauses Georg Wichmanns in Ober-Schreiberhau. Dabei wird die unmittelbar am Haus liegende Gartenzone mit Wegen und Plätzen übersprungen, und der Blick gleitet in die parkartigen Zonen, die sich links in der Senke bis hin zum Zackerle erstreckten, dort eine Teichanlage umschlossen und sich rechts auf die Höhe des Plateaus bis zu dem Besitz des Freiherrn von Reibniz fortsetzten.
Außerordentlich dünn, den Grund als Tonwert mitschwingen lassend, ist die noch unberührte, bereifte Schneelandschaft vor dem Reifträger gemalt. Nur in der Modellierung der Fichte links wird die Farbe pastoser aufgetragen, während die Birken am Zaun hauchartig aufscheinen. Blaue Schatten durchziehen diagonal die Fläche, erfahren ein Echo in den in gleicher Farbe angedeuteten Waldungen der Berghänge rechts oben.
Die Skizze gibt den Eindruck eines Wintermorgens wieder, wie er häufig nach langen Schneefällen zu erleben war.

Wilhelmstraße in Ober-Schreiberhau, 1938
Öl auf Sperrholz, 200 cm × 250 cm
Bez. l. u.: Georg Wichmann

1937 hatte die Schreiberhauer Verwaltung den Kurpark in dem kieferbestandenen »Schenkenfichtel« mit Lesehalle, Wandelgang, Restaurant, bequemen Wegen und Bänken neu anlegen und ausstatten lassen. Dies wurde taktvoll durch flache Bauten, die sich zu der bereits vorhandenen Musikmuschel der Kurkonzerte gruppierten, gelöst. Georg Wichmann bat man nach Fertigstellung, ein Bild des Kurortes, die Wilhelmstraße als sein Herzstück, in einem Gemälde wiederzugeben. Es handelte sich also um eine Auftragsarbeit, die der Maler äußerst ungern realisierte. Dennoch entstand ein typisches sommerliches Bild, ein Dokument der ehemaligen Erscheinung des Ortes mit all seinen Charakteristika, das in der Lesehalle des Kurparks seinen Platz fand. Da war einmal die hohe Horizontlinie mit den Schneegruben und dem »Hohen Rad«, dann links unter den großen hellen Markisen die Konditorei Zumpe, in der Wilhelm Bölsche seine zahlreichen Zeitungen und Zeitungsromane zu lesen pflegte, weiterhin aber auf der geschwungenen, abfallenden Straße noch ein reger Pferdekutschenverkehr für die beliebten Ausflugsfahrten in die tieferliegenden Bauden. Rechts, dort wo die Straße in einer Linkskurve verschwindet – durch das Blattwerk der Bäume verborgen – befanden sich Schlickers Weinstuben, der Treffpunkt der Schreiberhauer Dichterkolonie der zwanziger Jahre.
Das großformatige Bild, dessen Existenz nicht mehr nachgewiesen werden kann, ist mit lockerer Pinselführung gemalt, gibt nicht nur die von Staffagen erfüllte Straßenflucht wieder und damit das Treiben eines stark besuchten Kurortes, sondern lebt zugleich von der atmosphärischen, lichterfüllten Stimmung eines Sommertages. Tempi passati.

Schneegruben mit Jungwald, um 1940
Öl auf Sperrholz, 49 cm × 60 cm
Bez. r. u. in Rot: G. Wichmann
Auf der Rahmenrückseite ovaler Aufkleber:
Bilder / Einrahmungen / Paul Emge / Hirschberg i. Sch. /
Glaserei – Vergolderei
Besitzer: Museum Haus Schlesien, Königswinter
Inv. Nr. MAL 92.03

Charakteristisch für die Spätwerke Georg Wichmanns, zu denen dieses Bild zählt, ist die verstärkte Auflösung des dinglichen Motivs in eine Farbkomposition, in der das Licht durch Farbe wiedergegeben wird. Beim Vergleich der langen Kette von Schneegrubenbildern interessieren den Maler nicht mehr im gleichen Maße wie dreißig oder zwanzig Jahre zuvor die tektonisch-topographischen Elemente oder das fremde Dauern gegenüber der eigenen Vergänglichkeit, sondern mehr das Phänomen des Lichts, das die Materie zu verändern scheint, die dadurch erzeugte Stimmung, also die Veränderung als eine Konstante des Seins. Das Motiv – klassisch gebaut – mit realem Tiefenzug in Gestalt des Hohlwegs, rechts und links gefaßt von aufschießenden Bäumen eines Jungwaldes, führt ins lichte, frühlingshafte Grün, das bunt, teilweise reinfarbig aufglüht und gleichwertig mit den Schneegruben verschmilzt, die kobaltblaue, fast abstrakt anmutende Schatten in ihren durchsonnten Hängen tragen. Darüber ein lichtblauer Himmel.
Betrachtet man das Bild von der Nähe, so löst es sich in eine Farbmacchia auf, welche leuchtend die Bildfläche bestimmt und das Motiv mit seinem Tiefenzug überlagert.

Gebirgsweg mit »Reifträger«, um 1941/42
Öl auf Sperrholz, 75 cm × 97 cm
Bez. l. u. in Zinnoberrot: G. Wichmann
Privatbesitz, Breslau

Das Bild zeigt motivisch einen sich in einer Kurvierung zum Betrachter öffnenden Bergweg an einer Berglehne – links den felsigen Abbruch, rechts das bewaldete Tal –, im Hintergrund hinter Vorbergen den charakteristischen »Reifträger« unter einem niedrigen, von Wolkenballungen durchsetzten Himmel. Auf dem Weg zwei Staffagefiguren: Wanderer.
Das Gemälde entstand im Frühherbst, in der Zeit des Wanderns mit sich färbenden Laubbäumen und dem flachen, lange Schatten werfenden Licht, das nun auch diese durchdringt und erhellt. Der Akzent des Bildes liegt auf der Darstellung eines sonnendurchleuchteten Herbsttages, also auf der Wiedergabe der Eigenart der Jahreszeit, ihres spezifischen Lichts, auf der Schönheit des Entgleitenden, Flüchtigen. Natur wird nicht mehr nur im Dinglichen, sondern vor allem als Schauspiel, das den motivischen Gegenstand umfängt, gesehen und durch eine leuchtende, Licht suggerierende, farbige Äquivalente setzende Palette zum Ausdruck gebracht. Das »Naturschöne« blitzt – ähnlich wie es die Musik vorgibt – nur auf und zeigt seine Schönheit im zeitlich Vereilenden. Darin trifft sich die Neigung Georg Wichmanns für Musik und Natur auf einer verwandten Ebene. Beider Auffassung nehmen damit etwas von der Ästhetik voraus, die erst in der Mitte der zweiten Hälfte unseres Jahrhunderts, etwa bei Adorno, artikuliert werden sollte.

Sommerliche Schneegruben, um 1942/43
Öl auf Sperrholz, 81 cm × 118 cm
Besitzer: Muzeum Okregowe, Jelenia Góra (Hirschberg), Zweigstelle Mittel-Schreiberhau

Das heute im Carl-Hauptmann-Haus in Mittel-Schreiberhau bewahrte Bild ist wiederum eine Schneegrube vom Partschweg aus gesehen, und es ist gut, daß gerade dieses Motiv in der Stätte hängt, in der Georg Wichmann oft mit Carl Hauptmann zusammentraf, weil es ein zentrales Motiv innerhalb seines Werkes war. Wir kennen Frühlings-, Sommer-, Herbst- und Winterbilder dieses Motivs mit der charakteristischen, nach links oder rechts gewendeten tieferliegenden Wegführung, mit abgeholztem Vordergrund, Jungwald, einzelnen Bäumen, dahinter die an den Nordhängen emporsteigenden Fichtenwaldungen und darüber das Bergmassiv mit dem schmalen, zumeist nur ein Viertel der Bildfläche einnehmendem Himmel. Die Bildfolge ist eine Biographie dieses Landstückes, dessen Vordergrund sich durch menschliche Eingriffe stetig änderte, dessen Formkonstante das Gebirge darstellt, die aber selbst bei verwandter Tageszeit sich in immer neuen Gewändern zeigt. Die wechselnden Gesichter des Gebirges als theatrum mundi haben den Maler immer von neuem beschäftigt und spiegeln die sich in den Jahrzehnten ändernde, unterschiedliche Auffassung und Gewichtung des Motivs. In diesem Spätwerk, einem Sommerbild, ist das bestimmende Element die Farbe, die eigenartig emailhaft, fast irisierend, den Himmel und die Bergwelt einhüllt, in eine optisch kostbare Substanz verwandelt, um im Vordergrund substantieller, stark vom Eigenwert bestimmt zu werden. Das durch die Farbe wiederum realisierte Licht erwirkt eine Verzauberung der Dingwelt. Damit wird das Motiv zur sekundären Bühne und das Geschehen Zentrum der Darstellung.

Erinnerungen

Las ich in Memoiren, so war ich stets erstaunt, daß es Menschen gibt, die sagen können: »Ich erinnere mich an eine Episode aus meinem dritten Lebensjahr.« Dies ist mir unmöglich. Die frühe Kindheit verschwimmt zu einem Kontinuum. Die bewußten ersten Erinnerungen an meinen Vater setzen verstärkt über seine Aura ein. Es ist auch ausgeschlossen, diese frühen Eindrücke zeitlich genauer als vor dem fünften oder sechsten Lebensjahr zu bestimmen.
Um diese Eindrücke zu artikulieren, ist eine Andeutung der topographischen Verhältnisse, in die ich hineingeboren wurde, notwendig. Ich kam 1925 in Ober-Schreiberhau zur Welt. Unser Haus lag, wie schon oben beschrieben, inmitten des Ortes. Der von dem Grundstück auf breite Partien des Riesengebirges mögliche Ausblick war von großer, nie ermüdender Schönheit. Im Norden schloß sich an unseren Grund das Anwesen des Barons von Reibnitz an, dessen historistisches Schlößchen – die Villa »Walhalla« – sich auf der Steilkante des Hügels über dem Ort in bizarrer Fachwerkkonstruktion erhob. Mein Vater erwarb in den dreißiger Jahren einen Teil dieses Grundstückes.
Das Familienleben in unserem Haus spielte sich im Parterregeschoß ab; hier wurde auch gegessen, und hier war das Reich meiner Mutter. Mein Vater lebte im ersten Geschoß, das auch von außen – das Haus lag am Hang – erschlossen war. Im zweiten Geschoß schlief die Familie. Geheimnisvoll waren für mich vor allem vier Bereiche in Haus und Garten: das erste Geschoß mit dem Atelier meines Vaters und dem Weihnachtszimmer, dann Flure und Nebenräume mit den gelagerten Vorräten im Parterre, später auch der Speicher, draußen vor allem der Teich mit seinem den Hang herabspringenden Zulauf, der westlich im Talgrund lag, umstanden von mächtigen Fichten und Birken, das eigentliche Elysium meiner Kindheit, mit seinen Libellen, Fröschen, Weidenröschen, vor allem aber mit seinem wundersamen Geruch und seiner Stille, die durch die heimlichen Laute am Wasser erlebbar wurde.
Die ersten Eindrücke von meinem Vater, die ich zurücktastend aus meiner Erinnerung aufzurufen vermag, liefen nicht über das Sehvermögen, vielmehr binden sie sich an den Tast- und Geruchssinn. Immer empfand ich es als angenehm, wenn sich die Hand meines Vaters auf meinen Kopf legte. Wärme und leichter Druck schienen sich dann nicht nur diesem, sondern dem Leib mitzuteilen. Ebenso gern ging ich an seiner Hand, auch hier von der Wärme durchflossen, vor allem im Winter; denn mein Vater hatte auch dann – ohne Handschuhe – warme Hände. Das Besondere dieser taktilen Begegnung war die Art der Berührung – faßte doch mein Vater nicht etwa meine Hand und umschloß sie, sondern trug sie mit seinen Fingerspitzen –, die meiner Erinnerung den Inbegriff von Bergung und Zartheit vermittelt hat. Genauso gern hatte ich seinen Geruch und kroch in der Garderobe

neben der Haupttür, dort, wo einige seiner aus englischem Cover-Coat-Gewebe gefertigten Mäntel hingen, von unten in sie hinein und trank förmlich diesen unvergeßlichen Duft von Leib, frischer Luft, Leder, Terpentin- und Mohnöl, von Farben und Wald, völlig versunken in eine dunkle, geheimnisvolle Welt.
Erinnerungen an gemeinsame Spiele, also an Ausgelassenheit, Krabbeln, Leiblichkeit im Sinne der heutigen Eltern-Kinder-Beziehung habe ich im Zusammenhang mit meinem Vater nicht, jedoch an zahlreiche akustische Näherungen, die mich im Kern meines Seins trafen.
Mein Vater war ein leidenschaftlicher Musikliebhaber und spielte fast täglich mehrere Stunden Klavier, zumeist Beethoven, daneben auch Bach, Schubert, Schumann, also die Klassiker. Er spielte auch abends, und unzählige Male habe ich den Klängen von Pathétique, Mondscheinsonate oder Appassionata gelauscht und bin mit ihnen eingeschlafen; denn mein Bett stand ein Geschoß höher über dem Atelier, in dem auch das Instrument stand. Von diesem Klanggefüge bin ich eingehüllt, von seiner Gestalt durchdrungen, von seinen Ordnungskräften bestimmt worden. Ihre sanfte Gewalt war zweifellos eine Bindung an Maß und Kanon, die dem Kinde – fernab von pädagogischer Absicht – übertragen wurde. Dieser Gestaltkanon, das Suchen nach ihm und die erhoffte Begegnung, bestimmte durchgängig – und ich glaube durch die Erinnerung nicht getäuscht zu werden – das Handlungsfeld meines Vaters. Es zeigte sich ebenso in seiner primären Neigung zur Natur als Abbild des Wunders der Schöpfung, dem er aber nicht nur demütig huldigte, mit der er auch zu hadern vermochte, wenn ihn ein Gewitter mit Blitz, Schnee und Hagel überrascht hatte oder eine plötzliche Sturmböe Staffelei und Bild vom Kamm in die Schneegruben trieb. Draußen zu sein, zu wandern, die großen Konstanten und ihre Wandlung in Licht und Farbe in den Tages- und Jahreszeiten zu beobachten war die Voraussetzung für seine professionelle Arbeit. Zeichnend und malend wanderte er wohl täglich zu seinen geliebten Motiven auf den Bergen, an den Bächen, im Hirschberger Tal – selbst bei eisiger Kälte, oft schon vor Tagesbeginn aufbrechend. Das, was er dort erlebte und als fernen Widerhall in das Haus mitbrachte, erahnte ich beim Eintauchen in den Geruch der ihn einhüllenden weiten Mäntel.
Noch vor meiner Einschulung, also vielleicht mit fünf Jahren, erwartete ich oft meinen Vater und lief aus der sogenannten Bauernstube – meinem Spielbereich – zu ihm, sobald ich ihn hörte. Er zeigte mir dann das Bild, das er gerade gemalt hatte, und besprach sorgfältig die jeweiligen Schwierigkeiten und die Eigenart. Oft war die pastos aufgetragene Farbschicht mit Tannennadeln übersät, vor allem dann, wenn er an einem großformatigen Werk mehrere Tage gearbeitet und das Bild dann für diese Zeit draußen unter einem Felsen gelagert hatte, um es nicht jedes Mal hin- und hertragen zu müssen. Mir wurde dann nach sorgfältiger Anweisung die Aufgabe zuteil, diese Ingredienzien vorsichtig zu entfernen. Dabei hatte ich meine Nase und meine Augen unmittelbar an der Macchia des Farbgeflechts, an dem nun wunderbar

abstrakten Gefüge, in dem sich Krapprot und Kobaltblau, Chromgelb und Zinkweiß mit unendlichen Nuancen anderer Farben verschlangen, begleiteten und durchmengten, gratig emporstanden oder den Malgrund nur lasierend überhauchten.
In meiner frühen Kinderzeit, den späten zwanziger Jahren, malte mein Vater noch dominant auf Leinwand, die auf Keilrahmen gespannt wurde, bei kleinen Formaten auf Karton, später nur noch auf 4 bis 6 Millimeter starke Sperrholzplatten. Die Keilrahmen bespannte er selbst, ebenso wie er auch Leinwände, Kartons und Sperrhölzer selbst präparierte, und zwar aus einem Gemisch von Knochenleim und farblich leicht gebrochener Schlämmkreide, das dünn, in mehreren Schichten, nach jeweiliger sorgfältiger Trocknung aufgetragen wurde. Ich durfte dabei helfen, und auch diese kleine Prozedur war mit typischen, unvergeßlichen Geruchseindrücken verbunden, die heute nur noch in Restaurierungsateliers zu finden sind und immer noch freudige Grundempfindungen lebendig werden lassen. Mit Staffelei, Malkasten und umgehängtem Malgrund, befestigt an zwei Schraubösen und einer Schnur, hatte dann, längst ehe ich aufgewacht war, mein Vater das Haus verlassen, um oft erst spät nachmittags zurückzukehren. Dann begann für mich die Betrachtung und auch Begutachtung im Atelier. Ich wurde gebeten festzustellen, ob etwas aus der Komposition »herausfalle«. Zu diesem Zweck hatte mich mein Vater ermuntert, das Bild spiegelperspektivisch, auf dem Kopf stehend, zu betrachten. Als Instrument für diese Untersuchung diente ein großer, zimmerhoher, auf einem niederen Mahagonipodest stehender, ebenso gerahmter klassizistischer Spiegel, in dem ich, durch meine Beine schauend, das Bild zu betrachten hatte.
Meine Feststellungen, die es im Disput zu erhärten galt, wurden ernsthaft besprochen und mit vielfältigen Bemerkungen ergänzt, bestätigt oder verworfen. Mein Vater muß an diesem putzigen und zugleich herausfordernden Vorgang Freude gehabt haben, denn er entwickelte sich zu einem mich ungemein befruchtenden Kanon.
Wiederholt verreiste mein Vater, etwa in die Schweiz zu Freunden, zu Konzerten nach Berlin, Hamburg oder Breslau, auch ins Vorland, um Bildaufträge in Jauer, Löwenberg oder Glogau zu erörtern. Von Glogau kehrte er in den beginnenden dreißiger Jahren mehrere Tage nicht zurück. Große Unruhe erfaßte die Familie; denn das Haus besaß damals – wie zumeist üblich – kein Telephon, und damit benötigte die Nachrichtenübermittlung mehrere Tage. Schließlich tauchte er durchaus vergnügt und unversehrt wieder auf und erzählte, er wäre von Gendarmen festgenommen worden und hochnotpeinlichen Verhören ausgesetzt gewesen, weil man ihn der Spionage beschuldigte. Beim Zeichnen waren auf einem Blatt Befestigungen oder Brückenanlagen mit erfaßt worden, und dies machte ihn verdächtig. Erst durch ein Machtwort der Obrigkeit sei er wieder auf freien Fuß gesetzt worden. Dieses Erlebnis bewegte mich als Kind stärker als meinen Vater, hatte doch das Gefühl der Geborgenheit und das einer heilen Welt einen Sprung erhalten. Es begann eine verstärkte Auseinandersetzung mit Umwelt, Natur und Dingarsenal, die

während weiter Spazier- und Beobachtungsgänge mit meinem Vater lebendig gehalten wurde. Immer wieder verwies er meine Augen auf das Menschenwerk, auf die auch damals wenigen guten, aber so vielen belanglosen Bauten, vor allem auf ihre schlechte Plazierung, oder aber auf den naiv rücksichtslosen Umgang mit Bäumen, konnte er doch tagelang über die Fällung eines markanten Baumes trauern. Unvergeßlich sind in diesem Zusammenhang die gemeinsamen Betrachtungen und Erörterungen von Schaufensterauslagen, besonders die der Josephinenhütte. Bei Wanderungen zum Zackelfall kam man unmittelbar an dem Ausstellungsgebäude des Betriebes vorüber, in dessen Fenstern Bleikristallkreationen in grellen Bonbonfarben – besonders ein giftiges Gelbgrün ist mir in lebhafter Erinnerung – feilgeboten wurden. Diese Werke intensiven Arbeitsfleißes mit Tiefschnittdekor waren damals als Trophäen der beliebten Vertikos und als Ausdruck der Moderne à la Art Déco besonders im Schwange. Mein Vater verdeutlichte mir, angespannt dozierend, ihre Gestaltlosigkeit, Fremdartigkeit und Entfernung von »natürlicher« Farbigkeit. Er sprach von »Parvenue«- und »Pompier-Kunst«. Mit diesen Darlegungen bereitete er das Fundament meiner kritischen Beobachtung der Dinge, die den Menschen begleiten, umgeben und zumindest partiell offenbaren.
Es wurde bereits oben berichtet, daß mein Vater sehr viel zeichnete. Immer führte er in seinen Westentaschen kurze, relativ weiche Bleistifte mit sich, die er mit einem besonders scharfen, zierlichen Taschenmesser sorgfältig spitzte. Dabei wurde gemäß der Facettierung der Faber-Castell-Stifte jeweils ein Span des Zedernholzes abgehoben, dann aber die Spitze nicht dünn ausgeschabt, denn zur Schraffur mancher Partien benötigte er einen langen, kräftigen Graphitteil. In einer Jacken- oder Manteltasche war dann das andere Zubehör, das mit grobem Leinen bezogene Skizzenbuch.
Fast immer wurde ein Spaziergang ein- oder zweimal mit der Bemerkung unterbrochen, daß ich mich nun allein beschäftigen müsse, denn er habe dieses oder jenes zu skizzieren. Dies erforderte häufig große Geduld; denn mein Vater begann sich in das von ihm beobachtete Dritte zu verwandeln, vergaß darob Zeit, Umwelt und auch den kleinen Begleiter. Im Sommer oder an warmen Tagen war dies kein sonderliches Problem; aber wenn er etwa bei einem vorwinterlichen Besuch in Hirschberg die katholische Kirche zu zeichnen begann, wurde die Geduld auf eine harte Probe gestellt, dann aber im Café Mertens mit Schokolade und Torte belohnt.
Beruf, Natur und Musik verzahnten sich im Leben meines Vaters; aber dazu kam ein weiteres Gebiet, das ihn außerordentlich beschäftigte. Er war Christ und lebte mit der Bibel, in der er ebenso wie meine Mutter täglich las, und oft, erfüllt von der Großartigkeit der Sprache und Botschaft, darüber berichten mußte. Noch vor dem Eintritt in die Volksschule waren mir infolgedessen die großen Bilder, besonders des Alten Testaments, und viele Psalmen durchaus gegenwärtig. Da mein Vater viel las, die Klassiker ebenso wie zeitgenössische Dichtung, waren ihm

auch die im Kapitel »Künstlerkolonien als Refugien ...« erwähnten Werke durchaus geläufig. Sie wurden sorgfältig durchgearbeitet, dann im Familien- und Freundeskreis erörtert. Die Werke Nietzsches hatte er in diesem Rahmen mit großer innerer Anteilnahme wiederholt gelesen, in meinem dreizehnten Lebensjahr 1937/38 erneut. Über Wochen kam mein Vater jeweils sonntags gegen halb acht Uhr morgens in mein Zimmer, um zu sehen, ob ich wach sei. Ich durfte an diesem Tage ausschlafen; denn zwischen Montag und Sonnabend mußte ich schon kurz nach fünf aufstehen, um rechtzeitig nach Hirschberg in die Schule zu gelangen. Bei diesen leisen Explorationen meines Vaters, ob der Sohn noch schliefe, ergab sich ein kleines Spiel, wußte ich doch, daß er mir »Zarathustra« vorlesen wollte. Ich stellte mich deshalb schlafend. Einige Minuten später schaute er wieder herein und räusperte sich leise, aber der »Schläfer« wollte nicht erwachen. Dies wiederholte sich drei- oder viermal, bis ich lachend meine Anwesenheit bekannt geben mußte. Dann las mein Vater eine halbe oder knappe Stunde, gab dazu einige Erläuterungen. Diese hymnischen Visionen des Dichters brachten mich damals kaum in einen inneren Konflikt mit Lesungen aus der Bibel, mehr animierte der Klang als der Inhalt, jedenfalls war ich nach diesen Stunden durchaus willens aufzustehen und das »gefährliche Leben« zu wagen.

Und noch eine kleine Begebenheit ist meiner Erinnerung verhaftet geblieben, als im Jahr 1939 mein Bruder, mein Vater und ich, der ich etwa 14 Jahre alt war, gemeinsam zum Malen gingen. Mein Vater mit Malkasten, Staffelei und Sperrholzplatte, wir Söhne mit Aquarellblöcken und -farbkästen. Nach einer Wanderung von einer knappen Stunde erreichten wir das Motiv, einen Blick ins Tal in der Nähe der Kochelhäuser, mit vielfältigen Überschneidungen und verblauender Tiefe. Noch höre ich das dumpfe Anschlagen des Sperrholzes an die Staffelei beim Farbauftrag, sehe, wie aus den Farbsträngen der Palette der relativ breite Pinsel die Farben direkt, ohne Vermischung aufnimmt, wie sich durch die Strichführung oder Drehung des Pinsels die Farbe vermischt, wie sich das Bild an mehreren Stellen zugleich ohne Vorzeichnung zu bilden beginnt, sehe, wie mein Bruder kühn den Vordergrund stilisiert, während ich wohl die verblauenden Fernen wiederzugeben vermag, aber am Vordergrund scheitere. Das Bild meines Vaters hatte nach etwa drei Stunden einen hohen Grad an Vollendung erreicht, und ich war dabei zur Einsicht gelangt, daß dieses Metier nicht nur ungemein viel Übung, sondern auch ein hohes Maß an geschenkter, nicht erwerbbarer Begabung verlangt. Dennoch bescherte mir meine belanglose malerische Fähigkeit im »GULag 165« als Honorar für ein monumentales Leninporträt, das anläßlich des Jahrestages der Oktoberrevolution 1945 im Sumpfgebiet bei Gorki entstand, ein Kochgeschirr mit Krautsuppe.

Ich sprach meinen Vater zum letzten Mal am 27. November 1944. Er starb am 28. um Null Uhr fünfzehn.

Am 26. April 1992 betrat ich nach 48 Jahren erneut den Friedhof in Nieder-Schreiberhau. Geborstene Umfassungsmauern, niedergerissene Tore, devastierte Grablegen, umgestürzte oder zerschlagene Grabsteine, aufgerissene ehemalige Wege verstörten mich. Ich fand das Grab meines Vaters nicht mehr, auch das Carl Hauptmanns nicht, dessen grün glasierte Flamme von der Hand Marlene Poelzigs die Stätte des Verweilens und Erinnerns einst gekennzeichnet hatte. Am Nachmittag besuchte ich das von zartrosafarbenen Krokussen umgebene Hauptmann-Haus in Mittel-Schreiberhau. Von ihm aus öffnete sich der Blick auf den Gebirgskamm mit »Sturmhaube«, »Hohem Rad«, »Schneegruben« und »Reifträger« – den Motiven Georg Wichmanns – gelassen, lapidar, unnahbar wie ehedem.

Anmerkungen

1 Vgl.: Steinecke, Forschungen zur brandenburgischen und preußischen Geschichte. Bd. 15. Leipzig 1902 [Biographie].

2 Fechner Hanns, Die schlesische Glasindustrie unter Friedrich dem Großen und seinen Nachfolgern bis 1806: Zeitschrift des Vereins für Geschichte und Alterthum Schlesiens 26, 1892, 74-130.

3 Grundmann Günther, Das Riesengebirge in der Malerei der Romantik. Breslau [o. J. 1932] = Schlesien Bd. 1; 2. erweiterte Aufl. München 1958; 3. erweiterte Aufl. München 1965.

4 Belling F., Die Königin Luise in der Dichtung. 1886 – Petersdorf H. v., Königin Luise. 7. Aufl. 1926 – Bailleu P., Königin Luise. 3. Aufl. 1926 – Klatt T., Königin Luise von Preußen in der Zeit der napoleonischen Kriege. 1937 – Armin H. v., Königin Luise. 1969.

5 Vgl.: Grundmann Günther, Schlesische Architektur im Dienste der Herrschaft Schaffgotsch und der Propstei Warmbrunn. Straßburg 1930, 150-152 = Studien zur deutschen Kunstgeschichte H. 274.

6 Das Symbol der Dichtung in Novalis' Roman »Heinrich von Ofterdingen« (1802).

7 Friedrich Georg Kersting (1785 Güstrow-1847 Meißen), war 1805-1808 Schüler der Kopenhagener Akademie und befreundet mit C. D. Friedrich. Außer einer Rückenfigur seines Freundes während der Riesengebirgswanderung sind keine Arbeiten, die während der Reise entstanden sein könnten, bekannt. Kersting wandte sich vor allem der Innenmalerei zu.

8 Vgl. u. a.: Belting Hans, Die gemalte Natur. In: Kunst um 1800 und die Folgen. Werner Hofmann zu Ehren. München 1988, 169 ff.

9 Vgl. u. a.: Grundmann Günther, Das Riesengebirge in der Malerei der Romantik. 3. Aufl. München 1965, 68 ff., III ff. – [Kat. Ausst.] Caspar David Friedrich. Hamburger Kunsthalle 1974. Nachdruck 1981.

10 Carl Ludwig Fernow (1753-1808) war Kunsttheoretiker und befreundet mit W. v. Humboldt und A. J. Carstens. Angeregt von Winckelmann, Kant und Schiller begründete er Theorien eines neuen Klassizismus. 1794-1803 lebte Fernow in Rom, dort Vorlesungen über Ästhetik, veröffentlicht in den »Römischen Studien«. 3 Bde. 1800-1808.

11 Vgl.: Lebenserinnerungen und Denkwürdigkeiten. Bd. 1-2. Leipzig 1865/66 – Neuausgabe Bd. 1. Weimar 1969, 3. Buch, VIII. Kap., 250 ff.

12 Vgl. u. a.: Himmelheber Georg, [Kat. Ausst.] Kunst des Biedermeier. Haus der Kunst. München 1989.

13 Vgl. u. a.: Ullmann Klaus, Schlesische Landschaftsveduten auf Porzellan: Schlesischer Kulturspiegel 27, 1992, Nr. 1, 1-2.

14 Grundmann Günther, Kunstwanderungen im Riesengebirge. München 1969, 139 – Vgl. auch: Wiese Erich, Biedermeierreise durch Schlesien. Darmstadt 1966.

15 Schinkel war auch beratend an der Landschaftsgestaltung und der Farbgebung von Bauten und Brücken beteiligt. So regt er an, ein milchiges Weiß in der Fassade der Erdmannsdorfer Kirche und des Schlosses auch auf die Brücke als Grundfarbe zu übertragen und mit blau-rosa Streifen zu schattieren. Das Blau sollte an der Brücke aus Smalte gemischt werden.

16 Peter Joseph Lenné (1789-1866) war Gartendirektor und Generaldirektor der königlich preußischen Gärten. Er hat fast alle Gärten preußischer Schlösser neu angelegt (u. a. Sanssouci, Charlottenburg, Tiergarten in Berlin) und Gärtnerlehranstalten und gartenbauliche Hochschulen eingerichtet. 1836 stellte er den Bepflanzungsplan für Schloß Erdmannsdorf auf, der 1837 durch den Hofgärtner Teichler realisiert wurde.

17 Im Rahmen der Parkplanung von Erdmannsdorf wurden auch ein großer und ein kleiner Teich angelegt, die erst durch Sprengung von Gestein für Boote befahrbar wurden. (Vgl. Brief Schinkels an Minister Rother vom 2. 5. 1838).

18 Vgl. Grundmann Günther, Der Erwerb der Kirche Wang und ihr Transport von Norwegen nach Berlin. Die Briefe der Gräfin Reden während der Aufrichtung der Bergkirche unseres Erlösers zu Wang. In: Kunstwanderungen im Riesengebirge. München 1969, 175-200 – Wolfrum Peter, Die Kirche Wang. Würzburg 1994 [dort weit. Lit.].

19 Ein Bemühen vor allem von Friedrich Wilhelm IV., König von 1840-1861, der durchaus noch von der deutschen Romantik geprägt wurde. Er wollte Vorkämpfer und geistiger Mittelpunkt aller christlichen und ständischen Traditionen und Reformbestrebungen sein. Vgl. S. 191.

20 Der Aufstand war die Folge von Lohnkürzungen und Arbeitszeitverlängerungen, mit deren Hilfe deutsche Fabrikanten ihre Leinen- und Baumwollpreise senkten, um mit englischen Textilien konkurrieren zu können. Das allgemeine Aufsehen, das der Aufstand erregte, schlug sich in der zeitgenössischen Literatur und Lyrik nieder. Durch Gerhart Hauptmann erlangte das 1894 dramatisierte Thema internationale Bedeutung.

21 Zitiert nach Ausgabe Propyläen Verlag, Berlin 1966, 675-676.

22 Älteres deutsches Feldmaß. 1 Morgen in Preußen = 2550 m^2.

23 Vgl. u. a.: Hildebrandt Klaus, Gerhart Hauptmann und Schlesien: Schlesien 32, 1987, H. 4, 216-236.

24 Vgl. u. a.: Groeger Alfred Carl, Rübezahl. Wettermacher, Schatzhüter und Kobold. Entstehung, Wandlung und Verbreitung der Sage vom Geist des Riesengebirges: Schlesien 9, 1964, H. 4, 219-238; [ähnlich auch in]: Jahrbuch der Schlesischen Friedrich-Wilhelms-Universität zu Breslau 15, 1970, 256-279 – Rübezahlsagen und Rübezahlgestalt in der Bildvorstellung der Romantik. In: Grundmann Günther, Das Riesengebirge in der Malerei der Romantik. 3. Aufl. München 1965, 133-146.

25 Winde Rudolf, Die schlesische Landschaft. In: Unser Schlesien. Hrsgg. von Karl Hausdorff. Stuttgart 1954, 74-75.

26 Nach Winde, vgl. Anm. 25, und Gläser Edmund, Die Bergwelt der Sudeten: Merian 6, 1953, 6-7 – Zur Geologie des Riesengebirges vgl. auch u. a.: Partsch Joseph, Die Vergletscherung des Riesengebirges zur Eiszeit. Stuttgart 1894 – Gürich G., Geologischer Führer in das Riesengebirge. Berlin 1900 = Sammlung geologischer Führer 6.

27 Gläser, Anm. 26, 7-8.

28 Nathe Christoph, Mahlerische Wanderungen durch das Riesengebirge in Schlesien. Hrsgg. von F. J. Bertuch. Weimar 1806, zitiert nach Grundmann Günther, Das Riesengebirge in der Malerei der Romantik. 3. Aufl. München 1965, 53.

29 Dittrich J., Bemerkungen auf einer Reise durch Niederschlesiens schönste Gegenden. Schweidnitz 1815, 70.

30 Zitiert nach Ausgabe Kiepenheuer Verlag: Bd. 1. Weimar 1969, 251-252.

31 Zitiert nach Grundmann Günther, Das Riesengebirge in der Malerei der Romantik. 3. Aufl. München 1965, 125-126.

32 Hauptmann Carl, Aus meinem Tagebuch. München 1900. Zitiert nach: Trierenberg Heinrich, Das Riesengebirge im Spiegel der Kunst. Berlin/Stuttgart 1971, 17, 22 = LUG 675.

33 Zitiert nach: Hauptmann Gerhart, Die großen Beichten. Berlin: Propyläen Verlag 1966, 679-681.

34 Vgl. u. a. auch: Hillebrand Lucie, Das Riesengebirge in der Dichtung aus sechs Jahrhunderten. München 1960 – Hoffbauer Jochen, Das Riesengebirge. Eine Landschaft im Bild ihrer Dichter: Jahrbuch der Schlesischen Friedrich-Wilhelms-Universität zu Breslau 31, 1990, 203-216.

35 Henry David Thoreau (1817-1862), amerikanischer Schriftsteller, engster Freund von R. W. Emerson. Seine Essays verbinden exakte Naturbeobachtung mit mystischer Meditation. Setzt sich für die Sklavenbefreiung ein; als Rousseauscher Naturapostel beeinflußt er europäisches und indisches Denken (Gandhi).

36 Vgl. u. a.: Bühler Hans-Peter, Die Schule von Barbizon. München 1979.

37 Zitiert nach: Förster Ernst, Peter Cornelius. Bd. 1. Berlin 1874, 368.

38 Vgl. u. a.: [Kat. Ausst.] Toskanische Impressionen. Der Beitrag der Macchiaioli zum europäischen Realismus. Haus der Kunst. München 1975.

39 Wietek Gerhard (Hrsg.), Deutsche Künstlerkolonien. München 1976. Behandelt werden dort: Willingshausen in der hessischen Schwalm; Frauenchiemsee in Oberbayern; Kronberg im Taunus; Dachau bei München; Rügen – Vilm – Hiddensee, die Ostseeinseln; Sylt – Föhr – Amrum, die nordfriesischen Inseln; Osternberg im Innviertel; Ekensund an der Flensburger Förde; Worpswede im Teufelsmoor bei Bremen; Grötzingen bei Karlsruhe; Ahrenshoop und die Halbinsel Darß an der Ostsee; Goppeln bei Dresden; Schreiberhau im Riesengebirge; Nidden auf der Kurischen Nehrung; Darmstadt und die Mathildenhöhe; Die Höri am Bodensee; Dangast am Jadebusen; Murnau im Alpenvorland.

40 So weilten beispielsweise Otto Modersohn und seine Frau Paula Modersohn-Becker, auch Heinrich Vogeler, in Mittel-Schreiberhau bei Carl Hauptmann bzw. dieser wiederholt in Worpswede. Adolf Dreßler war in Kronberg, ehe er im Riesengebirge malte. Die Bildhauerin Clara Rilke-Westhof, Worpswede, Frau von Rainer Maria Rilke, porträtierte Gerhart Hauptmann. Arnold Busch war Schüler Carl Bantzers in Willingshausen, Carl Ernst Morgenstern kam aus München-Dachau, Werner Fechner studierte bei Fritz Mackensen (Worpswede), und Otto Heinsius lebte nach 1945 in Worpswede.

41 Rilke Rainer Maria, Worpswede. Bielefeld/Leipzig 1903; 2. u. 3. Aufl. 1910 = Knackfuß, Künstlermonographien 64 – Die Künstlerkolonie Darmstadt erregte Aufsehen durch ihre am 15. 5. 1901 eröffnete Ausstellung »Ein Dokument deutscher Kunst«.

42 Roessler Arthur, Neu-Dachau. Ludwig Dill, Adolf Hölzel, Artur Langhammer. Bielefeld/Leipzig 1905 = Knackfuß, Künstler-Monographien 78.

43 Titel eines 1887 erschienenen Buches, das von dem Soziologen und Philosophen Ferdinand Tönnies (1855-1936) verfaßt worden war. Er versucht darin, den Unterschied zwischen naturhaft-organischen und zweckgerichteten Verbänden offen zu legen (Neuauflage 1935 und 1970). Die Fragen »Gemeinschaft und Gesellschaft« spielten auch in der deutschen Jugendbewegung, die von H. Hoffmann 1896 von Berlin-Steglitz ausging, eine wichtige Rolle. In der Absicht, aus eigener Kraft eine wahrhaftige Lebensgestaltung zu finden, bildeten sich Jugendgruppen, die auf Wanderfahrten, Lagern und Heimabenden das Erlebnis der Einfachheit und Naturverbundenheit und eine auf Freundschaft gegründete Gemeinschaft suchten.

44 Richard Wagner (1813-1883) hatte in seiner Schrift »Religion und Kunst« (1880/81) eine aus Christentum und Buddhismus hervorgehende »Religion der Zukunft« gefordert.

45 In seiner ersten größeren Schrift »Die Geburt der Tragödie aus dem Geist der Musik«, Leipzig 1872, wandte sich Friedrich Nietzsche (1844-1900) von der rein philologischen Methode ab und machte sich Ansichten Schopenhauers und Wagners zu eigen. »Unzeitgemäße Betrachtungen«. 4 Stücke. Leipzig 1873-1876; »Menschliches, Allzumenschliches. Ein Buch für freie Geister«. 3 Teile. Chemnitz 1876-1880.

46 Aus: Dritter Teil. »Vom Vorübergehen«. Zitiert nach Ausg. Vollmer-Verlag. Wiesbaden/Berlin [o. J.], 155-157.

47 Upanischad »esoterische Lehre«, eine Gruppe altindischer theologisch-philosophischer Texte von ungleichem Wert und Alter, die auch A. Schopenhauer beeinflußten.

48 Organisierte sich als eigenständige Bewegung in England als »Vegetarian Society« 1819 und erlebte im letzten Viertel des 19. Jahrhunderts eine besondere Aufwertung. Wurde von dem Franzosen A. Gleïzès zu einer Heilslehre erhoben (Gleïzès J. A., Thalysia oder das Heil der Menschheit. Aus dem Französischen 1872). Für die Freikörperkultur nach vegetarischen Grundsätzen warben der Maler W. Diefenbach (1851-1913) und der Schriftsteller R. Ungewitter (1868-1958).

49 System der Lebensführung Mazdaznan. Nach ihrem Gründer Otoman Zar-Adusht Hanish (1844-1936) ist dies die arische Urlehre, die von ihm wiederentdeckt wurde. War über die gesamte Welt verbreitet, propagierte Selbsterkenntnis und -beherrschung, vegetarische Ernährung, eine »rhythmische Atemkultur«. Im Bauhaus wurde diskutiert, diese Lebensführung dort einzuführen.

50 Julius Langbehn (1851-1907), Schriftsteller. Propagierte eine »Wiedergeburt von innen« und rief zur Verinnerlichung und Besinnung auf deutsches Wesen gegenüber dem rationalistischen Maschinenwesen auf. Die Zeitschrift »Kunstwart« und die Worpsweder Künstlergruppe wurden durch seine Arbeit beeinflußt.

51 Paul Anton de Lagarde (1827-1891), eigentlich Bötticher, Orientalist. Bedeutsam durch textkritische Arbeiten zum Alten Testament (Septuaginta). Verfaßte auch politische und kulturkritische Schriften, in denen er die Einigung der deutschen Nation durch ein nationales Christentum forderte.

52 Kriminalerzählung 1891, die u. a. bei Manesse, Zürich, mit einem vorzüglichen Kommentar von Romano Guardini 1948 erschien (3. Aufl. Zürich 1985).

53 Die beiden Bände »Liebesleben in der Natur« erschienen in Florenz 1898 und 1900; »Von Sonnen und Sonnenstäubchen« 1903.

54 Die Schreiberhauer Dichterkolonie: Merian 6, 1953, 24.

55 Aus: Briefe und Tagebuchblätter von Paula Modersohn-Becker. München 1921, 218. Die Zusammenkünfte fanden auch in der alten Kretschamstube der »Preußischen Krone« am Oberweg in Mittel-Schreiberhau statt.

56 Vgl. Wichmann Siegfried, Eduard Schleich d. Ä. Diss. München 1951.

57 Wanderungen durch das malerische Riesengebirge. In: Werth P., Festschrift des Boten aus dem Riesengebirge. Hirschberg 1912, zitiert nach Grundmann Günther, Künstler und Künstlerkolonien im Riesengebirge: Jahrbuch der Schlesischen Friedrich-Wilhelms-Universität zu Breslau 17, 1972, 354/355.

58 Äußerung von Hermann Stehr. Vgl. Weiss Hansgerhard, Schreiberhau. Die »magische Talsenke«: Schlesien 19, 1969, H. 1, 38-42.

59 Zitiert nach: Weiss, Anm. 58, 38.

60 Vgl. u. a.: Kloidt, Schreiberhau im Riesengebirge. Breslau 1873 – Winkler W., Schreiberhau, seine Geschichte, Natur und Beschreibung. 4. Aufl. 1898 – Rohkam Heinrich, Vom Glasmacherdorf zum heilklimatischen Kurort. Schreiberhau 1939.

61 Vgl.: Grundmann Günther, Künstler und Künstlerkolonien im Riesengebirge: Jahrbuch der Schlesischen Friedrich-Wilhelms-Universität zu Breslau 17, 1972, 349-384.

62 Vgl. u. a.: Riedel Karl Veit, Worpswede im Teufelsmoor bei Bremen. In: Wietek Gerhard (Hrsg.), Deutsche Künstlerkolonien und Künstlerorte. München 1976, 100-113 – Kirsch Hans-Christian, Worpswede. Die Geschichte einer deutschen Künstlerkolonie. München 1987, 2. Aufl. 1991.

63 Vgl. Schopenhauers sämtliche Werke. Hrsgg. v. Max Frischeisen-Köhler. Berlin o. J. 8. Bd. Kap. XXXI. Gleichnisse, Parabeln und Fabeln § 400, 596-597.

64 Der Nordhang des »Reifträgers« mit 1362 m Höhe gehörte noch zu Schreiberhau.

65 Vgl. Thomas Mann, Zauberberg. 1924.

66 Der Schauspieler Rudolf Rittner (1869-1943) wirkte 1894-1904 am Deutschen Theater und bis 1907 am Lessing-Theater in Berlin. Rittner war einer der bedeutendsten Darsteller im Ensemble von Otto Brahm, besonders von Figuren Gerhart Hauptmanns (Florian Geyer, Fuhrmann Henschel, Flamm), zog sich aber bereits 1907 von der Bühne zurück.

67 Johannes Schlaf (1862-1941), Schriftsteller. Vertreter des »Konsequenten Naturalismus«. Wandte sich nach Bruch mit Arno Holz einem lyrisch bewegten Impressionismus zu, bei dem die Natur von einem mystischen Allgefühl durchdrungen wurde. War erfüllt von naturphilosophischen Spekulationen. Neben Dramen, Romanen, Erzählungen und Lyrik übersetzte er W. Whitman, E. Verhaeren und E. Zola.

68 Otto Brahm (1856-1912), Literaturhistoriker, Kritiker und Bühnenleiter, Schüler W. Scherers und Vorkämpfer der damals neuen Literaturbewegung (Ibsen, G. Hauptmann), leitete in Berlin 1889-1893 den von ihm, Bruno Wille und Wilhelm Bölsche gegründeten Verein »Freie Bühne«, 1894-1904 das Deutsche Theater, seit 1904 das Lessing-Theater. Hauptbegründer des Bühnenrealismus.

69 Walther Rathenau (1867-1922), Industrieller, Politiker, Vorstand der AEG, Berlin. Seit 1922 Reichsaußenminister. Am 24. 6. 1922 ermordet. War vor allem Förderer von Hermann Stehr (vgl. S. 213).

70 Paul Schlenther (1854-1916), 1886-1898 Theaterkritiker der »Vossischen Zeitung« in Berlin, trat als einer der ersten für Ibsen und den Naturalismus ein, war 1889 einer der Mitbegründer der »Freien Bühne«, 1898-1910 Direktor des Wiener Burgtheaters. Verehrer von Gerhart Hauptmann.

71 Grundmann Günther, Die Warmbrunner Holzschnitzschule im Riesengebirge. München 1968 = Silesia Folge 1. Dort Lit. und Quellenzitate.

72 Hermann Walde, Bildhauer (gest. 15. 9. 1906), fand in der Arbeit von Cyrill dell'Antonio »Die Holzschnitzschule in Bad Warmbrunn von Bruce Stiftung«. Warmbrunn 1927, die anläßlich des 25jährigen Jubiläums erschien, eine ausführliche Würdigung.

73 Richard Kieser, Bildhauer (1870-1940), verließ 1912 die Schule, um die Leitung der Kunstgewerbe- und Handwerkerschule in Dessau zu übernehmen. Sein Nachfolger wurde der Bildhauer Friedrich Hüllweck (1870-1954), der die Leitung bis 1922 innehatte.

74 Vgl. Grundmann, Anm. 71, 16 ff.

75 Samuel F. Fischer (1859-1934), 1886 Begründer des S. F. Fischer Verlags in Berlin und Frankfurt/M. Der Verlag pflegte in erster Linie Schöne Literatur, war Mittelpunkt und Hauptförderer deutscher Dichtung seit den ersten naturalistischen Werken Gerhart Hauptmanns, der mit Thomas Mann und Ibsen zu seinen bekanntesten Autoren gehört.

76 Der Maler Otto Modersohn (1885-1943) beschloß 1889 mit Fritz Mackensen und Hans am Ende in Worpswede zu bleiben. Sie begründeten damit die Künstlerkolonie Worpswede im Teufelsmoor. 1897 erfolgte der erste Aufenthalt von Paula Becker (1876-1907) in Worpswede. Sie heiratete am 22. 5. 1901 Otto Modersohn. Vgl. u. a. Hauptmann Carl, Briefe an Modersohn. Leipzig 1921 – Gläbe Friedrich, Carl Hauptmann und Worpswede: Jahrbuch der Schlesischen Friedrich-Wilhelms-Universität zu Breslau 9, 1964, 302-343 – Riedel Karl Veit, Worpswede im Teufelsmoor. In: Wietek Gerhard, Deutsche Künstlerkolonien. München 1976, 100-113 – Kirsch Hans-Christian, Worpswede. München 1987, 2. Aufl. München 1991 [dort weit. Lit.].

77 Vgl. u. a.: Die Sagenhalle des Riesengebirges (Schreiberhau). Der Mythus von Wotan-Rübezahl in Werken der bildenden Kunst. Acht Bilder von Hermann Hendrich; Bauwerk von Paul Engler; Rübezahl-Standbild von Hugo Schuchardt; Der schlafende Wotan, Standbild von Prof. Rudolf Maison. Erläuterung von Bruno Wille. Berlin/Mittel-Schreiberhau 1903; 11.-50. Tsd. 1904.

78 Vgl. Abb. S. 61. Später (1914) veräußert an Familie Dr. Schiefelbein.

79 Roegner M., Zu Hanns Fechners Gedächtnis: Der Wanderer im Riesengebirge 51, 1931; zitiert nach Grundmann, Anm. 2, 362-363.

80 Vgl.: Fontane Theodor, Die Poggenpuhls 1894, 10. Kapitel (Briefe Sophies an Frau von Poggenpuhl 6.-25. Jan.).

81 Vgl. u. a.: Hallama Georg, Schlesien. Hrsgg. vom Schlesischen Verkehrsverband Breslau. Berlin-Halensee 1925, 230-232 (G. Dauster).

82 Die Gründung des Bundes für Heimatschutz erfolgte am 24. März 1904. Die Organisation gliederte sich in 6 Gruppen. 1. Denkmalpflege (Theodor Fischer); 2. Pflege der überlieferten ländlichen und bürgerlichen Bauweise (Paul Schultze-Naumburg); 3. Schutz der Landschaft (Fuchs); 4. Rettung der einheimischen Tier- und Pflanzenwelt (Conwentz, Danzig); 5. Volkskunst auf dem Gebiet der beweglichen Gegenstände (Julius Brinckmann, Hamburg); 6. Sitten, Gebräuche, Feste und Trachten (Franck, Kaufbeuren). Vgl. u. a.: Rudorff, Heimatschutz. 3. Aufl. München 1904 – Conwentz, Die Gefährdung der Naturdenkmäler. Berlin 1904 – Schoenichen, Naturschutz, Heimatschutz. 1954.

83 Die deutsche Gartenstadtbewegung hatte sich in Anlehnung an die englischen »Garden Cities Association« vor allem um den 1888 gegründeten, literarisch bestimmten Friedrichshagener Freundeskreis in Berlin gebildet. Neben Bruno Wille und Wilhelm Bölsche waren die Brüder Heinrich und Julius Hart, die Brüder Paul und Bernhard Kampffmeyer neben Gustav Landauer dafür die treibenden Kräfte. Vgl. u. a.: Hartmann Kristiana, Deutsche Gartenstadtbewegung. München 1976, 27 ff. Die erste deutsche Gartenstadt wurde in Dresden-Hellerau ab 1906 errichtet. Vgl. u. a.: Wichmann Hans, Deutsche Werkstätten und WK-Verband 1898-1990. München 1992, 82-105 [dort weit. Lit.].

84 1898 erschien in England ein Buch, das den Titel »Garden Cities of To-Morrow« trug. Es erregte Aufsehen, bewirkte die Bildung einer Bewegung, führte zu neuen Stadtgründungen. Das Buch stammte von dem Parlamentsstenographen Ebenezer Howard (1850-1928), der sich Gedanken über den Zustand der damaligen Städte gemacht hatte und der der Öffentlichkeit präzise Vorstellungen unterbreitete, auf welchem Wege der anwachsenden städtischen Misere abgeholfen werden könne.

85 Vgl. u. a.: Pessler W., Das Heimatmuseum im deutschen Sprachgebiet. 1927.

86 Landtagsabgeordneter Geheimer Justizrat Dr. h. c. Hugo Seydel (1840-1932) hatte sich als Jurist und Kulturförderer im Kreise Hirschberg besonders verdient gemacht; vgl. S. 212.

87 Vgl. u. a.: Krause Erhard, die Riesengebirgsmuseen in Hirschberg und Hohenelbe: Schlesische Bergwacht 44, Nr. 4, v. 5. 4. 1994, 147-149.

88 Vgl. dazu: Grundmann Günther, Die bauliche Entwicklung im Riesengebirge in der 1. Hälfte des 20. Jahrhunderts: Der Wanderer im Riesengebirge 50, 1930 – Dass. in: Kunstwanderungen im Riesengebirge. München 1969, 201-210.

89 Zitiert nach: Trierenberg Heinrich (Hrsg.), Erich Fuchs (1890-1983) Leben und Brauchtum im Riesengebirge. Würzburg 1993, 56.

90 Vgl. u. a.: Castelle Friedrich, Die Lukasmühle in Schreiberhau: Die Bergstadt 1926, 14, 569-584 – Schumann, Die Lukasmühle im Marienthal: Der Wanderer im Riesengebirge 42, 1922, H. 6, 28 – (H. R.), Die Schreiberhauer Künstlerkolonie einst und jetzt: Der Wanderer im Riesengebirge 50, 1930, Nr. 2, 24-25 – Dressler Walther, »St. Lukas« neu gestaltet: Hirschberger Beobachter Folge 9, v. 12. 1. 1937 – dell'Antonio [Cyrillo], St. Lukas in Ober-Schreiberhau: Der Schlesier 8, 1956, Nr. 48, 6 – Grundmann Günther, Anm. 61, 367-384 – ders., Schreiberhau im Riesengebirge. In: Wietek Gerhard (Hrsg.), Deutsche Künstlerkolonien. München 1976, 136-141.
Während ihres 23jährigen Bestehens (bis 1945) scheint die Künstlervereinigung St. Lukas insgesamt 20 Mitglieder gehabt zu haben. Rechnet man den Baurat Schumann hinzu, der um 1930 den Vorsitz innehatte, waren es 21 ohne die Ehrenmitglieder Hanns Fechner, Gerhart Hauptmann und Hermann Stehr. In der oben zitierten Literatur werden folgende Mitglieder genannt: Cyrillo dell'Antonio, Paul Aust, Arnold Busch, Werner Fechner, Erich Fuchs, Herbert Hübner, Friedrich Iwan, Franz von Jackowski, Alfred Nikkisch, Hans E. Oberländer, Willi Oltmanns, Alexander Pfohl, Artur Ressel, Hermann van Rietschoten, Ludwig Schmidtbauer, Baurat Schumann, Sidonie Springer, Art(h)ur Wasner, Georg Wichmann, Joachim Wichmann, Michael Uhlig.

91 Vgl. u. a.: Grundmann, Anm. 61, 372.

92 Von Castelle, Dressler und dell'Antonio, vgl. Anm. 90, werden daneben als Mitglieder der Künstlervereinigung H. van Rietschoten (vgl. S. 208) und Ludwig Schmidtbauer (vgl. S. 211) angegeben. Letzterer malte vor allem oberschlesische Motive.

93 Das Porträt von der neunjährigen Gisela Wichmann wurde 1928 in Halbfigur ausgeführt. Der Künstler hatte das lange Haar der Dargestellten selbst in Zöpfe geflochten und rechts und links in Schneckenform drapiert. In dem Bild wurde das Kind mit einem leuchtend farbigen, gewebten Beiderwand-Kleid mit horizontalen Streifen wiedergegeben.

94 Vgl. u. a.: Kosel Gerhard, Schreiberhau im Riesengebirge – das schlesische Worpswede: Schlesische Bergwacht 1994, Nr. 44/2, 53-54; Nr. 44/3, 98; Nr. 44/4, 146.

95 Das »Mythisch-Symbolische« kommt unter anderem in den zahlreichen Bildern von stillenden Müttern zum Ausdruck. Vgl. u. a. Heinrich Vogelers »Erster Sommer« (Kunsthalle Bremen), Paula Modersohn-Beckers »Stillende Mutter« (Landesgalerie Hannover) oder Fritz Mackensens »Der Säugling« (Kunsthalle Bremen).

96 Heinrich Vogeler (1872-1942), der so begabte, in der Sowjetunion zugrunde gegangene Phantast, empfing in seinem mit Fresken ausgeschmückten Haus, dem »Barkenhoff«, in dem auch Rainer Maria Rilke weilte, häufig seine Gäste in einem weißen Biedermeier-Frack. Konzerte gaben den Gesellschaften ein kultiviertes Flair. Vgl. das mächtige Bild Vogelers »Sommerabend« von 1902/05 in der Großen Kunstschau in Worpswede (175 cm × 310 cm).

97 Besuchte 1899 mit Hermann Büttner das abgelegene Moordorf. Büttner war Übersetzer und Herausgeber von Predigten und Schriften Meister Eckarts.

98 Vgl. u. a.: Gläbe Friedrich, Carl Hauptmann und Worpswede: Jahrbuch des Schlesischen Friedrich-Wilhelms-Universität zu Breslau 9, 1964, 302-343. Dort wird u. a. berichtet, daß Carl Hauptmann bei seinem letzten Besuch in Worpswede 1905 die Malerin Maria Rohne, Tochter eines preußischen Generals, kennenlernte. Er ließ sich von seiner Frau Martha scheiden und heiratete Maria Rohne.

99 Hajo Knebel hat in seinem Buch »Schlesien«. Augsburg 1993, S. 337, die Laudatoren des Bober-Katzbach-Gebirges verzeichnet, darunter Wilhelm von Humboldt, König Friedrich Wilhelm III., Karl Herloßsohn, Fedor Sommer u. a.

100 Mittelalterliche Handelsstraße von Erfurt über Leipzig, Bautzen, Görlitz und Liegnitz nach Breslau. Wachtürme sicherten die Straße. Ihr Name entstand zur Unterscheidung von der nördlichen Niederstraße zwischen Halle, Eilenburg, Senftenberg, Sagan und Breslau.

101 Vgl. u. a.: [Kat. Ausst.] Adolph Menzel. Kunsthalle Kiel u. a. O. Schweinfurt 1981, 221.

102 »Nabis« (hebräisch Propheten), eine Gruppe französischer Maler, die sich 1888 unter Führung Paul Sérusiers (1864-1927) in Paris zusammenschlossen. Zum Kreis gehörten P. Bonnard, E. Vuillard, P. Vallotton, später auch A. Maillol.

103 Vgl. Werner Gisela, Kiesewald. Ein Dorf im schlesischen Riesengebirge. Goslar 1991 [Privatdruck].

104 So wurden wiederholt Ausstellungen der Söhne Joachim und Georg Wichmann durchgeführt, weiterhin Konzerte mit dem Musikkorps der Hirschberger Jäger unter Markscheffel veranstaltet, in denen Georg Wichmann der Ältere Solopartien sang.

105 Vgl. u. a.: Hensel G. J., Historisch-topographische Beschreibung der Stadt Hirschberg in Schlesien seit ihrem Ursprung bis auf das Jahr 1795. Hirschberg 1797 – Herbst K., Chronik der

Stadt Hirschberg. Hirschberg 1849 – Voigt M., Chronik der Stadt Hirschberg. 1875 – Hering E., Chronik der Stadt Hirschberg. 1936 – Höhne Alfred (Hrsg.), Hirschberg im Riesengebirge. Wolfenbüttel 1953; 2. Aufl. Nürnberg 1985 – Grundmann Günther, Barockstadt Hirschberg. In: Kunstwanderungen im Riesengebirge. München 1969, 19-32.

106 Vgl. u. a.: Grundmann Günther, Die Hirschberger Gnadenkirche und ihr Vorbild in Schweden; Kulturgeschichtliche Überlieferungen zum Gnadenkirchhof in Hirschberg. In: Kunstwanderungen im Riesengebirge. München 1969, 33-58.

107 Vgl. Anm. 103, S. 17/18.

108 Grundmann Günther, Erlebter Jahre Widerschein. München 1972, 63.

109 Vgl. Anm. 103, S. 19, und Sommer Fedor, Die Fremden. Dresden 1910. Sommer schildert hierin den »Aufstieg« Schreiberhaus zum Luftkurort.

110 Nach Knebel Hajo, Schlesien. Augsburg 1993, 61.

111 Oberschlesische Ortschaft mit Fayence-Manufaktur, die 1763 vom Grafen Leopold von Proskau gegründet worden war und 1770 vom Grafen Johann Karl von Dietrichstein übernommen wurde. Er führte die Fabrik zu besonderer Blüte. 1783 erwarb sie Friedrich der Große und verpachtete das Unternehmen, das 1799 erlosch. Vgl. u. a.: Baur Jürgen, Fayencen aus Proskau. Köln 1987.

112 Vgl. Hülsen Hans v., Die Schreiberhauer Dichterkolonie: Merian 6, 1953, H. 10, 22-25.

113 Der Bildhauer Theodor von Gosen (1873-1943) schreibt darüber in seiner im Januar 1933 verfaßten Selbstbiographie: »Wir sind heute in dieser Zeit unerhörter wirtschaftlicher Not die Überflüssigsten der Überflüssigen. Unsere Zeit ist so rein rationalistisch eingestellt, daß die bildende Kunst ganz in den Hintergrund gedrängt wird. Wo die Not erschreckend an alle Türen pocht, wer kann sich da noch um Kunstdinge kümmern. Der große Kreis des kunstinteressierten Mittelstandes, der früher Kunst und Künstler stützte, ist heute nicht mehr in der Lage, etwas zu tun. Der Staat und die öffentlichen Körperschaften, die ein Kulturgut, wie es nun einmal die bildende Kunst ist, schützen und pflegen müßten, gerade in diesen Zeiten, tut so gut wie nichts ...« (zitiert nach: [Kat. Ausst.] Theodor von Gosen. Medale/Medaillen. Muzeum Sztuki Medalierskiej. Breslau 1993, 34).

114 U. a. durch Breslauer, Liegnitzer, Görlitzer und Hirschberger Museen.

115 Grundmann Günther, Künstler und Künstlerkolonien im Riesengebirge: Jahrbuch der Schlesischen Friedrich-Wilhelms-Universität zu Breslau 17, 1972, 372.

116 Vgl. u. a.: Busch Günter, Menzel der Zeichner. In: [Kat. Ausst.] Adolph Menzel. Realist. Historist. Maler des Hofes. Kunsthalle Kiel. Schweinfurt 1981, 22-25 [dort weit. Lit.].

117 Ironische Bezeichnung von Jugendstil-Möbeln. Vgl. u. a.: Breuer Gerda, »Seelenmöbel«. In: [Kat. Ausst.] Kaiser Wilhelm Museum, Krefeld. Der westdeutsche Impuls 1900-1914. Krefeld 1984, 76-79.

118 Malerei im 20. Jahrhundert. München 1955, 71.

119 Fritz Mackensen erhielt für sein Gemälde »Gottesdienst« die Goldene Medaille I. Klasse der Münchner Künstlergenossenschaft. Der Bayerische Staat kaufte für die Pinakothek Otto Modersohns Gemälde »Sturm im Teufelsmoor«. Vgl. u. a.: Kirsch Hans Christian, Worpswede. 2. Aufl. München 1991, 54-56.

120 Vgl. u. a.: Wichmann Siegfried, [Kat. Ausst.] Secession. Europäische Kunst um die Jahrhundertwende. Haus der Kunst. München 1964.

121 Zu Natur, Landschaft, Ästhetik der Landschaft und Naturbegriff vgl. u. a.: Ritter Joachim, Zur Funktion des Ästhetischen in der modernen Gesellschaft. In: ders., Subjektivität. Frankfurt/M. 1974 – Zimmermann, Zur Geschichte des ästhetischen Naturbegriffs. In: Das Naturbild des Menschen. München 1982 – Waldenfels Bernhard, Gänge durch die Landschaft. In: Smuda Manfred, Landschaft. Frankfurt/M. 1986 – Raulet Gérard, Natur und Ornament. Zur Erzeugung von Heimat. Darmstadt/Neuwied 1987 – Bätschmann Oskar, Entfernung der Natur. Landschaftsmalerei 1750-1920. Köln 1989 – Huter Michael, Die Idee der Landschaft. In: [Kat. Ausst.] Die Eroberung der Landschaft. Schloß Gloggnitz. Wien 1992, 49-54.

122 Nach Haftmann, vgl. Anm. 118, 72.

123 Trotz der unrühmlichen Zustände sogen die damaligen Städte immer mehr Menschen an. Während 1871 beispielsweise die Einwohnerzahl der damaligen acht deutschen Großstädte an der Gesamtbevölkerung mit 4,79% beteiligt war, betrug dieser Anteil 1895 bereits 19%. Zwischen 1880 und 1890 wuchsen diese Großstädte um mehr als 111%, die Kleinstädte um über 24%, während die Bevölkerung des ländlichen Raumes nur um 1,3% anstieg. Hinzu gesellte sich in den Städten ein unaufhörliches Zu- und Abströmen, ein beständiger Wohnungswechsel, der zwischen 1904 und 1906 in Berlin in jede zweite Wohnung einen neuen Mieter brachte.

124 Die Reformbewegungen gehen von England aus. Eine wichtige Rolle dabei spielen Owen Jones, A. W. N. Pugin und John Ruskin. Christopher Dresser und William Morris sind die praktischen Wegbereiter und die Arts and Crafts-Bewegung ihr Sammelbecken mit starker Ausstrahlung nach Mitteleuropa (vgl. u. a.: Wichmann Hans, Von Morris bis Memphis. Textilien der Neuen Sammlung. Basel/Boston/Berlin 1990, Anm. 30-36). Auch die Gartenstadtbewegung ging von England aus (vgl. u. a.: Hartmann Kristiana, Deutsche Gartenstadtbewegung. München 1976 – Wichmann Hans, Deutsche Werkstätten und WK-Verband. München 1992, Die Gartenstadt Hellerau, 82-105) – Vgl. auch: Sengle Friedrich, Wunschbild Land und Schreckensbild Stadt: Studium Generale 16, 1963, 619-631.

125 So stellt Rainer Maria Rilke in seinem 1903 in Bielefeld und Leipzig erschienenen Buch »Worpswede« fest: »die Landschaft ist ein Fremdes für uns, und man ist furchtbar allein unter Bäumen, die blühen, und unter Bächen, die vorübergehen ... Je weiter wir rückwärts gehen, kommen wir zu immer fremderen und grausameren Wesen, so daß wir annehmen müssen, die Natur, als das Grausamste und Fremdeste von allen, im Hintergrund zu finden.« Zitiert nach Haftmann, Anm. 118, 74.

126 Erstes abstraktes Aquarell 1910 vgl. u. a.: [Kat. Ausst.] Wassily Kandinsky. Haus der Kunst. München 1977, Nr. 117 – Barnett Vivian Endicott, Kandinsky, Werkverzeichnis der Aquarelle. Bd. 1-2. München 1992, 1993 – weit. Lit. zu Kandinsky bei: Wichmann Hans, Design contra Art Déco. München 1993, 322.

127 Vgl. u. a.: Koeppen Alfred, Die moderne Malerei in Deutschland. Bielefeld 1902. Er spricht von einem Übergewicht der Landschaftsmalerei in fast allen modernen Ausstellungen, an der die Künstlerkolonie-Bewegung herausragenden Anteil hatte.

128 Nach: Olbrich Harald (Hrsg.), Geschichte der deutschen Kunst 1890-1918. Leipzig 1988, 71.

129 In der »Freien Bühne für modernes Leben«, Berlin.

130 Belting Hans, Die gemalte Natur. In: Kunst um 1800 und die Folgen. Werner Hofmann zu Ehren. München 1988, 170.

131 Schiller Friedrich von, Über naive und sentimentalische Dichtung. 1795.

132 »Solange wir bloße Naturkinder waren, waren wir glücklich und vollkommen. Wir sind frei geworden und haben beides verloren.« (Schiller, vgl. Anm. 131).

133 Nach Beenken Hermann, Das neunzehnte Jahrhundert in der Deutschen Kunst. München 1944, 196, 199.

134 Vgl. Partsch Joseph, Die Vergletscherung des Riesengebirges zur Eiszeit. Stuttgart 1894. Zu Partsch vgl. S. 205.

135 Die von Kalckreuth 1889 im Freien gemalte »Heimkehr vom Feld« »vereint die sachliche Schilderung des Geschehens und der Atmosphäre mit der Heroisierung des harten Lebens. ›Wahrhaftigkeit und eine gewisse schwere Größe der Auffassung‹ (W. Dilthey)«. Olbrich Harald, Anm. 128.

136 Nach: Hofmann Werner, Das irdische Paradies. 2. Aufl. München 1974, 42.

137 Nach: Meyr Julius, Wilhelm Leibl. München 1906, 152; 4. Aufl. München 1935, 220.

138 Nach einem Brief aus dem Felde an seine Frau: »Ich empfand schon sehr früh den Menschen als ›häßlich‹; das Tier schien mir schöner, reiner, aber auch an ihm entdeckte ich so viel Gefühlswidriges und Häßliches, daß meine Darstellungen instinktiv, aus einem inneren Zwang immer schematischer, abstrakter wurden. Bäume, Blumen, Erde, alles zeigte mir in jedem Jahr mehr häßliche, gefühlswidrige Seiten, bis mir erst jetzt plötzlich die Häßlichkeit der Natur, ihre Unreinheit voll zum Bewußtsein kam.« (Marc Franz, Briefe, Aufzeichnungen und Aphorismen. Bd. 1-2. Berlin 1920, 50 – ders., Briefe aus dem Feld. Berlin 1940, 63).

Sammlung von Biographien

Künstler, Schriftsteller, Wissenschaftler, Bauherren des Riesengebirges im 19. und der ersten Hälfte des 20. Jahrhunderts

Die Sammlung umfaßt rund 230 Persönlichkeiten, die im schlesischen Teil des Iser- und Riesengebirges lebten und wirkten oder aber das Riesengebirge in ihren Werken darstellten.
Bei Beginn der Arbeit an diesem Buch war die Anlage eines Personenlexikons nicht geplant. Sie ergab sich erst auf dem Weg, weil sich der Einbau von Viten des Georg Wichmann umgebenden Künstlerkreises in den Fließtext als schwerfällig und ihre Einbringung in die Anmerkungen als Verlust gerade für den allgemein kulturinteressierten Leser erwies. Während der Anlage dieser Sammlung wuchs aber zugleich die Freude an ihr, konnte doch nochmals der Kern der kulturtragenden Kräfte des Riesengebirges gleich einer Familie – im Angedenken friedlich vereint – zusammengeführt werden. Auch gelang es hier und da, dank liebenswürdiger Unterstützung Daten zu ergänzen oder Vergessene neu bewußt zu machen. Die Hinzufügung von zahlreichen Abbildungen verlebendigt die Auflistung, deutet einmal die Handschrift der Künstler an, vertieft aber zum anderen auch den Facettenreichtum der Motivwelt des Riesengebirges. Durch die jeweiligen Literaturhinweise ist zudem die Tür zur Beschäftigung mit einzelnen Personen geöffnet. Der Verfasser ist sich durchaus im klaren darüber, daß die Sammlung zwar einen Grundstock darstellt, jedoch noch – je nach selektivem oder komplexivem Standpunkt – ergänzt, reduziert oder erweitert werden könnte.

Karl Albert

1. 4. 1878 Essen – 24. 2. 1941 Hirschberg
Architekt
Kam 1900 nach Hirschberg und gründete mit seinem Bruder Otto (gest. 1939) das Architekturbüro »Gebr. Albert«. Plante und baute mehr als 200 Hotels, zahlreiche Fabriken und Privathäuser. Auf dem Riesengebirgskamm errichtete er mehrere Bauden, so 1906 die richtungsweisende »Hampelbaude« unter Anpassung an die horizontale Höhenschichtung. Die 1922 fertiggestellte »Reifträgerbaude« gilt als sein Hauptwerk.
Lit. u. a. [Erwähnung]: Grundmann Günther, Die bauliche Entwicklung des Riesengebirges in der 1. Hälfte des 20. Jahrhunderts: Der Wanderer im Riesengebirge 50, 1930 – Teschner Ingeborg, Zum Gedenken an den Architekten Karl Alberts; Schlesische Bergwacht März/April 1978, 124.

Gebrüder Albert, Die Hampelbaude, 1906

Conrad Ansorge

15. 10. 1862 Buchwald – 13. 2. 1930 Berlin
Pianist, Komponist, Professor
Einer der letzten Liszt-Schüler; lehrte 1898-1903 in Berlin, ab 1920 in Prag (Leiter der Meisterklasse für Klavier an der Deutschen Akademie für Musik und darstellende Kunst). Auf Konzertreisen durch Europa und Nordamerika erwarb er den Ruf als hervorragender Interpret Beethovenscher und romantischer Klaviermusik (Schubert, Schumann, Liszt). Wegen seines intuitiven Vortrags galt er als »Metaphysiker« unter den Pianisten. Komponierte auch Klaviersonaten, Streichquartette und Lieder u. a. nach Texten von R. Dehmel und St. George. Lovis Corinth malte von ihm 1903 sein erstes Freilichtporträt, das in den Münchner Staatsgemäldesammlungen bewahrt wird (zweite Fassung im Landesmuseum Wiesbaden).
Lit. u. a.: Der Musik-Brockhaus. Wiesbaden 1982, 23 – Harenbergs Personenlexikon 20. Jahrhundert. Dortmund 1992, 44 – Ullmann Klaus, Schlesien Lexikon. 6. Aufl. Würzburg 1992, 27 [Erwähnung].

Cyrillo (Cirillo) dell'Antonio

27. 10. 1876 Moena (Fassatal, Südtirol) – 7. 6. 1971 Trier (vgl. auch Abb. S. 53, 55, 194)
Bildhauer, Medailleur, Fachschriftsteller, Professor
Ausgebildet als Holzbildhauer in Moena und in St. Ulrich im Grödnertal. Seit 1903 Lehrer für figürliche Bildhauerei an der 1902 neu eröffneten Holzschnitzschule in Bad Warmbrunn, die er von 1922 bis 1940 leitete. 1914-1918 bei der Verwaltung der Kriegerfriedhöfe in Brüssel tätig. 1921 Professorentitel; 1922 Mitbegründer der Künstlervereinigung St. Lukas in Ober-Schreiberhau. Nach seiner Pensionierung bezog er ein eigenes Haus in Bad Warmbrunn. Floh 1945 in seinen Geburtsort Moena in Südtirol und eröffnete 1946 eine Scuola d'Arte. Von 1954 bis zu seinem Tod lebte er in Ehrang bei Trier. Dell'Antonio war ein vorzüglicher Lehrer und hat eine Generation von Holzbildhauern ausgebildet. Unter seinen Schülern machten sich u. a. → Hans Brochenberger, → Helmut Benna und → Walter Volland

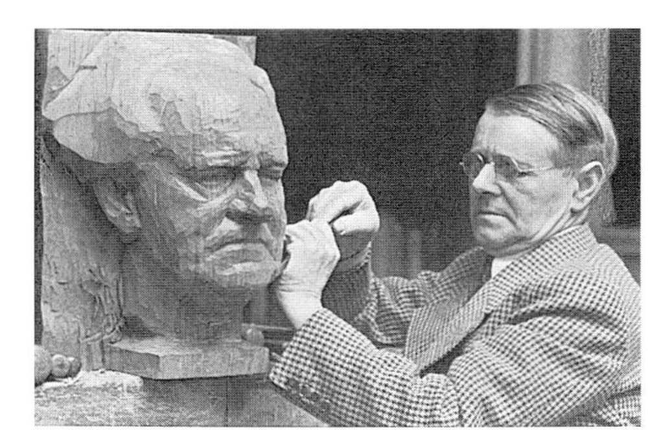

Cyrillo dell'Antonio bei der Arbeit an der Büste Gerhart Hauptmanns, Eichenholz, 1922

einen Namen. Die Neigung dell'Antonios galt volkstümlichen Holzfiguren, Heiligenstatuetten, Krippenfiguren, Wegweisern aber auch Plaketten und Porträtbüsten, die er treffend und mit hohem technischen Können, von den Generälen von Bissing, von Kluck (1915), Falkenhausen daneben von den Dichtern und Schriftstellern → Gerhart Hauptmann (1922), → Hermann Stehr (1926) und → Wilhelm Bölsche arbeitete. Sein Buchwerk über die »Verhältnislehre und plastische Anatomie des menschlichen Körpers« erschien in München 1919, »Die Kunst des Holzschnitzens« in Ravensburg 1921. Daneben zahlreiche Aufsätze.
Lit. u. a.: Vollmer Hans, Allgemeines Lexikon der bildenden Künstler des 20. Jahrhunderts. Bd. 1. Leipzig 1953, 57-58 [dort weit. Lit.] – Grundmann Günther, Cyrillo dell'Antonio: Der Wanderer im Riesengebirge 47, 1927, 151-152 – Menapace Luigi, Cirillo dell'Antonio. Trient 1959 – Grundmann Günther, Die Warmbrunner Holzschnitzschule im Riesengebirge. München 1968 = Silesia. Folge 1 – Thomas-Gottesberg Fritz, Cirillo dell'Antonio, Skulptor des Südens, Bildhauer des Nordens: Schlesien 14, 1969, 193-195 – Volland Walter, Professor Cirillo dell'Antonio [Nekrolog]: Schlesien 16, 1971, H. 3, 187-188 – Grundmann Günther, Künstler und Künstlerkolonien im Riesengebirge: Jahrbuch der Schlesischen Friedrich-Wilhelms-Universität zu Breslau 17, 1972, 371 – ders., Erlebter Jahre Widerschein. München 1972, 61-65,68, 80, 239 – Antonio-Jellici Guiseppina dell', Cirillo dell'Antonio Scultore. Diss. Padua 1973/74 – Baum Walter, Die Medaillen und Plaketten von Cirillo dell'Antonio. München 1976 = Silesia Folge 14 – Siebenbürger Elsbeth, Cirillo dell'Antonio: Schlesien 22, 1977, H. 2, 67-68 – [Kat. Ausst.] Medaliony i plakiety Cirilla dell'Antonia. Muzeum Sztuki Medalierskiej. Breslau 1993 – [Zahlreiche nicht bibliographierte Zeitschriftenausschnitte von den Autoren Hans-Eberhard von Besser, A. C. Groeger, F. Wiedermann, E. Börner, Kläre Höhne und W. Reichelt werden im Haus Schlesien, Königswinter, bewahrt].

C. W. Arldt

19. 1. 1809 Nieder-Ruppersdorf b. Herrnhut/Oberlausitz – 27. 10. 1868 Löbau b. Dresden
Zeichner und Lithograph (vgl. auch S. 185)
Zeichnete und lithographierte in den zwanziger bis vierziger Jahren des 19. Jahrhunderts zahlreiche Motive des Riesengebirges, besonders am Quell- und Oberlauf der Elbe.
Lit. u. a.: Allgemeines Künstler-Lexikon (Meißner/Saur). Bd. 5. München/Leipzig 1992, 109-110 (Bernd Hünlich) – [Kat. Ausst.] Das Riesengebirge in der Graphik des 18. und 19. Jahrhunderts. Bensheim. Marktoberdorf 1993, Nr. 95, 145, 146, 189, 197, 204.

C. W. Arldt (Zeichner), R. Bürger (Lithograph), Die Elbe in der Enge, 1840; Lithographie, 14,6 cm × 21,3 cm; Privatbesitz

Kurt Aschauer

26. 12. 1900 Landau (Pfalz)
Holzbildhauer, Soldat
Studium an der Akademie in München als Schüler Bernhard Bleekers. Seit 1931 Lehrer an der Holzbildhauerschule in Oberammergau. Wurde im März 1940 als Generalmajor a. D. Nachfolger → Cyrillo dell'Antonios als Direktor der Warmbrunner Holzschnitzschule, erkrankte jedoch bereits 1942 schwer und wurde 1944 von → Ernst Rülke abgelöst.
Eigene Veröffentlichungen u. a.: 1940-1944 in der Zeitschrift: Bildhauer und Steinmetz.
Lit. u. a.: Vollmer Hans, Allgemeines Lexikon der bildenden Künstler des 20. Jahrhunderts. Bd. 1. Leipzig 1953, 71 [dort weit. Lit.] – Fierke Otto, Künstler des Riesengebirges. Ausstellung in Hirschberg: Schlesische Tageszeitung v. 27. 5. 1941, Nr. 146 [Erwähnung] – Grundmann Günther, Die Warmbrunner Holzschnitzschule im Riesengebirge. München 1968, 39 = Silesia 1 – Allgemeines Künstler-Lexikon (Meißner/Saur). Bd. 5. München/Leipzig 1992, 382 (Roswitha Friedel).

Irmingard Aust

8. 7. 1900 Nimptsch – 14. 7. 1992 Worms
Malerin, Radiererin
Tochter von → Paul Aust. Kam 1910 mit ihren Eltern nach Hermsdorf. Studium an der Kunstakademie in Breslau und an der Kunstgewerbeschule, u. a. Schülerin von → Otto Mueller. Malte vor allem in der Aquarelltechnik. Nach der Vertreibung gelangte Irmingard Aust über Einbeck (1946) nach Worms (1952). Mitglied der Künstlergilde Esslingen.
Lit. u. a.: Schlesischer Kulturspiegel 23, 1988, H. 4, 1 – Mehnert-Geß Gisela, Zum Gedenken an Irmingard Aust: Schlesischer Kulturspiegel 28, 1993, H. 1, 8.

Irmingard Aust, Blick zu den Schneegruben, um 1930; Radierung, 17,5 cm × 13,5 cm; Bes.: Stiftung Kulturwerk Schlesien, Würzburg

Paul Aust

22. 8. 1866 Reinerz – 4. 9. 1934 Hermsdorf/Kynast
Landschaftsmaler, Radierer und Schriftsteller, Dr.
Studierte anfänglich Naturwisssenschaften an den Universitäten in München und Erlangen und wurde 1907 promoviert. Im Anschluß Studium der Malerei in Dresden und München. Seit 1910 in Hermsdorf ansässig, wo er bis 1934 lebte und vor allem als Radierer Vorzügliches leistete. Motive waren insbesondere die Vorgebirgslandschaft mit lyrischem Charakter und einer von Menschen bestimmten Kulturlandschaft. Paul Aust war Mitbegründer der Künstlervereinigung St. Lukas in Ober-Schreiberhau, die 1926 anläßlich seines 60. Geburtstages in der Lukasmühle eine Sonderausstellung seines graphischen Werkes durchführte. Cyrillo dell'Antonio schuf von ihm 1931 eine Medaille. Vater von → Irmingard Aust.
Lit. u. a.: Vollmer Hans, Allgemeines Künstlerlexikon der bildenden Künstler des 20. Jahrhunderts. Bd. 1. Leipzig 1953, 80 – Paul Aust: Bergstadt 15, 1927, 440 – Ziekursch Else, Künstler und Kunstausstellung in Schreiberhau: Der Wanderer im Riesengebirge 52, 1932, Nr. 5, 78 – Höhne Kläre, Paul Aust: Schlesische Bergwacht 5, Nr. 15, v. 5. 10. 1954, 5-6 – Grundmann Günther, Künstler und Künstlerkolonien im Riesengebirge: Jahrbuch der Schlesischen Friedrich-Wilhelms-Universität zu Breslau 17, 1972, 375-376 – Allgemeines Künstler-Lexikon (Meißner/Saur). Bd. 5. München/Leipzig 1992, 680 (B. Stötzner).

Paul Aust, Dorfstraße im Eulengebirge, um 1925; Radierung; aus: Die Bergstadt 1926, 576

Johannes Maximilian Avenarius

7. 1. 1887 Greiffenberg/Schlesien – 1. 8. 1954 Berlin-Müggelheim
Maler, Graphiker, Professor
Studierte an der Akademie in Dresden und an der Universität München. Professur an der Staatlichen Kunstschule für Textilindustrie in Plauen. Entwikkelte u. a. den Buchschmuck zu seiner Veröffentlichung: Avenarianische Chronik. Blätter aus 3 Jahrhunderten einer deutschen Bürgerfamilie. Leipzig 1912. Weiterhin Buchschmuck der »Drei Sonette« Gerhart Hauptmanns. Avenarius malte 1922 die Halle des Gerhart Hauptmann'schen Hauses »Wiesenstein« in Agnetendorf aus (sogenannte »Paradieshalle«).
Lit. u. a.: Vollmer Hans, Allgemeines Lexikon der bildenden Künstler des 20. Jahrhunderts. Bd. 1. Leipzig 1953, 82 – Guthmann Johannes, Goldene Frucht. Tübingen 1955, 300 f. [Zusammentreffen von Max Slevogt und Avenarius im Haus Wiesenstein] – Avenarius Johannes M., Aus meinem Leben mit Gerhart Hauptmann: Schlesische Bergwacht 20, 1970, Nr. 31, 32, 33 – Grundmann Günther, Erlebter Jahre Widerschein. München 1972, 127 – Requardt Walter, Gerhart Hauptmanns »Wiesenstein«: Schlesien 33, 1988, H. 3, 139 [mit Abb. d. Halle] – Voigt Felix A., Gerhart Hauptmann der Schlesier. 4. Aufl. Würzburg 1988, 53/54 – Allgemeines Künstler-Lexikon (Meißner/Saur). Bd. 5. München/Leipzig 1992, 725-726 (Rainer Sachs) – Erhardt Willy, Das Glück auf der Nadelspitze. Geschichte der vogtländischen Stikkerei-Industrie. Plauen 1995 [Avenarius im Zusammenhang mit der Kunstschule für Textilindustrie in Plauen behandelt].

Curt Bachmann

Architekt, Bauingenieur, Dr. Ing. e. h.
Lebte in Hirschberg. Konstruierte die von 1902 bis 1912 errichtete Talsperre Mauer, sowie die kleineren Sperrbauten Boberröhrsdorf (1924/25) Boberullersdorf (1926/27), weiterhin im Isergebirge die Talsperren Marklissa (1901-1907) und Goldentraum (1919-1924) am Queis.
Lit. u. a.: Bachmann Curt, Die Talsperren und die Elektrizitätswerke des Provinzialverbandes von Schlesien. In: Schlesien. Hrsgg. vom Schlesischen Verkehrsverband. Berlin-Halensee 1925, 212-219 – Grundmann Günther, Kunstwanderungen im Riesengebirge. München 1969, 210.

Curt Bachmann, Bobertalsperre Mauer, 1902/1912

Anton Balzer

18. 8. 1771 Lysá nad Labem – 19. 12. 1807 Prag
Maler und Kupferstecher (vgl. auch Abb. S. 213)
Lernte in der Kupferstecherwerkstatt seines Vaters Johann Balzer (1738-1799) um sich im Anschluß bei dem Kupferstecher Jakob Schmutzler an der Akademie in Wien weiterzubilden. In späteren Jahren Fortsetzung der Studien in Dresden bei Schulze und Christian Klengel (1751-1824). Schuf 1772 eine Reihe von Riesengebirgsbildern, die bereits das spezifische Fluidum des Gebirges in Ablösung von der Vedute andeuten. Die Ergebnisse erschienen als Folge von 24 Blättern 1794 in Prag unter dem Titel »Das Riesengebirge nebst einigen Gegenden von Adersbach in vierundzwanzig Prospekten... «
Lit. u. a.: Thieme U., F. Becker und H. Vollmer, Allgemeines Lexikon der bildenden Künstler. Bd. 2. Leipzig 1908, 429-430 [dort weit. Lit.] – Grundmann Günther, Das Riesengebirge in der Malerei der Romantik. 3. Aufl. München 1965, 47-51 – Wiese Erich, Biedermeierreise durch Schlesien. Darmstadt 1966, 375, Nr. 97, 124, 127 – Allgemeines Künstler-Lexikon (Meißner/Saur). Bd. 6. München/Leipzig 1992, 539 (Zelmira Urra Muena) – [Kat. Ausst.] Das Riesengebirge in der Graphik des 18. und 19. Jahrhunderts. Bensheim. Marktoberdorf 1993, 87, Nr. 32, 67, 102, 121, 136.

Johannes Maximilian Avenarius, Zeichnung Gerhart Hauptmanns, 1940; ehemals im Besitz des Bades Salzbrunn

Hermann Bayer, Alte Schneegrubenbaude, um 1875; Aquarell, 21 cm × 40 cm; ehemals Privatbesitz, Breslau; aus: Grundmann, Romantik, 176

Hermann Bayer

23. 2. 1829 Kunitz b. Liegnitz – 16. 11. 1893 Breslau
Maler und Zeichner
Studien an der Berliner Akademie unter Karl Steffeck (1818-1890). War als Zeichenlehrer erst in Guben dann in Liegnitz angestellt, siedelte 1862 nach Breslau über und war auch dort als Zeichenlehrer tätig. Studienreisen nach Süddeutschland, Tirol und Italien. Besuchte auch, wie ein Aquarell mit der alten Schneegrubenbaude zeigt, das Riesengebirge.
Lit. u. a.: Thieme U., F. Becker u. H. Vollmer, Allgemeines Lexikon der bildenden Künstler. Bd. 3. Leipzig 1909, 99 – Boetticher Friedrich v., Malerwerke des 19. Jahrhunderts. Bd. 1,1. Leipzig 1891, 59 – Scheyer Ernst: Schlesien. Monatshefte 1930, H. 4 – Grundmann Günther, Das Riesengebirge in der Malerei der Romantik. 3. Aufl. München 1965, 174.

Anton Balzer (Zeichner), Franz Stadler (Stecher), »Das Teufels Lust Gärtl oder Riebezals Revier« (Brunnberg vor der Schneekoppe), 1794; Radierung, koloriert, 32,2 cm × 42,3 cm; Blatt 5 seiner Riesengebirgsserie; Privatbesitz

August Behrendsen

5. 6. 1819 Magdeburg – 3. 4. 1886 Hildesheim
Landschaftsmaler, Professor
Schüler der Berliner Akademie unter → W. A. Schirmer. Studienreisen ins Riesengebirge (1843), nach Tirol, in die Alpen, nach Italien und an die Ostseeküste. Lehrer an der Akademie in Königsberg und 1855 Professur. Seit 1869 Mitglied der Berliner Akademie. 1862 große Goldmedaille in Berlin. 1887 Ausstellung in der Berliner Nationalgalerie.
Lit. u. a.: Thieme U., F. Becker u. H. Vollmer, Allgemeines Lexikon der bildenden Künstler. Bd. 3. Leipzig 1909, 205 [dort weit. Lit.] – Boetticher Friedrich v., Malerwerke des 19. Jahrhunderts. Bd. 1,1. Leipzig 1891, 76 – Allgemeines Künstler-Lexikon (Meißner/Saur). Bd. 8. München/Leipzig 1994, 312-313 (Peter Wiench).

Edgar Benna

26. 11. 1899 Trier – 8. 3. 1979 Wiesbaden
Glasgraveur
Sohn von → Wenzel, Bruder von → Helmut Benna. Ausbildung in der väterlichen Glaskunstwerkstätte in Ober-Schreiberhau. Ab 1919 Leiter einer Gravurwerkstatt der → Josephinenhütte. Im gleichen Jahr Fachlehrer für Glasgravur und -schliff an der städtischen Kunstgewerbeschule in Breslau (bis 1931). Seit 1933 eigene Werkstätte in Breslau (u. a. Entwürfe für Kronleuchter der Jahrhunderthalle und geschliffene Fenster). Ab 1937 Übernahme der Werkstätte seines Vaters in Ober-Schreiberhau. Ab 1940 Kriegsteilnahme. Nach Vertreibung zunächst in Zwiesel ansässig. Seit 1950 bis zur Pensionierung 1965 am Auf- und Ausbau der Staatlichen Glasfachschule in Hadamar tätig. 1966 Übersiedlung nach Wiesbaden. Erhielt zahlreiche öffentliche Aufträge für Ehrenpokale und Staatsgeschenke. 1977 mit der Eichendorff-Plakette ausgezeichnet.
Lit. u. a.: Hoffbauer Jochen, Die schlesischen Glaskünstler Wenzel und Edgar Benna. Ms. eines Referats anläßlich des 23. Gesprächs des »Wangener Kreises« 4.-7. 10. 1973 Wangen/Allgäu – Trierenberg, Edgar Benna zum Gedenken. Riesengebirgsbote März 1979, 5 – Allgemeines Künstler-Lexikon (Meißner/Saur). Bd. 9. München/Leipzig 1994, 95 (Dankmar Trier).

E. Benna, Glaskrug, um 1955; Höhe ca. 24 cm

Helmut Benna

9. 12. 1900 Harrachsdorf – 8. 4. 1969 Springe/Deister
Holzbildhauer
Sohn von → Wenzel, Bruder von → Edgar Benna. 1915-16 Ausbildung an der Holzschnitzschule in Warmbrunn, Schüler von Professor Hüllweck. Nach Tätigkeit in verschiedenen Werkstätten ab 1923 in Ober-Schreiberhau ansässig. Er betrieb dort eine Werkstatt mit Geschäft in dem auch Arbeiten des Vaters und Bruders ausgestellt waren. Charakteristisch, durch ihre farbige Fassung äußerst beliebt, waren die von ihm entworfenen Wegweiser u. a. zur Künstlervereinigung St. Lukas in Ober-Schreiberhau (vgl. Abb. S. 52), bzw. zur Zackelfallbaude. Gestaltete weiterhin u. a. 1923 das Gefallenenehrenmal am Rabenstein (zerstört); die Gedächtnistafel an die Arbeit → Gerhart Hauptmanns an seinem ehemaligen Haus in Mittel-Schreiberhau und ein Holzdenkmal für → Joseph Partsch. Arbeitete seit 1951 als freischaffender Bildhauer in Springe/ Deister.
Lit. u. a.: Vollmer Hans, Allgemeines Lexikon der bildenden Künstler des 20. Jahrhunderts. Bd. 1. Leipzig 1953, 169 [Erwähnung] – Grundmann Günther, Die Warmbrunner Holzschnitzschule im Riesengebirge. München 1968, 53 = Silesia Folge 1 – Allgemeines Künstler-Lexikon (Meißner/Saur). Bd. 9. München/Leipzig 1994, 96 (Dankmar Trier).

Wenzel Benna, Gravierte Vase, ausgehende zwanziger Jahre; Höhe 34 cm

Wenzel Benna

23. 2. 1873 Stubenbach/Böhmerwald – 19. 7. 1964 Trier
Glasgraveur
Ab 1886 Lehre in einer Glashütte des Bayerischen Waldes. War als Glasgraveur in Rußland, Polen und Österreich. Seit 1895 Mitarbeiter der → Josephinenhütte in Ober-Schreiberhau, dort ab 1897 Leiter der ersten Glasgravur-Werkstatt. Seit 1921 eigene Werkstatt in Ober-Schreiberhau an der Wilhelmstraße. Errang für seine Arbeiten zahlreiche Auszeichnungen, war wiederholt für den Reichsgrafen → Friedrich Gotthard Schaffgotsch und andere in- und ausländische Fürstenhäuser tätig. 1937 Übersiedlung nach Berlin. 1945 Vertreibung, ab 1951 bei seinem Sohn → Edgar in Hadamar ansässig.
Lit. u. a.: Laewen Fritz, Wenzel Benna 85 Jahre: Schlesische Bergwacht 9, Nr. 5, v. 15. 2. 1958, 78 – Simon Erich, Wenzel Benna 87 Jahre alt: Schlesische Bergwacht Nr. 2, Februar 1960, 3-4 – Hoffbauer Jochen, Die schlesischen Glaskünstler Wenzel und Edgar Benna. Ms eines Referats anläßlich des 23. Gesprächs des »Wangener Kreises« v. 4.-7. 10. 1973 Wangen/Allgäu – Allgemeines Künstler-Lexikon (Meißner/Saur). Bd. 9. München/Leipzig 1994, 95-96 (Dankmar Trier).

Helmut Benna, Gefallenenmal am Rabenstein in Schreiberhau, 1923 (zerstört)

Gottfried Daniel Berger

25. 10. 1744 Berlin – 17. 11. 1824 Berlin
Kupferstecher, Professor
Lernte bei seinem Vater Friedrich Gottlieb, ab 1757 in der Berliner Kunstakademie unter B. N. Le Sueur, auf dessen Empfehlung er anatomische Blätter für Professor Meckel stach. Mit 20 Jahren eigenständig. 1774 wenige Monate bei dem Hofkupferstecher Georg Friedrich Schmidt tätig. 1778 Mitglied der Akademie in Berlin, 1787 dort Professur für Kupferstichkunst, 1816 Vizedirektor der Akademie. Ab 1794 verschiedene Stiche nach → Reinhardtschen Riesengebirgsbildern. Es wird vermutet, daß Berger auch 1790 bzw. 1792 aufgrund eigenständiger Motive, die in Zöllners Reisebriefen über Schlesien wiedergegeben wurden, das Riesengebirge besucht hat.
Lit. u. a.: Thieme U., F. Becker u. H. Vollmer, Allgemeines Lexikon der bildenden Künstler. Bd. 3. Leipzig 1909, 394 [dort weit. Lit.] – Zöllner Joh. Friedrich, Briefe über Schlesien... Auf einer Reise 1791. T. 1-2. Berlin 1792/1793 – Grundmann Günther, Das Riesengebirge in der Malerei der Romantik. 3. Aufl. München 1965, 36-40 – Wiese Erich, Biedermeierreise durch Schlesien. Darmstadt 1966, 375, Nr. 75, 101, 110 – [Kat. Ausst.] Das Riesengebirge in der Graphik des 18. und 19. Jahrhunderts. Bensheim. Marktoberdorf 1993, 87, Nr. 30, 43, 72, 88 – Allgemeines Künstler-Lexikon (Meißner/Saur). Bd. 9. München/Leipzig 1994, 344 (Klaus Witte).

G. D. Berger (Stecher), Sebastian Carl Christoph Reinhardt (Maler), Die Falkenberge, 1799; kolorierte Radierung, 26,5 cm × 39,7 cm; Privatbesitz

Wanda Bibrowicz

3. 6. 1878 Graetz/Prov. Posen – 2. 7. 1954 Schloß Pillnitz/Dresden
Textilkünstlerin, Malerin
Studium bei → Max Wislicenus an der Kunstschule in Breslau, weitergebildet in München und Berlin. 1904-1911 Lehrerin an der Kunstschule in Breslau; 1911-1919 eigene Gobelin-Webwerkstätte in der Hauptstraße in Ober-Schreiberhau. Befreundet mit Carl Hauptmann, der ihr 1912 sein Buch »Ismael Friedmann« widmete (vgl. Abb. S. 44).
1919 Übersiedlung nach Schloß Pillnitz bei Dresden und im Verein mit Wislicenus Gründung einer Werkstätte für Bildwirkerei. Seit 1931 zugleich Leiterin einer Webklasse an der Kunstgewerbeschule in Dresden. Wandteppiche von ihr wurden u. a. im Kunstgewerbe-Museum in Breslau, im Rathaus in Plauen, im Kunstgewerbe-Museum Dresden und in den Kunstgewerbesammlungen in Chemnitz bewahrt. 1949 Sonderausstellung mit Wislicenus in den Räumen des Kulturbundes in Dresden.
Lit. u. a.: Vollmer Hans, Allgemeines Lexikon der bildenden Künstler des 20. Jahrhunderts. Bd. 1. Leipzig 1953, 206 [dort weit. Lit.]; Bd. 5. Leipzig 1961, 305

– Thormann E., Bildwirkereien der Breslauer Kunstschule: Schlesien 2, 1908/09, 443-452 – Nowak Leszek A., Kunstgewerbe in Schlesien 1900-1945, 1. T.: Schlesien 37, 1992, H. 2, 90-91 – Allgemeines Künstler-Lexikon (Meißner/Saur). Bd. 10. München/Leipzig 1995, 483 (Klaus-Peter Arnold).

Wanda Bibrowicz, Gewebter Wandteppich für den Saal des Regierungsgebäudes in Breslau; Entwurf mit Max Wislicenus (vgl. S. 218)

Dominik Biemann (Bieman, Bimann)

1. 4. 1800 Neuwelt b. Harrachsdorf/Riesengebirge – 29. 9. 1857 Eger
Glasschneider
Ausgebildet in der Gräflich Harrachschen Glashütte in Neuwelt, vor allem als Schüler Franz Pohls (1764-1834). Am 10. 3. 1825 wurde Biemann mit Dekret des Grafen Harrach zum ersten Glasschneider mit einem Jahresgehalt von 60 Gulden ernannt. Porträtschnitte ab 1826 und Besuch der Prager Kunstakademie. 1827 erwarb er das Bürgerrecht als freischaffender Künstler in Prag. 1839 in Wien, und ab 1840 in Franzensbad ansässig. Wird als »bedeutendster Glasschneider des Biedermeier« angesehen (vgl. [Kat.] Berlin Kunstgewerbemuseum. Zur Eröffnung des neuen Gebäudes am Tiergarten. Berlin 1985, 203).
Lit. u. a.: Dominik Biemann. Schwäbisch Gmünd 1958 – Künstler aus dem Jeschken-Isergebirge. Böblingen 1988, 298-299 (Otto Lauer) – Himmelheber Georg, [Kat. Ausst.] Kunst des Biedermeier 1815-1835. Haus der Kunst. München 1988, 254-256, 294 – Allgemeines Künstler-Lexikon (Meißner/Saur). Bd. 10. München/Leipzig 1995, 550 (Jarmila Brožová).

Dominik Biemann, Porträt der Gräfin Wrangel, 2. V. 19. Jh.; farbloses Glas mit Matt- und Blankschnitt; aus: Künstler... Jeschken-Isergebirge, 299

Friedrich Bischoff

26. 1. 1896 Neumarkt/Schlesien – 21. 5. 1976 Achern
Schriftsteller, Rundfunkintendant
1925-1929 Leiter der »Schlesischen Funkstunde«, 1929-1933 Rundfunkintendant in Breslau, 1933 Entlassung und Aufenthalt in Wolfshau im Ercklentzschen Haus im Riesengebirge. Hier entstand das Lyrikwerk »Der Fluß«, 1942. 1946-1965 Intendant des Südwestfunks in Baden-Baden. Er verbindet in seinem schriftstellerischen Werk gemäß der schlesischen Tradition Wirklichkeit, Traum, Anschauung und Reflexion.
Veröffentlichte u. a. 1936 das Lyrik-Werk »Schlesischer Psalter«, und 1937 die Erzählung »Rübezahls Grab«.
Lit. u. a.: Linien des Lebens. Friedrich Bischoff zum 60. Geburtstag. Hrsgg. v. E. Johann. 1956 [mit Bibliographie] – Lubos Arno, Die schlesische Dichtung im 20. Jahrhundert. München 1961, 45-46 – Hoffbauer Jochen, Schlesischer Psalter. Zum Tode von Friedrich Bischoff. Schlesien 21, 1976, H. 2, 127-128 – Fritsche Heinz Rudolf, Laudatio auf Friedrich Bischoff: Schlesien 22, 1977, H. 1, 50-55 – Ullmann Klaus, Schlesien Lexikon. 3. Aufl. Mannheim 1982, 39 – Hildebrandt Klaus, Zum lyrischen und erzählerischen Schaffen Friedrich Bischoffs: Jahrbuch der Schlesischen Friedrich-Wilhelms-Universität zu Breslau 26, 1985, 153-172 – Hildebrandt Klaus, Friedrich Bischoff. In: Schlesische Lebensbilder. Bd. 6. Sigmaringen 1990, 272-282.

Theodor Bernhard Rudolf Blätterbauer

24. 12. 1823 Bunzlau – 30. 6. 1906 Liegnitz
Maler, Zeichner, Professor
Wurde anfänglich in Küstrin erzogen, besuchte später die Teyn-Schule in Prag, lebte dann in Reichenberg/Böhmen, um schließlich nach Frankfurt/Oder zu übersiedeln. Es folgte der Beginn einer Lehre als Instrumentenmacher in Glogau, der sich 1838-1842 eine Ausbildung als Buchbinder anschloß. 1843-1845 Militärdienst und Aufenthalt in München (als Autodidakt im Malen und Zeichnen tätig). 1846/47 Reise nach Ungarn und in die Türkei, dann Studien der Malerei bei Raps, Stademann und Julius Lange in München. 1849 war er wiederum in Glogau, im Anschluß Ausbildung als Zeichenlehrer an der Bauakademie in Berlin. Dem unsteten Leben setzte 1854 die Anstellung als Zeichenlehrer an der Ritterakademie in Liegnitz ein Ende. Dort ansässig bis zu seinem Tode und 1898 Professorentitel. Sein Reisetrieb konzentrierte sich von nun an vor allem auf Schlesien, das er zeichnend durchwanderte, nur mehr von wenigen größeren Reisen unterbrochen. Durch Franz Schroller wurde Blätterbauer beauftragt das dreibändige Werk »Schlesien« zu illustrieren, das zwischen 1885 und 1888 mit 81 Stahlstichen und 152 Holzschnitten in Glogau erschien. 16 Stiche und 10 Holzschnitte geben davon Partien des Riesengebirges wieder. Die zum Teil noch erhaltenen Zeichnungsskizzen sind von sicherer, großzügiger Auffassung des Motivs bestimmt. 1897 und 1904 Ausstellungen in Liegnitz.
Lit. u. a.: Thieme U., F. Becker u. H. Vollmer, Allgemeines Lexikon der bildenden Künstler. Bd. 4. Leipzig 1910, 82 – Verzeichnis der Zeichnungen und Aquarelle von der Hand unseres Ehrenmitgliedes des Herrn Professor Th. Blätterbauer zu Liegnitz, welche er im Jahre 1905 dem Verein geschenkt hat: Mitteilungen des Geschichts- und Altertumsvereins zu Liegnitz 1904/05, H. 1., 197-200 – Pfudel Ernst, Professor Theodor Blätterbauer, ein niederschlesischer Maler: Mitteilungen des Geschichts- und Altertumsvereins zu Liegnitz 1909/10, H. 3, 193-237 – Bojanowski Martin, Theodor Blätterbauer: In: Schlesische Lebensbilder. Bd. 2. Breslau 1926, Neudruck: Sigmaringen 1985, 278-282 – Schmidt Eva, Oberschlesische Landschaft in Zeichnungen Theodor Blätterbauers: Der Oberschlesier 16, 1934, 495-499 – Grundmann Günther, Theodor Blätterbauer, ein schlesischer Maler: Schlesier-Jahrbuch 1956, 58-61 – ders., Das Riesengebirge in der Malerei der Romantik. 3. Aufl. München 1965, 171-173 – Hartmann Kurt, Professor Theodor Blätterbauer. In: Der Bunzlauer Kreis an Bober und Queis. 3. Aufl. Scheinfeld 1985, 506-510 – Schmilewski Vera, Romantisches Schlesien. Bilder von Theodor Blätterbauer. Würzburg 1993 [dort weit. Lit.] – [Kat. Ausst.] Das Riesengebirge in der Graphik des 18. und 19. Jahrhunderts. Bensheim. Marktoberdorf 1993, 87, Nr. 39, 144.

Theodor Bernhard Rudolf Blätterbauer, Die Schneegruben, vor 1885; Stahlstich von Huber. Aus: Schroller Franz, Schlesien. Bd. 1. Glogau 1885

Arthur Blaschnik

8. 12. 1823 Strehlen/Schlesien – 1918 Berlin
Maler
Ab 1843 Studium an der Wiener Akademie, lebte 1844-1849 in München, bis 1852 in Gräfenberg und im Anschluß bis 1880 in Rom. War dort Vorstandsmitglied des Deutschen Künstlervereins. Seit 1881 in Berlin ansässig. Weilte wiederholt im Riesengebirge (1860-1862, 1879, 1886) und zeichnete vor allem Riesengebirgslandschaften und Details mit großer Liebe zum Gegenstand und realistischer Beobachtungsgabe.
Lit. u. a.: Thieme U., F. Becker u. H. Vollmer, Allgemeines Lexikon der bildenden Künstler. Bd. 4. Leipzig 1910, 102 [dort weit. Lit.] – Foerster R., Arthur Blaschnik: Jahresbericht der Schlesischen Gesellschaft für vaterländische Cultur 1919 – [Kat. Ausst.] Das Riesengebirge in der Kunst des 19. Jahrhunderts. Museum der Bildenden Künste. Breslau 1937 – Grundmann Günther, Das Riesengebirge in der Malerei der Romantik. 3. Aufl. München 1965, 169-170 – Scheunchen Helmut, Adolph von Menzel und ostdeutsche Malerkollegen in Berlin. Esslingen 1993 [zur Vita].

Arthur Blaschnik, Warmbrunn; Aquarell, 25,2 cm × 34,4 cm (Haselbach N. P 5513); bez. l. u.: Blaschnik p 1 Warmbrunn; Bes.: Museum Ostdeutsche Galerie, Regensburg

Johann Heinrich Bleuler

31. 12. 1758 Zollikon bei Zürich – 25. 1. 1823 Feuerthalen
Maler und Kupferstecher
Schüler von Heinrich Uster. Fertigte Ansichten reizvoller Gegenden, besonders Alpenlandschaften, zumeist als Konturdrucke, die durch Gouachefarben koloriert wurden. Seine Arbeiten sind gefällig und entsprachen dem Repräsentationsbedürfnis der Zeit. Bleuler stach auch publikumswirksame Motive aus dem Riesengebirge wie Burg Kynast, Bad Warmbrunn, Schloß Fischbach, den Zackelfall u. ä. Er trug damit zur Bekanntmachung des Riesengebirges bei, ebenso wie die Stecher Bernhard Rode (1725-1797), → Gottlieb Daniel Berger oder → Friedrich Gottlieb Endler.
Lit. u. a.: Thieme U., F. Becker u. H. Vollmer, Allgemeines Lexikon der bildenden Künstler. Bd. 4. Leipzig 1910, 115 [dort weit. Lit.] – Grundmann Günther, Das Riesengebirge in der Malerei der Romantik. 3. Aufl. München 1965, 41-43.

Johann Heinrich Bleuler, Ansicht von Fischbach, um 1800; kolorierter Kupferstich, 37,5 cm × 54 cm; Bes.: Kunstsammlungen der Veste Coburg

Wilhelm Bölsche

2. 1. 1861 Köln – 31. 8. 1939 Ober-Schreiberhau
Schriftsteller (vgl. Abb. S. 41, 46)
Studierte in Bonn und Paris Philologie, Kunstgeschichte, später Naturwissenschaften und ließ sich in Berlin nieder. 1885 begann er eine Vielzahl von Veröffentlichungen. Außer der literarisch-ästhetischen Studie über »Heinrich Heine« publizierte er in Leipzig im gleichen Jahr »Die naturwissenschaftlichen Grundlagen der Poesie«. 1885 war bereits der zweibändige Roman »Paulus« erschienen, 1894/95 wurde das Werk »Entwicklungsgeschichte der Natur« ediert (Berlin, 2 Bände), und 1898 und 1900 folgte die populäre doppelbändige Publikation »Das Liebesleben in der Natur«, dem ähnliche populär-wissenschaftliche Werke und Aufsätze vor allem in der 1904 in Stuttgart gegründeten Monatszeitschrift »Kosmos« folgten. Eine Auswahl seiner Werke erschien 1930 in 6 Bänden. Hatte als Vermittler eines zur Weltanschauung erhobenen Evolutionismus auf alle monistischen Bewegungen seiner Zeit großen Einfluß. Bölsche, befreundet mit → Carl und → Gerhart Hauptmann und ihrem Kreis, besuchte häufig Schreiberhau und ließ sich schließlich gänzlich dort nieder, zuerst im Siebenhäusertal, dann in der Villa »Carmen«, später in der Turmvilla im Mariental. Der Ehrenbürger Schreiberhaus, nach dem ein Weg, ebenso wie zu seinem 70. Geburtstag der Grat zwischen Großer und Kleiner Schneegrube benannt wurde, war ein Charakteristikum für die Schreiberhauer Literatenkolonie der zwanziger und dreißiger Jahre, die sich allsonnabendlich in Schlickers Weinstuben traf. Sein Nachlaß wurde einst im Wohnhaus Carl Hauptmanns in Mittel-Schreiberhau bewahrt.
Lit. u. a.: Bolle Fritz, Neue Deutsche Biographie 2, 1955 – Erinnerungen an Wilhelm Bölsche: Schlesien 1, 1939, H. 7/8, 59-260 – Hülsen Hans v., Die Schreiberhauer Dichterkolonie: Merian 6, 1953, H. 10, 23-24 – Weiss Hansgerhard, Schreiberhau. »Die Magische Talsenke«: Schlesien 14, 1969, H. 1, 30 f. – Fried Jochen, Wilhelm Bölsche. In: Literatur-Lexikon. Hrsgg. v. Walther Killy. Bd. 2. Gütersloh/München 1989, 81-82.

Hans Brochenberger

Geboren 1887 in Schellenberg/Oberbayern
Holz- und Steinbildhauer
Studium an der Fachschule für Holzschnitzerei in Berchtesgaden, an der Kunstgewerbeschule in München und in der Meisterklasse von Adolf von Hildebrand an der Münchner Akademie. Rom-Preisträger. War bis zum Ausbruch des Ersten Weltkrieges für die Architekten Gabriel von Seidl und die Bildhauer Netzer und Seidler tätig. Wurde 1919 an die Holzschnitzschule in Bad Warmbrunn berufen (dort bis 1922 tätig). Er entwarf die Kriegerdenkmale in Bad Warmbrunn, Krummhübel, Linderode und Jannowitz. Daneben zahlreiche holzbildhauerische Arbeiten am Außen- und Innenbau mehrerer Bauden des Riesengebirges.
Lit. u. a.: Vollmer Hans, Allgemeines Lexikon der bildenden Künstler des 20. Jahrhunderts. Bd. 1. Leipzig 1953, 318 [dort weit. Lit.] – Hans Brochenberger, Ein Berchtesgadener Bildhauer in Schlesien: Bergheimat 21, 1941, 21-23.

Hermann Bruck

Geboren 14. 4. 1873 in Hirschberg; Maler
Studium an den Akademien in Dresden, München und Berlin; in den 50er Jahren in Hamburg ansässig.
Lit. u. a.: Vollmer Hans, Allgemeines Lexikon der bildenden Künstler des 20. Jahrhunderts. Bd. 1. Leipzig 1953, 330 [dort weit. Lit.].

Johann Friedrich Franz Bruder

1782 Dresden – 19. 5. 1838 Dresden
Maler, Radierer
Ausgebildet unter → Johann Philipp Veith an der Dresdner Akademie. Stellte bereits 1799/1800 seine ersten Landschaften aus. Siedelte 1814 nach Warschau über und war nach 1831 Zeichenlehrer in Dresden. Bruder war vor allem als Radierer tätig und fertigte Ansichten der Sächsischen Schweiz und auch des Riesengebirges nach Vorlagen von Johann Gottfried Jantzsch, → J. Ph. Veith und → C. D. Friedrich und nach eigenem Entwurf.
Lit. u. a.: Thieme U., F. Becker u. H. Vollmer, Allgemeines Lexikon der bildenden Künstler. Bd. 5. Leipzig 1911, 96 – Grundmann Günther, Das Riesengebirge in der Malerei der Romantik. 3. Aufl. München 1965, 47, 51 – [Kat. Ausst.] Das Riesengebirge in der Graphik des 18. und 19. Jahrhunderts. Bensheim. Marktoberdorf 1993, 87, Nr. 106.

Johann Friedrich Franz Bruder (Radierung), Johann Philipp Veith (Zeichnung), »Cascade, nomée Zackenfall aux environs de Schreiberhau en Silesie«, vor 1838; Radierung, koloriert, 53,5 cm × 41,5 cm; Privatbesitz

Wilhelm Brücke

Geboren am Ende des 18. Jhs. Stralsund – nach 1850 Berlin
Maler, Zeichner
Weilte 1829-1834 in Rom und malte Ende der vierziger Jahre einige Bilder aus dem Riesengebirgstal, so die Kirche Wang 1846, den Badeort Warmbrunn 1848 und Schloß Fischbach 1849. Es sind sorgfältig gemalte Ansichten von biedermeierlicher Geborgenheit.
Lit. u. a.: Thieme U., F. Becker u. H. Vollmer, Allgemeines Lexikon der bildenden Künstler. Bd. 5. Leipzig 1911, 96 [dort weit. Lit.] – Boetticher Friedrich v., Malerwerke des neunzehnten Jahrhunderts Bd. 1, 1. Leipzig 1891, 147 – [Kat. Ausst.] Das Riesengebirge in der Kunst des 19. Jahrhunderts. Museum der Bildenden Künste. Breslau 1937, Nr. 11 – Grundmann Günther, Das Riesengebirge in der Malerei der Romantik. 3. Aufl. München 1965, 119.

Wilhelm Brücke, Kirche Wang bei Brückenberg, 1846; Öl auf Leinwand, 56 cm × 75,5 cm; ehemal. Besitzer: Graf Stollberg-Wernigerode, Kreppelhof bei Landeshut

R. Bürger

Lithograph und Zeichner (vgl. auch Abb. S. 181)
Schuf ab 1830 zahlreiche Landschaftslithographien zum Teil nach Zeichnungen → C. W. Arldts von der böhmischen Seite des Riesengebirges.
Lit. u. a.: [Kat. Ausst.] Das Riesengebirge in der Graphik des 18. und 19. Jahrhunderts. Bensheim. Marktoberdorf 1993, 87, Nr. 85, 145, 146, 197.

R. Bürger, Elbquelle auf dem Riesengebirge, 1839; Lithographie, 14,8 cm × 22,8 cm; gedruckt von F. Weider; Bes.: Riesengebirgsmuseum, Hohenelbe

Arnold Busch

5. 5. 1876 Grünenplan (Braunschweig) – 15. 10. 1951 Cismar
Bildnis-, Figuren- und Landschaftsmaler, Professor
Studium bei Carl Bantzer (1857-1941) an der Akademie in Dresden und der königlichen Kunstschule in Berlin. 1901-1933 Dozentur an der königlichen Kunst- und Kunstgewerbeschule, später Akademie in Breslau (ab 1912 Professor). Zahlreiche Aufenthalte im Riesengebirge. Befreundet mit Georg Wichmann, dessen Tochter Gisela er in Halbfigur 1928 malte, ebenso porträtierte er den Regierungs-

baurat Schumann, den Erbauer der Lukasmühle in Ober-Schreiberhau. Sein Bild »Alter Mann mit Pelzmütze«, das 1911 in der Schweidnitzer Industrie- und Gemäldeausstellung gezeigt wurde, war Auslöseimpuls für die Abfassung des Werkes »Peter Brindeisener« von → Hermann Stehr, der dieses Bild in Schweidnitz sah (vgl. Hupka Herbert, Große Deutsche aus Schlesien. München/Wien 1978. 3. Aufl. 1985, 203). Busch war Mitglied der Künstlervereinigung St. Lukas in Ober-Schreiberhau.
Lit. u. a.: Thieme U., F. Becker u. H. Vollmer, Allgemeines Lexikon der bildenden Künstler. Bd. 5. Leipzig 1911, 279 – Vollmer Hans, Allgemeines Lexikon der bildenden Künstler des 20. Jahrhunderts. Bd. 1. Leipzig 1953, 361 [dort weit. Lit.] – Castelle Friedrich, Die Lukasmühle in Schreiberhau: Die Bergstadt 14, 1926 – Küster Bernd, Arnold Busch 1876-1951. Alfeld/Holzminden 1993 [Besprechung in: Schlesischer Kulturspiegel 27, 1992, Nr. 3/4, 10 (Peter Wolfrum)].

Arnold Busch, Schrammelmusik in der Lukasmühle in Ober-Schreiberhau; Zeichnung; bez. r. u.: 17. 8. 25 Arnold Busch; aus: Die Bergstadt 1926, 570

Carl Gustav Carus

3. 1. 1789 Leipzig – 28. 7. 1869 Dresden
Arzt und Naturphilosoph, als Maler Autodidakt
Stand am Anfang unter dem Einfluß von Johann Christian Klengel, später unter dem → Friedrichs und → Dahls. Ab 1814 Professor für Gynäkologie in Dresden, 1827 Leibarzt der königlich sächsischen Familie. Befreundet mit Ludwig Tieck, C. D. Friedrich, Georg Kersting, Clausen Dahl, Ernst Rietschel. Trat erstmals 1816 mit vier Gemälden als »Festtagsarbeiten eines Kunstfreundes« an die Öffentlichkeit, korrespondierte mit Goethe. Die romantische Landschaftsauffassung wurde literarisch durch ihn in den »Neun Briefen über Landschaftsmalerei«. Leipzig 1831 (Neuaufl. Dresden 1855) begründet. Reise nach Rügen (1819), ins Riesengebirge und nach Böhmen (1820), in die Schweiz (1821), nach Italien (1828 u. 1841), Frankreich (1835), England und Schottland (1844). Bei seiner Riesengebirgswanderung traf sich Carus am 1. 8. 1820 in Zittau, von Reichenberg kommend, mit seinem Reisebegleiter Gerstäcker. Sie brachen am 12. 8. in das höhere Gebirge auf, passierten den Zackelfall, die Elbquellen, das Hohe Rad, die Sturmhaube, die Dreisteine und erklommen schließlich die Schneekoppe. Er beschrieb seine Eindrücke und ergänzte sie durch zahlreiche, teils lavierte Zeichnungen. Am 16. 8. wurde Warmbrunn erreicht und dann in den Vorbergen gewandert. Nach Dresden kehrte Carus am 24. August 1820 zurück. Er durchmaß etwa den gleichen Weg wie Caspar David Friedrich. Seine Arbeiten sind gegenüber den Riesengebirgsmotiven Friedrichs nüchterner, spezialisierter, schon realistischer ohne den poetisch verklärenden Zauber dieser Gebirgslandschaft.
Eigene Schriften u. a.: Lebenserinnerungen und Denkwürdigkeiten. Bd. 1-4. Leipzig 1865/66, Bd. 5. Hrsgg. v. R. Zaunick. Dresden 1931 – Zwölf Briefe über das Erdleben. 1841, [Neuausg.] Celle 1926.
Lit. u. a.: Thieme U., F. Becker u. H. Vollmer, Allgemeines Lexikon der bildenden Künstler. Bd. 6, Leipzig 1912, 95-96 [dort. weit. Lit.] – Sydow E. v., Carl Gustav Carus und das Naturbewußtsein der romantischen Malerei: Monatshefte für Kunstwissenschaft 15, 1922, 31-39 – Grashoff G., Carus als Maler. Diss. Münster 1926 – Bülck E., Carl Gustav Carus. Sein Leben und sein Werk im Verhältnis zu Caspar David Friedrich und dessen Schülern betrachtet. Diss. Greifswald 1944 – Hauptmann Hansheinz, Die Lebenserinnerungen von Carl Gustav Carus als Wesensausdruck der Spätromantik. Diss. Hamburg 1952 – Grundmann Günther, Das Riesengebirge in der Malerei der Romantik. 3. Aufl. München 1965, 100-109 – Prause M., Carl Gustav Carus. Leben und Werk. Berlin 1968 – [Kat. Ausst.] Ernste Spiele. Der Geist der Romantik in der deutschen Kunst 1790-1990. Haus der Kunst, München. Stuttgart 1995, 647.

Carl Gustav Carus, An der »Sturmhaube« mit Talblick, 1820; Bleistiftzeichnung, laviert, 20 cm × 32 cm; Bes.: Staatliches Kupferstichkabinett, Dresden

Adolf Chelius

30. 05. 1856 Frankfurt/M. – 28. 1. 1923 München
Landschafts- und Tiermaler
1876-1878 Studium an den Akademien in Berlin, Wien, dann am Städelschen Institut in Frankfurt und 1879-1882 Schüler Anton Burgers in der Künstlerkolonie in Kronberg/Taunus. Siedelte dann nach München über und verbrachte das Jahrzehnt zwischen 1885 und 1895 mit Studienreisen, die ihn vom Nordkap bis Palermo und von St. Petersburg nach Madrid führten. Besuchte 1886 das Riesengebirge und stellte Bilder dieser Thematik in der Frühjahrsausstellung in Hamburg 1887 und Berlin 1888 aus.
Lit. u. a.: Thieme U., F. Becker u. H. Vollmer, Allgemeines Lexikon der bildenden Künstler. Bd. 6. Leipzig 1912, 450 [dort. weit. Lit.] – Deutsches Künstler-Lexikon der Gegenwart in biographischen Skizzen. Leipzig/Berlin 1898, 105-106 – Dessoff Albert, Biographisches Lexikon der Frankfurter Künstler im 19. Jahrhundert. Bd. 2. Frankfurt/M. 1909, 25 – Adolf Chelius, Tier- und Landschaftsmaler: Bericht über den Stand und das Wirken des Münchner Kunstvereins 1922/23 [Nekrolog] – Mappe 42, 1922/23, 96 [Nekrolog].

Hans Christoph

1897 Neusalz – 1958 Bad Warmbrunn
Maler und Zeichner
Nach Lehre im Malerhandwerk Teilnahme am Ersten Weltkrieg. 1919-1921 Studium an der Kunstakademie in Breslau bei → Arnold Busch und Karl Hanusch. Danach in Seidorf und Bad Warmbrunn ansässig. Mitglied des »Künstlerkreises Niederschlesien«.
Lit. u. a.: Grundmann Günther, Die Maler des Riesengebirges. In: Kraftpostführer für den Oberpostdirektionsbezirk Liegnitz. Liegnitz 1926, 51 [Erwähnung] – Volwahsen Herbert, Lehrjahre im Riesengebirge. In: Leben in Schlesien. Hrsgg. v. Herbert Hupka. 1962, 272-276 – ders., Plastiken und Texte. Nürnberg 1976 – [Kat. Ausst.] Kunst in Schlesien. Künstler aus Schlesien. Ostdeutsche Galerie Regensburg. Würzburg 1985, 74-75.

Hans Christoph, Straße nach Hermsdorf, 1929; Kohlezeichnung, 36,9 cm × 54,6 cm; bez. l. u.: Christoph 29; Bes.: Museum Ostdeutsche Galerie, Regensburg

Hans Cloos

8. 11. 1885 Magdeburg – 26. 9. 1951 Bonn
Geologe
Wurde 1919 Professor in Breslau, 1926 in Bonn. War seit 1923 Herausgeber der »Geologischen Rundschau«. Cloos arbeitete über Tektonik, Vulkanismus und regionale Geologie (Afrika, Nordamerika, Europa). Erforschte mit seiner im Riesengebirge entwickelten »Granittektonik« vor allem den »Kolossalbau« dieses Granitkörpers. Er hielt das Riesengebirge für »eine der schönsten Landschaften der Erde«.
Hauptwerke: Einführung in die Geologie 1936 – Gespräch mit der Erde 1947 (Neuausgabe 1959).
Lit. u. a.: Schwarzbach Martin, Berühmte Stätten geologischer Forschung. 2. Aufl. Stuttgart 1981.

Edward Harrison Compton

11. 10. 1881 Feldafing – 6. 3. 1960 Feldafing
Landschaftsmaler, Aquarellist
Schüler der Kunst- und Gewerbeschule in London und seines Vaters → Edward Theodore Compton, pflegte jedoch mehr die Landschaft der Vorberge und Motive aus der Trienter Gegend und Englands. Eine Serie seiner Arbeiten erschien im Münchner Kunstverein 1907 (Alpenmotive). Weilte mit seinem Vater 1913 und 1915 im Riesengebirge und 1935 nochmals allein in dem schlesischen Gebirge.
Lit. u. a.: Thieme U., F. Becker u. H. Vollmer, Allgemeines Lexikon der bildenden Künste. Bd. 7. Leipzig 1912, 284-285 [dort weit. Lit.] – Vollmer Hans, Allgemeines Lexikon der bildenden Künstler des 20. Jahrhunderts. Bd. 1. Leipzig 1953, 466 [dort weit. Lit.] – Wichmann Siegfried, E. Th. und E. H. Compton. München [ca. 1996, in Vorbereitung. Enthält auch ein Kap. über die Arbeiten der Comptons im Riesengebirge].

Edward Harrison Compton, Blick zur Schneekoppe; Öl auf Leinwand, 60 cm × 80 cm; bez. r. u.: E. Harrison Compton; Bes.: Museum für Landeskunde, Haus Schlesien, Königswinter

Edward Theodore Compton

27. 7. 1849 London – 22. 3. 1921 Feldafing
Landschaftsmaler, Aquarellist, Alpinist
1863 als Autodidakt erste Naturstudien im englischen Seegebiet. Ging dann nach Darmstadt und siedelte 1869 nach München über. Lebte seit 1874 in Feldafing am Starnberger See. Wurde durch Reisen in die Schweiz animiert, sich vor allem der Malerei des Alpengebiets zu widmen. Bereiste die Alpenländer auch Spanien, Nordafrika, Italien, Schottland, Norwegen u. a. Zahlreiche (27) Erstbesteigungen. War einer der ersten Maler der alpinen Hochgebirgswelt. Von seinen Aquarellen und Ölbildern wurden viele in den Schriften des Deutschen und Österreichischen Alpenvereins, daneben in zahlreichen Publikationen, veröffentlicht. Besuchte mit seinem Sohn → Edward Harrison 1913 und 1915 das Riesengebirge. Hier entstanden Dutzende von Aquarellen und Zeichnungen, auch Ölbilder. Compton übertrug die englische Aquarellierkunst auf den Kontinent und übte durch sein kraftvolles Lokalkolorit und seine brillante Technik großen Einfluß auf Zeitgenossen, u. a. seinen Sohn, aus.
Lit. u. a.: Thieme U., F. Becker u. H. Vollmer, Allgemeines Lexikon der bildenden Künstler. Bd. 7. Leipzig 1912, 285 [dort weit. Lit.] – Boetticher Friedrich v., Malerwerke des neunzehnten Jahrhunderts. Bd. 1, 1. Leipzig 1881, 186 – Pecht Friedrich, Geschichte der Münchner Kunst 1882, 432 – Bredt Ernst Wilhelm, Die Alpen und ihre Maler. Leipzig 1911 – Wichmann Siegfried, E. Th. und E. H. Compton. München [ca. 1996, in Vorbereitung. Enthält auch ein Kap. über die Arbeiten der Comptons im Riesengebirge].

Christian Jac(k)ob (Salice-)Contessa

21. 2. 1767 Hirschberg – 11. 9. 1825 Gut Liebenthal bei Greiffenberg
Dichter und Novellist
Bruder von → Karl Wilhelm (Salice-)Contessa. War zuerst als Kaufmann tätig, wurde in eine Verschwörung gegen den preußischen Staat verwickelt und 1797 in Spandau gefangen gehalten.
Widmete sich später auf seinem Gut Liebenthal literarischen Tätigkeiten. Verfaßte u. a. die Romane »Das Grabmal der Freundschaft und Liebe«. Breslau 1792; »Der Freiherr und sein Neffe«. Breslau 1824; die Novelle »Almanzor«. Leipzig 1824 und das Historische Schauspiel »Alfred«. Hirschberg 1809. Eine Sammlung seiner »Gedichte« edierte W. L. Schmidt in Hirschberg 1826.
Lit. u. a.: Meyer H., Die Brüder Contessa. 1906 – Heckel Hans, Die Brüder Contessa. In: Schlesische Lebensbilder. Bd. 4. Breslau 1931, 2. Aufl. Sigmaringen 1985, 302-310 – Koning Henk J., Christian Jakob Contessa. In: Literatur-Lexikon. Hrsgg. v. Walther Killy. Bd. 2. Gütersloh/München 1989, 448-457.

Karl (Carl) Wilhelm (Salice-)Contessa

19. 8. 1777 Hirschberg – 2. 6. 1825 Berlin
Dichter und Novellist
Bruder von → Christian Jacob (Salice-)Contessa. Studium seit 1798 in Erlangen und Halle, bereiste Frankreich und weilte von 1802-1803 in Weimar, ab 1805 in Berlin und seit 1816 auf dem Gut Sellendorf mit seinem Freund Houwald, später mit diesem in Neuhaus bei Lübben. Unter seinen Lustspielen war besonders »Das Rätsel«, unter seinen Erzählungen »Magister Rößlein« (abgedruckt in den mit seinem Bruder herausgegebenen »Dramatischen Spielen und Erzählungen«. Bd. 1-2. Hirschberg 1812-1814) beliebt. Außerdem schrieb er »Erzählungen (Bd. 1-2. Dresden 1819) und gab mit E. T. A. Hoffmann und F. H. K. de la Motte Fouqué »Kindermärchen« (Bd. 1-2. Berlin 1816, 1817) heraus. Contessa war auch ein guter Landschaftsmaler, als welchen ihn Hoffmann unter dem Namen Sylvester in seinen »Serapionsbrüdern« schildert. Sein Gesamtwerk gab Houwald 1826 in 9 Bänden in Leipzig heraus. Auswahl Würzburg 1990.
Lit. u. a.: Meyer H., Die Brüder Contessa 1906 – Heckel Hans, Die Brüder Contessa. In: Schlesische Lebensbilder. Bd. 4. Breslau 1931, 2. Aufl. Sigmaringen 1985, 302-310 – Pankalla Gerhard, Karl Wilhelm Salice-Contessa und E. T. A. Hoffmann. Diss. Breslau 1938 – ders., Karl Wilhelm Contessa. Der Romantiker aus dem Riesengebirge: Jahrbuch der Schlesischen Friedrich-Wilhelms-Universität zu Breslau 6, 1961, 402-410 – Koning Henk J., Carl Wilhelm Salice-Contessa (1777-1825), Ein Schlesier im Freundeskreis um E. T. A. Hoffmann: Jahrbuch der Schlesischen Friedrich-Wilhelms-Universität zu Breslau 28, 1982, 119-128 – ders., Carl Wilhelm Salice Contessa. Ein Novellist aus dem Riesengebirge: Schlesien 34, 1989, H. 2, 105-115.

William John Cooke

Kupfer- und Stahlstecher, Lithograph
Betrieb ab 1841 zusammen mit → E. F. Grünewald eine lithographische Anstalt in Darmstadt, in der eine Reihe von Zeichnungen → Ludwig Richters gestochen wurden. Sie erschienen in den von Carl Herloßsohn verfaßten und bei G. Wigand in Leipzig 1841 edierten »Wanderungen durch das Riesengebirge und die Grafschaft Glatz« als 6. Band der Reihe »Das malerische und romantische Deutschland«.
Lit. u. a.: Thieme U., F. Becker u. H. Vollmer, Allgemeines Lexikon der bildenden Künstler. Bd. 7. Leipzig 1912, 352 [dort weit. Lit.] – [Kat. Ausst.] Das Riesengebirge in der Graphik des 18. und 19. Jahrhunderts. Bensheim. Marktoberdorf 1993, 87, Nr. 44, 96, 138.

Johan Christian Claus(s)en Dahl

24. 02. 1788 Bergen (Norwegen) – 14. 10. 1857 Dresden
Maler, Professor
Ab 1811 Studium an der Akademie in Kopenhagen. 1818 kam Dahl nach Dresden, wurde Freund und Schüler → C. D. Friedrichs, mit dem er von 1823-1840 im gleichen Haus wohnte. Anfangs stark von Friedrich beeinflußt, fand er nach Reisen nach Italien (1820/21) und Norwegen 1826 seine eigene Aussage. Seit 1820 Mitglied, seit 1824 Professor der Dresdner Akademie. Mit Th. Fearnley gilt Dahl als Begründer der norwegischen Landschaftsmalerei, zugleich als Erforscher der norwegischen Kulturgeschichte. Seine wirklichkeitsnahen Landschaften basieren auf sorgfältigen, genauen, dennoch locker gemalten Naturstudien. Wohl auf Rat von Friedrich und → Carus führte er 1824 mit dem polnischen General Kniacziewicz eine längere Studienreise durch, die ihn in der zweiten Augusthälfte auch ins Riesengebirge führte. Von Bautzen kommend, besuchte er am 13. August die Ruine Greiffenstein am Fuß des Isergebirges, nahm Quartier in Warmbrunn, um am 15. 8. den Kynast zu besteigen und dann die bekannte Kammwanderung durchzuführen. Nach 14 Tagen erfolgte die Rückkehr nach Dresden. Dahl fertigte eine Reihe von 28 locker und sicher hingeworfener Zeichnungen (Oslo, Nationalmuseum), nach denen später auch Gemälde (Kynast 1847, verloren) entstanden. Erwarb 1840 für König → Friedrich Wilhelm IV. die norwegische Stabwerkkirche aus Wang, die in Brückenberg aufgestellt wurde.
Eigene Schriften u. a.: Denkmale einer sehr ausgebildeten Holzbaukunst aus den früheren Jahrhunderten in den inneren Landschaften Norwegens. Dresden 1836/37.
Lit. u. a.: Thieme U., F. Becker u. H. Vollmer, Allgemeines Lexikon der bildenden Künstler. Bd. 8. Leipzig 1913, 270 [dort weit. Lit.] – Zöllner G., Johan Christian Claussen Dahl. Diss. Würzburg 1945 – Aubert Andreas, Die nordische Landschaftsmalerei und Johan Christian Dahl. Berlin 1947 – Scheyer Ernst, Johan Christian Claussen Dahl als Landschaftszeichner: Die Kunst und das schöne Heim 50, 1951/52, 259-251 – Ostby L., Johan Christian Dahl. Tegninger og Akvareller. Oslo 1957 – Grundmann Günther, Das Riesengebirge in der Malerei der Romantik. 3. Aufl. München 1965, 110-112 – ders., Der Erwerb der Kirche Wang und ihre Aufrichtung. In: Kunstwanderungen im Riesengebirge. München 1969, 175-200 – Bang Marie Lodrup, Johan Christian Dahl 1788-1857. Life and Works. Bd. 1-3. Arlöv 1987 – [Kat. Ausst.] Johan Christian Dahl 1788-1857. Ein Malerfreund Caspar David Friedrichs. Staatsgemäldesammlungen. München 1988 – [Kat. Ausst.] Johan Christian Dahl (1788-1857). Nasjonalgalleriet. Oslo 1988.

J. Danziger

Maler und Zeichner
Entwarf vor allem in den sechziger Jahren des 19. Jahrhunderts Vorlagen mit Riesengebirgsmotiven, die von A. Meysel in Dresden für den Verlag C. J. Liedl in Warmbrunn lithographiert wurden.
Lit. u. a.: [Kat. Ausst.] Das Riesengebirge in der Graphik des 18. und 19. Jahrhunderts. Bensheim. Marktoberdorf 1993, 87, Nr. 99, 112, 117, 130, 140.

Christian Claus(s)en Dahl, Burgruine Kynast, 1824; braun-grau lavierte Bleistiftzeichnung, 21,4 cm × 28,9 cm; bez. l. u.: Kynast d. 15. August 1824; Bes.: Nationalgalerie, Oslo; aus: Grundmann, Romantik, XII

Ludwig Danziger

3. 4. 1874 Lauban – 10. 12. 1924 Berlin-Charlottenburg
Maler und Lithograph
Malte neben Stadtansichten (u. a. Lauban und Löwenberg) auch Riesengebirgsbilder (u. a. Nebelwetter in St. Peter). 1925 Gedächtnisaustellung im Kaiser-Friedrich-Museum in Görlitz. Bild in der dortigen Ruhmeshalle.
Lit. u. a.: Vollmer Hans, Allgemeines Lexikon der bildenden Künstler des 20. Jahrhunderts. Bd. 1. Leipzig 1953, 516 [Erwähnung] – Hallama Georg, Schlesien. Berlin 1925, 22, 24, 39.

Ludwig Danziger, Blick zur Schneekoppe, um 1920; Ölgemälde; bez. l. u.: Ludwig Danziger; Privatbesitz

Johann Adolph Darnstedt

1769 Auma/Sachsen – 8. 5. 1844 Dresden
Kupferstecher, Professor
Kam 1784 nach Dresden und erhielt an der Akademie Zeichenunterricht als Schüler J. G. Schulzes. Danach in Dresden selbständig. 1811 Mitglied der Dresdner Akademie, 1815 zum Professor ernannt. Darnstedt war einer der vorzüglichsten Landschaftsstecher Deutschlands und stach auch Riesengebirgsmotive.
Lit. u. a.: Thieme U., F. Becker u. H. Vollmer, Allgemeines Lexikon der bildenden Künstler. Bd. 8. Leipzig 1913, 408-409 [dort weit. Lit.] – Grundmann Günther, Das Riesengebirge in der Malerei der Romantik. 3. Aufl. München 1965, 47 [Erwähnung] – [Kat. Ausst.] Das Riesengebirge in der Graphik des 18. und 19. Jahrhunderts. Bensheim. Marktoberdorf 1983, 87, Nr. 89.

Carl Ernst Daumerlang

Geboren am 28. 9. 1842 in Nürnberg
Maler und Zeichner
Sohn des Kupferstechers Christian Daumerlang, erlernte zuerst die Xylographie, besuchte dann die Nürnberger Kunstgewerbeschule als Schüler August v. Krelings. War als Illustrator für zahlreiche Zeitschriften, u. a. der Leipziger Illustrierten, tätig. Zeichnete auch Riesengebirgsmotive.
Lit. u. a.: Thieme U., F. Becker u. H. Vollmer, Allgemeines Lexikon der bildenden Künstler. Bd. 8. Leipzig 1913, 433 [dort weit. Lit.] – [Kat. Ausst.] Das Riesengebirge in der Graphik des 18. und 19. Jahrhunderts. Bensheim. Marktoberdorf 1993, 87, Nr. 76.

Friedrich Wilhelm Delkeskamp

20. 9. 1794 Bielefeld – 5. 8. 1872 Bockenheim b. Frankfurt/M.
Maler, Architektur- und Landschaftszeichner, Kupferstecher
Nach den Feldzügen 1813/14 bereiste er große Teile Deutschlands als Zeichner, besonders im Auftrag des Grafen Eduard Raczyński auf Rogalin bei Posen. 1820 kam er auch in das Riesengebirge. Bei Reisen in die Schweiz 1825 und 1827, 1828 bis 1830 sammelte er dort Material für kartographische Arbeiten. 1831 ließ er sich in Frankfurt/M. nieder. Im Riesengebirge hat er mit peinlicher Sorgfalt eine Reihe von typischen Motiven mit Schneegruben, Zackelfall, Kochelfall usw. geschaffen.
Lit. u. a.: Thieme U., F. Becker u. Hans Vollmer, Allgemeines Lexikon der bildenden Künstler. Bd. 9. Leipzig 1913, 23-24 [dort weit. Lit.] – [Kat. Ausst.] Das Riesengebirge in der Kunst des 19. Jahrhunderts. Museum der Bildenden Künste. Breslau 1937 – Grundmann Günther, Das Riesengebirge in der Malerei der Romantik. 3. Aufl. München 1965, 153-154 – [Kat. Ausst.] Das Riesengebirge in der Graphik des 18. und 19. Jahrhunderts. Bensheim. Marktoberdorf 1993, 87, Nr. 100.

Felix Deutsch

16. 5. 1858 Breslau – 9. 5. 1928 Berlin
Elektroindustrieller
Wurde mit 15 Jahren Lehrling der Firma Heimann (technische Einrichtung von Zuckerfabriken), wechselte 1882 zum Strontianit-Konsortium Landau in Berlin über. Wurde mit 24 Jahren Direktor der größten Zuckerraffinerie in Rositz. Erste Bekanntschaft mit Emil Rathenau 1882; 1885 Prokurist der von Rathenau gegründeten »Deutschen Edison-Gesellschaft für angewandte Elektrizität« aus der die AEG hervorging. Teilnahme am Aufbau des Konzerns. Beim Tode Emil Rathenaus 1915 Vorsitzender des Vorstandes und entscheidender Leiter des Unternehmens neben Walther Rathenau und nach dessen Ermordung führende Persönlichkeit in allen Fragen der Geschäftspolitik. Felix Deutsch erwarb nach dem Tod von Carl Hauptmann einen Teil des Landbesitzes zum Siebenhäusertal hin und errichtete dort einen repräsentativen Sommersitz. Das Anwesen übereignete seine Witwe der Stadt Berlin als Erholungsheim für Wissenschaftler, Techniker und Künstler.
Lit. u. a: Festschrift zum 70. Geburtstag = Sonderh. d. Zs. Spannung (AEG-Umschau) v. 16. 5. 1928 [dort S. 33 u. 40 Abb. des Hauses] – Neue Deutsche Biographie. Bd. 3. Berlin (1957), 623-624 [dort weit. Lit.].

Hedwig Freiin von Dobeneck

1877 Brandstein/Hof – 1956 Traunstein
Förderin der schlesischen Spitzenindustrie
Gründete gemeinsam mit Margarethe Bardt die »Schulen für Künstlerische Nadelspitzen« in Hirschberg, die 1911 von der Fürstin von → Pleß übernommen wurden.
Lit. u. a.: Graf-Höfgen Gisela, Schlesische Spitzen. Eine Dokumentation über die schlesische Klöppel- und Nadelspitzenherstellung. München 1974.

Theodor Donat

2. 2. 1844 Tauchritz, Kreis Görlitz – 14. 11. 1890 Erdmannsdorf
Gründer des Riesengebirgsvereins
Die Konstituierung des Riesen-Gebirgs-Vereins am 1. August 1880 stand am Ende einer langen Reihe von idealistischen Vorarbeiten, die er für den von ihm projektierten Verein geleistet hatte. Er kann deshalb mit Recht als der Gründer des Riesengebirgsvereins bezeichnet werden. Mit seiner Initiative verfolgte er auch den Zweck, »das Riesengebirge, sein Vorland und die benachbarten Gebirge im weiten Vaterlande allgemein bekannt zu machen und die Voraussetzungen für den Fremdenverkehr und damit der notleidenden Bevölkerung des schlesischen Berglandes neuen Verdienst zu schaffen« (Höhne, S. 250).
Eigene Schriften u. a.: Der Zweck und die Mittel eines Gebirgsvereins im Riesengebirge. 1880 – Erdmannsdorf. Seine Sehenswürdigkeiten und Geschichte. Hirschberg 1887.
Lit. u. a.: Schaller H., Theodor Donat. Gründer des RGV. 1930 – Kulke Heinz, Theodor Donat. Der Gründer des Riesengebirgsvereins. Ein Blatt des Gedenkens und Dankens: Schlesischer Gebirgsbote 25, 1973, H. 7, 99-101, H. 8, 115-118, H. 9, 134-137, H. 10, 148-151 – Erinnerungsschrift zum 100jährigen Bestehen des Riesengebirgsvereins am 1. August 1980. Düsseldorf 1980 – Höhne Alfred, Hirschberg im Riesengebirge. 2. Aufl. Nürnberg 1985, 250-255 [Riesengebirgsverein] – [Diese Vita wurde von Peter Wolfrum verfaßt].

Friedrich Wilhelm Delkeskamp, Kleine Schneegrube, 1820; Zeichnung, koloriert, 47 cm × 30 cm; Ehem. Bes. Riesengebirgsmuseum, Hirschberg; aus Grundmann, Romantik, 152

Adolf Dressler

14. 5. 1833 Breslau – 7. 8. 1881 Hain/Riesengebirge
Maler und Zeichner, Professor
Anfänglich Ausbildung bei J. H. Christoph und Heinrich König und dem Porträtmaler Ernst Resch in Breslau, der ihn veranlaßte ein Landschaftsbild auszustellen, das verkauft wurde. Ab 1855 Studium am Städelschen Kunstinstitut in Frankfurt/M. bei dem Düsseldorfer Jakob Becker (1810-1872). Dort beeinflußt durch Jakob Fürchtegott Dielmann (1809-1885) und Anton Burger (1824-1905), die sich 1857 in der beginnenden Künstlerkolonie Taunus niedergelassen hatten. 1862 Rückkehr nach Breslau und vor allem Maler in Schlesien. Seine romantisch überhauchten

Adolf Dressler, Brennende Mühle, 1875; Öl auf Leinwand, 104 cm × 88 cm; bez. r. u.: Adolf Dressler 1875 Breslau; Bes.: Museum Ostdeutsche Galerie, Regensburg

Landschaften mit den Titeln »Waldeinsamkeit«, »Waldfrieden«, »Am Waldessaum« oder »Waldteich« wurden vom Publikum geschätzt, und auch Kaiser Wilhelm I. erwarb 1877 einen dieser »Waldteiche«. 1880 wurde Dressler als Lehrer für Landschaftsmalerei an das neu eingerichtete Meisteratelier des konstituierten schlesischen Provinzialmuseums in Breslau berufen. Das große Panorama des Riesengebirgskamms, von der Bismarckhöhe aus gesehen, gemalt 1880/81 für die Schlesische Gewerbeausstellung in Breslau, war die letzte größere, nicht recht geglückte Arbeit seines Lebens. Seine hohe Begabung, Empfindungsfähigkeit, formale Kraft und farbliche Delikatesse zeigen insbesondere die zahlreichen rasch gemalten Skizzen. Obwohl Dressler auch im Taunus, in bayerischen Landesteilen, im Spreewald oder Odenwald malte, gilt er doch vor allem als Maler des Riesengebirges, der die Eigenart und den Zauber insbesondere der Tallagen und intimen Gründe zu erfassen vermochte. Dressler hatte in Hain sein Sommerquartier, das der Ausgangspunkt seiner Malerwanderungen war, aufgeschlagen und repräsentierte damit wohl einen der ersten im Riesengebirge auch ansässigen Maler.
Eigene Schriften u. a.: Wanderungen durch das malerische Riesengebirge. Festschrift: Boten aus dem Riesengebirge 1912.
Lit. u. a.: Thieme U., F. Becker u. H. Vollmer, Allgemeines Lexikon der bildenden Künstler. Bd. 11. Leipzig 1915, 555 [dort weit. Lit.] – Boetticher Friedrich v., Malerwerke des neunzehnten Jahrhunderts. Bd. 1, 1. Leipzig 1891, 252-253 – [Kat.] Schlesisches Museum der Bildenden Künste. Breslau 1926, 924 c, e, g, l, n, p, 201, 208, 242, 243, 246, 258, 277, 282, 296 – Scheyer Ernst, Adolf Dreßler und seine Schule schlesischer Landschaftsmalerei: Schlesische Monatshefte 8, 1931, 246-254 – [Kat. Ausst.] Das Riesengebirge in der Kunst des 19. Jahrhunderts. Museum der Bildenden Künste. Breslau 1937, Nr. 38-44 – Grundmann Günther, Das Riesengebirge in der Malerei der Romantik. 3. Aufl. München 1965, 178-181 – Scheyer Ernst, Schlesische Malerei der Biedermeierzeit. Frankfurt/M. 1965, 273-283 – Grundmann Günther, Künstler und Künstlerkolonien im Riesengebirge: Jahrbuch der Schlesischen Friedrich-Wilhelms-Universität 17, 1972, 350-351 – Wietek Gerhard (Hrsg.), Deutsche Künstlerkolonien. München 1976, 136, 137 – Leistner Gerhard u. a., Gang durch die Sammlung. Gemälde, Skulpturen und Objekte. Museum Ostdeutsche Galerie. Regensburg 1993, 50-51, 219.

Theodor Effenberger

21. 8. 1883 Schreiberhau – 6. 3. 1968 Berlin
Architekt
Besuch der königlichen Bauwerksschule in Breslau, dann der Technischen Hochschule in Darmstadt bei F. Pützer und K. Hofmann. Ab 1905 in Hamburg, Magdeburg und Augsburg tätig. Ab 1907 in der städtischen Bauverwaltung in Breslau. 1910 Mitbegründer des schlesischen Bundes für Heimatschutz. 1913 an der Jahrhundertausstellung in Breslau, 1914 an der Werkbund-Ausstellung in Köln beteiligt. 1934 Professor an der Hochschule für Kunsterziehung in Berlin; 1945 an der Hochschule für Bildende Künste in Berlin; 1951 emeritiert. 1920-1933 Denkmalpfleger in Schlesien. Zahlreiche öffentliche Bauten, u. a. die Siedlung »Zimpel« in Breslau-Pöpelwitz. Obwohl diese Siedlung den Formenapparat des Avantgarde-Siedlungsbaus aufwies, trachtete er danach, seine Architekturen sorgfältig in das jeweilige Orts- und Landschaftsbild einzupassen.
Eigene Schriften u. a.: Friedhof und Grabmal. 1912 – Siedlung und Stadtplanung in Schlesien. 1926.
Lit. u. a.: Vollmer Hans, Allgemeines Lexikon der bildenden Künstler des 20. Jahrhunderts. Bd. 2. Leipzig 1955, 13 [dort weit. Lit.] – Theodor Effenberger. In: Künstler Schlesiens. Bd. 1. Frankfurt/M. / Schweidnitz/Breslau 1925. – Hahm Konrad, Theo Effenberger. Berlin 1929 – Theodor Effenberger: Schlesien 2, 1957, H. 2, 125-126 – Lauterbach Heinrich, Der Architekt Theo Effenberger beging seinen achtzigsten Geburtstag: Schlesien 7, 1962, H. 3, 178-180 – Grundmann Günther, Künstler und Künstlerkolonien im Riesengebirge. In: Jahrbuch der Schlesischen Friedrich-Wilhelms-Universität zu Breslau 17, 1972, 365 [dort Geburtsort Schreiberhau] – ders., Erlebter Jahre Widerschein. München 1972, 179, 181, 210.

Friedrich Gottlob Endler

12. 3. 1763 Lüben – um 1830 Breslau
Maler, Kupferstecher, Architekt
Schüler von Carl Gotthard Langhans und dessen Kammerkondukteur. Soll am Bau eines Sommerpavillons des Grafen Schlabrendorf in Seppau beteiligt gewesen sein. Ab 1786 wurde er Maler und Kupferstecher und fertigte Architektur- und Porträtstiche, leistete aber sein Bestes in der Wiedergabe der Landschaft. War für den »Breslauer Erzähler« tätig, schuf Einzelblätter, Mappen und serielle Hefte mit Abbildungen beliebter Reiseziele. Von 1809-1824 Mitherausgeber des »Naturfreundes«, den er mit Kupferstichen illustrierte. Seine Arbeiten atmen das bürgerlich-klassizistische Empfinden der Zeit um 1800, auch seine zahlreichen Ansichten des Riesengebirges.
Lit. u. a.: Thieme U., F. Becker u. H. Vollmer, Allgemeines Lexikon der bildenden Künstler. Bd. 10. Leipzig 1914, 520 [dort weit. Lit.] – Grundmann Günther, Das Riesengebirge in der Malerei der Romantik. 3. Aufl. München 1965, 45 – [Kat. Ausst.] Das Riesengebirge in der Graphik des 18. und 19. Jahrhunderts. Bensheim. Marktoberdorf 1993, 87, Nr. 29, 47, 48, 49, 56, 73, 124, 137, 152, 159 – Ziolko Karl-Heinz, Friedrich Gottlob Endler. Bad Windsheim 1993 [dort S. 110-113 Bibliographie].

Friedrich Gottlob Endler, Reichenstein; kolorierte Umrißradierung aus: Illuminierte Abbildungen Schlesischer und Glätzischer Gegenden (1803–1805)

Eduard Enzmann

1. 8. 1882 Faberhütten/Kaadener Land – 17. 8. 1965 Gießen/Lahn
Landschaftsmaler, Lithograph
Lehre als Porzellanmaler in Reichenberg, dann in Dessendorf im Isergebirge als solcher tätig. Anschließend Studium an der Prager Akademie bei Thiele, Krattner und Brömse. Ließ sich 1919 in Klein-Iser nieder und wurde der Maler des Isergebirges.
Lit. u. a.: Vollmer Hans, Allgemeines Lexikon der bildenden Künstler des 20. Jahrhunderts. Bd. 2. Leipzig 1955, 43-44 [dort weit. Lit.] – Gruhn Herbert, Das Riesengebirge in der Malerei der Gegenwart: Der Wanderer im Riesengebirge 50, 1930, Nr. 8, 129 [Erwähnung] – Sudetendeutsche Monatshefte 1938, 269-274 – Streit Julius: Isergebirgs-Rundschau 19, Folge 16, Aug. 1965 – Künstler aus dem Jeschken-Isergebirge. Böblingen 1988, 33-35, 334, 335.

Herbert Eras

4. 11. 1877 Quirl/Riesengebirge – 9. 11. 1969 Kassel
Architekt, Denkmalpfleger
Besuchte die Baugewerbeschule in Breslau. Errichtete 1912/13 die Teichmannbaude in Oberkrummhübel (auf granitenem Unterbau zwei holzverschalte, durch einen Verbindungsbau zusammengeschlossene Gebäudekomplexe mit tief herabgezogenen Satteldächern), 1928/29 das Jugendkammhaus »Rübezahl« (Gewinner des Wettbewerbs 1928), wohl die am konsequentesten gestaltete Baude des Riesengebirges (Granitsockel, zurückgestufte Obergeschosse, abgeschlossen durch flaches Walmdach, horizontale Fensterbänder). Beide Bauden fügten sich vorzüglich der Landschaft ein. Daneben Altersheim in Bethanien/Breslau, Friedhofskapelle in Reichenbach, städtebauliche Planung für Schömberg. Nach Vertreibung in Kassel ansässig, dort vor allem denkmalpflegerische Aufgaben (u. a. Wiederherstellung der romanischen ehemaligen Klosterkirche in Germerode am Hohen Meißner).
Lit. u. a.: Grundmann Günther, Die bauliche Entwicklung des Riesengebirges in der 1. Hälfte des 20. Jahrhunderts: Der Wanderer im Riesengebirge 50, 1930; [dass.] In: Kunstwanderungen im Riesengebirge. München 1969, 204-205 [Erwähnung] – Grundmann Günther, Herbert Eras [Nekrolog]: Schlesien 15, 1970, 51-52.

Herbert Eras, Das Jugendkammhaus »Rübezahl«, 1928/29

Hanns Fechner

7. 6. 1860 Berlin – 30. 11. 1931 Schreiberhau
Porträtmaler, Graphiker, Schriftsteller, Professor
Studierte an der Berliner Akademie und bei Franz Defregger (1835-1921) an der Akademie in München. Begann mit Genrebildern und wandte sich dann beinahe ausschließlich dem Bildnis zu. An der Berliner Hochschule, deren Professorentitel er trug, richtete er die Klasse für Steinzeichnen ein. Unter seinen Porträts der Künstlerwelt und Gesellschaft vor allem Berlins, ragen die treffenden Bildnisse von Virchow, Gerhart Hauptmann, Wilhelm Raabe (Eigentum der Stadt Braunschweig) und → Theodor Fontane hervor. Gegen 1907 erblindete er und übersiedelte 1910 nach Schreiberhau. Hier richtete er an der Hochsteinlehne ein kleines Bauernhaus ein, das er »Hütte Hagal« (Hege des Alls) nannte. Fechner

Hanns Fechner, Porträt von Wilhelm Raabe; Bes.: Stadt Braunschweig; aus: Die Bergstadt 1926, 580

war Rom-Preisträger und Ehrenmitglied der Künstlervereinigung St. Lukas in Ober-Schreiberhau. Georg Wichmann war mit ihm befreundet, und ein breiter Kreis von Freunden pilgerte zu dem charaktervollen, ausstrahlungsfähigen Greis mit dem schlohweißen Lockenhaupt. Maximilian Schmergalski fertigte 1928 sein Reliefporträt als Eisenguß der Paulinenhütte in Neusalz.
Eigene Schriften u. a.: Der Spreehans [o. J.] – Menschen, die ich malte. 1927 (Vorwort von Hermann Stehr) – Bergzauber [o. J.].
Lit. u. a.: Thieme U., F. Becker u. H. Vollmer, Allgemeines Lexikon der bildenden Künstler. Bd. 11, Leipzig 1915, 329 [dort weit. Lit.] – Vollmer Hans, Allgemeines Lexikon der bildenden Künstler des 20. Jahrhunderts. Bd. 5, Leipzig 1961, 473 [dort weit. Lit.] – Boelsche Wilhelm, Hanns Fechner: Berliner Tageblatt v. 7. 6. 1920 – Roegner M., Zu Hanns Fechners Gedächtnis: Der Wanderer im Riesengebirge 51, 1931 – Fechner Hannah, Hanns Fechners Lebensabend. Berlin 1932 – Ziekursch Else, Künstler und Kunstausstellung in Schreiberhau: Der Wanderer im Riesengebirge 52, 1932, Nr. 5, 77-78 – Kaergel Hans Christoph, Hanns Fechner: Schlesische Bergwacht 6, Nr. 5, v. 4. 3. 1955 – Grundmann Günther, Künstler und Künstlerkolonien im Riesengebirge: Jahrbuch der Schlesischen Friedrich-Wilhelms-Universität zu Breslau 17, 1972, 362-363 – [Zahlreiche nicht bibliographierte Zeitschriftenausschnitte von den Autoren Hans-Eberhard von Besser, Paul Wittko und H. O. Thiel werden im Haus Schlesien, Königswinter, bewahrt].

Werner Fechner

7. 7. 1892 Berlin – 9. 1. 1973 Ravensburg
Porträt- und Landschaftsmaler, Radierer
Sohn des Malers und Schriftstellers → Hanns Fechner (1860-1931). Studierte bei Franz Lippisch (1859-1941), dann bei Gari Melchers (1866-1932) und Fritz Mackensen (1866-1953) an der Kunstschule in Weimar. Daneben war er Privatschüler Lyonel Feiningers. Ab 1918 freischaffend in Weimar tätig. 1933 Albrecht-Dürer-Preis der Stadt Nürnberg für das Frauenbildnis »Eva-Maria«. 1934 Übersiedlung von Weimar nach Mittel-Schreiberhau. Er bezog dort ein neu errichtetes Haus auf dem Grundstück seines Vaters mit besonders schönem Garten an der Hochsteinlehne. Mitglied der Künstlervereinigung St. Lukas in Ober-Schreiberhau. Als Halbjude wurde er nicht in die Reichskammer der Bildenden Künste aufgenommen. Wie Hans-Eberhard von Besser anläßlich des 65. Geburtstages Werner Fechners mitteilte, beantwortete Georg Wichmann die Frage nach einem guten Porträtisten in Schreiberhau mit der Feststellung: »Rembrandt ist tot, und dem Fechner haben sie das Malen verboten.« 1946 Vertreibung und Aufenthalt in Eldagsen, später Wangen auf dem Atzenberg im Allgäu. 1926 malte er ein vorzügliches Porträt seines Vaters (ehemals im Besitz der Stadt Breslau), später auch Porträts von → Wilhelm Bölsche, → Carl und → Gerhart Hauptmann, → Hermann Stehr, Albert Schweitzer u. a. Vor allem

Werner Fechner, Haus seines Vaters Hanns Fechner in Mittel-Schreiberhau, gesehen von dem 1933/34 errichteten höher gelegenen Atelierhaus, 2. Hälfte dreißiger Jahre; Öl auf Karton, 40 cm × 50 cm; bez. r. u.: WF; Privatbesitz, Schlesien

konzentrierte sich seine Arbeit auf Landschaften und Darstellungen von Vögeln. 1985 Gedächtnisausstellung in Wangen.
Lit. u. a.: Vollmer Hans, Allgemeines Lexikon der bildenden Künstler des 20. Jahrhunderts. Bd. 2. Leipzig 1955, 82 [dort weit. Lit.] – Ziekursch Else, Künstler und Kunstausstellung in Schreiberhau: Der Wanderer im Riesengebirge 52, 1932, Nr. 5, 78 – Pusen H., »Klassisch und modern«. Der Maler Werner Fechner-Eldagsen: Allgemeine Hannoversche Ztg. v. 2. 11. 1950 – Grundmann Günther, Künstler und Künstlerkolonien im Riesengebirge: Jahrbuch der Schlesischen Friedrich-Wilhelms-Universität zu Breslau 17, 1972, 378 – [Kat. Ausst.] Kunst in Schlesien. Künstler aus Schlesien. Ostdeutsche Galerie Regensburg. Würzburg 1985, 80 – Siebenbürger Elsbeth, Werner Fechner: Schlesien 32, 1987, H. 2, 111-114 – [Zahlreiche nicht bibliographierte Zeitschriftenausschnitte von den Autoren Hans-Eberhard von Besser, Georg Hannack, Hans Harder, Wilhelm Meridies, Ilse Reicke und Gustav Richter werden im Haus Schlesien, Königswinter, bewahrt].

Richard Felgenhauer

25. 9. 1895 Reichenau bei Gablonz – 21. 2. 1958 Kaufbeuren-Neugablonz
Maler, Holzschneider
Schüler von Oskar Strnad, Alfred Roller und Anton Josef Kenner an der Wiener Kunstgewerbeschule. Nach dem Ersten Weltkrieg ein Jahr in Berlin, dann nach einem Besuch Italiens in seiner Heimat tätig. Nach der Vertreibung in Thüringen ansässig, dann Übersiedlung nach Kaufbeuren-Neugablonz. Malte auch Riesengebirgsbilder, so u. a. den Riesengrund mit Schneekoppe.
Lit. u. a.: Vollmer Hans, Allgemeines Lexikon der bildenden Künstler des 20. Jahrhunderts. Bd. 2. Leipzig 1955, 87 [dort weit. Lit.] – Künstler aus dem Jeschken-Isergebirge. Böblingen 1988, 42-44, 344, 345 (Rudolf Tamm).

Richard Felgenhauer, Riesengrund mit Schneekoppe, dreißiger Jahre; Ölgemälde; bez. r. u.: Richard Felgenhauer; aus: Künstler... Jeschken-Isergebirge, 43

Moritz Finsch

Lebte vermutlich zwischen 1805 und 1870 in der Warmbrunner Gegend
Glasschneider, Glas- und Porzellanmaler
Leitete unentgeltlich von 1830 bis 1853 die von Christian Benjamin Preussler eingerichtete Zeichenschule für Glasmaler und -schleifer in Warmbrunn. Die Bedeutung von Finsch liegt in der Malerei mit Transparentfarben, in der er seinen eigenen Stil entwickelte, der durch eine Art pointillistischen Farbauftrag der Darstellung besondere Leuchtkraft verlieh. Besonders reizvoll sind seine Veduten von Warmbrunn und dem Riesengebirge. Signierte Gläser von Finsch befinden sich im Düsseldorfer Kunstmuseum und im Kestner-Museum in Hannover.
Lit. u. a.: Heinemeyer Elfriede, Glas. Düsseldorf 1966, 149, Nr. 451 = Kataloge des Kunstmuseums Düsseldorf. Bd. 1 [Erwähnung] – Pazaurek Gustav E. u. Eugen v. Philippovich, Gläser der Empire- und Biedermeierzeit. Braunschweig 1976, 32, 96, 273 [Erwähnung] – Trux Elisabeth, [Kat. Ausst.] Schlesische Glaskunst des 18. bis 20. Jahrhunderts. Mainfränkisches Museum. Würzburg 1988, 54, Nr. 42 [Erwähnung]. [Dieser Text wurde von Dietmar Zoedler verfaßt].

Otto Fischer

2. 7. 1870 Leipzig – 23. 3. 1947 Dresden
Maler, Radierer, Lithograph und Entwerfer für das Kunsthandwerk, Professor
1886 Schüler von E. Oehme in Dresden, 1890 von F. Preller, sowie 1895 von H. Prell an der Dresdner Akademie. Als Radierer Schüler von K. Starke. 1892/93 besuchte er Holland. Sein Plakatentwurf »Die alte Stadt« (1896) erregte Aufsehen. Zahlreiche Reisen mit längeren Aufenthalten auf Rügen, Bornholm, in Disentis und im Riesengebirge (zum Teil mit Radierungsfolgen). 1914 wurde Fischer der Professorentitel verliehen. Kollektivausstellung 1909 in Aachen, 1941 in Leipzig. Um die Jahrhundertwende entwarf Otto Fischer auch Möbel, Schmuck und Frauenbekleidung. Er gehörte dem Kreis der ersten künstlerischen Mitarbeiter der Dresdener Werkstätten für Handwerkskunst an. Mit → Heinrich Tüpke und → Alfred Nickisch verlebte er zahlreiche Winter auf der Wiesenbaude.
Lit. u. a.: Thieme U., F. Becker u. H. Vollmer, Allgemeines Lexikon der bildenden Künstler des 20. Jahrhunderts. Bd. 2 Leipzig 1955, 144 [dort weit. Lit.] – Ziekursch Else, Künstler und Kunstausstellung in Schreiberhau: Wanderer im Riesengebirge 52, 1932, Nr. 5, 76 [Erwähnung] – Wichmann Hans, Deutsche Werkstätten und WK-Verband 1898-1900. München 1992, 322 [dort weit. Lit.].

Richard Fleissner

Geboren am 3. 4. 1903 in Tuschkau (Egerland)
Maler, Zeichner, Professor
1921-1926 Studium an der Kunstakademie in Prag, vor allem unter Professor Brömse. 1928 Professur an der Kunstgewerblichen Staatsfachschule in Gablonz. Mehrere Studienreisen in Europa. Vorstandsmitglied der Prager Secession. Teilnahme an zahlreichen Ausstellungen, u. a. der Internationalen Ausstellung in Paris 1937.
Nach Vertreibung in Gräfelfing bei München ansässig und Lehrtätigkeit an der Meisterschule für Mode in München. Malte auch Landschaften im Iser- und Riesengebirge, u. a. bewahrt in der Gablonzer Galerie in Kaufbeuren-Neugablonz.
Lit. u. a.: Vollmer Hans, Allgemeines Lexikon der bildenden Künstler des 20. Jahrhunderts. Bd. 2. Leipzig 1955, 121 [dort weit. Lit.] – Künstler aus dem Jeschken-Isergebirge. Böblingen 1988, 45-47, 477.

Theodor Fontane

30. 12. 1819 Neuruppin – 20. 9. 1898 Berlin
Schriftsteller
War zuerst Apotheker in Leipzig, 1842-1849 in Berlin. 1844 Englandreise, 1852 Korrespondent in London. Leitete dort 1855-1859 im Auftrage von O. von Manteuffel die deutsch-englische Korrespondenz. Später in der Redaktion der Berliner »Kreuzzeitung« tätig. Seine »Wanderungen durch die Mark Brandenburg« (4 Bde. 1862-1882, ergänzt 1889 durch »Fünf Schlösser«) sind vorbildliche, bis heute viel gelesene kulturgeschichtliche Darstellungen eines Teils von Deutschland. 1864, 1866 und 1870 Kriegsberichterstatter des preußischen Heeres. Sein umfangreiches Werk zeigt hohe Erzählkunst von weltläufiger Überlegenheit.
Zwischen 1868 und 1892 hielt sich Fontane wiederholt im Riesengebirge auf, besonders in Krummhübel, und erwog, seinen Alterssitz nach Schmiedeberg zu verlegen. Mehrere Romane und Erzählungen spielen wie »Die Poggenpols«, »Der letzte Laborant« oder »Quitt« im Riesengebirge. In seinem Briefwechsel, vor allem mit Georg Friedländer, oder in Skizzen (u. a. »Eine Nacht auf der Koppe«) wird über das Riesengebirge berichtet.
Lit. u. a.: Schobbes J., Literatur von und über Theodor Fontane. 2. Aufl. 1965 – Fechner Hanns, Fontane im Riesengebirge: Schlesische Zeitung v. 26. 9. 1928 – Fromm Hans Rudolf, Der alte Fontane und das Hirschberger Tal: Pharmazeutische Zeitung

90, 1954, 1220-1221 – Groeger Alfred Carl, Fontane in Schlesien: Schlesien 7, 1962, H. 4, 226-229 – Schindler Karl, Weitere Beziehungen Theodor Fontanes zu Schlesien: Schlesien 14, 1969, H. 4, 215-218 – Reitzig Hans, Theodor Fontanes »Quitt«: Schlesien 15, 1970, H. 4, 214-221 – Richter F. K., Theodor Fontane und die Krummhübler Laboranten: Schlesien 18, 1973, H. 2, 110-112 – Richter Fritz, Theodor Fontane in Schlesien: Jahrbuch der Schlesischen Friedrich-Wilhelms-Universität zu Breslau 19, 1978, 177-187 – ders., Theodor Fontanes schlesischer Roman »Quitt«: ebda. 19, 1978,188-187.

Frédéric Frégévize

1770 Genf – 9. 10. 1849 Genf
Maler, Emailmaler, Professor
Anfänglich in Genf als Emailmaler tätig, später in Berlin Ölmalerei. Im Dezember 1820 zum Professor und ordentlichen Mitglied der Akademie ernannt. Zwischen 1810 und 1828, sporadisch auch bis 1839, an den dortigen Akademieausstellungen beteiligt. Unter den Motiven dominieren Genfer und Riesengebirgsansichten, daneben auch Historienbilder und Bildnisse. Kehrte 1829 nach Genf zurück. 1839 weilte er in Dessau. Frégévizes Riesengebirgsbilder zeigen vor allem Motive aus der Fischbach-Buchwald-Erdmannsdorfer Gegend, in der sich Landsitze des preußischen Hofes befanden. Es sind topographisch genaue, auf Weitsicht angelegte Biedermeier-Veduten, einer gezähmten, lieblichen Gartennatur ohne dramatischen Rübezahl-Charakter. Gemälde befinden und befanden sich u. a. im Stadtschloß in Potsdam, in der Nationalgalerie in Berlin, im Museum der Bildenden Künste in Breslau und im Kaiser-Friedrich-Museum in Görlitz.
Lit. u. a.: Thieme U., F. Becker u. H. Vollmer, Allgemeines Lexikon der bildenden Künstler. Bd. 12. Leipzig 1916, 411 [dort weit. Lit.] – Brun Carl, Schweizerisches Künstler-Lexikon. Bd. 1. Frauenfeld 1905, 480 – Boetticher Friedrich v., Malerwerke des neunzehnten Jahrhunderts. Bd. 1, 1. Leipzig 1891, 340 – Grundmann Günther, Das Riesengebirge in der Malerei der Romantik. 3. Aufl. München 1965, 31-32 – [Kat.] Nationalgalerie Berlin. Verzeichnis der Gemälde und Skulpturen. Berlin 1976, 123.

Frédéric Frégévice, Ansicht von Fischbach, um 1835; Öl auf Leinwand, 55 cm × 77 cm; früher im Stadtschloß Potsdam bewahrt; aus: Grundmann, Romantik, 31

Caspar David Friedrich

5. 9. 1774 Greifswald – 7. 5. 1840 Dresden
Maler und Zeichner, Professor
Erste Ausbildung bei Johann Gottfried Quistorp in Greifswald. 1794-1798 an der Akademie in Kopenhagen. Ab 1798 lebte er in Dresden und stand seit 1801 dem Dresdner Romantikerkreis nahe. Freundschaft mit Ludwig Tieck, Philipp Otto Runge, Georg Friedrich Kersting, → Carl Gustav Carus, → Johan Christian Claussen Dahl, mit dem er ab 1820 in einem Haus wohnte. 1805 errang Friedrich seinen ersten Erfolg durch die Verleihung der Hälfte eines Preises in der Ausstellung der Weimarer Kunstfreunde. 1810 lernte er Goethe in Dresden kennen und besuchte ihn 1811. Führte 1810 mit Kersting eine Riesengebirgswanderung durch und wurde Mitglied der Berliner Akademie. 1816 Mitglied und 1824 Professor der Dresdner Akademie. 1837 erlitt

Caspar David Friedrich, Felsblöcke am Kochelfall (Ausschnitt), 1810; Bleistift, laviert, 25,1 cm × 35 cm; bez. l. o.: »nimmt beinahe den ganzen Vordergrund ein«, Mitte: »Schatten«, r. o.: »den 17' Juli 1810«; Bes.: Kupferstichkabinett, Dresden (vgl. auch Abb. S. 13, 14)

er einen Schlaganfall, der seine Malerei beendete. Neben dem Riesengebirge besuchte Friedrich wiederholt die Ostseeküste bei Rügen (1801, 1802, 1806, 1809, 1818 und 1826) und den Harz (1811). Während der Riesengebirgswanderung, die an den Hängen des Elbsandsteingebirges am 2. Juli 1810 begann und über Frankenberg, Rumberg, Oybin zunächst nach Zittau führte, wandten sich Friedrich und Kersting dem Gebirge zu. Sie durchwanderten das Isergebirge und überquerten es bei Schreiberhau, um bei der Josephinenhütte/Zackelfall den Riesengebirgskamm zu erreichen. Am 11. Juli wurde die Schneekoppe bestiegen. Der Abstieg erfolgte auf der Krummhübler Gebirgsseite, und am 13. Juli hatte man das Tal mit Warmbrunn erreicht. Ab 14. Juli wanderte man im Vorgebirge in der Nähe der St. Anna Kapelle und Oberseidorf in der Gegend vom Höllengrund und der Burg Kynast zum Kochelfall, den man am 18. Juli erreichte. In den während der Wanderung entstandenen Bleistiftzeichnungen und Aquarellen werden spezifische Details (Felsen, Ruinen, Vegetationsformen) und die Typik der großen, sanften Überschneidungen festgehalten. Sie sind Vorlagen und Elemente großer nachfolgender Atelierkompositionen, in denen sich die deutsche Romantik eindringlich dokumentiert, sich Mensch und Landschaft in einer neuartigen, innigen Verbindung zeigen. Auch die Stimmung der Übergangsphasen von Dämmerung, Spätherbst oder gebrochenem Tageslicht, also der zeitliche Wandel im Bildraum, löst das Vedutenhaft-Modische ab.
Lit. u. a.: Thieme U., F. Becker u. H. Vollmer, Allgemeines Lexikon der bildenden Künstler. Bd. 12. Leipzig 1916, 464-468 [dort weit. Lit.] – Carus Carl Gustav, Caspar David Friedrich der Landschaftsmaler. Zu seinem Gedächtnis nebst Fragmenten nach seinen hinterlassenen Papieren. Dresden 1841 [Neuausgabe. Berlin 1944] – Caspar David Friedrich. Die romantische Landschaft. Hrsgg. v. O. Fischer. Stuttgart 1922 – Caspar David Friedrich: Bekenntnisse. Hrsgg. v. K. K. Eberlein. Berlin 1924 – Wolfradt W., Caspar David Friedrich und die Landschaft der Romantik. Berlin 1924 – Wiegand Fr., Aus dem Leben Caspar David Friedrichs. Geschwisterbriefe. Greifswald 1924 – Einem Herbert v., Caspar David Friedrich. Berlin 1938 [3. Aufl. 1950] – Emmrich J., Caspar David Friedrich. Weimar 1964 – Grundmann Günther, Das Riesengebirge in der Malerei der Romantik. 3. Aufl. München 1965, 68-99, III-IX – Geismeier W., Zur Bedeutung und zur entwicklungsgeschichtlichen Stellung von Naturgefühl und Landschaftsdarstellung bei Caspar David Friedrich. Diss. Berlin 1966 – Hinz S., Caspar David Friedrich als Zeichner. Diss. Greifswald 1966 – Sumowski W., Caspar David Friedrich-Studien. Wiesbaden 1970 – Börsch-Supan H. u. K. W. Jähnig, Caspar David Friedrich. Gemälde, Druckgraphik und bildmäßige Zeichnungen. München 1973 – [Kat. Ausst.] Caspar David Friedrich 1774-1840. Hamburger Kunsthalle. Hamburg 1974 [Nachdruck] München 1981 – Geismeier W., Caspar David Friedrich. Leipzig 1984 – Grütter T., Melancholie und Abgrund. Die Bedeutung des Gesteins bei Caspar David Friedrich. Berlin 1986 – [Kat. Ausst.] Ernste Spiele. Der Geist der Romantik in der deutschen Kunst 1790-1990. Haus der Kunst. Stuttgart 1995 [passim] – Sitt Martina u. Bettina Baumgärtel, [Kat. Ausst.] Angesichts der Natur. Kunstmuseum Düsseldorf. Köln/Weimar/Wien 1995 [dort weit. Lit.].

Friedrich Wilhelm III.

3. 8. 1770 Berlin – 7. 6. 1840 Berlin
König von Preußen, Bauherr und Mäzen im Hirschberger Tal
Ältester Sohn Friedrich Wilhelms II. (1744-1797) und der Prinzessin Friederike Luise von Hessen-Darmstadt. Thronbesteigung am 16. 11. 1797. Während seiner Regierungszeit erlitt Preußen schwere Niederlagen und nach 1813 erneutes Aufblühen. 1831 erwarb er als eigenen Sommersitz das Schloß Erdmannsdorf im Hirschberger Tal und 1839 das Schloß Schildau, das er seiner Tochter Prinzessin Luise der Niederlande schenkte. Mit den Planungen von Umbauarbeiten wurde → Friedrich Schinkel beauftragt, der auch Entwürfe für Kirche, Schul- und Pfarrhaus innerhalb der Ortschaft konzipierte. Die Gestaltung der Parkanlagen wurde ab 1834 begonnen. Daran war auch Peter Joseph Lenné (1789-1866) beteiligt. Trotz aufgetretener Widrigkeiten wurden die Arbeiten (Einsturz des von Schinkel entworfenen Turms der evangelischen Kirche am 8. 7. 1838) nach dem Tod von Friedrich Wilhelm III. 1840 und Schinkels 1841 durch deren Nachfolger → Friedrich Wilhelm IV. bzw. → August Stüler weitergeführt.
Lit. u. a.: Eylert, Charakterzüge und historische Fragmente aus dem Leben des Königs von Preußen, Friedrich Wilhelm III. Bd. 1-3. Magdeburg 1842-1846 – Briefwechsel Friedrich Wilhelms III. und der Königin Luise mit dem Zaren Alexander I. Hrsgg. v. P. Baillieu. Leipzig 1900 – Paulig F. R., Friedrich Wilhelm III. 2. Aufl. 1906 – Hausherr H., Friedrich Wilhelm III. In: Neue Deutsche Biographie 5, 1961 – Grundmann Günther, Die königlichen Schlösser Erdmannsdorf, Fischbach und Schildau mit ihren Parkanlagen. Schinkels Entwürfe zur Kirche Erdmannsdorf. In: Kunstwanderungen im Riesengebirge. München 1969, 139-158.

Friedrich Wilhelm IV.

15. 10. 1795 Berlin – 2. 1. 1861 Berlin
König von Preußen, Bauherr und Mäzen im Hirschberger Tal
Sohn von → Friedrich Wilhelm III. und der Königin Luise. Kunstsinniger, romantisch veranlagter König, ohne entscheidende Akzente in der Politik zu setzen. Trachtete danach, dem Land eine zeitgemäße, repräsentative Verfassung zu geben. Seine Regierung ist zwar erfüllt von wichtigen Ereignissen, die jedoch nicht von ihm geformt oder bestimmt wurden. Stiftete u. a. eine Friedensklasse des Ordens Pour le mérite für Künstler und Gelehrte Deutschlands und des Auslands. Nach dem Tod seines Vaters 1840 führte er den Um- und Ausbau des Schloßes Erdmannsdorf fort und weilte bereits vor seiner

Krönung in Königsberg vom 15. bis 25.8.1840 dort. Aufgrund der Erkrankung → Friedrich Schinkels wurde → August Stüler für die gotisierende Umgestaltung herangezogen. Der Umbau erfolgte zwischen 1841 und 1844 mit dem flachgeneigten Dach und vorgelegten Zinnenkranz. Selbst während des Umbaus hielt sich der König 1840 und 1842 in Erdmannsdorf auf. Bis zum Jahr 1909 blieb das Schloß im Besitz der Krone. 1841 ließ der König durch → J. Ch. C. Dahl eine aus dem 14. Jahrhundert stammende Stabwerkkirche im norwegischen Wang erwerben, die 1842-1844 bei Brückenberg aufgestellt wurde.
Lit. u. a.: Petersdorf H. v., König Friedrich Wilhelm IV. 1900 – Lewalter E., Friedrich Wilhelm IV. 1938 – Dehio L., Friedrich Wilhelm IV. von Preußen, ein Baukünstler der Romantik. 1967 – Grundmann Günther, Die königlichen Schlösser Erdmannsdorf, Fischbach und Schildau mit ihren Parkanlagen. In: Kunstwanderungen im Riesengebirge. München 1969, 139-152 – ders., Der Erwerb der Kirche Wang und ihr Transport von Norwegen nach Berlin. Die Briefe der Gräfin Reden während der Aufrichtung der Bergkirche Unseres Erlösers zu Wang. In: Kunstwanderungen im Riesengebirge. München 1969, 175-200 – Rothkirch Malve Gräfin, Der »Romantiker« auf dem Preußenthron. Porträt König Friedrich Wilhelm IV. Düsseldorf 1990 – Bußmann Walter, Zwischen Preußen und Deutschland. Friedrich Wilhelm IV. Berlin 1990 – Kroll Frank-Lothar, Friedrich Wilhelm IV. und das Staatsdenken der deutschen Romantik. Berlin 1990 – Blasius Dirk, Friedrich Wilhelm IV. 1795-1861. Psychopathologie und Geschichte. 1992 – [Kat. Ausst.] Künstler und König. Stiftung Preußische Schlösser und Gärten Berlin-Brandenburg. Berlin 1995 – Barclay David, Anarchie und guter Wille. Friedrich Wilhelm IV. und die preußische Monarchie. Berlin 1995.

König Friedrich Wilhelm IV. von Preußen, 1846, nach einem Gemälde von Franz Krüger (1797–1857); aus: Grundmann, Kunstwanderungen, 187

Emil Frohnert

Geboren am 17.2.1884 in Berlin
Maler und Graphiker
Studierte an der Berliner Akademie bei Friedrich Kallmorgen, P. Vorgang, Paul Meyerheim und Carl Kappstein. Tätig in Breslau, lebte auch in Schreiberhau, ab 1944 in Leipzig. Dort noch 1955 nachweisbar. Stellte 1941 das Bild »Wintertag in Krummhübel« in Hirschberg aus.
Lit. u. a.: Vollmer Hans, Allgemeines Lexikon der bildenden Künstler des 20. Jahrhunderts. Bd. 2. Leipzig 1955, 168 – Fierke Otto, Künstler des Riesengebirges. Ausstellung in Hirschberg: Schlesische Tagesztg. v. 27.5.1941, Nr. 146 [Erwähnung].

Erich Fuchs, Der Schneekoppenschatten mit Blick in die böhmischen Vorberge, 1924; Radierung; bez. l. u.: Fuchs 1924; aus: Trierenberg 1993, 109

Erich Fuchs

14.2.1890 Magdeburg – 5.7.1983 Marburg/Lahn
Graphiker, Aquarellist
Nach Lithographenlehre 1904-1908 Studium an der Kunstgewerbeschule in Magdeburg, von 1909-1914 Meisterschüler für Graphik bei Alois Kolb (1875-1942) an der Leipziger Kunstakademie. Lebte während des Ersten Weltkrieges in Bärndorf, wo sich auch → Georg und → Joachim Wichmann angesiedelt hatten. Wechselte im Anschluß mehrmals seinen Wohnsitz (Albendorf, Dittersbach), um sich ab 1923 in Obergiersdorf niederzulassen. 1938 errichtete er nach Entwurf des Architekten Marschall ein eigenes Haus im sogenannten Fuchswinkel in Hain. 1948 ausgewiesen, fand er in Lindlar/Westfalen, später in Marburg ein neues Domizil. Erhielt 1959 einen Teil des durch die polnische Regierung beschlagnahmten Werkes zurück.
Erich Fuchs hat in seinem graphischen Werk Handwerk, Sitten, Lebensform, Bauweise und Gebräuche des Riesengebirges und Schlesiens realistisch exakt wiedergegeben und in umfangreichen, radierten Mappenwerken (»Schlesisches Bergvolk«) zusammengefaßt (u. a. Glasbläsermappe, Trachtenmappe, Webermappe, Schömbergmappe). Sein Werk spiegelt die heimatlich-volkskundlichen Bestrebungen, die für Künstlerkolonien charakteristisch waren.
1971 erschien im Verlag J. G. Bläschke in Darmstadt der Band »Schlesische Weber« mit 60 Bildern von Erich Fuchs und erläuterndem Text von → Will-Erich Peuckert.
Lit. u. a.: Vollmer Hans, Allgemeines Lexikon der bildenden Künstler des 20. Jahrhunderts. Bd. 2. Leipzig 1955, 172 [dort weit. Lit.] – Richter Gustav, Eine Kunst, die man fördern sollte! Gespräche mit Radierer Erich Fuchs: Schlesische Bergwacht 5, v. 5.3.1954, 6-7 – Festschrift zum 80. Geburtstag für Erich Fuchs. Darmstadt 1970 – Grundmann Günther, Künstler und Künstlerkolonien im Riesengebirge: Jahrbuch der Schlesischen Friedrich-Wilhelms-Universität zu Breslau 17, 1972, 377 [dort. weit. Lit.] – Deneke Bernward, Zum neunzigsten Geburtstag von Erich Fuchs: Schlesien 25, 1980, H. 2, 115-118 [mit Porträt] – [Kat. Ausst.] Kunst in Schlesien. Künstler in Schlesien. Ostdeutsche Galerie Regensburg. Würzburg 1985, 86 [dort weit. Lit.] – Trierenberg Heinrich (Hrsg.), Erich Fuchs (1890-1983). Leben und Brauchtum im Riesengebirge. Würzburg 1993 [dort weit. Lit.] – [Besprechung der gleichnamigen Ausst.]: Schlesischer Kulturspiegel 28, 1993, H. 2/3, 9.

Eugen Füllner

1853 Breslau – 1925 Bad Warmbrunn
Fabrikant, Kommerzienrat, Dr. h. c.
Trat nach seiner Lehrzeit in die 1854 von seinem Vater Heinrich Füllner in Herischdorf bei Hirschberg gegründete Fabrik für Papiermaschinen ein, die er seit den achtziger Jahren leitete. 1895 wurde der Ingenieur Anton Schloßbauer Mitinhaber des Betriebs, der sich nach der Jahrhundertwende zu einem führenden deutschen Unternehmen seiner Branche entwickeln sollte. Es ging nach Ausscheiden Eugen Füllners in den Besitz der Linke-Hoffmann Werke in Breslau, später der Linke-Hoffmann-Lauchhammer AG über.
Eugen Füllner erhielt 1899 den Titel eines preußischen Kommerzienrats und wurde 1910 Ritter der Ehrenlegion. Er hat sich um das Gedeihen der Warmbrunner Holzschnitzschule und das dortige Kulturleben besondere Verdienste erworben. Sein Grabmal auf dem Friedhof der evangelischen Kirche in Warmbrunn entwarf → Cyrillo dell'Antonio.
Lit. u. a.: Grundmann Günther, Die Warmbrunner Holzschnitzschule im Riesengebirge. Bad Windsheim 1968, 50, Anm. 35.

Carl Gottfried Geisler

April 1754 Kleitsch bei Dittmannsdorf – 26.10.1833 Breslau
Architekt, Baumeister
Schüler von Carl Gotthard Langhans (1732-1833). 1770 in Brieg erwähnt. Wurde 1788 als Bauinspektor nach Breslau versetzt und errichtete 1797/98 das Schloß in Militsch. 1797 entwarf er für den Grafen → Johann Nepomuk Schaffgotsch in Warmbrunn eine »Galerie«, einen mit Säulen instrumentierten, überkuppelten Zentralbau, als Point de vue einer durch eine Allee gebildeten Achse (»Zum Vergnügen der Badegäste«). Der Bau wurde 1797 begonnen und 1799 fertiggestellt. 1798 konzipierte Geisler für den Grafen einen Brückenbau über den Zacken, weiterhin Verwaltungsbauten in Greiffenstein und Giersdorf, die jedoch nicht realisiert wurden. Geislers Bauten sind in ihrer klassizistischen, von Langhans abgeleiteten klaren und sachlichen Grundhaltung, charakteristisch für das kulturelle »Klima«, für Gediegenheit und einen wohlproportionierten Formenkanon, der für die Amtsbauten im Hirschberger Tal zum Leitbild wurde. Geisler war vermutlich auch an Bauvorhaben des Schloßes Buchwald beteiligt. 1802 wurde er zum Oberbauinspektor befördert.
Lit. u. a.: Grundmann Günther, Schlesische Architekten im Dienst der Herrschaft Schaffgotsch und der Propstei Warmbrunn. Straßburg 1930, 142-153 = Studien zur deutschen Kunstgeschichte H. 274.

Carl Gottfried Geisler, »Galerie« in Bad Warmbrunn, 1797–1799; überkuppelter Zentralbau mit stark instrumentiertem Mittelbau

Bernd Moritz Girscher

1822 Rothenburg bei Görlitz – Sept. 1870 Berlin
Maler und Mediziner
Studierte anfänglich Medizin und wandte sich dann als Schüler E. Reschs in Breslau der Malerei zu. Weiterbildung 1849 in München. Lebte einige Jahre in Liegnitz und dann in Berlin. Malte auch Riesengebirgsmotive, so u. a. eine Landschaft auf dem Riesengebirgskamm in der Höhe der Hofbauden mit Blick ins Böhmische (ehemals Städtische Kunstsammlungen, Görlitz).
Lit. u. a.: Thieme U., F. Becker u. H. Vollmer, Allgemeines Lexikon der bildenden Künstler. Bd. 14. Leipzig 1921, 193 [dort weit. Lit.] – Boetticher Friedrich v., Malerwerke des neunzehnten Jahrhunderts. Bd. 1,1. Leipzig 1891, 411 – Grundmann Günther, Das Riesengebirge in der Malerei der Romantik. 3. Aufl. München 1965, 169 [Erwähnung].

Bernhard Girscher, Baudenlandschaft, 1849; Ölgemälde; ehemals Städtische Kunstsammlung, Görlitz

Hans Grisebach

26. 6. 1848 Göttingen – 11. 5. 1904 Berlin
Architekt
Studium am Polytechnikum in Hannover, ab 1873 an der Wiener Akademie. 1876-1879 Mitarbeiter von Johannes Otzen in Wiesbaden, dem er 1880 nach Berlin folgte. 1882 Erfolg im Wettbewerb um den Bau des Geschäftshauses A. W. Faber. In der Folge baute Grisebach die Villa für Wilhelm von Bode; war eng befreundet mit Max Liebermann, baute dessen Haus am Pariser Platz, und errichtete das Ausstellungshaus der Sezession in Berlin-Charlottenburg. Ab 1899 plante und baute er das schloßartige Haus »Wiesenstein« Gerhart Hauptmanns (Fertigstellung 1901) in Agnetendorf im Riesengebirge. Das mit Türmen bewehrte Gebäude erhob sich auf einem Granitrücken unterhalb der Schneegruben und war Begegnungsstätte zahlreicher Vertreter des geistigen Lebens Deutschlands.
Die bibliophile Sammlung Grisebachs und sein zeichnerischer Nachlaß werden in der Kunstbibliothek Berlin bewahrt.
Lit. u. a.: Thieme U., F. Becker u. H. Vollmer, Allgemeines Lexikon der bildenden Künstler. Bd. 15. Leipzig 1922, 55-56 [dort weit. Lit.] – Grundmann Günther, Das Haus Wiesenstein in Agnetendorf. In: Erlebter Jahre Widerschein. München 1972, 125-137 – Hildebrandt Klaus, Gerhart Hauptmanns Haus »Wiesenstein«. Zum Gedenken an ein bedeutendes Bauwerk, das vor 75 Jahren fertiggestellt wurde: Schlesien 21, 1976, H. 3, 147-149 – Berckenhagen Ekhart, Architekturzeichnungen 1479-1979. Berlin 1979, 221 – Requardt Walter, Gerhart Hauptmanns »Wiesenstein«: Schlesien 33, 1988, H. 3, 139-141.

Hans Grisebach, Haus »Wiesenstein« in Agnetendorf, 1899–1901

Carl Grosser

3. 11. 1850 Schmiedeberg – 10. 12. 1918 Breslau
Architekt
Schüler der Berliner Bauakademie, 1872-1875 im Atelier Kayser und v. Großheim tätig. Seit 1877 selbständig. Errichtete u. a. 1898/99 das Kurhaus in Bad Flinsberg, einen Bau von imponierender Größe, noch durchaus von historistischer Vorstellung bestimmt, mit zahlreichen Giebeln, Türmchen und Erkern. Er zeigt noch keine Einbindung in die Landschaft, während das zwischen 1912 und 1914 entstandene Riesengebirgsmuseum in Hirschberg am Kavalierberg davon bestimmt wird. Der schlichte Baukörper ist vorzüglich proportioniert und instrumentiert und wird von einem Walmdach bekrönt. Das Museum wurde durch Zuwendungen von Staat, Provinz und Riesengebirgsverein (1880 durch → Theodor Donat gegründet) finanziert.
Lit. u. a.: Thieme U., F. Becker u. H. Vollmer, Allgemeines Lexikon der bildenden Künstler. Bd. 15. Leipzig 1922, 103 [dort weit. Lit.] – Grundmann Günther, Die bauliche Entwicklung des Riesengebirges in der 1. Hälfte des 20. Jahrhunderts: Der Wanderer im Riesengebirge 50, 1930; [dass.] In: Kunstwanderungen im Riesengebirge. München 1969, 210/211 [Erwähnung] – Erinnerungsschrift zum 100jährigen Bestehen des Riesengebirgsvereins am 1. August 1980. Düsseldorf 1980 – Höhne Alfred, Hirschberg im Riesengebirge. 2. Aufl. Nürnberg 1985, 250-255 [Riesengebirgsverein] – Das Riesengebirgsmuseum in Hirschberg und Hohenelbe: Schlesische Bergwacht 44, 1994, 147-149.

Carl Grosser, Das Riesengebirgsmuseum in Hirschberg, 1912/14; aus: Halama, Schlesien 1925, 144

Friedrich Ernst Grünewald

1801 Darmstadt – 1848 Darmstadt
Kupfer- und Stahlstecher, Lithograph
Betrieb ab 1841 zusammen mit → William John Cooke eine lithographische Anstalt in Darmstadt, in der eine Reihe von Zeichnungen → Ludwig Richters gestochen wurden. Sie erschienen in den von Carl Herloßsohn verfaßten und bei Georg Wigand in Leipzig 1841 edierten »Wanderungen durch das Riesengebirge und die Grafschaft Glatz« als Band 6 der Reihe »Das malerische und romantische Deutschland«.
Lit. u. a.: [Kat. Ausst.] Das Riesengebirge in der Graphik des 18. und 19. Jahrhunderts. Bensheim. Marktoberdorf 1993, 88, Nr. 44, 96, 138.

Johann David Grüson

27. 4. 1780 Magdeburg – 7. 11. 1848 Breslau
Bildnismaler, Lithograph
Studierte in Berlin und Dresden, war 1813-1815 als Porträtist in Hirschberg tätig, siedelte dann nach Breslau über und war dort Inhaber einer lithographischen Anstalt (J. D. Grüson & Co.)
Lit. u. a.: Thieme U., F. Becker u. H. Vollmer, Allgemeines Lexikon der bildenden Künstler. Bd. 15. Leipzig 1922, 140 [dort weit. Lit.] – Wiese Erich, Biedermeierreise durch Schlesien. Darmstadt 1966 375/376, Nr. 20 – [Kat. Ausst.] Das Riesengebirge in der Graphik des 18. und 19. Jahrhunderts. Bensheim. Marktoberdorf 1993, 88, Nr. 10, 213.

Johann David Grüson, Standbild des Fürsten Blücher von Wahlstadt in Breslau; Lithographie, 26,5 × 36 cm, nach einer Federzeichnung von Ferdinand Koska (vgl. S. 200); aus: Wiese, Biedermeierreise 1966, 57

Günther Grundmann

10. 4. 1892 Hirschberg – 19. 06. 1976 Hamburg
Kunsthistoriker, Denkmalpfleger, Professor
1901-1912 Besuch des Gymnasiums in Hirschberg, im Anschluß die Malschule des Porträtmalers Walter Thor in München, parallel Studium der Kunstgeschichte bei Wölfflin und Burger, 1913 Wechsel zur Kunstgewerbeschule von Richard Riemerschmid, beeinflußt auch durch Hans Schmithals. 1916 Promotion nach Studium in München und Breslau. Nach Aufenthalt in Hain ab 1919 Geschäftsführer des Hausfleißvereins in Warmbrunn und Lehrtätigkeit in der dortigen Holzschnitzschule. 1932 Ernennung zum Provinzialkonservator der Kunstdenkmäler Niederschlesiens mit Übersiedlung nach Breslau. 1935 Lehrauftrag an der Friedrich-Wilhelms-Universität und 1939 Honorarprofessur an der Technischen Hochschule Breslau, im gleichen Jahr zum Preußischen Provinzialrat ernannt. Nach Vertreibung ab 1948 zunächst Direktor der Kunstsammlungen der Veste Coburg; seit 1950 Direktor des Altonaer Museums in Hamburg. Berater der Freien und Hansestadt Hamburg beim Wiederaufbau nach dem Zweiten Weltkrieg. 1962-1972 Vorsitzender des Kulturwerks Schlesien, Präsident des Herder-Forschungsrates und deutscher Repräsentant in der UNESCO für Denkmalschutz. 1966 mit dem Georg-Dehio-Preis ausgezeichnet. Dilettierte auch in der Malerei.
Grundmann hat eine große Zahl von vorzüglichen Publikationen, vor allem über schlesische Themen veröffentlicht, ohne die das Gedächtnis an viele Künstler Schlesiens bereits gelöscht wäre.
Veröffentlichungen u. a.: Schlesische Architekten im Dienst der Herrschaft Schaffgotsch und der Propstei Warmbrunn. Straßburg 1930 = Studien zur deutschen Kunstgeschichte. H. 274 – Das Riesengebirge in der Malerei der Romantik. Breslau [1932] = Schlesien Bd. 1; 3. Aufl. München 1965 – Schlesien. Berlin 1962 – Dome, Kirchen und Klöster in Schlesien. Frankfurt/M. 1963 – Kunstwanderungen in Schlesien. München 1966 – Barockfresken in Breslau. Frankfurt/M. 1967 – Die Warmbrunner Holzschnitzschule im Riesengebirge. München 1968 = Silesia Folge 1 – Kunstwanderungen im Riesengebirge. München 1969 – Der evangelische Kirchenbau in Schlesien. Frankfurt/M. 1970 – Barockkirchen und Klöster in Schlesien. München 1971 – Erlebter Jahre Widerschein. München 1972 – Stätten der Erinnerung. München 1975.
Lit. u. a.: Provinzialkonservator Prof. Dr. Günther Grundmann: Schlesien 4, 1942, Nr. 4-6, 47 – Bewahren und Gestalten. Festschrift zum 70. Geburtstag von Günther Grundmann. Hamburg 1962 – Universitätsprofessor Dr. Günther Grundmann zum 75. Geburtstag: Schlesischer Kulturspiegel 1967, F. 1-3, 1-2 – Zs. Schlesien 17, 1972, H. 1 [ist ausschließlich G. Grundmann zum 80. Geburtstag gewidmet mit Beiträgen von: Ernst Scheyer, Gerhard Webersinn, Otto Hermann Thiel, Sigfried Asche, Gerhard Wietek, Joachim Gerhardt, Roderich Schmidt, Wolfgang Schwarz] – Hayduk Alfons, Unserem Univ.-Prof. Dr. Günther Grundmann zum 80. Geburtstag: Schlesischer Kulturspiegel 7, 1972, F. 1-3, 1 – Schulz

Eberhard Günter, An der Bahre von Günther Grundmann: Schlesien 21, 1976, H. 3, 173-174 – Scheyer Ernst, Günther Grundmann als Kunsthistoriker, Schriftsteller in seiner Vollendung: Schlesien 21, 1976, H. 4, 195-199 – Prof. Dr. Günther Grundmann zum Gedenken: Schlesischer Kulturspiegel 11, 1976, F. 7-9, 1 – [Kat. Ausst.] Kunst in Schlesien. Künstler aus Schlesien. Ostdeutsche Galerie, Regensburg. Würzburg 1985, 94.

Cyrillo dell'Antonio (vgl. S. 181), Bronzeplakette von Günther Grundmann, 1932; Durchmesser ca. 10 cm; Privatbesitz

Alfred Gubisch

Maler
Lebte um 1940 im Riesengebirge und ist 1941 in einer Ausstellung in Hirschberg vertreten (wohl identisch mit dem Pächter der Schneegrubenbaude).
Lit. u. a.: Fierke Otto, Künstler des Riesengebirges. Ausstellung in Hirschberg: Schlesische Tagesztg. v. 27. 5. 1941. Nr. 146 [Erwähnung].

Johannes Guthmann

27. 8. 1876 Berlin – nach 1955
Schriftsteller, Kunsthistoriker, Sammler, Dr. phil.
Stammte aus dem vermögenden Berliner Großbürgertum. Sein Vater war Inhaber großer Baufirmen und Baustoff-Fabriken. Studierte in Berlin bei Heinrich von Treitschke, in Heidelberg (bei Kuno Fischer und Henry Thode) und Leipzig, vor allem Kunstgeschichte. 1892 Reise nach Norwegen und Begegnung mit Ibsen. 1899 Promotion (Diss. »Die Landschaftsmalerei in der toscanischen und umbrischen Kunst von Giotto bis Raffael«). Sein Vater überließ ihm dann das ehemalige Bismarcksche Herrenhaus Neu-Kladow an der Havel, das Johannes Guthmann durch Schultze-Naumburg auch mit einem Naturtheater ausbauen ließ. Guthmann wurde Förderer der Künste, besonders der Musik und Literatur. Conrad Ansorge spielte in seinem Haus, eine Freundschaft mit → Gerhart Hauptmann entwickelte sich. Nach dem Bruch mit dem Vater 1921 Übersiedlung nach Mittel-Schreiberhau in das Haus der Mutter, seines Freundes → Joachim Zimmermann. Zu ihrem Freundeskreis gehörte der Nationalökonom Karl Ploetz, der Maler → Hanns Fechner, die Komponistin Anna Teichmüller und auch → Hans von Hülsen. Der junge → Willi Oltmanns hatte in den dreißiger Jahren die Genehmigung, im Gewächshaus des Parks des Hauses Guthmann und Zimmermann zu malen. Zwischen den Eignern und Max Slevogt, ebenso mit Bruno Cassirer bestand eine enge Freundschaft. Slevogt illustrierte nicht allein Bücher von Johannes Guthmann, wie das über eine gemeinsame Ägyptenreise oder »Scherz und Laune«, erschienen bei Bruno Cassirer in Berlin 1920, sondern malte auch im Gartenpavillon in Mittel-Schreiberhau einen Rübezahl als Wandgemälde. Auch Max Beckmann illustrierte das von Guthmann verfaßte, als 3. Werk der Pan-Presse 1911 bei Cassirer erschienene Werk, »Eurydikes Wiederkehr«. Eigene Schriften u. a.: Goldene Frucht. Tübingen 1955.
Lit. u. a.: Weiss Hans-Gerhard, Schreiberhau. Die magische Talsenke: Schlesien 19, 1969, H. 1., 41 [Erwähnung] – Willi Oltmanns. München/Bad Windsheim 1982, 15 = Silesia Folge 29 – Brühl Georg, Die Cassirers. Leipzig 1991, 170, 472 [Erwähnung].

Rudolf Hacke

24. 7. 1881 Berlin – 16. 2. 1952 Stadtlohn
Maler und Kupferstecher
Studierte an den Akademien in Berlin und Dresden und war Meisterschüler von Eugen Bracht (1842-1921). Bildete sich bei Albert Hertel (1843-1912) und Ulrich Hübner (1872-1932) weiter. War bis 1945 in Seitendorf im Bober-Katzbach-Gebirge ansässig und gehörte in den zwanziger Jahren dem »Künstlerkreis Niederschlesien« an. Zahlreiche Reisen. Seine von dekorativer Farbigkeit erfüllte Bildwelt wird von der Neuen Sachlichkeit bestimmt. Er malte und radierte Landschaften, Seestücke, Bildnisse und Akte. 1951 führte das Städtische Museum in Flensburg eine Kollektiv-Ausstellung durch. Bilder werden u. a. in der Nationalgalerie in Berlin und im ehemaligen Museum in Liegnitz bewahrt.
Lit. u. a.: Thieme U., F. Becker u. H. Vollmer, Allgemeines Lexikon der bildenden Künstler. Bd. 15. Leipzig 1922, 409 [dort weit. Lit.] – Vollmer Hans, Allgemeines Lexikon der bildenden Künstler des 20. Jahrhunderts. Bd. 2. Leipzig 1955, 347 – Schlesische Monatshefte 8, 1931, 209-211 – Grundmann Günther, Künstler und Künstlerkolonien im Riesengebirge: Jahrbuch der Schlesischen Friedrich-Wilhelms-Universität zu Breslau 17, 1972, 373 – ders., Erlebter Jahre Widerschein. München 1972, 87-91 – Siebenbürger Elsbeth, Der Maler und Kupferstecher Rudolf Hacke: Schlesien 27, 1982, H. 3, 181-182 – [Kat. Ausst.] Kunst in Schlesien. Künstler aus Schlesien. Schlesien. Ostdeutsche Galerie Regensburg. Würzburg 1985, 96.

Rudolf Hacke, Blick vom »Rosengarten« auf Seifersdorf, die Falkenberge und die Schneekoppe; Kupferstich; aus: Grundmann, Widerschein 1972

Johannes Hänsch

Geboren am 24. 6. 1875 in Berlin
Bildnis- und Landschaftsmaler
Schüler von P. Vorgang, E. Bracht und Fr. Kallmorgen, dann Meisterschüler bei Albert Hertel an der Berliner Akademie. Kollektiv-Ausstellung 1935 im Verein Berliner Künstler. Malte auch Riesengebirgsmotive, von denen Beispiele in der Ostdeutschen Galerie in Regensburg bewahrt werden.
Lit. u. a.: Thieme U., F. Becker u. H. Vollmer, Allgemeines Lexikon der bildenden Künstler. Bd. 15. Leipzig 1922, 438 [dort weit. Lit.] – Vollmer Hans, Allgemeines Lexikon der bildenden Künstler des 20. Jahrhunderts. Bd. 2. Leipzig 1955, 350 [dort weit. Lit.] – Kunst und Antiquitäten Rundschau 43, 1935, 207; 49, 1941, 69.

Johannes Hänsch, Abend im Riesengebirge, 1908; Öl auf Leinwand, 94 cm × 136 cm; bez. l. u.: J. Hänsch. 08; Bes.: Museum Ostdeutsche Galerie, Regensburg

Christian Haldenwang

14. 5. 1770 Durlach – 27. 6. 1831 Rippoldsau/Schwarzwald (vgl. auch Abb. S. 204)
Kupferstecher
Schüler von Christian von Mechel in Basel und 10 Jahre sein Mitarbeiter. Kam 1796, als erfahrener Stecher in Aquatinta-Manier, zur Chalcographischen Gesellschaft nach Dessau. 1804 von Großherzog Johann nach Karlsruhe berufen. Stach eine Reihe von Zeichnungen des Riesengebirges → Christoph Nathes, die 1803 in der Chalcographischen Gesellschaft in Desssau ediert wurden.
Lit. u. a.: Thieme U., F. Becker u. H. Vollmer, Allgemeines Lexikon der bildenden Künstler. Bd. 15. Leipzig 1922, 498 [dort weit. Lit.] – Grundmann Günther, Das Riesengebirge in der Malerei der Romantik. 3. Aufl. München 1965, 61, 63 – Wiese Erich, Biedermeierreise durch Schlesien. Darmstadt 1966, 376, Nr. 11 – [Kat. Ausst.] Das Riesengebirge in der Graphik des 18. und 19. Jahrhunderts. Bensheim. Marktoberdorf 1993, 88, Nr. 8, 105, 113, 122, 131.

Christian Haldenwang (Stecher), Christoph Nathe (Zeichnung), Die Dreysteine oder Teufelskanzel unter dem Großen Teiche, 1803; Aquatinta, 19 cm × 26,5 cm; Chalcographische Gesellschaft, Dessau; Privatbesitz

Carl Hauptmann

11. 5. 1858 Obersalzbrunn – 4. 2. 1921 Mittel-Schreiberhau (vgl. Abb. S. 44, 46)
Dichter, Naturwissenschaftler
Bruder von → Gerhart Hauptmann. Studierte Biologie bei Ernst Haeckel und Philosophie bei Richard Avenarius und Rudolf Eucken. 1883 Dissertation zum Thema »Die Bedeutung der Keimblättertheorie für die Individualitätslehre und den Generationswechsel«. 1885 folgt die Schrift »Metaphysik in der modernen Psychologie«, aufgrund derer er zur Habilitation und Dozentur vorgeschlagen wurde. Gab dann jedoch die wissenschaftliche Laufbahn auf, um schriftstellerisch tätig zu werden. Wie sein Bruder empfing er reiche Anregung aus der schlesischen Gebirgslandschaft, noch mehr aus der älteren schle-

sischen Mystik, der volkstümlichen Religiosität und Phantastik, die seinem von der Realität enttäuschten Grübelsinn entgegenkamen. Sein Weg führte ihn von der schlesischen Heimatdichtung und Naturalismus (»Marianne« 1894) über Neuromantik (»Die Bergschmiede«, 1901) zum Expressionismus (»Einhart der Lächler«, 1907; hierfür soll Otto Mueller die Anregung gegeben haben!).
Seit 9. August 1891 mit seinem Bruder in einem 1890 erworbenen und danach umgebauten Bauernhaus in Mittel-Schreiberhau ansäßig, wurde er Zentrum eines Freundeskreises, einer ersten Schreiberhauer Dichterkolonie. 1894 verließ Gerhart Hauptmann das Haus, das nun von Carl Hauptmann bis zu seinem Tode allein bewohnt wurde. 1904 konnte er es von seinem Bruder erwerben. In diesem Haus trafen sich → Werner Sombart, → Georg Reicke, Samuel Fischer, → Bruno Wille, → Hermann Stehr, → John Henry Mackay, → Hermann Hendrich, → Georg Wichmann oder die Modersohns aus Worpswede. Hier wurde nächtelang diskutiert oder im 32 Morgen großen Garten getafelt, hier fanden die Auseinandersetzungen zwischen den Ehefrauen und den Gemahlinnen zur linken Hand statt, hier entstanden seine Werke wie »Krieg. Ein Tedeum« (1914), »Der abtrünnige Zar« (1919) und auch das »Rübezahlbuch« (1915). Carl Hauptmann wurde auf dem Friedhof in Nieder-Schreiberhau begraben. Wilhelm Bölsche schrieb einen Nachruf im Berliner Tageblatt, und Marlene Poelzig entwarf das grünglasierte Terrakotta-Grabmal (vgl. Abb. S. 175).
Lit. u. a.: Goldstein W., Carl Hauptmann. 1931 – Nehlert Johanna, Ideenwandel und Formproblem im dichterischen Schaffen Carl Hauptmanns. Diss. Breslau 1943 – Gerbert Dorothea, Motive und Gestalten im Werk Carl Hauptmanns. Diss. Wien 1951 – Minden H., Carl Hauptmann als Bühnendichter. Diss. Köln 1957 – Meridies Wilhelm, Carl Hauptmanns Weg zur Mystik: Schlesien 3, 1958, H. 1, 33-41 – Duglor Thomas, Carl Hauptmann. Ein schlesischer Dichter. Zur hundertsten Wiederkehr seines Geburtstages 11. 5. 1858/1958. Düsseldorf 1958 = Kulturheft 32 – Ischreyt Heinz, Der »Gebärmensch«. Versuch des Schöpferischen bei Carl Hauptmann aus Anlaß seines 100. Geburtstages: Jahrbuch der Schlesischen Friedrich-Wilhelms Universität zu Breslau 4, 1959, 232-258 – Lubos Arno, Die schlesische Dichtung im 20. Jahrhundert. München 1961, 52-53 – Gläbe Friedrich, Carl Hauptmann und Worpswede: Jahrbuch der Schlesischen Friedrich-Wilhelms-Universität zu Breslau 9, 1964, 302-343 – Speht Kurt, Carl Hauptmann: Schlesien 16, 1971, H. 1, 1-6 [dort Abb. des Porträts von Wislicenus und des Hauptmann-Hauses in Schreiberhau] – Hupka Herbert (Hrsg.), Große Deutsche aus Schlesien. München/Wien 1978; 3. Aufl. 1985, 174-179 (Wolfgang Schwarz) – Zybura Marek, Carl Hauptmann. In: Literatur-Lexikon. Hrsgg. v. Walther Killy. Bd. 5. Gütersloh/München 1990, 59-60 – Frömberg Kurt, Die Brüder Carl und Gerhart Hauptmann 1890-1921: Schlesien 38, 1992, H 2, 84-98.

Gerhart Hauptmann

15. 11. 1862 Obersalzbrunn – 6. 6. 1946 Agnetendorf (vgl. Abb. S. 40, 46)
Dramatiker und Erzähler
1874-1878 Besuch der Realschule in Breslau, 1878 Landwirtschaftseleve in Lohnig/Striegau und Lederose; 1879-1882 erneut in Breslau. Besuch der Bildhauerklasse in der Königlichen Kunst- und Kunstgewerbeschule. 1882-1891 als Student und Bildhauer in Rom, Dresden, Berlin und als Schriftsteller in Erkner, Charlottenburg und Bad Flinsberg. 1890 Kauf eines Bauernhauses mit großem Umgriff in Mittel-Schreiberhau. Dort ansäßig mit seinem Bruder → Carl und Familien bis 1894, dann Übersiedlung nach Berlin. 1899 Planung eines Hauses in Agnetendorf, dessen Errichtung ab 25. 7. 1900 begonnen, und das am 10. 8. 1901 bezogen wurde. Es blieb sein Hauptwohnsitz bis zu seinem Tode. 1912 Nobelpreis.
»Hauptmanns Dichtertum gründet« – nach lexikalischer Definition – »in einer elementar sinnlichen Weltaufnahme, einer Erfahrung des Lebens als ›Urdrama‹, in einer Erfassung des Menschen als primär triebhaftes, zum Leiden verurteiltes Wesen, in einer Ethik des sozialen und humanen Mitleidens und in einer Offenheit für das Mystische, Märchen- und Traumhafte...« (Brockhaus 1969). Um die Jahrhundertwende und in den ersten Jahrzehnten des 20. Jahrhunderts galt Gerhart Hauptmann als der große deutsche Dramatiker. Nach der Besiedlung der Talsenke des Riesengebirges durch die preußischen Könige → Friedrich Wilhelm III. und IV. und durch weitere Fürsten in der ersten Hälfte des 19. Jahrhunderts erfolgte durch die Ansiedlung Gerhart Hauptmanns in Schreiberhau und Agnetendorf eine weitere entscheidende Aufwertung des Riesengebirges im allgemeinen kulturellen Bewußtsein. Dem Kauf des Hauses in Mittel-Schreiberhau 1890, dem Aufenthalt Hauptmanns bis zur Fertigstellung des Umbaus (9. 8. 1891) in Ober-Schreiberhau/Mariental (April bis Anfang August 1891) und damit der ersten Seßhaftmachung im Riesengebirge folgte eine ungemein fruchtbare Schaffensphase, die von der Ehekrise und der Flucht nach Berlin unterbrochen wurde. Damals entstanden u. a.: »Die Weber«, »Kollege Crampton«, »Der Biberpelz«, »Hanneles Himmelfahrt«. Um die Brüder Carl und Gerhart Hauptmann bildete sich in Schreiberhau ein ungemein lebendiger, diskussionsfreudiger Kreis von Schriftstellern, Literaten, Malern und Wissenschaftlern, die sich bis zum Ersten Weltkrieg zu einer ersten Dichter- und Malerkolonie verdichtete; denn zahlreiche Besucher siedelten sich im Riesengebirge an. Mit dem Bau des schloßähnlichen Hauses »Wiesenstein« in Agnetendorf unter den Schneegruben durch den Charlottenburger Architekten → Hans Grisebach (1900/1901), eines mit Turm ausgestatteten historistischen Gebäudes, bildeten sich schließlich zwei kulturell aktive Zentren, das eine in Schreiberhau, das andere in Agnetendorf, die beide den Namen des Riesengebirges als ausstrahlungsfähigen, geistigen Raum in die Welt trugen. Im Januar 1922 überzog → Johannes Maximilian Avenarius die Halle des Hauses »Wiesenstein« mit einem Freskenzyklus (»Paradieshalle«). Hier starb der Dichter, dessen Totenmaske von → Ernst Rülke abgenommen wurde. Das von Gerhart Hauptmann individuell geprägte, mit Sammlungen, Archiven und Bibliothek ausgestattete Haus diente nach 1946 als polnisches Kinderheim. Das Werk Hauptmanns wurde von Hans Egon Hass, fortgeführt von Martin Machatzke, in 11 Bänden in Berlin von 1962-1974 herausgegeben.
Bibliographien u. a.: Pinkus Max, Ludwig V. u. W. Requardt, Gerhart Hauptmann (Neubearbeitung 1930) – Voigt Felix A.: Zeitschrift für deutsche Philologie 64, 1939 – Tschörtner H. D., Gerhart Hauptmann. 1962 – Internationale Bibliographie zum Werk Gerhart Hauptmanns 1986, 1989; Nachträge: Schlesien 35, 1990, Nr. 1. 37, 1992, Nr. 3 (Sigfrid Hoefert) – [Die Zeitschrift »Schlesien« 1956 ff. enthält zahlreiche Beiträge über Gerhart Hauptmann und das Riesengebirge].
Lit. u. a.: [zu Hauptmann und Schlesien bzw. Riesengebirge]: Voigt A., Gerhart Hauptmann der Schlesier. 1942; 3. Aufl. München 1953 – Pohl Gerhart, Gerhart Hauptmanns letzte Tage: Schlesien 1, 1956, H. 2, 85-88 – Grundmann Günther, Erlebter Jahre Widerschein. München 1972, 125-137 – Requardt Walter, Betrachtungen zu Gerhart Hauptmann und Schlesien: Schlesien 25, 1980, H. 2, 70-80 – Machatzke Martin, Gerhart Hauptmanns Weg nach Schlesien: Schlesien 29, 1984, H. 4, 210-224 – Hildebrandt Klaus, Gerhart Hauptmann und Schlesien: Schlesien 32, 1987, H. 4, 216-236.

Ivo Hauptmann

9. 2. 1886 Erkner – 28. 9. 1973 Hamburg
Maler und Radierer
Sohn des Dichters → Gerhart Hauptmann. 1891-1894 in Mittel-Schreiberhau im Riesengebirge. 1894-1903 in Dresden. 1903 erste Reise nach Paris und Besuch bei Bonnard und Maillol. 1903-1904 Schüler von Lovis Corinth in Berlin. 1904-1908 Studium an der Hochschule für bildende Künste in Weimar bei Ludwig von Hofmann. 1908-1912 zweiter Aufenthalt in Paris und Schüler von Bonnard, Signac, Sérusier, Vuillard. 1912 freischaffend in Dresden-Loschwitz. 1915-1918 Kriegsteilnahme. 1920-1938 wiederholte Aufenthalte in Agnetendorf und Hiddensee bei seinem Vater, befreundet mit → Otto Mueller, Mitbegründer der Hamburger Sezession. 1945-1951 Lehrer an der Landeskunstschule in Hamburg. In seiner Malerei schloß er sich anfänglich dem Neoimpressionismus an, gab ab etwa 1914 den Pointilismus zugunsten einer kräftigen, lapidar gefügten Form auf. Er malte Landschaften, Bildnisse, Stilleben.
Eigene Schriften u. a.: Erinnerungen an Otto Mueller. Hamburg 1953. – Bilder und Erinnerungen. Hamburg 1976.
Lit. u. a.: Thieme U., F. Becker u. H. Vollmer, Allgemeines Lexikon der bildenden Künstler. Bd. 16. Leipzig 1923, 134 – Vollmer Hans, Allgemeines Lexikon der bildenden Künstler des 20. Jahrhunderts. Bd. 2. Leipzig 1955, 391-392 [dort weit. Lit.] – Festschrift zum 70. Geburtstag. Hrsg. von der Freien Akademie in Hamburg. Hamburg 1957 – Behl C. F. W., Ivo Hauptmann. Zum achtzigsten Geburtstag des Malers: Schlesien 11, 1966, H. 1, 41-43 – [Kat. Ausst.] Ivo Hauptmann. Gemälde aus sechs Jahrzehnten. Ostdeutsche Galerie. Regensburg 1971 – Grundmann Günther, Ivo Hauptmann: Schlesien 19, 1974, H. 2, 65-73 [dort weit. Lit.] – [Kat. Ausst.] Ivo Hauptmann. Zeichnungen und Aquarelle. Altonaer Museum. Hamburg 1976 – [Kat. Ausst.] Kunst in Schlesien. Künstler aus Schlesien. Ostdeutsche Galerie Regensburg. Würzburg 1985, 97-98 – Hupka Herbert, Ivo Hauptmann und sein schlesisches Erbe: Schlesischer Kulturspiegel 21, 1986, F. 3, 9-10 – [Kat. Ausst.] Ivo Hauptmann. Gemälde und Pastelle. Kunstkabinett Hanna Bekker vom Rath. Frankfurt/M. 1991.

Ivo Hauptmann, Schlafende, 1910; Öl auf Leinwand, 114 cm × 145 cm; bez. r. u.: Ivo Hauptmann 1910; Bes.: Museum Ostdeutsche Galerie, Regensburg; aus: [Kat.] Kunst aus Schlesien... 1985, 27

Fritz Heckert, Petersdorfer Glashütte

1837 Halle – 1887 Petersdorf
Hohlglashütte und Veredelungsbetrieb für Zier- und Gebrauchsglas sowie Spezialglas
Gegründet 1866 oberhalb der sogenannten »Felsenmühle«, dort siedelte sich später das »Sanatorium Zackental« an. 1872 nach Petersdorf verlegt und an Stelle der Gastwirtschaft »Zum Grünen Kranze« errichtet. Heckert bezog anfänglich das Rohglas von der Josephinenhütte, errichtete jedoch 1879 einen eigenen Glasofen. 1887 Weiterführung durch den Sohn Bruno; von 1890 bis 1905 durch den Schwiegersohn Otto Thamm. 1918 wurde die Firma Heckert von der → Josephinenhütte für 468.400,00 Mark erworben und ab 1923 erfolgte die Fusion von Josephinenhütte, dem Glasbetrieb Neumann & Staebe in Hermsdorf/Kynast und der Petersdorfer Glashütte zu der Jo-He-Ky-Gesellschaft. Von 1870-1900 vielsseitige Glasproduktion, vor allem Nachbildungen antiker, altdeutscher, orientalischer und venezianischer Gläser, insbesondere in Emailmalerei. Große internationale Resonanz hatte das Unternehmen bereits in den Weltausstellungen in Wien 1873 und Philadelphia 1876. Entwerfer ab 1898 Max Rade (1840-1917), Ludwig Sütterlin (1865-1917), Martin Ehring, Martin Erbs-Heinemann, Willy Meitzen. Die Entwürfe Sütterlins erregten in der Turiner Ausstellung 1902 internationale Aufmerksamkeit.
Lit. u. a.: Hilschenz Helga, Das Glas des Jugendstils. Katalog der Sammlung Hentrich im Kunstmuseum Düsseldorf. München 1973, 88 – Klesse Brigitte u. Hans Mayer, Glas vom Jugendstil bis heute. Samm-

lung Gertrud und Dr. Karl Funke-Kaiser. Köln 1981, 18 [dort weit. Lit.] – Trux Elisabeth, [Kat. Ausst.] Schlesische Glaskunst des 18. bis 20. Jahrhunderts. Mainfränkisches Museum. Würzburg 1988 – Ricke Helmut, Die Glassammlung des Kunstmuseums Düsseldorf. Düsseldorf 1989, 216 – Seeger Siegmut, Die Glasraffinerie von Fritz Heckert in Petersdorf: Schlesischer Kulturspiegel 29, 1994, H. 2., 17-18.

Glashütte Fritz Heckert in Petersdorf, Henkelvase; Entwurf: Max Rade, um 1900; aus: Schlesien 37, 1992, H. 2

Otto Heinsius

25. 6. 1892 Renntopp – 29. 1. 1976 Bremen
Landschafts- und Porträtmaler, Photograph
Nachfahre aus dem Handelshaus Molinari in Breslau, das Gustav Freytag in »Soll und Haben« behandelte. Anfänglich kaufmännische Ausbildung in der Breslauer Kunsthandlung Lichtenberg, dann Kurse bei → E. Kaempffer und Unterricht bei → Georg Trautmann und dem Graphiker Hugo Ulbrich. Nach dem Ersten Weltkrieg Schüler von → Arthur Wasner (1887-1938) in Breslau. Dann Übersiedlung nach Erdmannsdorf im Riesengebirge. Hier entwickelte er seinen persönlichen vom Realismus zur Impression neigenden Stil. Nach dem Zweiten Weltkrieg 1945-1952 in Worpswede ansässig, ab 1952 in Bremen tätig. Werkausstellung 1972 in der Kunsthalle in Bremen.
Lit. u. a.: Vollmer Hans, Allgemeines Lexikon der bildenden Künstler des 20. Jahrhunderts. Bd. 2. Leipzig 1955, 409 [dort weit. Lit.] – Grundmann Günther, Künstler und Künstlerkolonien im Riesengebirge: Jahrbuch der Schlesischen Friedrich-Wilhelms-Universität zu Breslau 17, 1972, 375 – [Kat. Ausst.] Otto Heinsius. Gemälde und Handzeichnungen. Kunsthalle Bremen 1972 – Bachler Karl, Otto Heinsius 80 Jahre alt. Malerei aus Leidenschaft: Weser-Kurier v. 24./25. 6. 1972 – Erfülltes Leben in der Wahlheimat. Der Maler und Fotograf Otto Heinsius feiert seinen 80. Geburtstag: Bremer Nachrichten v. 24./25. 6. 1972 – Grundmann Günther, Der Maler Otto Heinsius: Schlesien 20, 1975, H. 1, 35-39 – [Kat. Ausst.] Kunst in Schlesien. Künstler aus Schlesien. Ostdeutsche Galerie Regensburg. Würzburg 1985, 98.

Otto Heinsius, Schneegruben im Winter, 1928; Öl auf Karton, 70 cm × 99 cm; bez. r. u.: Otto Heinsius 28; Privatbesitz, Schlesien

Hermann Hendrich

31. 10. 1856 Heringen am Kyffhäuser – 18. 7. 1931 Schreiberhau (vgl. auch Abb. S. 43)
Maler, Lithograph, Professor
Ausbildung in Nordhausen zum Lithographen, versuchte sich daneben autodidaktisch in der Landschaftsmalerei fortzubilden. Ging mit einer Reihe dieser Arbeiten, um seinen Bruder zu besuchen, in die USA. Nachdem es ihm gelungen war, in Auburn (Staat New York) seine Bilder zu verkaufen, kehrte er nach München zurück und wurde Schüler von Joseph Wenglein (1845-1919). Von Jugend auf für altgermanische Heldensagen begeistert, malte er in München 1885/86 einen Zyklus von Landschaften mit Szenen aus der Beowulfsage, die das Interesse des preußischen Gesandten von Werthern erregte, der Hendrich später Kaiser Wilhelm II. empfahl. Übersiedlung nach Berlin und Studium bei Eugen Bracht, daneben Ölskizzen zur Balladenfolge »Atlantis« des Grafen Ph. zu Eulenburg. Sie wurden im April 1889 dem Kaiser vorgelegt, der die Skizze »Vision« zur Ausführung bestimmte, verbunden mit einem dreijährigen Stipendium des preußischen Kultusminsteriums. Neben den nordischen Sagen regten ihn die Wagnerischen Musikdramen zu Arbeiten an, denen sorgfältige, auf zahlreichen Reisen in Norwegen, Italien und Deutschland gewonnenen Skizzen mit eigenartig bengalisch übersteigerten Bildlicht zugrunde lagen. 1901 konzipierte er auf dem »Hexentanzplatz« im Harz die »Walpurgishalle«, 1903 die »Sagenhalle« in Mittel-Schreiberhau. Das in Holz errichtete Gebäude (heute zerstört) mit Satteldach wurde von zwei Masten überragt, zwischen denen ein altgermanischer Eidring schwebte. Das Haus war reich mit Band- und Flechtwerk dekoriert und bildete eine Art Gegenstück zu der transplantierten nordischen Stabwerkkirche Wang oberhalb von Brückenberg. Im Innern zeigte die Sagenhalle acht großformatige Gemälde mit mythisch-landschaftlichen Darstellungen in denen sich Wotan- und Rübezahlvorstellungen vermischten. In ihnen wird manches der speziellen Stimmung der »magischen Talsenke« (Stehr) in der Zeit der Jahrhundertwende zum Ausdruck gebracht. 1913 errichtete Hendrich eine Nibelungenhalle auf dem Drachenfels bei Königswinter. Er beging 1931 in Schreiberhau Selbstmord. Eine Büste von ihm schuf Josef Limburg (1874-1955).
Eigene Schriften u. a.: Mein Leben und Schaffen. Kiel 1906. – Der Ring der Nibelungen. In Bildern von Hermann Hendrich. Leipzig 1909.
Lit. u. a.: Thieme U., F. Becker u. H. Vollmer, Allgemeines Lexikon der bildenden Künstler. Bd. 16. Leipzig 1923, 379 [dort. weit. Lit.] – Vollmer Hans, Allgemeines Lexikon der bildenden Künstler des 20. Jahrhunderts. Bd. 6. Leipzig 1962, 42 – Boetticher Friedrich v., Malerwerke des neunzehnten Jahrhunderts. Bd. 1,2. Leipzig 1895, 519 – Wille Bruno, Die Sagenhalle zu Schreiberhau. Berlin/Mittel-Schreiberhau 1904 – Regell Paul, Das Riesen- und Isergebirge. Land und Leute. Bielefeld/Leipzig 1905 = Monographien zur Erdkunde. Bd. 20 [übte Kritik an der Verbindung von Wotan und Rübezahl] – Koeppen Alfred, Hermann Hendrich und seine Tempelkunst: Westermanns Monatshefte 1908, 2 ff. – Holstein G., Hermann Hendrich eine deutsche Kunstgabe. Berlin 1921 – Geyer Ernst, Hermann Hendrich. Krummhübel/Leipzig 1924 – Friedrich P., Vom Heiligen Gral. Bildfolge von Hermann Hendrich. Stuttgart 1926 – Biedrzynski R., Hermann Hendrich zu seinem 75. Geburtstage: Der Wanderer im Riesengebirge 49, 1929, Nr. 11, 170-171 – [Nekrolog] Leipziger Neueste Nachrichten v. 23. 7. 1931 – Grundmann Günther, Künstler und Künstlerkolonien im Riesengebirge: Jahrbuch der Schlesischen Friedrich-Wilhelms-Universität zu Breslau 17, 1972, 357-362 – Wietek Gerhard (Hrsg.), Deutsche Künstlerkolonien. München 1976, 136-139. – [Kat. Ausst.] Die Nibelungen. Haus der Kunst. München 1987, 208, 311.

Hermann Hendrich, Der Wolkenschatten (in Gestalt Rübezahls), um 1902; aus der Sagenhalle in Mittel-Schreiberhau (zerstört)

Arno Henschel

15. 1. 1897 Görlitz – seit Januar 1945 vermißt
Maler, Holzschneider, Radierer
Nach dem Ersten Weltkrieg erste malerische Ausbildung bei dem Maler Edmund Bautz. Danach Studium an der Akademie in Breslau bei Alexander Kanoldt und → Carlo Mense. Studienreisen auf den Balkan. Ab 1940 Teilnahme am Zweiten Weltkrieg. Malte wiederholt im Riesen- und Isergebirge im Stile der Neuen Sachlichkeit.
Lit. u. a.: Vollmer Hans, Allgemeines Lexikon der bildenden Künstler des 20. Jahrhunderts. Bd. 2. Leipzig 1955, 422 – Dittmann W., Arno Henschel: Schlesische Monatshefte 5, 1928 – [Kat. Ausst.] Meisterwerke der Druckgraphik des 20. Jahrhunderts aus dem Besitz der Ostdeutschen Galerie. Regensburg 1983 – [Kat. Ausst.] Meisterwerke der Malerei und Plastik aus der Ostdeutschen Galerie. Regensburg. 1984 – [Kat. Ausst.] Kunst in Schlesien. Künstler aus Schlesien. Würzburg 1985, 34, 98, Nr. 80.

Arno Henschel, Querbach im Isergebirge, 1935/36; Öl auf Holz, 46,5 cm × 67,5 cm; bez. r. u.: Arno Henschel; Bes.: Ostdeutsche Galerie, Regensburg

Carl Adalbert Herrmann

25. 4. 1791 Oppeln – 14. 4. 1845 Breslau
Maler, Professor
Vermutlich Schüler J. Berglers d. J. in Prag, dann an der Akademie in Dresden unter Moritz Retzsch. 1814 in Oppeln, 1816 an der Berliner Akademie, 1817 Romstipendium. Dort befreundet mit den Deutschrömern. 1826 Wohnsitz in Breslau. 1834 Lehrer am Maria-Magdalena- und am Elisabeth-Gymnasium. 1841 Professor. → Leopold Gotthard Graf Schaffgotsch war ein Gönner Herrmanns und gab ihm 1821 den Auftrag für sieben Bilder in der Warmbrunner Propsteikirche, deren letztes 1824 geliefert wurde. Im Schloß Erdmannsdorf befand sich sein Gemälde »Gründung des Klosters Trebnitz«. Herrmann hat vor allem Porträts und religiöse Darstellungen in einer überaus sorgfältigen, genauen Manier gemalt.
Lit. u. a.: Thieme U., F. Becker u. H. Vollmer, Allgemeines Lexikon bildender Künstler. Bd. 16. Leipzig 1923, 481-490 [dort weit. Lit.] – Grundmann Günther, Schlesische Architekten im Dienste der Herrschaft Schaffgotsch und der Propstei Warmbrunn. Straßburg 1930, 54-55.

Georg Heym

30. 10. 1887 Hirschberg – 16. 1. 1912 Berlin
Lyriker, Schriftsteller
1907-1911 Jurastudium in Würzburg, Jena und Berlin. Promotion in Rostock. Ertrank beim Eislaufen auf der Havel. 1911 erster Gedichtband »Der ewige Tag«. »Umbra vitae« (Gedichte) wurde aus dem Nachlaß 1912 von Freunden herausgegeben. Im gleichen Jahr erschienen die noch von ihm zur Edierung vorbereiteten Erzählstücke »Der Dieb«. Heym gilt neben Georg Trakl als bedeutendster Lyriker des Frühexpressionismus mit »schwarzen Visionen« der kommenden Kulturkatastrophe in den Steinwüsten der Großstadt und den Gesichten häßlicher Natur. Gesammelte Gedichte herausgegeben von C. Seelig. Zürich 1947. Gesamtausgabe herausgegeben von Karl Ludwig Schneider. 1960 ff.
Lit. u. a.: Mahlendorf G. H., Georg Heym. Stil und Weltbild. Diss. Brown University 1958 – Loewensen E., Georg Heym. 1962 – Schweitzer R., Die Kunstmittel Georg Heyms. Diss. Graz 1962 – Eykman Chr., Die Funktion des Häßlichen. 1965 – Rolleke H., Die Stadt bei Stadler, Heym und Trakl. 1966 – Hartung Harald, Georg Heym. In: Literatur-Lexikon. Hrsgg. v. Walther Killy. Bd. 5. Gütersloh/München 1990, 296-299.

Alexander Bernhard Hoffmann

19. 7. 1895 Breslau – 9. 2. 1967 Stuttgart-Bad Cannstadt
Maler und Zeichner
Beginn des Studiums an der Breslauer Akademie 1914, das – unterbrochen durch den Ersten Weltkrieg – 1919 fortgesetzt wurde. Ausbildung als Kunsterzieher und in der Folgezeit Lehrer an Breslauer Gymnasien. 1926 erste Einzelausstellung, 1935 Preismünze der Stadt Breslau. Nach der Vertreibung in Stuttgart ansässig. Malte auch im Riesengebirge. Bilder dieser Thematik werden in der Ostdeutschen Galerie in Regensburg bewahrt.
Lit. u. a.: Barthel G., Betrachtungen zur schlesischen Kunst: Die Kunst 44, 1943 – Hoffmann A. F., Alexander Bernhard Hoffmann. Gedächtnisausgabe. Ditzingen 1974 – [Kat. Ausst.] Meisterwerke aus der Ostdeutschen Galerie Regensburg. Malerei und Plastik. Regensburg 1984 – [Kat. Ausst.] Kunst in Schlesien. Künstler aus Schlesien. Ostdeutsche Galerie Regensburg. Würzburg 1985, 37, 100.

Gustav Holstein

Geboren am 20. 12. 1876 in Wilna
Landschaftsmaler, Radierer und Lithograph
Studium als Schüler von Eugen Bracht (1842-1921) an der Akademie in Berlin, wo er auch lebte. Malte wiederholt im Riesengebirge. Bilder werden im Museum für Landeskunde, Haus Schlesien, Königswinter, bewahrt.
Lit. u. a.: Vollmer Hans, Allgemeines Lexikon der bildenden Künstler des 20. Jahrhunderts. Bd. 2. Leipzig 1955, 477 [dort weit. Lit.].

Gustav Holstein, Blick auf Elbfallbaude und Schneekoppe, 1. V. 20. Jh.; Öl auf Karton, 47,5 cm × 61 cm; Bes.: Museum für Landeskunde, Haus Schlesien, Königswinter

C. F. Hoppe

Zeichner, Lithograph
Zeichnete im ersten Viertel des 19. Jahrhunderts wiederholt Ansichten des Riesengebirges von denen um 1820 bei Carl Mattis in Schmiedeberg »Das Riesengebirge in 16 Steindrucken« erschien.
Lit. u. a.: Thieme U., F. Becker u. H. Vollmer, Allgemeines Lexikon der bildenden Künstler. Bd. 17. Leipzig 1924, 484 [dort weit. Lit.] – Grundmann Günther, Das Riesengebirge in der Malerei der Romantik. 3. Aufl. München 1965, 164, 165 – [Kat. Ausst.] Das Riesengebirge in der Graphik des 18. und 19. Jahrhunderts. Bensheim. Marktoberdorf 1993, 88, Nr. 153, 170.

Joseph Carl Eduard Hoser

1770 Ploschkowitz bei Leitmeritz – 1848 Prag
Naturforscher, Topograph, Schriftsteller
Hat mit seinem 1803/05 in Wien erschienenen Werk »Das Riesengebirge in einer statistischen-topographischen und pittoresken Übersicht« das Gebirge einer breiten Öffentlichkeit bekannt gemacht.
Lit. u. a.: [Kat. Ausst.] Das Riesengebirge in der Graphik des 18. und 19. Jahrhunderts. Bensheim. Marktoberdorf 1993, 88, Nr. 74.

Herbert Martin Hübner, Der rote Giebel, um 1930; Öl auf Karton, 70 cm × 80 cm; bez. r. u.: HMH (ligiert); Privatbesitz

Herbert Martin Hübner

18. 5. 1902 Ohlau – 17. 11. 1991 Lütjensee
Maler, Architekt, Plakatentwerfer
Studierte 1924-1926 an der Breslauer Kunstakademie bei Oskar Moll, Alexander Kanoldt und → Otto Mueller. Ließ sich 1930 in Ober-Schreiberhau nieder, lebte dort anfänglich im Mariental, Haus »Bergidyll« (Winklerstraße), und errichtete sich später nach eigenem Entwurf am Kapellenberg ein Haus. Befreundet mit Otto Mueller und Max Pechstein, mit denen er Riesengebirgswanderungen durchführte. War auch als Innenarchitekt, Plakatentwerfer und Buchgraphiker tätig. Mitglied der Künstlervereinigung St. Lukas in Ober-Schreiberhau. Wurde 1946 vertrieben und lebte seit 1949 als Architekt in Hamburg bzw. in Bollmoor bei Trittau, wo er sich erneut ein Haus baute. Arbeitete dort vor allem als Architekt und konzipierte Landhäuser, Fabrikbauten und die Kirche in Lütjensee. Sein malerisches Werk wird von expressivem Ausdruck und kubisch-flächiger Form bestimmt. Porträt und Landschaft unterliegen abstrahierend-plakativer Zusammenfassung.
Lit. u. a.: Ziekursch Else, Künstler und Kunstausstellungen in Schreiberhau: Der Wanderer im Riesengebirge 52, 1932, Nr. 5, 77 – Grundmann Günther, Der Maler Herbert Martin Hübner: Der Wanderer im Riesengebirge 53, 1933, Nr. 9 – ders., Künstler und Künstlerkolonien im Riesengebirge: Jahrbuch der Schlesischen Friedrich-Wilhelms-Universität zu Breslau 17, 1972, 382 – Wietek Gerhard (Hrsg.), Deutsche Künstlerkolonien. München 1976, 138, 140.

Johannes Bruno (Hans) von Hülsen

5. 4. 1890 Warlubien (Westpreußen) – 14. 4. 1968 Rom
Schriftsteller
Gehörte zum Kreis der Freunde von → Gerhart Hauptmann im Haus Wiesenstein in Agnetendorf. Schrieb Erzählungen, Romane mit historischen und biographischen Motiven, auch kulturhistorische Essays und Monographien. Wurde nach seinem Studium Journalist, war von 1919-1933 Korrespondent führender Auslandszeitschriften und lebte als freier Schriftsteller. Zu seinem Werk, das vorwiegend Romane, Biographien und kulturhistorische Arbeiten umfaßt, gehören auch Monographien über Gerhart Hauptmann. Lebte als ständiger Korrespondent des NWDR in Rom, zwischen 1925 und 1935 in Schreiberhau im Siebenhäusertal. In seinem Roman »Freikorps Droyst« schildert von Hülsen die Geschichte eines preußischen Freikorps, das 1807 die Franzosen aus dem Riesengebirge vertreibt.
Eigene Schriften u. a.: Gerhart Hauptmann. Sieben Reden. Gehalten zu seinem Gedächtnis. Goslar.
Romane: Das aufsteigende Leben. 1911 – Den alten Göttern zu (Platen-Roman). 1918 – Der Kelch und die Brüder. 1925 – Ein Haus der Dämonen. 1932 (1942 u. d. T: August und Ottilie) – Torlonia 1940 (1961 u. d. T: Krösus von Rom).
Autobiographisches: Die Wendeltreppe. 1941 – Der Kinderschreck (Jugenderinnerungen). 1946 – Zwillingsseele. 2. Bd. 1947 – Freundschaft mit einem Genius (G. Hauptmann). 1947 – Tragödie der Ritterorden. 1948 – Römischer Friede. 1966 – Zeus, Vater der Götter und Menschen. 1968.
Lit. u. a.: Schreiber Hermann, Johannes Bruno von Hülsen. In: Literatur-Lexikon. Hrsgg. v. Walther Killy. Bd. 5. Gütersloh/München 1989, 500-501.

Karl Maria Nicolaus Hummel

31. 8. 1821 Weimar – 16. 6. 1907 Weimar
Landschaftsmaler, Radierer, Professor
Sohn des großherzoglichen Kapellmeisters Johann Nepomuk Hummel. 1834-1842 Schüler von Friedrich Preller, den er auch auf dessen Studienreisen nach den Niederlanden, nach Norwegen, Rügen und Tirol begleitete. 1842-1846 Aufenthalt in Italien, ließ sich dann in Weimar nieder. 1855 auf Einladung des Erbprinzen Georg von Meiningen am Comer See. Erteilte 1855/56 der damals in Eisenach lebenden Herzogin Helene von Orleans Malunterricht. 1859 Professorentitel. Hummel besuchte, wie datierte Aquarelle und Ölbilder zeigen, wiederholt zwischen 1849 und 1862 das Riesengebirge.
Lit. u. a.: Thieme U., F. Becker u. H. Vollmer, Allgemeines Lexikon der bildenden Künstler. Bd. 18. Leipzig 1925, 127 [dort weit. Lit.] – Boetticher Friedrich v., Malerwerke des neunzehnten Jahrhunderts. Bd. 1, 2. Leipzig 1895, 619-624.

Friedrich Iwan

8. 8. 1889 Landeshut/Schlesien – 8. 1. 1967 Wangen/Allgäu
Maler, Radierer
1903-1908 Studium als Schüler → Carl Ernst Morgensterns (1847-1928) an der Breslauer Königlichen Kunst- und Kunstgewerbeschule. Bei Hans Meyer in Berlin erlernte er die Radiertechnik. Machte sich nach dem Ersten Weltkrieg selbständig und erregte durch seine eigenwillige Radiertechnik, bei der er Stahl, Feder und Farbe verwandte, Aufmerksamkeit. 1921 übersiedelte er ins Riesengebirge und ließ sich in Krummhübel nieder, 1924 bezog er in Cunnersdorf bei Hirschberg ein eigenes Haus. 1945 wurde er von polnischen Milizen mißhandelt und 1946 ausgewiesen. Das Schicksal verschlug ihn nach dem hessischen Gunzenau, das er 1953 mit Wangen im Allgäu vertauschte. 1971 Gedächtnis-Ausstellung im Lichthof des Heilbronner Rathauses.
Iwan war Pleinair-Maler, wanderte und besuchte im Winter als Skifahrer die Bauden des Riesen-, Iser- und Eulengebirges. Seine vedutenhaften Riesengebirgs-Radierungen – besonders die Winterdarstellungen – fanden eine große Schar von Liebhabern.
Lit. u. a.: Vollmer Hans, Allgemeines Lexikon der bildenden Künstler des 20. Jahrhunderts. Bd. 2. Leipzig

Friedrich Iwan, Die Schneegruben im Winter, um 1935 (Ausschnitt); Farbradierung 24,1 cm × 32,2 cm; bez. r. u.: Friedrich Iwan; Bes.: Museum Ostdeutsche Galerie, Regensburg; aus: [Kat.] Kunst aus Schlesien ... 1985, 34

1955, 583 [dort weit. Lit.] – Richter Gustav, Iwan, unser Riesengebirgsmaler: Schlesische Bergwacht 5, Nr. 15, v. 3. 8. 1954, 3-4 – Meridies Wilhelm, In Memoriam Friedrich Iwan: Der Schlesier Nr. 3. v. 19. 1. 1967 – Friedrich Iwan. Der Maler des Riesengebirges: Schlesische Bergwacht 1970, Nr. 23/24 – Grundmann Günther, Künstler und Künstlerkolonien im Riesengebirge: Jahrbuch der Schlesischen Friedrich-Wilhelms-Universität zu Breslau 17, 1972, 376-377 – Zum 90. Geburtstag des Riesengebirgsmalers Friedrich Iwan: Schlesischer Kulturspiegel 14, 1979, F. 2,4 – Iwan Klaus, Friedrich Iwan. In: Erinnerungen zum hundertjährigen Bestehen des Riesengebirgsvereins. Düsseldorf 1980, 47-51 – [Kat. Ausst.] Kunst in Schlesien. Künstler aus Schlesien. Ostdeutsche Galerie Regensburg. Würzburg 1985, 102 [dort weit. Lit.] – In memoriam Friedrich Iwan: Schlesischer Kulturspiegel 24, 1989, Nr. 2, 6-7 – Fritsche Heinz Rudolf, Friedrich Iwan zum 100. Geburtstag. In: Ostdeutsche Gedenktage 1989. Bonn 1988, 125 ff. – Trierenberg Heinrich, Friedrich Iwan ... In [Kat. Ausst.] Reiseland Riesengebirge. Stiftung Deutschlandhaus. Berlin 1995, 24-26.

Franz von Jackowski

22. 1. 1885 Madziejewo/Posen – 1974 Amtzell/Ravensburg (vgl. auch Abb. S. 55)
Landschaftsmaler
Nach gymnasialer Ausbildung, Studium an der Breslauer Akademie bei → Carl Ernst Morgenstern (1847-1928), Fortsetzung der Studien an den Akademien in Berlin und München. Lebte ab 1913 als freier Künstler und ließ sich 1920 in Schreiberhau (wohnhaft in der »Hirtenklause« der Kochelhäuser) nieder. Dort 1922 Mitglied der Künstlervereinigung St. Lukas, deren Geschäftsführung sein Bruder Nepomuk von Jackowski innehatte. Im gleichen Jahr Reise mit → Hans E. Oberländer und → Alfred Nikkisch nach Italien, besonders Capri. Verweilte bis 1957 in Schreiberhau und kam dann als Spätaussiedler nach Wangen im Allgäu. 1971 Übersiedlung nach Amtszell.

Franz von Jackowski, Winterlandschaft bei Schreiberhau, um 1925; Ölgemälde; bez. l. u.: F. v. Jakkowski; aus: Die Bergstadt 1926, 574

Lit. u. a.: Castelle Friedrich, Die Lukasmühle in Schreiberhau: Die Bergstatt 14, 1926, 574, 576 – Ziekursch Else, Künstler und Kunstausstellung in Schreiberhau: Der Wanderer im Riesengebirge 52, 1932, Nr. 5, 77 – Storm Ruth, Lebendige Schatten. Schlesische Künstlervereinigung St. Lukas in Schreiberhau. Kunstmaler Franz von Jackowski 80 Jahre: Der Schlesier 17, 1965, Nr. 4, 5 – Grundmann Günther, Künstler und Künstlerkolonien im Riesengebirge: Jahrbuch der Schlesischen Friedrich-Wilhelms-Universität zu Breslau 17, 1972, 373 – [Kat. Ausst.] Kunst in Schlesien. Künstler aus Schlesien. Ostdeutsche Galerie Regensburg. Würzburg 1985, 102.

Wenzel Franz Jäger

6. 4. 1861 Ringenhain, Bez. Friedland – 8. 12. 1928 Raspenau, Bez. Friedland
Lehrer, Maler, Zeichner
Nach Ausbildung als Volksschullehrer und zehnjähriger Ausübung dieses Berufs in Raspenau Besuch der Kunstschule des Österreichischen Museums für Kunst und Industrie in Wien bei Macht und Ribarz. 1894 Weiterbildung in München-Dachau, vor allem bei Adolf Hölzel. 1900 Rückkehr nach Wien. 1901 Mitglied der Wiener Secession. Lebte ab 1902 in Raspenau in Böhmen. Bilder in verschiedenen vor allem böhmischen Galerien. Beteiligung an zahlreichen Ausstellungen.
Jäger malte insbesondere Iser- und Riesengebirgslandschaften.
Lit. u. a.: Thieme U., Becker F. u. H. Vollmer, Allgemeines Lexikon der bildenden Künstler. Bd. 18. Leipzig 1925 – Kreis Dolf, [Wenzel Franz Jäger, zum 50. Todestag]. In: Jeschken-Iser-Jahrbuch 22, 1978, 82-84 – Sturm Heribert (Hrsg.), Biographisches Lexikon zur Geschichte der böhmischen Länder. Bd. 2. München 1984, 10 [dort weit. Lit.] – Künstler aus dem Jeschken-Isergebirge. Böblingen 1988, 81-83, 328.

Josephinenhütte, Gräflich Schaffgotsch'sche Glashütte in Schreiberhau

Bereits 1366 wurde im Zackeltal bei Schreiberhau Glas hergestellt und die Tradition über die folgenden Jahrhunderte weitergetragen. Jedoch erst im 19. Jahrhundert sollte das Riesengebirgs-Glas durch die 1841 von → Leopold Christian Gotthard Graf Schaffgotsch gegründete Josephinenhütte zu Weltruhm gelangen. Das Unternehmen wurde auf Betreiben → Franz Pohls (1813-1884) errichtet. Graf Schaffgotsch übernahm auch die Franz Pohl gehörende Hoffnungstaler Hütte und die im Karlstal, die bis 1868 bzw. 1890 als Filialen weitergeführt wurden. Die Gebäude der Josephinenhütte entwarf der Leiter des Schaffgotschschen Bauamtes → Albert Tollberg 1840/41. Die Hütte wurde am 7. 7. 1842 in Betrieb gesetzt. Franz Pohl war nicht nur ein vorzüglicher Techniker und Entwerfer, sondern auch ein ebensolcher Organisator. Ihm gelang die Wiederentdeckung alter, vor allem in Murano geübter Techniken von Überfang-, Faden- und Millefiorigläsern bis zu Mannshöhe. Daneben gliederte er der Hütte Schleiferei-, Gravur- und Malerwerkstätten an. Bei seinem Tod zählte man in Schreiberhau allein 14 Schleifereien und 8 Malereiwerkstätten. In Aloys Partsch dem Vater des Geographen → Joseph Partsch, stand ihm ein vorzüglicher Geschäftsführer (bis 1888) zur Seite. Das Unternehmen zählte zeitweise bis 1000 Mitarbeiter. Nach dem Tod Franz Pohls erfolgte ein rascher Wechsel der Führungskräfte. Die künstlerische und kaufmännische Leitung wurde um 1900 in nur mehr eine Hand gelegt. Nach der Jahrhundertwende entwarfen u. a. → Alexander Pfohl, Hans Mauder, Julius Camillo Maes, Siegfried Haertel und Hermann Gretsch einige Objekte, ohne jedoch den Grundcharakter, der auf Schliff und Überfang eingestellten Produktion von Repräsentationsgefäßen grundlegend zu beeinflussen. 1918 erwarb die Schaffgotschsche Josephinenhütte das Petersdorfer Unternehmen → Heckert, und 1923 erfolgte mit dem Glasveredelungsbetrieb Neumann & Staebe in Hermsdorf/Kynast eine Verflechtung unter dem Titel JO-HE-KY-Gesellschaft, der 1925 in »Josephinen-Hütte AG, Petersdorf« geändert wurde. Das Unternehmen war bis 1945 in Betrieb, wird auch heute unter polnischer Ägide – seit 1956 als »Julia-Hütte« – fortgeführt. Nach der Vertreibung der Mitarbeiter wurde in Schwäbisch Gmünd erneut eine Schaffgotschsche Josephinenhütte GmbH durch Gotthard Reichsgraf Schaffgotsch aufgebaut.
Lit. u. a.: Tichy Hans, Die Josephinenhütte: Der Wanderer aus dem Riesengebirge 8, 1888, Nr. 4, 183 – Ziekursch Else, Von der Josephinenhütte in Schreiberhau: Schlesische Monatshefte 1925, 586-588 – Grundmann Günther, Die Geschichte der Glasmacherkunst im Hirschberger Tal: Zeitschrift für Technische Physik 8, 1927, Nr. 9; dass. In: Kunstwanderungen im Riesengebirge. München 1969, 211-228 – Wiese Erich, Biedermeierreise durch Schlesien. Darmstadt 1966, 314 – Zenkner Karl, Die alten Glashütten des Isergebirges. Schwäbisch Gmünd 1968, 72 – Engel Hans Ulrich, Im Feuer aus Erden geboren. Die Josephinenhütte einst und jetzt: Schlesien 16, 1971, H. 2, 65-71 – Bröhan Karl H., Kunst der 20er und 30er Jahre. Berlin 1985, 285-264 [dort weit. Lit.] – Trux Elisabeth, [Kat. Ausst.] Schlesische Glaskunst des 18. bis 20. Jahrhunderts. Mainfränkisches Museum. Würzburg 1988.

Josephinenhütte, Ober-Schreiberhau, Kelchglas und Fußbecher, um 1920/21; farblose Glasmasse, rubinüberfangen, Schliff, Höhe: 13 cm und 13,8 cm; Entwurf: Alexander Pfohl (vgl. S. 206)

Eduard Kaempffer

13. 5. 1859 Münster/Westfalen – 22. 3. 1926 Obernigk
Maler, Bildhauer und Illustrator, Professor
1875-1880 Studium an der Düsseldorfer Akademie

bei P. Janssen und Eduard von Gebhardt. 1880/81 an der Münchner Akademie bei Löfftz und Seitz, dann wieder in Düsseldorf. 1885 Rompreis. Siedelte 1891 nach München über und erhielt 1893 in München und Berlin Goldene Medaillen. Seit 1895 nach Breslau an die Kunst- und Kunstgewerbeschule berufen und dort 1897 zum ordentlichen Professor ernannt. Trat 1924 in den Ruhestand. Malte vor allem Monumentalbilder, daneben auch Tierbilder und Landschaften und trat ab 1899 in München auch als Plastiker vor allem von Kleinbronzen hervor. War auch als Illustrator u. a. von Scheffels »Ekkehard«, »Sagen des klassischen Altertums« bzw. des »Götz von Berlichingen« tätig.
Malte und zeichnete u. a. im Riesengebirge, besonders im Hirschberger Tal (Erdmannsdorf, Kaiserswaldau). Bilder dieser Thematik werden u. a. im Museum Haus Schlesien, Königswinter, bewahrt.
Lit. u. a.: Thieme U., F. Becker u. Hans Vollmer, Allgemeines Lexikon der bildenden Künstler, Bd. 19. Leipzig 1926, 416 [dort weit. Lit.] – Schaarschmidt Friedrich, Zur Geschichte der Düsseldorfer Kunst im 19. Jahrhundert. Düsseldorf 1902 – [Kat.] Gemälde und Skulpturen. Schlesisches Museum der bildenden Künste. 6. Aufl. Breslau 1926, 180-181 – [Kat. Ausst.] Deutsche Kunst in Schlesien 1850-1934 und Gedächtnisausstellung von Prof. Ed. Kaempffer. 10. 6.-15. 7. ... Poelzigbau der Breslauer Messe. Breslau 1934, 20-22 [Nr. 271-337: Titel der Ölgemälde und Plastiken von Eduard Kaempffer].
[Diese Vita wurde von Peter Wolfrum verfaßt].

Eduard Kaempffer, Giebelhaus hinter Gitterzaun, um 1910; Öl auf Karton, 34,5 cm × 52,2 cm; bez. l. u.: E. J. Kaempffer; Bes.: Museum für Landeskunde, Haus Schlesien, Königswinter

Hans-Christoph Kaergel

6. 2. 1889 Striegau – 9. 5. 1946 Breslau
Schriftsteller
Besuch des Lehrerseminars, dann 10 Jahre Volksschullehrer in Weißwasser (Oberlausitz); Teilnahme am Abstimmungskampf in Oberschlesien. 1921-1925 war er Leiter des christlichen Bühnenvolksbundes in Dresden. Seit 1936 lebte Kaergel im sogenannten Hockewanzel-Haus in Hain im Riesengebirge und engagierte sich im damaligen Kulturbetrieb. 1945 von Russen und Polen verhaftet. Starb 1946 im Kletschkauer Kerker in Breslau an Hungertyphus. → Hermann Stehr nahestehender Mundartdichter, Volkserzähler und -dramatiker. Er schrieb 1934 u. a. das Volksstück »Hockewanzel«. Veröffentlichte zahlreiche Romane, Erzählungen, Aufsätze, u. a. 1942 »Bekenntnisse und Tagebuchblätter«.
Lit. u. a.: Lubos Arno, Die schlesische Dichtung im 20. Jahrhundert. München 1961, 63-64 [dort Werkverzeichnis] – Weismantel Wolfgang, Hans Christoph Kaergel. In: Literatur-Lexikon. Hrsgg. v. Walther Killy. Bd. 6. Gütersloh/München 1990, 173.

Richard Kant

Lebte in der ersten Hälfte des 20. Jahrhunderts.
Maler und Zeichner aus Breslau
Malte auch im Riesengebirge. Bilder aus dem Jahr 1938 in Breslau nachweisbar.
Lit. u. a.: Dreßlers Kunstjahrbuch. Bd. 2. Berlin 1930 [Adressenerwähnung].

Richard Kant, Winterlandschaft im Riesengebirge, um 1930; Öl auf Karton, 62 cm × 84 cm; bez. l. u.: Rich. Kant; Privatbesitz, Schlesien

Paul Keller

6. 7. 1873 Arnsdorf/Kreis Schweidnitz – 20. 8. 1932 Breslau
Schriftsteller
1887-1890 Ausbildung als Lehrer in Landeck; im Anschluß Lehrerseminar Breslau bis 1893. 1896 Schuldienst in Breslau. 1898 erschien als literarischer Erstling eine Sammlung von Erzählungen (»Gold und Myrrhe«), 1902 sein erster Roman (»Waldwinter«). Seine Werke, die in rascher Folge erschienen, fanden breites Interesse (etwa 5 Millionen Exemplare wurden gedruckt, mehrere Werke verfilmt). Das Riesengebirge berührt insbesondere sein in Mundart geschriebener »Bergkrach«.
Lit. u. a.: Eberlein G. W., Paul Keller. 1922 – Wentzig H., Paul Keller. 1954 – Teuber Alfons, Paul Keller: Schlesien 2, 1957, H. 2,122-124 – Lubos Arno, Die schlesische Dichtung im 20. Jahrhundert. München 1961, 66 [Werkverzeichnis] – Menzel Wilhelm, Paul Keller, dem großen deutschen Volkserzähler zum hundertsten Geburtstage: Schlesien 18, 1973, H. 3, 149-155 – Hupka Herbert (Hrsg.), Große Deutsche aus Schlesien. München/ Wien 1978; 3. Aufl. 1985, 235-242 (Wolfgang Tschechne) – Hildebrandt Klaus, Paul Keller. Ein Erfolgsautor aus Arnsdorf bei Schweindnitz. In: Schweindnitz im Wandel der Zeilen. Würzburg 1990, 223-227 – Schwarz Christian, Paul Keller. In: Literatur-Lexikon. Hrsgg. v. Walther Killy. Bd. 6. Gütersloh/München 1990, 275.

Ernst Wilhelm Knippel

24. 4. 1811 Steinseiffen – 26. 4. 1900 Schmiedeberg (vgl. auch Abb. S. 18, 208)
Maler, Lithograph, Zeichner
Trat 1827 in den Verlag von → Friedrich August Tittel in Schmiedeberg als Lithograph ein, der ihn auch im Landschafts- und Porträtzeichnen unterwies.

Ernst Wilhelm Knippel, Die Große Schneegrube, um 1850; Lithographie, koloriert, 17,9 cm × 34,4 cm; Bes. u. a.: Riesengebirgsmuseum, Hirschberg

Nach dessen Tod um 1833 stand er dem Nachfolger → Carl Theodor Mattis zur Seite und führte den Verlag später mit seinem Kollegen → Rieden unter der Bezeichnung »Rieden und Knippel« weiter. 1853, nach dem Tod von Rieden, betrieb er das stetig stiller werdende Geschäft allein. In den unmittelbaren zeichnerischen Naturstücken leistete Knippel sein Bestes. Sie atmen Weite, lösen sich von dem vedutenhaften Genre, spiegeln trotz biedermeierlicher Betulichkeit den großzügigen Atem der verschlossenen Gebirgslandschaft.
Lit. u. a.: Schmidt E., Ernst Wilhelm Knippel: Der Oberschlesier 18, 1936, 10 ff. – [Kat. Ausst.] Das Riesengebirge in der Kunst des 19. Jahrhunderts. Museum der Bildenden Künste. Breslau 1937 – Schmidt E., Spätromantische Riesengebirgszeichnungen aus dem Schmiedeberger Malerkreis. 1. Teil Ernst Wilhelm Knippels Handzeichnungen: Schlesische Stimme (Der Oberschlesier) 23, 1941, H. 6 – Grundmann Günther, Das Riesengebirge in der Malerei der Romantik. 3. Aufl. München 1965, 161-164. – Wiese Erich, Biedermeierreise durch Schlesien. Darmstadt 1966, 376, 378 [zahlreiche Nrn.] – [Kat. Ausst.] Das Riesengebirge in der Graphik des 18. und 19. Jahrhunderts. Bensheim. Marktoberdorf 1993, 88 [mit zahlr. Nrn. zwischen 14 und 202].

August Kopisch

26. 5. 1799 Breslau – 6. 2. 1853 Berlin
Maler und Dichter
Bildete sich in den Kunstakademien in Prag und Wien, lebte 1820-1823 in Dresden, dann in Italien und entdeckte mit Ernst Fries die »Blaue Grotte« auf Capri. Durch eine Handverletzung wurde er früh an der Ausübung seiner Kunst gehindert. 1827 lernte er den Dichter August von Platen kennen, der sein lyrisches Schaffen stark beeinflußte. 1828 kehrte Kopisch nach Breslau zurück; 1833 ging er nach Berlin. 1847 im Hofmarschallamt in Potsdam angestellt, arbeitete er im Auftrag König → Friedrich Wilhelms IV. ein Werk über »Die königlichen Schlösser und Gärten zu Potsdam« (1854) aus. Als Dichter knüpft er an das in Sagen, Märchen und Schwänken überlieferte Volksleben an, das er in schalkhaft-liebenswürdigen Versen darstellte. Seine Ballade »Die Heinzelmännchen« wurden fester Bestandteil deutscher Literatur. Obwohl die meisten seiner Bilder Italien zum Thema haben, malte er 1846 ein kleinformatiges Riesengebirgspanorama. Es besteht aus 5 Feldern, wurde aquarelliert, verbunden mit Studienblättern (Federzeichnungen).
Lit. u. a.: Nagler G. K., Neues allgemeines Künstler-Lexicon. Bd. 8. München 1845, 41 – Allgemeine Deutsche Biographie Bd. 16, 661 ff. – Boetticher Friedrich v., Malerwerke des 19. Jahrhunderts. Bd. 1, 2. Leipzig 1893, Neuaufl. Leipzig 1948, 773-774 – Bornefeld O., August Kopisch. Diss. Münster 1912 – Koch M., August Kopisch: Die Saat 5, 1922 – Scheyer Ernst, August Kopisch. In: Schlesische Lebensbilder. Bd. 4. Breslau 1928, Neudruck Sigmaringen 1985, 310-324 – Grundmann Günther, Das Riesengebirge in der Malerei der Romantik. 3. Aufl. München 1965, 113-114 – Just Klaus Günther, August Kopisch: Schlesien 12, 1967, H. 1, 17-30; H. 2, 87-101 – Löwenthal-Hensel Cécile, Schlesier im zeichnerischen Werk von Wilhelm Hensel: Schlesien 33, 1988, H. 1, 5-6 [dort weit. Lit.] – Zenker Markus, August Kopisch. In: Literatur-Lexikon. Hrsgg. v. Walther Killy. Bd. 6. Gütersloh/München 1990, 493-494.

Adolf Kosárek

6. 1. 1830 Herálec – 30. 10. 1859 Prag
Maler und Zeichner
War für die Beamtenlaufbahn bestimmt und wurde 1844 Praktikant auf der Domäne Manderscheid, 1847 Rentamtsschreiber in Roschmital und 1849 der Gutsverwaltung Unter-Breschau. Daneben zeichnerisch dillettierend. 1850 aufgrund eines Stipendiums Besuch der Prager Akademie bei Max Haushofer. 1853 Debüt in der Prager Kunstausstellung. Malte schwermütig anmutende Riesengebirgsmotive in einer lockeren Malweise.
Lit. u. a.: Thieme U., F. Becker u. H. Vollmer, Allgemeines Lexikon der bildenden Künstler. Bd. 21. Leipzig 1927, 328-329 [dort weit. Lit.] – Allgemeine

Deutsche Biographie. Bd. 16, 737 ff. – Grundmann Günther, Das Riesengebirge in der Malerei der Romantik. 3. Aufl. München 1865, 176-178.

Louis Ferdinand Koska

26. 10. 1808 Brieg – 25. 5. 1862 Breslau
Zeichner, Illustrator, Lithograph
Ausbildung als Lithograph in Breslau bei → J. D. Grüson. 1845 Zeichenlehrer am Realgymnasium zum Hl. Geist daselbst. Zahlreiche Illustrationswerke, u. a. »Das Sudeten-Album« 1844-1862, »Das Schlesien Album« 1854-1862.
Lit. u. a.: Thieme U., F. Becker u. H. Vollmer, Allgemeines Lexikon der bildenden Künstler. Bd. 21. Leipzig 1927, 332-333 – Grundmann Günther, Das Riesengebirge in der Malerei der Romantik. 3. Aufl. München 1965, 165, 167 – Wiese Erich, Biedermeierreise durch Schlesien. Darmstadt 1966, 376.

Louis Ferdinand Koska, Bad Flinsberg, um 1850/51; farbige Lithographie, 14 cm × 22 cm; Privatbesitz; aus: Grundmann, Romantik, 79

Katharina Kossack

Malerin
Wohnhaft in den zwanziger Jahren in Hirschberg.
Lit. u. a.: Grundmann Günther, Die Maler des Riesengebirges. In: Kraftpostführer für den Oberpostdirektionsbezirk Liegnitz. Liegnitz 1926, 51 [Erwähnung].

Wilhelm (Emil Gisbert) Krauss

6. 10. 1830 Breslau – 14. 8. 1866 Breslau
Landschaftsmaler
Schüler von Johann Heinrich König in Breslau, war mit → Adolf Dressler befreundet, mit dem er wiederholt das Riesengebirge aufsuchte. Lebte seit 1856 einige Jahre in Soest, Westfalen, und 1860 in Düsseldorf, wo er mit Albert Flamm Freundschaft schloß. Nach Boetticher »bot ihm besonders das Riesengebirge die Motive für seine Landschaften«.
Lit. u. a.: Thieme U., F. Becker u. H. Vollmer, Allgemeines Lexikon der bildenden Künstler. Bd. 21. Leipzig 1927, 457-458 [dort weit. Lit.] – Boetticher Friedrich v., Malerwerke des 19. Jahrhunderts. Bd. 1, 2. Leipzig 1893, Neuaufl. 1948, 793.

Erich Kubierschky

10. 6. 1854 Frankenstein/Schlesien – 22. 6. 1944 Eching/Ammersee
Landschaftsmaler, Musiker
Besuchte anfänglich die Musikschule in Breslau, ab 1875 Studium an der Berliner Akademie (bei Paul Thumann, Otto Knille, Karl Gussow). Erster Zeichenunterricht bei Hermann Bayer in Breslau. 1881-1884 Lehrer neben K. Stauffer-Bern an der Damenakademie in Berlin, daneben an der Porzellanmanufaktur tätig. Im Anschluß bis 1887 Leiter der Gips- und Antikenklasse an der Akademie in Leipzig; arbeitete danach als freier Maler. Ein Studienaufenthalt in Nordschleswig war maßgeblich für seine Entwicklung als Landschaftsmaler. 1890 erhielt er eine Goldmedaille in München für seine »Schlesische Frühlingslandschaft«. 1924 Kollektivausstellung im Münchner Kunstverein. Kubierschky malte überwiegend kleinformatige, nuancenreiche Landschaften

Erich Kubierschky, Studie vom Kamm des Riesengebirges, 1884; Öl auf Karton, 19,8 cm × 28,7 cm; bez. r. u.: Sept. 84 E. Kubierschky; Bes.: Museum für Landeskunde, Haus Schlesien, Königswinter

zumeist von lyrischer Stimmung. Unter ihnen tauchen auch Riesengebirgsmotive auf, die vor seiner 1889 erfolgten Übersiedlung nach München entstanden. Beim Brand des Münchner Glaspalastes 1931 wurden 43 seiner Bilder zerstört.
Lit. u. a.: Thieme U., F. Becker u. H. Vollmer, Allgemeines Lexikon der bildenden Künstler. Bd. 22. Leipzig 1928, 33 [dort weit. Lit.] – Vollmer Hans, Allgemeines Lexikon der bildenden Künstler des 20. Jahrhunderts. Bd. 3. Leipzig 1958, 130 [dort weit. Lit.] – Boetticher Friedrich v., Malerwerke des neunzehnten Jahrhunderts. Bd. 1, 2. Leipzig 1893, 813-815 – [Kat. Ausst.] Erich Kubierschky 1854-1944. Landsberg/Lech 1994 = Kunstgeschichtliches aus Landsberg am Lech. Beiträge für Kunstgeschichte und Volkskunde Nr. 12 [mit 43 Farbabb., dort weit. Lit.] – Tyrell Albrecht, Schlesien, Rhein und Sieg. Gemälde und Zeichnungen von Erich Kubierschky aus den Jahren 1880-1900. Haus Schlesien. Königswinter 1995: Briefe aus dem Haus Schlesien 14, 1995, Nr. 2, 5.

Albin Kühn

2. 9. 1843 Schlotheim bei Mühlhausen – 5. 12. 1911 Görlitz
Landschaftsmaler, Zeichner
Besuchte 1863-1873 die Kunstschule in Weimar. Bilder von ihm besaß das Görlitzer Museum. Durchwanderte um 1890 das Riesengebirge und malte Agnetendorf mit den Schneegruben und Kammpartien (Aquarelle).
Lit. u. a.: Thieme U., F. Becker u. H. Vollmer, Allgemeines Lexikon der bildenden Künstler. Bd. 22, Leipzig 1928, 56 [dort weit. Lit.] – Boetticher Friedrich v., Malerwerke des neunzehnten Jahrhunderts. Bd. 1, 2. Leipzig 1893, 820.

Georg Gottlieb Kuhnt

1805 Schmiedeberg – 1886 Brieg
Maler, musivische Glasmalereien
Fertigte Landschaftsprospekte mit Hinterglasmalereien in der Art von Bühnenbildern; zwei dieser Prospekte der Schlösser von Fischbach und Erdmannsdorf sind nachweisbar.
Lit. u. a.: Thieme U., F. Becker u. H. Vollmer, Allgemeines Lexikon der bildenden Künstler. Bd. 22. Leipzig 1928, 85 [dort weit. Lit.] – Schellenberg R., Schlesische Biedermeier-Künsteleien und die »Glas-Mosaiken« von Georg Kuhnt: Schlesische Monatshefte 10, 1933, 165 ff. – Grundmann Günther, Das Riesengebirge in der Malerei der Romantik. 3. Aufl. München 1965, 33.

Herbert Kuron

Geboren am 25. 2. 1888 in Breslau
Landschaftsmaler und Radierer
Schüler von → C. E. Morgenstern in Breslau, von F. Kallmorgen in Berlin und von → G. Müller-Breslau in Dresden. Malte wiederholt Riesengebirgsmotive.
Lit. u. a.: Vollmer Hans, Allgemeines Lexikon der bildenden Künstler des 20. Jahrhunderts. Bd. 3. Leipzig 1956, 142/143 [dort weit. Lit.] – [Kat. Ausst.] Reiseland Riesengebirge. Stiftung Deutschlandhaus. Berlin 1995, 96 [Erwähnung].

Adolph Kunkler

1792 Gnadenberg bei Bunzlau – 1866 Gnadenberg
Maler
Studium an der Dresdner Akademie, beeinflußt von Friedrich Matthäi. Reisen nach der Schweiz, Frankreich und Italien. Malte das Riesengebirge und die Schlösser des Hirschberger Tales in biedermeierlicher, zeichnerischer Manier.
Lit. u. a.: Thieme U., F. Becker u. H. Vollmer, Allgemeines Lexikon der bildenden Künstler. Bd. 22. Leipzig 1928, 107 – Nagler G. K., Neues allgemeines Künstler-Lexicon. Bd. 7, 1839, 113 – Marx Wolf, Adolf Kunkler. Ein schlesischer Landschaftsmaler: Schlesische Heimatpflege 1, 1935, 238 ff. – ders., Schlesische Landschaftsmaler 1800-1850. Breslau 1938 = Die Hohe Straße. Bd. 1 – [Kat. Ausst.] Das Riesengebirge in der Kunst des 19. Jahrhunderts. Museum der Bildenden Künste. Breslau 1937 – Grundmann Günther, Das Riesengebirge in der Malerei der Romantik. 3. Aufl. München 1965, 148-149.

Gustav Leutelt

21. 9. 1860 Josefsthal bei Gablonz – 17. 2. 1947 Seebergen bei Gotha
Heimatdichter
War Volksschullehrer, und wurde als »Dichter des Isergebirges« bezeichnet, denn alle Romane oder Erzählungen spielen in den Wäldern, Hochmooren oder Hütten des Isergebirges.
Veröffentlichte u. a.: Schilderungen aus dem Isergebirge. 1899 – Hüttenheimat. 1919 – Der Glaswald. 1925 – Siebzig Jahre meines Lebens. 1930 – Gesamtausgabe im Adam Kraft-Verlag Augsburg 1953, veranlaßt von der Gustav-Leutelt-Gesellschaft.
Lit. u. a.: Herzog Robert, Das Isergebirge, die Landschaft Gustav Leutelts. 1940 – Lubos Arno, Die schlesische Dichtung im 20. Jahrhundert. München 1961, 71 – Schwarz Christian, Gustav Leutelt. In: Literatur-Lexikon. Hrsgg. v. Walther Killy. Bd. 7. Gütersloh/München 1990, 254.

Paul Rudolf Linke

29. 6. 1844 Breslau – 28. 5. 1917 Breslau
Porträt-, Genre- und Landschaftsmaler
1869-1872 Studium an der Berliner Akademie. Malte wiederholt Motive des Riesengebirges.
Lit. u. a.: Thieme U., F. Becker u. H. Vollmer, Allgemeines Lexikon der bildenden Künstler. Bd. 23. Leipzig 1929, 255 [dort weit. Lit.] – Grundmann Günther, Das Riesengebirge in der Malerei der Romantik. 3. Aufl. München 1965, 184 [Erwähnung].

Ludwig Erhard Lütke

1801 Berlin – 1850 Berlin, (s. Abb. S. 17, 21, 209)
Landschafts- und Architekturmaler, Lithograph
Zeichnete und lithographierte für das Königlich lithographische Institut in Berlin um 1840 einige Vorlagen, die der Berliner Verlag E. H. Schroeder in der Serie »Das Riesengebirge« herausgab.
Lit. u. a.: Grundmann Günther, Das Riesengebirge in der Malerei der Romantik. 3. Aufl. München 1965, 171 – Wiese Erich, Biedermeierreise durch Schlesien. Darmstadt 1966, 376, Nr. 118, 122 – [Kat. Ausst.] Das Riesengebirge in der Graphik des 18. und 19. Jahrhunderts. Bensheim. Marktoberdorf 1993, 88, Nr. 97, 110, 116.

John Henry Mackay

6. 2. 1864 Greenock (Schottland) – 16. 5. 1933 Berlin-Charlottenburg
Schriftsteller
Wurde in Deutschland erzogen und ausgebildet. Zuerst zum Buchhändler bestimmt, wandte er sich 1884 wissenschaftlichen Studien zu, machte Reisen durch Europa, hielt sich seit 1888 häufig in der Schweiz und mehrere Jahre um die Jahrhundertwende in Schreiberhau auf. Hier eng befreundet mit → Wilhelm Bölsche, → Bruno Wille und → Carl Hauptmann, den er bereits in Zürich kennengelernt hatte. Er bewohnte im Siebenhäusertal ein altes charakteristisches Bauernhaus, das er »Freiheit« benannte, das später von Wilhelm Bölsche und

nach diesem von → Hans von Hülsen bewohnt wurde. Seine dichterisch-schriftstellerische Arbeit setzte um 1885 mit Novellen, Romanen, Dramen und Gedichten ein, von denen Richard Strauss einige vertonte. Er war der Wiederentdecker Max Stirners, dem er eine Biographie widmete (Berlin 1898). Seine »Gesammelten Dichtungen« erschienen in Zürich 1898. Mackay war ein den Naturalisten nahestehender Erzähler, Lyriker und Dramatiker, der sich zu einem individuellen Anarchismus bekannte.
Lit. u. a.: Riley Th. A., New England anarchism in England: New England Quarterly 18, 1945 – Hülsen Hans v., Die Schreiberhauer Dichterkolonie: Merian 6, 1953, H. 10, 23 – Matschiner Arno, John Henry Mackay. In: Literatur-Lexikon. Hrsgg. v. Walther Killy. Bd. 7. Gütersloh/München 1990, 418-419.

Siegfried Mackowsky

25. 11. 1878 Dresden – 16. 2. 1941 Dresden
Maler, Radierer, Holzschneider
Schüler von Richard Müller, K. Bantzer, E. Bracht, G. Kuchl.
Gedächtnis-Ausstellung im Sächsischen Kunstverein, Dresden 1942.
Malte auch im Riesengebirge. Bilder dieser Thematik werden in dem Museum Ostdeutsche Galerie in Regensburg bewahrt.
Lit. u. a.: Thieme U., F. Becker u. H. Vollmer, Allgemeines Lexikon der bildenden Künstler. Bd. 23. Leipzig 1929, 520-521 [dort weit. Lit.] – Vollmer Hans, Allgemeines Lexikon der bildenden Künstler des 20. Jahrhunderts. Bd. 3. Leipzig 1948, 288 [dort weit. Lit.] – Das Bild 4, 1934, 231, 234; 8, 1938, H. 12, Beibl.; 11, 1941, H. 7/8, Beibl. – [Nekrolog] Leipziger Neueste Nachrichten v. 19. 2. 1941.

Carl Anton Mallickh

24. 3. 1783 Giersdorf/Riesengebirge – 27. 3. 1854 Flinsberg
Gräflich Schaffgotschscher Baumeister
Wurde im Baufach ausgebildet, vor allem im Tief- und Wasserbauwesen. 1809 durch → Leopold Gotthard Graf Schaffgotsch zum ersten Warmbrunner Baukondukteur berufen. Entwarf in Abkehr vom barocken Formenapparat schlichte, biedermeierliche Baukörper. Errichtete u. a. 1818 in Warmbrunn das Armenbadehospiz (schlichtes Rechteckgebäude mit Mittelrisalit). Im gleichen Jahr Entwurf für eine Neugestaltung der Parks und gemäße technische Veränderungen mit Planung einer neu zu erbauenden Orangerie (bis 1822). 1823 Konzipierung eines dritten Bades in Warmbrunn; Einweihung des »Leopoldbades« 1824. 1820/21 Glockenturm für Bethaus in Mittel-Schreiberhau. 1825 Entlassung. Danach Badeinspekteur in Flinsberg.
Lit. u. a.: Grundmann Günther, Schlesische Architekten im Dienste der Herrschaft Schaffgotsch und der Propstei Warmbrunn. Straßburg 1930, 154-165 = Studien zur deutschen Kunstgeschichte H. 274.

Carl Anton Mallickh, Das Bethaus in Schreiberhau, dessen Turm Mallickh 1820/21 errichtete. Lithographie von E. Sachse (vgl. S. 209), um 1850; Privatbes.

Anton (Antonin) Mánes

3. 11. 1784 Prag – 23. 7. 1843 Prag
Maler, Professor
Studium an der Prager Akademie unter Karl Postel. Dort ab 1808 Lehrer und Professor der Landschaftsklasse. Beeinflußt von → Christian Claussen Dahl und seinem beginnenden Realismus. Malte zwischen 1825 und 1833 mehrere Landschaften im Isergebirge und am Fuße des Riesengebirges.
Lit. u. a.: Thieme U., F. Becker u. H. Vollmer, Allgemeines Lexikon der bildenden Künstler. Bd. 24. Leipzig 1930, 3 [dort weit. Lit.] – Nagler G. K., Neues allgemeines Künstler-Lexicon Bd. 9. München 1846, 299 ff. – Boetticher Friedrich v., Malerwerke des neunzehnten Jahrhunderts. Bd. 1, 2. Leipzig 1893, 967 – Grundmann Günther, Das Riesengebirge in der Malerei der Romantik. 3. Aufl. München 1965, 112.

Carl Theodor Mattis, Der Kynast, 1. H. 19. Jh.; kolorierte Lithographie, 25 cm × 32,5 cm; Privatbesitz

Josef Mánes

12. 5. 1820 Prag – 9. 12. 1871 Prag
Maler und Graphiker
Erste Ausbildung bei seinem Vater → Antonin Mánes, Lehrer der Landschaftsklasse an der Prager Akademie. Seit 1832 durch F. Tkadlik ausgebildet und 1844-1847 Weiterbildung in München.
Reisen führten ihn nach Mähren (1848), in die Slowakei und nach Schlesien (1854) und 1867 nach Rußland. Malte auch im Riesengebirge.
Lit. u. a.: Thieme U., F. Becker u. H. Vollmer, Allgemeines Lexikon der bildenden Künstler. Bd. 24. Leipzig 1930, 3-6 [dort weit. Lit.] – Boetticher Friedrich v., Malerwerke des neunzehnten Jahrhunderts. Bd. 1, 2. Leipzig 1893, 967 – Katalog der Modernen Galerie. Prag 1926 – Grundmann Günther, Das Riesengebirge in der Malerei der Romantik. 3. Aufl. München 1965, 175-176.

Kvido (Guido) Mánes

17. 7. 1828 Prag – 5. 8. 1880 Prag
Maler (vor allem Genremaler), Professor
Studium bei F. Tkadlik und Ch. Ruben an der Akademie in Prag, dann in Düsseldorf bei Voutier. Erhielt eine Professur in Prag. Malte u. a. das ehemals im Riesengebirgsmuseum in Hirschberg bewahrte Ölbild der Botanikerin Josephine Kablik, geb. Ettel (1787-1863), aus Hohenelbe, die am Rande der Schneegruben die Primula minima, das »Habmichlieb«, findet.
Lit. u. a.: Thieme U., F. Becker u. H. Vollmer, Allgemeines Lexikon der bildenden Künstler. Bd. 24. Leipzig 1930, 6 [dort weit. Lit.] – Boetticher Friedrich v., Malerwerke des neunzehnten Jahrhunderts. Bd. 1, 2. Leipzig 1893, 967 – Grundmann Günther, Das Riesengebirge in der Malerei der Romantik. 3. Aufl. München 1965, 176.

Carl Theodor Mattis

15. 3. 1789 – Sept. 1881 Schmiedeberg
Landschaftszeichner und Lithograph
War ab 1819 in Schmiedeberg als Steindrucker und Verleger tätig. Um 1815 schuf er das lithographierte Mappenwerk »Das Riesengebirge und desseh merkwürdigste Parthien der Reihen-Folge nach durch zweiundzwanzig Ansichten dargestellt und beschrieben von Carl Mattis in Schmiedeberg«, durch deren minutiöse, eingängige Darstellung er bekannt wurde. Mattis übernahm nach dem Tod von → Friedrich August Tittel in Schmiedeberg in Zusammenarbeit mit → Ernst Wilhelm Knippel dessen Verlag und hielt die Ereignisse um Erdmannsdorf und Fischbach, wie den Einzug der Zillertaler Exulanten 1837, die Koppenbesteigung → Friedrich Wilhelm III. 1830 oder den Postkutschenunfall der Herzöge von Orleans und Nemours am Schmiedeberger Paß, fest. War auch Kämmerer der Stadt Schmiedeberg.
Lit. u. a.: Der Wanderer im Riesengebirge 1, 1881, Nr. 4, 6 [Notiz, Daten] – Grundmann Günther, Das Riesengebirge in der Malerei der Romantik. 3. Aufl. München 1965, 116, 117, 121, 155-161 – Wiese Erich, Biedermeierreise durch Schlesien. Darmstadt 1966, 376, 378 [zahlreiche Nrn.] – [Kat. Ausst.] Das Riesengebirge in der Graphik des 18. und 19. Jahrhunderts. Bensheim. Marktoberdorf 1993, 88 [m. 37 Nrn.].

Kvido Mánes, Paar an den Schneegruben, um 1855; dargestellt ist die Botanikerin Josephine Kablik (1787-1863) aus Hohenelbe, die das »Habmichlieb« (primula minima) findet; Ölgemälde, 52,5 cm × 63,5 cm; Riesengebirgsmuseum, Hirschberg; aus: Grundmann, Romantik, 79

Fritz Meisel

18. 7. 1897 Weimar – 1960 Hamburg
Maler, Graphiker
1914-1926 Studium an der Kunstschule und am Staatlichen Bauhaus in Weimar. Ab 1926 in Berlin tätig; dort Illustrator des Ullstein Verlages. 1943 Übersiedlung nach Mittel-Schreiberhau, nachdem er bereits zuvor – besonders im Jahr 1941 – dort gearbeitet hatte; befreundet mit → Werner Fechner. 1945 Flucht nach Weimar; 1951 ließ er sich in Hamburg als zeichnerischer Mitarbeiter des Axel Springer-Verlages, nieder.
Lit. u. a.: Vollmer Hans, Allgemeines Lexikon der bildenden Künste des 20. Jahrhunderts. Bd. 6. Leipzig 1962, 263 – Maler und Grafiker Fritz Meisel: Der Schlesier 11, Nr. 26 v. 24. 6. 1959, 22.

Moriz Melzer

22. 12. 1877 Albendorf bei Trautenau – 30. 6. 1955 Berlin
Maler und Graphiker
Zunächst Porzellanmaler, dann Schüler L. v. Hoffmanns in Weimar. 1908 Übersiedlung nach Berlin. 1918 Mitbegründer der »Novembergruppe«. Lehrte in den zwanziger und dreißiger Jahren an der Reimann-Schule in Berlin. Wurde in den dreißiger Jahren verfemt. Veränderte seinen Stil vom expressiven Realismus über abstrakt-kubistische Versuche zu einem Neorealismus (ab etwa 1928). Kollektiv-Ausstellung im Archivarion in Berlin 1948, und im Kunstamt Charlottenburg 1952. Bekannt wurde Melzer vor allem durch seine farbigen Linolschnitte.
Von seinen im Riesengebirge entstandenen Arbeiten werden Beispiele in dem Museum Ostdeutsche Galerie in Regensburg bewahrt.
Lit. u. a.: Thieme U., F. Becker u. H. Vollmer, Allgemeines Lexikon der bildenden Künstler. Bd. 24. Leipzig 1930, 373 [dort weit. Lit.] – Vollmer Hans, Allgemeines Lexikon der bildenden Künstler des 20. Jahrhunderts. Bd. 3. Leipzig 1958, 369 [dort weit. Lit.] – Jahrbuch des Deutschen Riesengebirgsvereins 18, 1929, 83-90 – [Kat. Ausst.] Moriz Melzer zum 80. Geburtstag. Berlin 1957 – [Kat. Ausst.] Moriz Melzer zum 100. Geburtstag. Kunstamt Wedding. Berlin 1977 – Stilijanov-Nedo Ingrid, Von Chodowiecki bis zur Gegenwart. Eine Auswahl aus der Graphiksammlung. Museum Ostdeutsche Galerie. Regensburg 1993, 118-119, 219.

Carl (Carlo) Mense

13. 5. 1886 Rheine/Westfalen – 1956 Königswinter
Maler, Graphiker, Professor
1905-1908 Studium an der Akademie in Düsseldorf bei P. Janssen, 1909 bei Lovis Corinth in Berlin. 1918 in München ansässig. 1925-1932 Professur für Zeichnen und Malerei an der Breslauer Akademie. 1933 Rompreis, im Anschluß mehrere Reisen durch Europa und die Sowjetunion. 1937 Beschlagnahme seiner Werke. Nach dem Krieg in Bad Honnef und in Königswinter ansässig.

Carlo Mense, Verschneiter Wald im Riesengebirge, um 1930; Öl auf Leinwand, 67 cm × 94 cm; bez. r. u.: C. Mense; Bes.: Museum Ostdeutsche Galerie, Regensburg; aus: [Kat.] Kunst aus Schlesien … 1985, 121

Malte während seiner Dozententätigkeit in Breslau, wiederholt im Riesengebirge.
Lit. u. a.: Thieme U., F. Becker u. H. Vollmer, Allgemeines Lexikon der bildenden Künstler. Bd. 24. Leipzig 1930 [dort weit. Lit.] – Vollmer Hans, Allgemeines Lexikon der bildenden Künstler des 20. Jahrhunderts. Bd. 3. Leipzig 1956, 372 [dort weit. Lit.] – Scheyer Ernst, Die Breslauer Akademie und Oskar Moll. Würzburg 1961 – Ertel K. F., Carlo Mense. Ringenberg 1961 – [Kat. Ausst.] Carlo Mense. Ölbilder, Graphik. Rathaus Charlottenburg. Berlin 1962 – Steingräber Erich (Hrsg.), Deutsche Kunst der 20er und 30er Jahre. München 1979, 387 [Vita] – [Kat. Ausst.] Kunst in Schlesien. Künstler aus Schlesien. Ostdeutsche Galerie Regensburg. Würzburg 1985, 120 [dort weit. Lit.]. – Leistner Gerhard, Gang durch die Sammlung. Gemälde, Skulpturen und Objekte. Museum Ostdeutsche Galerie. Regensburg 1993, 144-145, 226.

Gerhard Menzel

29. 2. 1894 Waldenburg – 4. 5. 1966 Comano (Tessin)
Schriftsteller
War Bankbeamter, nach der Teilnahme am Ersten Weltkrieg Mitinhaber eines Juweliergeschäfts, Besitzer eines Kinos in Gottesberg bei Waldenburg und im Anschluß freier Schriftsteller in Berlin, Wien und bis 1946 in Krummhübel.
Für sein Kriegsdrama »Toboggan« erhielt er 1928 den halben Kleist-Preis. In der Folge zahlreiche Schauspiele, Dramen und Tragödien, weiterhin mehrere Filmdrehbücher, so u. a. für »Robert Koch«, »Mutterliebe«, »Der Postmeister«, »Die Sünderin«, »Hanussen«.
Lit. u. a.: Lubos Arno, Die schlesische Dichtung im 20. Jahrhundert. München 1961, 74-75 [Verzeichnis der Hauptwerke] – Schwarz Christian, Gerhard Menzel. In: Literatur-Lexikon. Hrsgg. v. Walther Killy. Bd. 8. Gütersloh/München 1990, 104.

Erwin Merz

Geboren am 27. 10. 1904 in Görbersdorf/Schlesien
Maler und Zeichner
Lebte in Hirschberg. Malte kleinteilige Bilder mit größter Akribie.
Lit. u. a.: Vollmer Hans, Allgemeines Lexikon der bildenden Künstler des 20. Jahrhunderts. Bd. 3. Leipzig 1956, 376 [dort weit. Lit.] – Das Riesengebirge in der Malerei der Gegenwart: Der Wanderer im Riesengebirge 50, 1930, H. 8, 129 [Erwähnung im Rahmen der Jubiläumsausstellung in Bad Warmbrunn 12.-26. 6. 1930] – Fierke Otto, Künstler des Riesengebirges. Ausstellung in Hirschberg: Schlesische Tageszeitung v. 27. 5. 1941, Nr. 146 [Erwähnung] – [Kat. Ausst.] Kunst in Schlesien. Künstler aus Schlesien. Ostdeutsche Galerie Regensburg. Würzburg 1985, 8 [Erwähnung].

Franz Metzner

18. 11. 1870 Wscherau/Böhmen – 24. 3. 1919 Berlin
Bildhauer, Professor
War als Bildhauer Autodidakt und kam als Modelleur der Berliner Porzellanmanufaktur zur Bildhauerei. Wurde 1903 als Professor an die Kunstgewerbeschule in Wien berufen (bis 1906). Dort durchlief sein Werk einen Weg vom spielerischen Jugendstil, hin zu einer mythisch anmutenden Monumentalisierung. War dann in Berlin tätig und schuf als Hauptwerk zwischen 1906 und 1913 die Standbilder des Völkerschlachtdenkmals in Leipzig.
Franz Metzner hatte sich in Mittel-Schreiberhau, in der Nähe des Hauptmann-Hauses angesiedelt.
Lit. u. a.: Thieme U., F. Becker u. H. Vollmer, Allgemeines Lexikon der bildenden Künstler. Bd. 24. Leipzig 1930, 448-449 [dort Werkverzeichnis u. weit. Lit.] – Stoeßl Otto, Franz Metzner. Prag 1905 – Riedrich Otto, Der Bildhauer Franz Metzner. Warnsdorf/Wien/Leipzig 1925 – Die Schreiberhauer Künstlerkolonie einst und jetzt: Der Wanderer im Riesengebirge 50, 1930, Nr. 2, 24 – Beenken Hermann, Das neunzehnte Jahrhundert in der deutschen Kunst. München 1944, 480, 500 – [Kat. Ausst.] Franz Metzner. Museum Villa Stuck. München 1977 – [Kat.] Pötzl-Malikova, Franz Metzner. Kaiserslautern 1978 – Olbrich Harald, Geschichte der deutschen Kunst 1890-1918. Leipzig 1988, 239-241, 249-251. – Leistner Gerhard, Gang durch die Sammlung. Gemälde, Skulpturen und Objekte. Museum Ostdeutsche Galerie. Regensburg 1993, 86-87, 227 [dort weit. Lit.].

Paul Viktor Mohn

17. 11. 1842 Meißen – 17. 2. 1911 Berlin
Maler, Illustrator, Professor
Schüler der Dresdner Akademie und 1861-1866 der von Ludwig Richter. 1868/67 Aufenthalt in Rom. Erhielt eine Professur an der Dresdner Akademie und ließ sich 1883 in Berlin nieder, dort seit 1905 Professor an der Kunstschule. Hielt sich auch im Riesengebirge auf.
Lit. u. a.: Thieme U., F. Becker u. H. Vollmer, Allgemeines Lexikon der bildenden Künstler. Bd. 25. Leipzig 1931, 19 [dort weit. Lit.] – Grundmann Günther, Das Riesengebirge in der Malerei der Romantik. 3. Aufl. München 1965, 183 [Erwähnung].

Carl Ernst Morgenstern

14. 9. 1847 München – 9. 9. 1928 Wolfshau i. Riesengebirge
Landschaftsmaler und Radierer
Sohn des Christian (1805-1967), Vater des Dichters → Christian Morgenstern. Schüler seines Vaters und von Joseph Schertl.
Studienreisen nach Belgien, Holland, der Schweiz und Frankreich. Zurückgekehrt nach München, schloß er sich Eduard Schleich d. Ä. und Theodor

Carl Ernst Morgenstern, Der Große Teich, um 1910/14; Öl auf Karton, 65,7 cm × 84,5 cm; bez. l. u.: C. E. Morgenstern; Bes.: Museum Ostdeutsche Galerie, Regensburg

Kotsch an. 1884 übernahm er die Landschaftsklasse am Schlesischen Provinzialmuseums in Breslau. Von hier reiste er immer wieder ins Riesengebirge, insbesondere in die Gegend von Krummhübel, und ließ sich um 1900 zwischen Obersteinseiffen und Wolfshau auf einem großen Grundstück ein Holzhaus errichten. Hier starb er 1928.
Carl Ernst Morgenstern war Lehrer zahlreicher Riesengebirgsmaler, war ein Pleinair-Maler und griff wirksame Gebirgsmotive auf, die er farbkräftig mit flüssigem Duktus darstellte, so daß Wiedergaben auch für Werbezwecke eingesetzt wurden. Besonders der östliche Teil des Gebirges mit der Schneekoppe, dem höchsten Berggipfel des Kamms, wurde von ihm wiederholt gemalt. Er hat neben der Ölmalerei auch aquarelliert und 1889 und 1896 zwei Radierwerke geschaffen.
Die große Gaststube der Prinz-Heinrich-Baude schmückte er durch eine Reihe dekorativer Wandbilder (1945 vernichtet).
Eigene Schriften u. a.: Wanderungen durch das malerische Riesengebirge. In: Werth P. (Hrsg.), Festschrift des Boten aus dem Riesengebirge: Hundert Jahre Bote aus dem Riesengebirge. Hirschberg 1912, 102-105.
Lit. u. a.: Thieme U., F. Becker u. H. Vollmer, Allgemeines Lexikon der bildenden Künstler. Bd. 25. Leipzig 1931, 148 [dort weit. Lit.] – Boetticher Fried-

rich v., Malerwerke des neunzehnten Jahrhunderts. Bd. 2, 1. 1898 – Muschner G., C. E. Morgenstern: Schlesien 1, 1907/08, 16-19 – Grundmann Günther, Künstler und Künstlerkolonien im Riesengebirge: Jahrbuch der Schlesischen Friedrich-Wilhelms-Universität zu Breslau 17, 1972, 352-357 – Wietek Gerhard (Hrsg.), Deutsche Künstlerkolonien und Künstlerorte. München 1970, 136, 137, 140.

Christian Morgenstern

6. 5. 1871 München – 31. 3. 1914 Meran
Dichter, Illustrator
Sohn von → Carl Ernst Morgenstern. Mußte bereits 1893 sein Jura-Studium wegen Erkrankung an Tuberkulose abbrechen und hinterließ dennoch ein dichterisches Werk, das internationale Beachtung fand. Ab 1894 als Redakteur und Schriftsteller tätig. Bekannt wurde er vor allem durch seine grotesk-phantastischen Gedichte. Das Sinnlose der Welt sollte gezeigt und durch das Komische entspannt werden. Stark beeindruckt durch Nietzsche. 1905 »Galgenlieder«, 1910 »Palmström«, 1919 »Der Gingganz«. Für Max Reinhardts Theater »Überbrettl« schrieb Morgenstern Kurzdramen und Kabarettexte. Illustrierte gelegentlich mit Scherenschnitten. Weilte oft im Riesengebirge und wurde in seiner Vorstellungswelt von der dortigen Landschaft geprägt. Gesammelte Werke. Herausgegeben von Margarethe Morgenstern 1965.
Lit. u. a.: Tagebuchaufzeichnungen: Stufen. 1918 – Man muß aus einem Licht fort ins andere gehn. 1948 – Christian Morgenstern. Ein Leben in Briefen. Hrsgg. v. Margarethe Morgenstern. 1952 – Thiel Otto Hermann, Schlesisches beim jungen Christian Morgenstern: Schlesien 13, 1968, H. 3, 154-156 – Beheim-Schwarzbach M., Christian Morgenstern. 1970 – Bauer M., Christian Morgenstern. Leben und Werk. 1985.

Carl Friedrich Mosch

Geboren in Hainichen/Erzgebirge – Herischdorf
Mineraloge, Maler, Dr.
Studierte Mineralogie an der Bergakademie in Freiberg und wurde dort promoviert. Ab 1809 Lehrtätigkeit am Salzmannschen Institut in Schnepfental in Thüringen. Da er keine Professur erhielt, nahm er eine Stellung an der Ritterakademie in Liegnitz an und blieb dort bis 1855. Den Rest seines Lebens verbrachte er in Herischdorf im Hirschberger Tal. Malte u. a. das Schloß in Fischbach mit dem Gebirgsmassiv, Blick auf Hirscherg. Mosch hat daneben mehrere Bücher veröffentlicht, die er zum Teil selbst illustrierte. Eigene Schriften u. a.: Die Heilquellen Schlesiens und der Grafschaft Glatz. Breslau 1821 – Rübezahl, der Herr des Gebirges. Leipzig 1847 – Das Riesengebirge, seine Täler und Vorberge und das Isergebirge. Leipzig 1858.
Lit. u. a.: Marx Wolf, Schlesische Landschaftsmaler 1800-1850. Breslau 1938 = Die Hohe Straße Bd. 1 – Grundmann Günther, Das Riesengebirge in der Malerei der Romantik. 3. Aufl. München 1965, 149-151.

Carl Friedrich Mosch, Blick auf Schloß Fischbach; einst Privatbesitz in Schlesien (verschollen); aus: Grundmann, Romantik, 148

Otto Mueller

16. 10. 1874 Liebau (Schlesien) – 24. 9. 1930 Breslau
Maler, Lithograph, Professor
1890-1899 Lithographenlehre. 1894-1896 Studium an der Kunstakademie in Dresden (hier Freundschaft mit → Ivo Hauptmann) und 1898-1908 Aufenthalt im Riesengebirge, zuerst in Saalberg, dann in Schreiberhau. Befreundet mit → Carl und → Gerhart Hauptmann. Besonders letzterer förderte Otto Mueller und reiste mit ihm in die Schweiz und nach Italien. Muellers Mutter war – nach Haftmann – ein ausgesetztes Zigeunerkind, das von einer Tante der Hauptmanns aufgezogen worden war. Sie heiratete einen ehemaligen Offizier und Steuerbeamten aus altem schlesischen Geschlecht. Gerhart Hauptmann hatte zeitweilig die Absicht, Otto Mueller zu seinem Sekretär zu machen, da ihm seine Schrift gefiel. Carl Hauptmann spiegelte ihn in seinem »Einhart der Lächler«, in dem sich Mueller jedoch nicht getroffen fühlte.
In Schreiberhau lernte Otto Mueller Paula Modersohn-Becker kennen. 1908 übersiedelte er nach Berlin. 1911 Beitritt zur »Brücke«, 1912 mit Kirchner in Böhmen, 1915-1918 Kriegsdienst. 1919-1930 Professor an der Akademie in Breslau. In dieser Zeit zahlreiche Reisen, insbesondere in den Balkan, um die Volksgruppe der Zigeuner, die ein wichtiges Bildthema in seinem Werk wurde, näher kennenzulernen.
Lit. u. a.: [Kat. Ausst.] Otto Mueller 1874-1930. Schlesisches Museum der Bildenden Künste. Breslau 1931 – Haftmann Werner, Malerei im 20. Jahrhundert. München 1954, 133-134, 516 – Hauptmann Ivo, Erinnerungen an Otto Mueller: Neue deutsche Hefte 2, 1955/56 – Dargel Felix A., Otto Mueller: Schlesien 2, 1957, H. 1, 11-14 – Buchheim Lothar-Günther, Otto Mueller. Leben und Werk. Feldafing 1963 [mit Biographie, Bibliographie, Ausstellungsverzeichnis und einem Verzeichnis der Graphik von Florian Karsch] – Karsch Florian, Otto Mueller, Das graphische Werk. Berlin 1974 – Hupka Herbert (Hrsg.), Große Deutsche aus Schlesien. München/Wien 1978, 3. Aufl. 1985, 255-261 (Ernst Scheyer) – [Kat. Ausst.] Kunst in Schlesien. Künstler aus Schlesien. Ostdeutsche Galerie Regensburg. Würzburg 1985, 128 [dort weit. Lit.] – Deutsche Kunst im 20. Jahrhundert. Malerei und Plastik 1905-1985. München 1986 [passim] – Pachnicke Gerhard, Otto Muellers Briefe an Lotte und Gerhart Hauptmann: Schlesien 31, 1986, H. 2, 65-76. – [Kat. Ausst.] Otto Mueller und Zeitgenossen. Museum Ostdeutsche Galerie. Regensburg 1987 – [Kat. Ausst.] Otto Mueller zum sechzigsten Todestag. Galerie Nierendorf. Berlin 1990 – Leistner Gerhard, Gang durch die Sammlung. Gemälde, Skulpturen und Objekte. Museum Ostdeutsche Galerie. Regensburg 1993, 100-101, 228 [dort weit. Lit.].

Richard Müller

28. 7. 1874 Tschirnitz/Böhmen – 7. 5. 1954 Dresden-Loschwitz
Maler, Graphiker, Professor
1888-1889 Ausbildung als Porzellanmaler an der königlichen Porzellan-Manufaktur in Meißen. 1890-1891. Schüler der Dresdner Akademie. Um 1895 Begegnung mit Max Klinger. 1897 Rompreis. 1900-1935 Professor (zuletzt Rektor) der Akademie. Wurde 1900 mit der Goldmedaille der Pariser Weltausstellung, 1912 mit der Österreichischen Staatsmedaille ausgezeichnet. 1920 Kollektiv-Ausstellung in der Galerie Heinemann in München, 1955 Gedächtnis-Ausstellung im Schöneberger Kunstkabinett in Berlin.
Malte wiederholt Riesengebirgsmotive.
Lit. u. a.: Thieme U., F. Becker u. H. Vollmer, Allgemeines Lexikon der bildenden Künstler. Bd. 25. Leipzig 1931, 246 [dort weit. Lit.] – Vollmer Hans, Allgemeines Lexikon der bildenden Künstler des 20. Jahrhunderts. Bd. 3. Leipzig 1958, 439 [dort weit. Lit.] – [Nekrologe] Tagesspiegel (Berlin) 29. 8. 1954; Neueste Nachrichten (Dresden) 12. 5. 1954 – Stilijanov-Nedo Ingrid, Von Chodowiecki bis zur Gegenwart. Eine Auswahl aus der Graphiksammlung. Museum Ostdeutsche Galerie. Regensburg 1993, 100-101, 220 [dort weit. Lit.].

Otto Mueller, Zigeunermädchen mit Ziege, um 1920; Mischtechnik auf bräunlichem Papier, 68 cm × 50,4 cm; bez. u. Mitte: Otto Mueller; Bes.: Museum Ostdeutsche Galerie, Regensburg

Georg Müller-Breslau

5. 9. 1856 Breslau – 20. 10. 1911 Schmiedeberg
Landschafts- und Genremaler, Lithograph
Schüler → Adolf Dresslers (1833-1881) in seiner Vaterstadt, seit 1874 Besuch der Akademie in Berlin unter Karl Gussow. 1883-1885 Aufenthalt in München, 1885-1891 in Berlin. Seit 1892 in Dresden, später in Schmiedeberg ansässig. Durch Dressler auf die Riesengebirgslandschaft verwiesen, malte er wiederholt, ab 1883 nachweisbar Riesengebirgslandschaften, so aus der Gegend um Hain, Hirschberg, Blick auf die Schneegruben und um Schmiedeberg.
Lit. u. a.: Thieme U., F. Becker u. H. Vollmer, Allgemeines Lexikon der bildenden Künstler. Bd. 25. Leipzig 1931, 229 [dort weit. Lit.] – Boetticher Friedrich v., Malerwerke des 19. Jahrhunderts Bd. 2, 1. Leipzig 1898, 109 – Schlesische Zeitung Nr. 672 v. 24. 9. 1912. – Enderlein Georg, Georg Müller-Breslau, der Dresdner Maler: Sachsen-Post v. 5. 6. 1912, 7-9 – [Kat. Ausst.] Schlesien im Bild II. Das Riesengebirge und andere Landschaften. Ostdeutsche Galerie. Regensburg 1972, Nr. 93 – Leistner Gerhard, Gang durch die Sammlung. Gemälde, Skulpturen und Objekte. Museum Ostdeutsche Galerie. Regensburg 1993, 58-59, 228.

Georg Müller-Breslau, Im Schlesischen Vorgebirge, 1892; Öl auf Karton 62 cm × 80,5 cm; bez. r. u.: 1892 G. Müller-Breslau; Bes.: Museum für Landeskunde, Haus Schlesien, Königswinter

Günther Muthesius

10. 6. 1898 Hammersmith/London – 28. 2. 1974 Hannover
Architekt, Kreisbaurat, Maler und Zeichner
1917-1918 Frontsoldat, dann Studium der Architektur in Berlin und Stuttgart, dort vor allem bei Paul Bonatz (1877-1956). Nach Tätigkeit bei Paul Mebes (1872-1938) und seinem Vater Hermann Muthesius (1861-1927) in Berlin ab 1925 Kreisbaumeister, ab 1931 Kreisbaurat und Leiter des Hochbauamtes in Hirschberg. Neben seiner Arbeit als Architekt malte und zeichnete Günther Muthesius. Er errichtete u. a. 1929/30 das Gebäude der Kreissparkasse in Hirschberg am Warmbrunnerplatz, weiterhin Sozial-, Siedlungs- und Wirtschaftsbauten. Auch lenkte er das Baugeschehen im Kreis Hirschberg, insbesondere unter dem Aspekt der Einfügung in den jeweiligen Stadt- und Landschaftscharakter. Die Baudenarchitektur unterlag seiner Aufsicht und Beratung (u. a. Bauleitung des Jugendkammhauses »Rübezahl«). 1940-1943 Bezirksplaner beim Regierungspräsidenten in Posen, 1943/44 Referent für städtebauliche Planungen (Richtlinien für den Wiederaufbau) in Berlin. Nach der Vertreibung 1945-1947 als freier Architekt in Hannover ansässig. Ab 1948 arbeitete Muthesius in der Hannoverschen Klosterkammer, ab 1953 dort als Baurat.
Eigene Schriften u. a.: Hermann Muthesius, ein Initiator des Werkbundes: Werk und Zeit 1961.
Lit. u. a.: Grundmann Günther, Die bauliche Entwicklung des Riesengebirges in der 1. Hälfte des 20. Jahrhunderts: Der Wanderer im Riesengebirge 50; [dass.] In: Kunstwanderungen im Riesenge birge. München 1969, 210 [Erwähnung] – [Kat. Ausst.] Rügen, Vilm, Hiddensee. Altonaer Museum. Hamburg 1977, 21, 37, Abb. 22.

Günther Muthesius, Zimmer im Haus der Eltern auf Hiddensee, 1916; Aquarell, 21 cm × 26 cm; bez. r. u.: M 16; Privatbesitz

Christoph Friedrich Nathe

3. 1. 1753 Niederbielau bei Görlitz – 10. 12. 1806 Schadevalde bei Lauban (vgl. auch Abb. S. 194)
Maler (Aquarellist), Zeichner, Radierer
Besuchte das Gymnasium in Görlitz. Künstlerische Ausbildung bei Adam Friedrich Oeser (1717-1799) in Leipzig. Befreundet und gefördert von Baron von Gersdorf auf Rengersdorf und Meffersdorf in der Lausitz, Briefverkehr ab 1782-1805, einst in den Städtischen Kunstsammlungen in Görlitz bewahrt. Im Juli und August 1782 im Riesengebirge. Ab 1787 Lehrtätigkeit als Zeichenlehrer am Görlitzer Gymnasium. Heiratete 1795 Karoline von Knonow, eine Nichte des Freiherrn von Gersdorf. Wiederholte Riesengebirgsbesuche, besonders 1800. 1801 malt Nathe 11 Riesengebirgsansichten in Sepiatechnik für die Königin Luise von Preußen. 1803 Übersiedlung nach Lauban. 1804 Badekur in Flinsberg. Nathes umfangreiches Werk wurde in der Nationalgalerie in Berlin, dem Museum der Bildenden Künste in Leipzig, dem Kupferstichkabinett in Dresden, den Städtischen Kunstsammlungen in Breslau, der Lausitzer Gedenkhalle, dem Museum in Bautzen und mehreren Privatsammlungen bewahrt. Ab 1803 Herausgabe von 6 Aquatintablätter durch die Chalkographische Gesellschaft in Dessau unter dem Titel »Ansichten von Schlesien und dem Riesengebirge«, erweitert durch 8 Blätter und ab 1806 bei F. J. Bertuch Weimar (Stecher: → Haldenwang, Hüssel und Ebener), ergänzt durch den Textband von Nathe »Mahlerische Wanderungen durch das Riesengebirge«.

Christoph Friedrich Nathe, Aussicht vom Hochstein bei Schreiberhau, 1803; Aquatinta, koloriert, 19 cm × 26,7 cm; gestochen von C. Haldenwang. Zweites Blatt aus dem Album: Schlesische Ansichten aus dem Riesengebirge ... Weimar 1806

Seine Riesengebirgsmotive sind erfüllt von romantischer Einfühlung in das Wesen dieser Tal- und Gebirgswelt. Sie sind Vorreiter der bei → Friedrich voll ausgeprägten Empfindungswelt im Spiegel einer adaequaten Landschaft.
Eigene Schriften u. a.: Mahlerische Wanderungen durch das Riesengebirge in Schlesien. Hrsgg. von F. J. Bertuch. Weimar 1806.
Lit. u. a.: Thieme U., F. Becker u. H. Vollmer, Allgemeines Lexikon der bildenden Künstler Bd. 25. Leipzig 1931, 353-354 [dort weit. Lit.] – Leonhardt Herbert, Christoph Nathe. Versuch einer Entwicklung des Naturgefühls und der Landschaftsmalerei im deutschen 18. Jahrhundert. Diss. Bonn 1927 – Rümann Arthur, Christoph Nathe. Dresden 1932 – [Kat. Ausst.] Das Riesengebirge in der Kunst des 19. Jahrhunderts. Museum der Bildenden Künste. Breslau 1937 – Krüger J., Der Landschaftsmaler Christoph Nathe und die Malerei des Sturm und Drang. Diss. Berlin 1940 – Asche S., Malerei und Graphik der Oberlausitz. Görlitz 1940, 37-43 = Neue Veröffentlichungen 1 – Scheyer Ernst, Christoph Nathe (1753-1806) und die Landschaftskunst des ausgehenden 18. Jahrhunderts. Würzburg 1958 = Aurora Eichendorff Almanach 18 – Grundmann Günther, Das Riesengebirge in der Malerei der Romantik. 3. Aufl. München 1965, 52-67 – Scheyer Ernst, Schlesische Malerei der Biedermeierzeit. Frankfurt/M. 1965, 241-268 – Wiese Erich, Biedermeierreise durch Schlesien. Darmstadt 1966, 376, Nr. 99, 105, 135 – [Kat. Ausst.] Das Riesengebirge in der Graphik des 18. und 19. Jahrhunderts. Bensheim. Marktoberdorf 1993, 89, Nr. 6-9, 73, 105, 113, 122, 129, 131. – Stilijanov-Nedo Ingrid u. a., Von Chodowiecki bis zur Gegenwart. Eine Auswahl aus der Graphiksammlung. Museum Ostdeutsche Galerie. Regensburg 1993, 18-19, 220.

Alfred Nickisch

1872 Bischdorf bei Breslau, Kreis Neumarkt – 23. 4. 1948 Bamberg (vgl. auch Abb. S. 53, 55)
Landschaftsmaler
Schüler von → Carl Ernst Morgenstern in der Kunstschule in Breslau, von Carlos Grethe und Viktor Weißhaupt an der Akademie in Karlsruhe. War seit seiner Studienzeit vor allem durch C. E. Morgenstern mit der Riesengebirgslandschaft vertraut. Siedelte sich 1917 zwischen Ober- und Nieder-Schreiberhau in den sogenannten Kochelhäusern an. 1922 Mitbegründer der Künstlervereinigung St. Lukas in Ober-Schreiberhau. Bereiste im gleichen Jahr mit seinen Kollegen der Künstlervereinigung → Hans Oberländer und → Franz von Jackowski Italien, besonders Capri. → Max Wislicenus porträtierte Nickisch, der stets schlichte Motive suchte, den Vedutencharakter vermied und die landschaftliche Stimmung mit kräftiger Pinselführung zu realisieren trachtete. Anläßlich des 60. Geburtstages führte 1932 die Künstlervereinigung St. Lukas eine Sonderausstellung in Ober-Schreiberhau durch, ebenso der »Künstlerbund Schlesien« in Breslau, dessen Gründungsmitglied er 1908 war.
Vor der Vertreibung lebte Nickisch in dem von Carl Ernst Morgenstern errichteten, der Stadt Breslau als Stiftung übertragenen Künstlerheim in Wolfshau bei Krummhübel, in dem seine Frau die Leitung innehatte. Seine letzten Lebensjahre verbrachte er malend in Bamberg.
Lit. u. a.: Thieme U., F. Becker u. H. Vollmer, Allgemeines Lexikon der bildenden Künstler. Band 35. Leipzig 1931, 445 [dort weit. Lit.] – Vollmer Hans, Allgemeines Lexikon der bildenden Künstler des 20. Jahrhunderts. Bd. 6. Leipzig 1962, 303 [dort weit. Lit.] – Schiller F., Alfred Nickisch, ein schlesischer Landschaftsmaler: Schlesien 6, 1912/13 – Knötel P., Alfred Nickisch. Ein Maler des Riesengebirges: Der Wanderer im Riesengebirge 49, 1929 – Dresslers Kunsthandbuch 1930, II – Schlesische Monatshefte 2, 1925; 9, 1932, 361 – Ziekursch Else, Künstler und Kunstausstellung in Schreiberhau: Der Wanderer im Riesengebirge 52, 1932, Nr. 5, 76-77 – Kunst für Alle 48, 1932/33, H. 3, Beil. p. 6, 1. Sp. – Grundmann Günther, Künstler und Künstlerkolonien im Riesengebirge: Jahrbuch der Schlesischen Friedrich-Wilhelms-Universität zu Breslau 17, 1972, 370 – [Kat. Ausst.] Kunst in Schlesien. Künstler aus Schlesien. Ostdeutsche Galerie Regensburg. Würzburg 1985, 130.

Alfred Nickisch, Blick auf die Schneegruben, um 1925; Ölgemälde; aus: Die Bergstadt 1926, 575

Hans E. Oberländer

10. 4. 1885 Rostock – Januar 1945 Bad Warmbrunn bei Hirschberg
Bildnis- und Landschaftsmaler
Nach Ausbildung im Malerhandwerk, 1907-1909 Studium an den Vereinigten Staatsschulen für freie und angewandte Kunst in Berlin bei Bruno Paul, im Anschluß bis 1914 als Schüler → Carl Ernst Morgensterns an der Breslauer Akademie. Nach dem Ersten Weltkrieg ließ er sich 1919 in Schreiberhau nieder und übersiedelte später in seine Vaterstadt Rostock. Besuchte 1922 mit → Alfred Nickisch und → Franz von Jackowski von der Künstlervereinigung St. Lukas (Ober-Schreiberhau) Italien und vor allem Capri. Erhielt 1929 den Dürerpreis und 1933 den Rompreis. Anläßlich seines 50. Geburtstages führte das Museum in Rostock eine Jubiläums-Ausstellung des Malers durch, der neben Stilleben, Landschaften und Porträts auch religiöse Bilder in einer für das Spätwerk charakteristischen lasierenden Technik malte. Dabei versah er starke römische Leinwand mit einem Gipsgrund, zeichnete mit Silberstift vor, untermalte dünn mit Terpentin und arbeitete dann mit dem feinen Haarpinsel. Er benutzte Standöl und einen Zusatz von Lack, der dem Ölbild eine fast aquarellartige Wirkung verlieh. Dieser Technik ging eine impressionistisch anmutende, pastosere Malweise voraus. Immer haftete seinen Bildern eine farbige und inhaltliche Spannung an, dem Spätwerk expressive Aussage. 1941 kaufte sich

Hans E. Oberländer, Nieder-Schreiberhau, um 1925; Aquarell; bez. r. u.: HO; aus: Die Bergstadt 1926, 584

Oberländer in Mittel-Schreiberhau an und arbeitete hier intensiv bis zu seinem Tode in einem Lazarett in Bad Warmbrunn. Bilder werden u. a. in der Nationalgalerie in Berlin, in Breslau und der Städtischen Galerie in Nürnberg bewahrt.
Lit. u. a.: Vollmer Hans, Allgemeines Lexikon der bildenden Künstler des 20. Jahrhunderts. Bd. 3. Leipzig 1956, 501 [dort weit. Lit.] – Grundmann Günther, Hans E. Oberländer. Schreiberhauer Kunst: Berliner Börsenztg. v. 8. 3. 1923 – [Nekrolog] Völkischer Beobachter 9. 1. 1945 – Grundmann Günther, Künstler und Künstlerkolonien im Riesengebirge: Jahrbuch der Schlesischen Friedrich-Wilhelms-Universität zu Breslau 17, 1972, 371-372.

Willi Oltmanns

29. 9. 1905 Bant/Wilhelmshaven – 3. 1. 1979 Delmenhorst (vgl. auch Abb. S. 55)
Maler, insbesondere Aquarellist
1920-1923 Ausbildung als Dekorationsmaler. Ließ sich anschließend in Mittel-Schreiberhau bei seinem Bruder Oltmann Oltmanns (Antiquitätenhändler) nieder. Studierte 1928/29 in Berlin und kehrte 1930 nach Schreiberhau zurück. Wurde dort jüngstes Mitglied der Künstlervereinigung St. Lukas und schloß sich besonders → Herbert Martin Hübner und → Werner Fechner an. Ab 1947 als freischaffender Maler in Delmenhorst ansässig. 1952 Reise nach Holland, 1955 Orientreise, 1954 eigenes Haus am Klosterdamm in Delmenhorst. Ausstellungen u. a.: 1948 im Landesmuseum Oldenburg, 1949 Kunsthalle Bremen, 1956 Kunsthalle Bremen, 1970 Oldenburger Stadtmuseum. Stellte auch ab 1958 bei der Neuen Münchner Künstlergenossenschaft aus.
Seine Malerei trägt spätexpressive Züge mit stark farbigem Charakter. Beschäftigte sich seit 1949 auch mit Wandmalerei, Sgraffiti und mit dem Entwurf von Glasfenstern. Arbeiten von Willi Oltmanns gelangten u. a. in die Museen in Breslau, Görlitz (hier beschlagnahmt), Oldenburg, Bremen.
Lit. u. a.: Vollmer Hans, Allgemeines Lexikon der bildenden Künstler des 20. Jahrhunderts. Bd. 6. Leipzig 1962, 317 – Eichler Richard W., Künstler und Werke. München 1962, 150-151 [u. a. Vita] – Armbrecht K., Verdichtung zu hoher Aussagekraft. Rundgang durch die Kollektivausstellung Willi Oltmanns: Coburger Tagblatt Nr. 137 v. 17. 6. 1970 – Gilly Wilhelm, Katalog der Ausstellung zum 65. Geburtstage des Malers Willi Oltmanns in der neuen Galerie des Oldenburger Stadtmuseums. Oldenburg 1970 – Grundmann Günther, Künstler und Künstlerkolonien im Riesengebirge: Jahrbuch der Schlesischen Friedrich-Wilhelms-Universität zu Breslau 17, 1972, 368, 182-383 – Willi Oltmanns. München/Bad Windsheim 1982 = Silesia Folge 29 [dort Verzeichnis der Ausstellungen, der Werke im öffentlichen Besitz und Bibliographie] – [Kat. Ausst.] Kunst in Schlesien. Künstler aus Schlesien. Ostdeutsche Galerie Regensburg. Würzburg 1985, 132 – Zimmermann Rainer, Expressiver Realismus. Malerei der verschollenen Generation. München 1994, 426 [dort weit. Lit.].

Willi Oltmanns, Das Carl-Hauptmann-Haus in Mittel-Schreiberhau, 1940; Aquarell, 50 cm × 60 cm; bez. r. u.: Willi Oltmanns; Bes.: Land Niedersachsen, Ministerium für Bundesangelegenheiten

Anton Paetz (Petz)

1740 Bamberg – 28. 8. 1831 Bad Warmbrunn
Maler und Radierer
Hatte sich auf Reisen nach Italien, Ungarn, der Schweiz und Frankreich gebildet und war auf Rat des Grafen Leopold Schaffgotsch 1778 nach Warmbrunn übersiedelt. Malte außer Wanddekorationen und religiösen Bildern auch Riesengebirgslandschaften, die zum Teil musivisch ausgestaltet oder gestochen wurden. Es waren Erinnerungsarbeiten, mit denen die Maler bis ins 20. Jahrhundert ihr kärgliches Einkommen aufzubessern suchten.
Lit. u. a.: Thieme U., F. Becker u. H. Vollmer, Allgemeines Lexikon der bildenden Künstler. Bd. 26. Leipzig 1932, 135 [dort weit. Lit.] – Grundmann Günther, Das Riesengebirge in der Malerei der Romantik. 3. Aufl. München 1965, 33 – Wiese Erich, Biedermeierreise durch Schlesien. Darmstadt 1966, 376, 119.

Ferdinand Päzelt

Starb im Dezember 1863 durch Freitod am Strand von Broesen bei Danzig
Maler und Zeichner
Der kaum bekannte, wohl dilettierende Maler, hat zwischen 1857 und 1863 220 Aquarellansichten von Burgen, Schlössern, Herrensitzen in Schlesien, Ost- und Westpreußen gemalt, die er in einem undatierten Brief der Reichsgräfin Fanny Gaschin-Rosenberg widmete. Dazu gehören auch Ansichten schlesischer Herrensitze, wie etwa die Darstellung des Schloßes Schildau. 1845/46 malte Päzelt in 50 Gouachen »Die Burgen und Burg-Ruinen Böhmens«, die sich im Besitz des Museums Ostdeutsche Galerie in Regensburg befinden. Sie waren wohl Grundlage einer zur Vervielfältigung bestimmten Druckserie. Bekannt ist darüber hinaus ein Protokoll des Polizei-Fremdenbüros in Dirschau vom 21. 12. 1863 über sein Verschwinden aus Dirschau und seine Bergung am Strand von Broesen.
Lit. u. a.: Herzogenberg Johanna v. u. Sigrid Canz, [Kat. Ausst.] Prag und Böhmen. Malerische Ansichten 1790-1910. Kunstsammlungen der Stadt Esslingen. München 1982, 99.

Ferdinand Päzelt, Schloß Schildau, Auffahrt des Prinzen der Niederlande, 1857/63; Bleistift, Aquarell, 23,3 cm × 30,3 cm; Bes.: Museum Ostdeutsche Galerie, Regensburg

Joseph Franz Maria Partsch

4. 7. 1851 Schreiberhau – 22. 6. 1925 Bad Brambach/Vogtland
Althistoriker und Geograph, Professor
Schulbesuch in Schreiberhau und im Matthiasgymnasium in Breslau. Ab 1869 Studium der Klassischen Philologie an der Universität in Breslau. Promotion mit der Arbeit »Africae itineraria explicantur et emendantur«. 1875 Habilitation, 1876 Professor. Ab 1880 lehrte Partsch nur mehr Geographie in Breslau. 1905 als Nachfolger Friedrich Ratzels nach Leipzig berufen. Zahlreiche Reisen, Ehrenmitglied vieler wissenschaftlicher Gesellschaften. Von den mehr als 200 Veröffentlichungen beschäftigt sich ein großer Teil mit Schlesien, so u. a. das 1896 und 1911 edierte zweibändige Werk »Schlesien«. 1894 erschien in Stuttgart das Buch »Die Vergletscherung des Riesengebirges«. Im Oktober 1994 wurde zum hundertjährigen Jubiläum eine Tagung in Schreiberhau durchgeführt. In Schreiberhau war der Joseph-Partsch-Weg dem Geographen gewidmet, der einen vorzüglichen Blick auf die Schneegruben ermöglichte und an dem Georg Wichmann häufig malte. Helmut Benna schuf an seinem Geburtshaus eine Gedächtnistafel.
Lit. u. a: Penck A.: Zeitschrift der Gesellschaft für Erdkunde (Berlin) 1928 – Overbeck H.: Berichte zur Deutschen Landeskunde 12, 1953, 1 – Blättler Regine u. Hans-Jürgen Klink, »Glaciation of the European Mid-Mountains in 100th Anniversary of Joseph Partsch work«. Internationale Tagung zu Ehren von Prof. Dr. Joseph Partsch (1851-1925). 7.-9. Oktober 1994 in Schreiberhau: Schlesischer Kulturspiegel 19, 1994, 4, 52-53.

Charlotte E. Pauly

6. 12. 1886 Stampen/Oels – 24. 3. 1981 Berlin/Ost
Schriftstellerin, Malerin, Radiererin, Dr. phil.
Schulausbildung in Breslau und anfängliches Studium der Zoologie, ab 1909 der Kunstgeschichte und Archäologie in Heidelberg, Freiburg, Berlin. 1915 Promotion in Würzburg zum Thema »Der venezianische Lustgarten«. 1913/14 Aufenthalt in Italien. 1919 Ansiedlung in Krummhübel. 1923 Besuch einer privaten Zeichenschule, dann Aufenthalt in Spanien. 1928 erschien in Straßburg ihr Buch »Die glückliche Halbinsel«. Im gleichen Jahr Fortbildung bei dem Madrider Maler Daniel Vázques Díaz. 1929-1932 Aufenthalt in Portugal. 1933 Ausstellung ihrer Arbeiten in Breslau. Dann vor allem Aufenthalt in Agnetendorf, das sie 1946 mit dem Hauptmann-Zug verließ. Danach in Berlin ansässig und Ausbildung als Graphikerin in den Berliner Graphischen Werkstätten durch Herbert Tucholski.
Lit. u. a.: Vollmer Hans, Allgemeines Lexikon der bildenden Künstler des 20. Jahrhunderts. Bd. 3. Leipzig 1958, 556-557 [dort weit. Lit.] – Kühnel Anita, Charlotte E. Pauly und Gerhart Hauptmann: Schlesien 37, H. 3, 1992, 140-146.

Charlotte E. Pauly, Riesengebirgslandschaft, um 1940; Tempera; aus: Schlesien H. 3, 1992

Carl Justus Ludwig Peschek

27. 1. 1803 Zittau – 5. 5. 1847 Dresden
Landschaftsmaler, Zeichner, Kupferstecher
1819 Schüler von Johann David Schubert und 1824/25 von → Johann Philipp Veith an der Dresdner Akademie. Gab um 1830 die Kupferstich-Mappe »Erinnerungen an das Riesengebirge« heraus mit gefälligen Erinnerungs-Veduten. Lebte in Dresden, auch in Neuschönefeld bei Leipzig.
Lit. u. a.: Thieme U., F. Becker u. H. Vollmer, Allgemeines Lexikon der bildenden Künstler. Bd. 26, 1932, 461 [dort weit. Lit.] – Grundmann Günther, Das Riesengebirge in der Malerei der Romantik. 3. Aufl. München 1965, 165.

Will-Erich Peuckert

11. 5. 1895 Töppendorf/Niederschlesien – 25. 10. 1969 Langen bei Offenbach
Volkskundler, Schriftsteller
Stammte aus einer Bauernfamilie, besuchte das Lehrerseminar und war sieben Jahre lang Lehrer in Groß-Iser, einer Gemeinde mit damals etwa 50 Häusern und kaum 300 Einwohnern in der Nähe der großen Moor- und Sumpfflächen in der Isermulde, gute 10 Kilometer von Schreiberhau entfernt. Studierte danach Geschichte und Philosophie in Breslau. 1928-1932 Dozent an der Pädagogischen Akademie in Breslau, 1932 Habilitation. Lebte im Anschluß bis zur Vertreibung in Haasel bei Goldberg. 1946-1960 Professur für Volkskunde und Geistesgeschichte in Göttingen.
Peuckerts wissenschaftliches und schriftstellerisches Interesse galt den Pansophen des 16./17. Jahrhunderts und der mystisch-magischen Überlieferung, die um Namen wie Jakob Böhme, Christian Rosenkreuz oder Angelus Silesius kreist. Er zählt zu den besten Kennern schlesischen und deutschen Volkstums. Zwischen 1961 und 1969 edierte er 7 Bände europäischer Sagen.
Lit. u. a.: Festschrift für Will-Erich Peuckert. Hrsgg. v. H. Dölker. 1955 [mit Bibliographie] – Lubos Arno, Die schlesische Dichtung im 20. Jahrhundert. München 1961, 77-78 [dort Verzeichnis der wichtigsten Veröffentlichungen] – Ricklefs Ulfert, Will-Erich Peuckert. In: Literatur-Lexikon. Hrsgg. v. Walther Killy. Bd. 9. Gütersloh/München 1991, 134-135 – Ullmann Klaus, Schlesien-Lexikon. 6. Aufl. Würzburg 1992, 238 – Harenbergs Personenlexikon 20. Jahrhundert. Dortmund 1992, 980.

Josef Pfeifer-Fried

17. 2. 1884 Kunnersdorf bei Friedland – 26. 8. 1959 Zittau/Sachsen
Maler, Graphiker
Ausbildung als Musterzeichner in einer Kattundruckerei in Friedland. 1906-1909 Besuch der Kunstgewerblichen Fachschule in Gablonz. 1909-1911 Studium an der Graphischen Lehr- und Versuchsanstalt in Wien, vor allem unter Ludwig Michalek. Nach freier Tätigkeit Zeichner und Maler an der K. u. K. Hof- und Staatsdruckerei. Teilnahme am Ersten Weltkrieg, danach freischaffend in Friedland. Ab 1945 in Niedercunnersdorf bei Löbau, später in Zittau in Sachsen ansässig. War beteiligt an zahlreichen Ausstellungen, u. a. auch an der Jubiläums-Ausstellung des Riesengebirgsvereins anläßlich seines 50jährigen Bestehens in Bad Warmbrunn vom 12.-26. Juni 1930. In der von Günther Grundmann zusammengetragenen Ausstellung »Das Riesengebirge in der Malerei der Gegenwart« zeigte er Aquarelle.
Lit. u. a.: Vollmer Hans, Allgemeines Lexikon der bildenden Künstler des 20. Jahrhunderts. Bd. 3. Leipzig 1958, 581 [dort weit. Lit.] – Gruhn Herbert, Das Riesengebirge in der Malerei der Gegenwart: Der Wanderer im Riesengebirge 50, 1930, Nr. 8, 129 [Erwähnung] – Isergebirgs-Rundschau 13, 1959, F. 19, Okt. – Künstler aus dem Jeschken-Isergebirge. Böblingen 1988, 156-158.

Alexander Pfohl

17. 3. 1894 Haida – 9. 8. 1953 Hadamar
Glasentwerfer, Maler, Bühnenbildner, Professor
1908-1914 Ausbildung an der Glasfachschule in Haida und der Wiener Kunstgewerbeschule. 1914 Rom-Preis. War Zeichenlehrer der Kinder des Fürsten Lichtenstein und Grafen Larisch und entwarf für führende Glasfirmen in Österreich. 1919-1928 künstlerischer Leiter der Gräflich Schaffgotschschen Josephinenhütte in Schreiberhau. Dort Mitglied der Künstlervereinigung St. Lukas, in deren Lukasmühle er eine Sonderschau von Aquarellen mit bühnenbildhaften Zügen zeigte. 1929-1945 Professor für Entwurf und Gestaltung an der Glasfachschule in Haida. Ab 1949 an dem Aufbau der Glasfachschule in Hadamar/Hessen entscheidend beteiligt und dort als Fachlehrer tätig.
Lit. u. a.: Stanke Walter, Alexander Pfohl: Der Schlesier Nr. 24 v. 13. 6. 1968 – Grundmann Günther, Künstler und Künstlerkolonien im Riesengebirge: Jahrbuch der Schlesischen Friedrich-Wilhelms-Universität zu Breslau 17, 1972, 379 – Ricke Helmut, Alexander Pfohl. Glaskünstler und Designer: Jahrbuch für Kunst und Gewerbe. Hamburg 1, 1982, 61-100 – Storm Ruth, Alexander Pfohl. Glaskünstler und Designer der Josephinenhütte 1919-1928: Schlesische Bergwacht 33, 19, 1983, 363-364 – [Kat. Ausst.] Schlesische Glaskunst des 18. bis 20. Jahrhunderts. Mainfränkisches Museum. Würzburg 1988, 13, 86-95 [dort weit. Lit.] – Wichmann Hans, Design contra Art Déco. München 1993, 345 – Scharnowski Sybille, Alexander Pfohl und die Josephinenhütte. Mag. Arbeit. Uni Frankfurt/M. 1993 – [Kat. Ausst.] Alexander Pfohl. Der Glasgestalter und Maler. Hadamar 1994.

Alexander Pfohl, Fußschale, um 1920/21; farbloses Kristallglas, blau überfangen, modelgeblasen, Dekor in halbmattem Keilschliff; Hersteller: Josephinenhütte, Ober-Schreiberhau; Bes.: Leihgabe im Kunstmuseum Düsseldorf

Mary Theresa Fürstin von Pleß, gen. Daisy

28. 6. 1872 Ruthin Castle (Wales) – 29. 6. 1943 Waldenburg
Förderin der schlesischen Spitzenindustrie
Persönlich angerührt von der »Notlage der schlesischen Spitzennäherinnen, die als unterbezahlte Heimarbeiterinnen mit dem Absatz ihrer Produkte von gewissenlosen Zwischenhändlern abhängen« (Koch, S. 152), erwarb sie 1911 die »Schulen für künstlerische Nadelspitzen«, die 1906 von Margarethe Bardt und Hedwig Freiin von Dobeneck in Hirschberg gegründet worden waren. Als »Spitzenschulen der Fürstin von Pleß« entfalteten diese bald ihr segensreiches Wirken im Hirschberger Tal. Die Erhöhung des Ausbildungsniveaus ging Hand in Hand mit dem wirtschaftlichen Erfolg. Deshalb konnte schon bald die »Schlesische Spitzenmanufaktur« in Schmiedeberg erworben werden. Nach ihrer Scheidung im Jahre 1922 blieb die finanzielle Rückendeckung durch die Familie ihres Mannes aus. 1926 Umzug der Spitzenschulen in das Gebäude des Hausfleiß-Vereins in Bad Warmbrunn. Im Jahre 1935 wurden diese Schulen schließlich aufgelöst.
Lit. u. a.: Graff-Höfgen Gisela, Schlesische Spitzen. Eine Dokumentation über die schlesische Klöppel- und Nadelspitzenherstellung. München 1974 – Koch W. John, Daisy von Pleß. Fürstliche Rebellin. Frankfurt am Main/Berlin 1991, 151-156
[Dieser Text wurde von Peter Wolfrum verfaßt].

Franz Pohl

17. 7. 1813 Neuwelt-Harrachsdorf/Böhmen – 27. 2. 1884 Schreiberhau
Glasmacher, Unternehmer
Kehrte 1835 aus Berlin in seinen Geburtsort Neuwelt zurück und wurde von dem Grafen Harrach in die dortige Glasfabrik eingestellt (dort bis 1837). Dann, unterstützt durch die königliche Regierung in Liegnitz und den dortigen Kameralisten und Sammler Alexander Freiherr von Minutoli (1806-1807), Studienreisen in verschiedene Glasfabriken Böhmens, Frankreichs und Bayerns. 1840 übernahm er die Leitung der Karlstaler Hütte seines Schwiegervaters Christian Benjamin Preussler. 1841 konnte er → Leopold Graf Schaffgotsch für den Bau einer Glashütte in Schreiberhau, der »Josephinenhütte«, gewinnen, die er bis zu seinem Tod mit großem Erfolg leitete.
Seinen hohen Fähigkeiten als Glastechniker, Gestalter und Organisator verdankt die Josephinenhütte einen Aufschwung zur Weltgeltung. So gelang ihm die Wiederentdeckung alter, vor allem in Murano geübter Techniken zur Herstellung komplizierter Überfang-, Millefiori- oder Fadengläser bzw. die des sogenannten Rubinglases. Organisatorisch verband er die Glasherstellung und die Veredelungstechniken unter einem Dach, bzw. in angegliederten, im Verbund arbeitenden Betrieben.
Lit. u. a.: Partsch Carl, Franz Pohl, ...: Schlesien 6, 1912/13, H. 20, 557-561 – Oltmanns O., Kunstgläser der Josephinenhütte: Die Schaulade 1, 1925, 245/246 – Grundmann Günther, Die Geschichte der Glasmacherkunst im Hirschberger Tal: Zeitschrift für Technische Physik 8, 1927, Nr. 9, 335-337; dass. In: Kunstwanderungen im Riesengebirge. München 1969, 211-228 – Parsche Friedrich, Das Glasherrengeschlecht der Preisler. München 1977 – Trux Elisabeth, [Kat. Ausst.] Schlesische Glaskunst des 18. bis 20. Jahrhunderts. Mainfränkisches Museum. Würzburg 1988, 64, Nr. 59 [dort weit. Lit.].

Gerhart Pohl

9. 7. 1902 Trachenberg a. d. Bartsch – 15. 8. 1966 Berlin
Schriftsteller
Abitur 1921 in Breslau, 1922 Studium in München,

das er abbrach, um ab 1923 Herausgeber der linksorientierten Zeitschrift »Die Neue Bücherschau« zu werden, die mit Heft 12 des 7. Jahrgangs 1929 ihr Erscheinen einstellte. Danach zahlreiche Reisen in Europa, Afrika und dem Orient und als freier Schriftsteller tätig. 1933 Übersiedlung nach Wolfshau bei Krummhübel. Er war Freund → Gerhart Hauptmanns, dessen letzte Wochen er im Winter und Frühjahr 1945/46 in Dresden und auf dem »Wiesenstein« in Agnetendorf beschrieb (»Bin ich noch in meinem Haus? Die letzten Tage Gerhart Hauptmanns«. 1953). Seit 1959 war Pohl Präsident der Vereinigung Deutscher Schriftsteller. Er schrieb Erzählungen, Dramen, Essays.
Lit. u. a.: Kaiser H.: Neue deutsche Literatur 7, 1959 – Lubos Arno, Die schlesische Dichtung im 20. Jahrhundert. München 1961, 79-80 – Hofmann W., Gerhart Pohl. 1962 – Peuckert Will-Erich: Jahrbuch der Deutschen Akademie für Sprache und Dichtung 1966 – Hagelstange R.: ebda. 1967 – Behl C. F. W., Gerhart Pohl [Nekrolog]: Schlesien 11, 1966, H. 4, 207-212 – Gerstmann Günter, Zum Gedenken an Gerhart Pohl: Schlesischer Kulturspiegel 26, 1991, H. 2/3, 8 – Reuter Wolfgang, Gerhart Hauptmanns Knappe. Über Gerhart Pohls Leben und Schaffen: Schlesien 37, 1992, H. 1, 25-32 [dort weit. Lit.].

Friedrich Preller d. J.

1. 9. 1838 Weimar – 21. 10. 1901 Dresden-Blasewitz
Landschafts- und Marinemaler, Professor
Schüler seines Vaters, den er 1859-1862 nach Rom begleitete. Zweiter römischer Aufenthalt 1864-1866. Seit 1867 in Dresden ansässig, ab 1880 Professor an der dortigen Akademie. Malte auch Fresken und hielt sich im Riesengebirge auf.
Lit. u. a.: Thieme U., F. Becker u. H. Vollmer, Allgemeines Lexikon der bildenden Künstler. Bd. 27. Leipzig 1933, 377 [dort weit. Lit.] – Grundmann Günther, Das Riesengebirge in der Malerei der Romantik. 3. Aufl. München 1965, 183 [Erwähnung].

Friederike Gräfin von Reden nach einem zeitgenössischen Ölgemälde, das im Riesengebirgsmuseum in Hirschberg bewahrt wurde; aus: Grundmann, Kunstwanderungen, 185

Friederike Karoline Gräfin von Reden

12. 5. 1774 Wolfenbüttel – 14. 5. 1854 Buchwald
Sozial und künstlerisch engagierte Bauherrin
Die geborene Freiin von Riedesel heiratete am 9. 8. 1802 → Friedrich Wilhelm Graf von Reden. »Für das Riesengebirge erwarb sie sich besondere Verdienste durch die Leitung der Ansiedlung der Tiroler in Erdmannsdorf 1837/38 und die ihr vom König Friedrich Wilhelm IV. übertragene Bauleitung zur Aufrichtung der in Norwegen gekauften Stabwerkkirche [bei Brückenberg], 1841/44. Auf Grund ihrer vorbildlichen sozialen Einstellung galt sie der armen Bevölkerung als ›Mutter des Hirschberger Tales‹. Ihre engen freundschaftlichen Beziehungen zum Königshaus bewirkten, daß sie bei ihrem weit vorausschauenden sozialen Hilfswerk Förderung und Verständnis bei den schlesischen Provinzialbehörden fand ... Eine der edelsten Frauengestalten der deutschen Geschichte.« (Grundmann, S. 164)
Lit. u. a.: Reuß Eleonore Fürstin, Friederike Gräfin von Reden, geb. Freiin Riedesel zu Eisenach. Ein Lebensbild... Bd. 1-2. Berlin 1888 – Valeton Anna, Friederike Gräfin von Reden. In: Schlesische Lebensbilder. Bd. 2, 156 ff. – Grundmann Günther, Schloß Buchwald und seine Besitzer Graf und Gräfin von Reden. Der Erwerb der Kirche Wang und ihr Transport von Norwegen nach Berlin. Briefe der Gräfin Reden während der Aufrichtung der Bergkirche. Unseres Erlösers zu Wang. In: Kunstwanderungen im Riesengebirge. München 1969, 164-200.

Friedrich Wilhelm Graf von Reden

23. 3. 1752 Hameln – 3. 7. 1815 Buchwald
Preußischer Staatsminister für die Bergwerksindustrie. Gründer der Buchwalder Bibelgesellschaft, Bauherr in Schloß Buchwald
Studium des Bergfachs in Göttingen, 1778 auf Vorschlag Minister von Heinitz' durch Friedrich den Großen zum Oberbergrat berufen. Steile Karriere und 1802 nach dem Tode des Ministers von Heinitz Übertragung des preußischen Bergwerk- und Hütten-Departements nebst der Porzellan-Manufaktur in Berlin. Durch Einführung englischer Maschinen und Arbeitsmethoden revolutionierte er den schlesischen Bergbau. 1796 veranlaßte er die Inbetriebnahme des ersten Koksofens auf dem Kontinent in Gleiwitz, zugleich gab er dem Oberschlesischen Industriegebiet durch unterschiedliche Maßnahmen ein neues soziales und kulturelles Gesicht. 1787 erwarb Graf von Reden die Grundherrschaft Buchwald, ab 1790 Umgestaltung von Schloß und Park Buchwald im schlichten »preußischen Stil«, im Sinne einer bewußten Beschränkung der Repräsentation und einer formalen Verfeinerung. Die Parkanlage wurde zu einem »Naturdenkmal« entwickelt (nach Grundmann). Graf von Reden gehört zu den Männern, die entscheidend die Befreiung Preußens von der Herrschaft Napoleons vorbereiteten. 1808 ermöglichte er Freiherr von Stein die Flucht über den verschneiten Riesengebirgskamm nach Böhmen. Seine religiösen und sozialen Bestrebungen wurden von seiner Frau fortgeführt.
Lit. u. a.: Grundmann Günther, Schloß Buchwald und seine Besitzer Graf und Gräfin von Reden. In: Wanderungen im Riesengebirge. München 1969, 159-174 [dort in den Anm. weit. Lit.] – Ullmann Klaus, Schlesisches Lexikon. 6. Aufl. Würzburg 1992, 249.

Georg Reicke

26. 11. 1863 Königsberg – 7. 4. 1923 Berlin
Schriftsteller, Bürgermeister
Seit 1881 Studium der Rechtswissenschaft und Geschichte, wurde 1888 Assessor, 1890-1892 Justitiar beim Konsistorium der Provinz Westpreußen. 1892-96 Mitarbeiter des Oberkirchenrats in Berlin, 1897-1900 Justitiar der Verwaltung von Brandenburg, 1903 zweiter Bürgermeister von Berlin. Daneben literarische Arbeiten: Gedichte (Berlin 1901), Romane (z. B. »Das grüne Huhn«. Berlin 1902), Dramen (u. a. »Freilicht«. 1900). War eng mit → Carl Hauptmann befreundet und besaß ein Ferienhaus in Schreiberhau. (»Dann war bei Hauptmanns ein lieber interessanter Kreis. Der Bürgermeister Reicke und seine Frau und der Soziologe Sombart, da gab es dann bei Tisch und Nachtisch interessante Debatten unter den Männern.« Paula Modersohn-Bekker an ihre Schwester Milly am 17. 1. 1906)
Die Tochter des Bürgermeisters, Ilse Reicke, ebenfalls Schriftstellerin, heiratete → Hans von Hülsen. Beide lebten zeitweise in Schreiberhau.
Lit. u. a.: Meyers Konversationslexikon. Bd. 16. Leipzig/Wien 1907, 746-747 – Briefe und Tagebuchblätter von Paula Modersohn-Becker. München 1921, 218 – Weiss Hansgerhard, Schreiberhau. Die »Magische Talsenke«: Schlesien 19, 1969, H. 1, 41 – Walde Gabriela, Georg Reicke. In: Literatur-Lexikon. Hrsgg. v. Walther Killy. Bd. 9. Gütersloh/München 1991, 348.

Sebastian Carl Christoph Reinhardt

13. 10. 1738 Ortenburg bei Passau – 30. 5. 1827 Hirschberg (vgl. auch Abb. S. 183)
Landschaftsmaler und Miniaturist
Besuchte auf Empfehlung des Braunschweigischen Gesandten von Kniestaedt das Collegium Carolinum

Sebastian Carl Christian Reinhardt, Das Isergebirge mit dem Greiffenstein (Ausschnitt), um 1800; Öl, 65 cm × 96 cm; ehemals im Besitz des preußischen Königshauses, Schloß Charlottenburg

in Braunschweig und bildete sich vor allem in der Galerie Salzdahlum, später in Amsterdam. Arbeitete als Miniaturmaler in Hamburg, Frankfurt, Braunschweig, Leipzig, Dresden und Berlin. Hier entstanden im Auftrag der Paskalschen Buchhandlung Landschaften aus der Umgebung von Potsdam, die → Adrian Zingg in Kupfer stach. Sie fanden den Beifall des Ministers von Heinitz, der ihn zum Mitglied der Akademie ernannte und beauftragte, Partien des Riesengebirges zu malen. 1789 siedelte er deshalb nach Hirschberg über und lieferte jährlich zwei Bilder an die Akademie. 57 davon schmückten 1823 zwei Räume des Berliner Schloßes. Die Arbeiten Reinhardts fanden, obwohl er in großer Armut starb, großen Beifall. Einige dienten auch der Berliner Porzellanmanufaktur als Vorlage für Porzellanbemalung. Nach niederländischem Vorbild geben sie streng organisierte Landschaftszonen wieder, die noch kaum den magischen Charakter des Riesengebirges spiegeln. Dennoch gehört Reinhardt zu den künstlerischen Entdeckern des Riesengebirges.
Lit. u. a.: Thieme U., F. Becker u. H. Vollmer, Allgemeines Lexikon der bildenden Künstler Bd. 28. Leipzig 1934, 127 [dort weit. Lit.] – [Kat. Ausst.] Das Riesengebirge in der Kunst des 19. Jahrhunderts. Museum der bildenden Künste. Breslau 1937 – Grundmann Günther, Das Riesengebirge in der Malerei der Romantik. 3. Aufl. München 1965, 25-30 – Wiese Erich, Biedermeierreise durch Schlesien. Darmstadt. 1966, 377, Nr. 75, 101, 110 [dort weit. Lit.] – [Kat. Ausst.] Das Riesengebirge in der Graphik des 18. und 19. Jahrhunderts. Bensheim. Marktoberdorf 1993, 89, Nr. 30, 43.

Hanz Reitzig

9. 10. 1902 Krummhübel – 6. 2. 1975 Marburg
Schriftsteller, Volkskundler, Dr. phil.
Konditormeister, leitete mit seinem Vater das elterliche Unternehmen in Krummhübel, daneben volkskundliche und literarische Studien. Nach dem Krieg Studium in Marburg und Promotion.
Eigene Schriften u. a.: Die Krummhübler Laboranten. Vom Werden, Wirken und Vergehen einer schlesischen Heilmännerzunft. Diss. Marburg. Münster 1952, 2. Aufl. 1958.
Lit. u. a.: Schulz E. G., Dr. Hanz Reitzig [Nekrolog]: Schlesischer Kulturspiegel 10, 1975, H. 1-3, 8.

Artur Ressel

25. 5. 1896 Gablonz – 21. 4. 1966 Aichhalden (Schwarzwald)
Porträtist, Genre-Maler und Zeichner
Besuchte die Kunstakademien in Prag und Dresden und siedelte 1922 nach Agnetendorf in die unmittelbare Nachbarschaft des Hauses Wiesenstein von Gerhart Hauptmann über. Dort baute er sich ein Bauernhaus aus und lebte hier mit seiner Frau Ottegrebe Wilm, Tochter des Schriftstellers → Bernhard Wilm, bis zur Vertreibung. Ressel war Mitglied des »Künstlerkreis Niederschlesien« und der Künstlervereinigung St. Lukas in Oberschreiberhau, porträtierte 1927 → Hermann Stehr, dessen Faberhaus nur etwa 50 Meter von der Lukasmühle entfernt errichtet wurde, erhielt 1933 den Rom-Preis des preußischen Staates, verbunden mit einer Ausstellung seines Werkes im Schlesischen Museum der Bildenden Künste zu Breslau. 1937 wurde er mit dem Schlesischen Kunstpreis ausgezeichnet. Seine charakteristische Malweise war von altmeisterlicher Technik bestimmt, die Form durchmischt mit Neuer Sachlichkeit und skurrilen-surrealen Elementen (Magischer Realismus). Ab 1946 lebte Ressel in Aichwalden im württembergischen Schwarzwald; 1956 Sonderausstellung in Schramberg anläßlich seines 60. Geburtags. Ein Teil seines Werkes konnte 1946 mit werden dem Transport des toten Gerhart Hauptmann nach Hiddensee gerettet werden. Zahlreiche Arbeiten werden im Museum Ostdeutsche Galerie in Regensburg bewahrt.
Lit. u. a.: Thieme U., F. Becker u. H. Vollmer, Allgemeines Lexikon der bildenden Künstler. Bd. 28, 1934, 183-184 [dort weit. Lit.] – Vollmer Hans, Allgemeines Lexikon der bildenden Künstler des 20. Jahrhunderts. Bd. 4, Leipzig 1958, 50 [dort weit. Lit.] – Grundmann Günther, Artur Ressel: Der Wanderer im Riesengebirge 56, 1936, 182-184 – Meridies Wilhelm, In Memoriam Artur Ressel: Der Schlesier Nr. 18, 1966 – Schremmer Ernst, Schöpferisches Schlesien. Wilhelm Doms, Artur Ressel: Schlesien 11, 1966, H. 3, 172-175 – Grundmann Günther, Künstler und Künstlerkolonien im Riesengebirge: Jahrbuch der Schlesischen Friedrich-Wilhelms-Universität zu Breslau 17, 1972, 379-380 – [Kat. Ausst.] Kunst in Schlesien. Künstler aus Schlesien. Ostdeutsche Galerie Regensburg. Würzburg 1985, 136 [dort weit. Lit.] – Künstler aus dem Jeschken-Isergebirge. Böblingen 1988, 177-179, 349.

Artur Ressel, Familienausflug, 1931; Öl auf Leinwand, 29 cm × 39 cm; bez. u. auf dem Grenzstein: AR 1931; Bes.: Museum Ostdeutsche Galerie, Regensburg

Adrian Ludwig Richter

28. 9. 1803 Dresden – 19. 6. 1884 Loschwitz bei Dresden (vgl. auch Abb. S. 218)
Maler, Radierer, Illustrator, Professor
Nach anfänglichem Unterricht bei seinem Vater, dem Kupferstecher Karl August Richter, Studium an der Dresdner Akademie bei Graff und Schubert. Begleitete 1820/21 den russischen Fürsten Narischkin nach Südfrankreich und lebte zwischen 1823 und 1826 in Rom als Schüler Anton Kochs, befreundet mit Schnorr von Carolsfeld und H. Reinhold. 1828 Anstellung als Zeichenlehrer bei der Porzellanmanufaktur Meißen. 1836 Professur an der Akademie in

Ludwig Richter, Der Kleine Teich, 1839; Öl auf Leinwand, 63 cm × 88 cm; bez. r. u.: L. Richter 1839; Bes.: Nationalgalerie, Berlin

Dresden. 1837 Bekanntschaft mit dem Leipziger Verleger Georg Wigand, für den er vor allem Märchenillustrationen zeichnete und damit zum bekanntesten und beliebtesten Illustrator des 19. Jahrhunderts werden sollte. Mit Wigand wuchs auch der Plan, ein Werk über die Landschaften besonders ausgezeichneter Gebiete Deutschlands zu veröffentlichen, in denen Richter die Sektionen »Harz«, »Franken« und »Riesengebirge« übernehmen sollte. Das Werk erschien 1841 in Leipzig mit 15 Riesengebirgsmotiven nach Zeichnungen Richters in Stahlstichen (vgl. → Witthöft). Er skizzierte diese während einer Riesengebirgswanderung, zwischen 5. bis 16. August 1838, auch führte er über die Reise Tagebuch. Darüber hinaus malte Richter 1839 das in der Berliner Nationalgalerie bewahrte Ölbild »Der Kleine Teich«, für das zwei Vorstudien während der Wanderung entstanden, einmal die Landschaft (Öl), dann die Figurengruppe (Zeichnung). Im Jahr 1865 besuchte Richter nochmals die gleiche Stelle und malte die spritzige, locker gemalte Ölskizze »Sturm im Riesengebirge«.
Eigene Schriften u. a.: Lebenserinnerungen eines deutschen Malers. Frankfurt/M. 1886 – Tagebücher und Jahreshefte 1821-1883. Hrsgg. v. R. Walther. Hamburg [o. J.] – Friedrich K. J. (Hrsg.), Ludwig Richter wandert ins Riesengebirge. Zwei neu entdeckte Tagebücher. Dresden 1938 – ders. (Hrsg.), Dein treuer Vater. Briefe Ludwig Richters aus vier Jahrzehnten an seinen Sohn Heinrich. Leipzig 1953.
Lit. u. a.: Thieme U., F. Becker u. H. Vollmer, Allgemeines Lexikon der bildenden Künstler. Bd. 28, Leipzig 1934, 298-300 [dort weit. Lit.] – Hoff Johann Friedrich, Adrian Ludwig Richter. Verzeichnis seines gesamten graphischen Werkes. Freiburg (Br.) 1922 – [Kat.] Ludwig Richter Gedächtnisausstellung. Neue Staatliche Gemäldegalerie. Dresden 1934 – Friedrich K. J., Die Gemälde Ludwig Richters. Berlin 1937 = Forschungen zur deutschen Kunstgeschichte 24 – Hempel E., Das Böhmische Mittelgebirge in seiner Bedeutung für Ludwig Richter und Rudolf Schuster: Forschungen zur Geschichte Sachsens und Böhmens (Dresden) 1937, 194-214 – [Kat. Ausst.] Das Riesengebirge in der Kunst des 19. Jahrhunderts. Museum der Bildenden Künste. Breslau 1937 – Warm E., Die Entwicklung der Bildkomposition bei Ludwig Richter. Diss. Göttingen. Bleichrode 1939 – Grundmann Günther, Das Riesengebirge in der Malerei der Romantik. 3. Aufl. München 1965, 122-132 – Neidhardt H. J., Ludwig Richter. Wien/München 1969 – Börsch Supan H., Deutsche Romantiker. München 1972, 71 – Krause Erhard, Ludwig Richters Wanderungen im Riesengebirge: Schlesische Bergwacht 34, 1984, 242 f. – [Kat. Ausst.] Das Riesengebirge in der Graphik des 18. und 19. Jahrhunderts. Bensheim. Marktoberdorf 1993, 89, Nr. 35, 44, 96, 127, 138, 142, 164, 209.

Wilhelm Riedel

16. 9. 1832 Antoniwald – 12. 6. 1876 Kundratitz-Leitmeritz
Maler, Graphiker
Besuchte 1852-1855 die Kunstakademie in Prag als Schüler Max Haushofers, Fortsetzung der Studien ab 1856 bei Andreas Achenbach in Düsseldorf. Zahlreiche Studienreisen in Europa, ab 1869 in Prag-Lieben ansässig.
Malte vor allem Landschaften, deren Motive er in Fontainebleau, im Harz, in Italien, der Eifel und auch im Riesengebirge fand. Nach dem Ersten Weltkrieg Ausstellungen in Prag und Brünn.
Lit. u. a.: Künstler aus dem Jeschken-Isergebirge. Böblingen 1988, 183-185 (Ferdinand Deutsch).

Rieden

Gestorben 1853 in Schmiedeberg
Landschaftszeichner und Lithograph
Freund und Geschäftspartner von → E. W. Knippel.
Lit. u. a.: Grundmann Günther, Das Riesengebirge in der Malerei der Romantik. 3. Aufl. München 1965, 155, 157, 160-164, 166 – Wiese Erich, Biedermeierreise durch Schlesien. Darmstadt 1966, 377, 378, Nr. 43, 47, 51, 79, 150 – [Kat. Ausst.] Das Riesengebirge in der Graphik des 18. und 19. Jahrhunderts. Bensheim. Marktoberdorf 1993, 89, Nr. 26-31.

Rieden und Ernst Wilhelm Knippel, Josephinenhütte in Schreiberhau, um 1850; Lithographie, koloriert, 20,8 cm × 30,6 cm; Privatbesitz

Hermann van Rietschoten

Maler und Zeichner
Lebte um 1930 (nach Ziekursch) in Schreiberhau. Trat nach 1926 in die Künstlervereinigung St. Lukas in Ober-Schreiberhau ein und bereicherte – wie Dell'Antonio mitteilt – »... die Ausstellung durch sehr fein gezeichnete Kinderbildnisse«. Malte daneben stark farbige expressiv anmutende Landschaften und Blumenstilleben.
Lit. u. a.: Ziekursch Else, Künstler und Kunstausstellung in Schreiberhau: Der Wanderer im Riesengebirge 52, 1932, Nr. 5, 76, 77 – Dressler Walther, »St. Lukas« neu gestaltet: Hirschberger Beobachter v. 12. 1. 1937 – Dell'Antonio, St. Lukas in Ober-Schreiberhau: Der Schlesier 8, 1956, Nr. 48, 6.

Hermann van Rietschoten, Riesengebirgslandschaft, 1921; Öl auf Leinwand, 57 cm × 69,5 cm; bez. r. u.: H. van Rietschoten 21; Privatbesitz, Schlesien

Johann Gottlieb Samuel Rösel

9. 10. 1768 Breslau – 8. 7. 1843 Potsdam
Landschaftsmaler und Zeichner, Professor
Als Mitschüler Friedrich Schleiermachers Besuch des Maria-Magdalenen-Gymnasiums in Breslau. Um 1790 Studium der Architektur an der Akademie in Berlin. Wurde 1794 Lehrer für ornamentales Zeichnen an der Baugewerbeschule. 1802 Professorentitel. Zahlreiche Italienbesuche, beginnend 1788/89. Dort Freundschaft u. a. mit Fohr und Schnorr von Carolsfeld; in Berlin mit Krüger, Rauch und C. F. Zelter. 1823 und 1828 Besuche bei Goethe in Weimar. In seinem Werk dominiert die kleine Landschaftszeichnung. War auch für die Berliner Porzellanmanufaktur als Entwerfer von Landschaftsveduten tätig und weilte im Riesengebirge, vor allem in der Gegend von Erdmannsdorf und Fischbach bei seinen fürstlichen Gönnern. → Friedrich Wilhelm IV. sorgte für ihn im Alter.
Lit. u. a.: Thieme U., F. Becker u. H. Vollmer, Allgemeines Lexikon der bildenden Künstler. Bd. 28. Leipzig 1934, 498-499 [dort weit. Lit.] – Boetticher Friedrich v., Malerwerke des neunzehnten Jahrhunderts. Bd. 2, 1. Leipzig 1898, 466-467 – Wiese Erich, Biedermeierreise durch Schlesien. Darmstadt 1966, 377, Nr. 11 [dort weit. Lit.] – [Kat. Ausst.] Meisterwerke der Zeichnung. Ostdeutsche Galerie. Regensburg 1981, 25 – Scheyer Ernst, Der Landschaftsmaler Johann Gottlieb Samuel Rösel aus Breslau (1768-1843): Schlesien 27, 1982, H. 3, 129-149.

Johann Gottlieb Samuel Rösel (Maler), Ludwig Erhard Lütke (Lithograph), Reinerz, 1. H. 19. Jh.; Bes.: Staatliche Museen, Berlin, Kupferstichkabinett

Christian von Rother

14. 11. 1778 Ruppersdorf – 7. 11. 1849 Rogau
Preußischer Staatsminister, Förderer von Kultur und Wirtschaft im Hirschberger Tal
Seit 1806 Kalkulator bei der Kriegs- und Domänenkammer, war 1815 Spezialbevollmächtigter bei der Verteilung der französischen Kriegsentschädigung und erhielt 1820 die Leitung der Königlichen Seehandlung (Preußische Staatsbank) übertragen. 1831 wurde Rother in den Adelsstand erhoben und zugleich Direktor der Königlichen Bank, bald darauf Präsident der Staatsschuldenverwaltung und 1836 Finanzminister. Als solcher gründete er die Staatsschuldenkommission, die Kreditanstalt für Grundbesitzer, ließ zahlreiche Fabriken und Straßen errichten und konstituierte die Rother-Stiftung in Berlin, durch die aus dem Ertrag verfallener Seehandlungsprämienscheine unversorgte Töchter verstorbener Staatsdiener unterstützt wurden. Nach den Märzereignissen 1848 schied er aus dem Staatsdienst. Christian von Rother hat regen Anteil an der Sanierung und dem Umbau des königlichen Schlosses in Erdmannsdorf, ebenso an der Ansiedlung der Tiroler Exulanten in diesem Gebiet genommen, weiterhin an der Errichtung der Tiroler Häuser für Fürstin Liegnitz und den König auf dem Zoelvelberg, der ab 1839 den Namen des Ministers trug (Rotherberg). Ihm ist es auch zu danken, daß 1840 durch die Seehandlung in Erdmannsdorf eine mechanische Flachsspinnerei erbaut wurde, die für die wirtschaftliche Entwicklung des Gebietes von großer Bedeutung war und trotz der Angriffe der Industrie der Seehandlung integriert blieb.
Lit. u. a.: Heinicke G., Die Preußische Seehandlung. 1928 – Grundmann Günther, Die Königlichen Schlösser Erdmannsdorf, Fischbach und Schildau mit ihren Parkanlagen. In: Kunstwanderungen im Riesengebirge. München 1969, 140 ff.

Ernst Rülke

15. 11. 1896 Leipzig – 9. 2. 1964 Stuttgart
Holzbildhauer
Ausbildung in Hirschberg und Bad Warmbrunn, 1926 Meisterprüfung, 1931-1933 an der Gewerbeakademie in Berlin, ab 1935 als Lehrer und Leiter der Bildhauerfachklasse an der Holzschnitzschule in Warmbrunn tätig, ab 1944 deren Leiter. 1935 erhielt er den Auftrag, den Hirschberger Ratsherrensaal durch Holzreliefs mit Szenen aus der Geschichte der Stadt umzugestalten. Am 6. und 7. Juni 1945 nahm er im Haus Wiesenstein in Agnetendorf die Totenmaske von → Gerhart Hauptmann ab (vgl. Bericht darüber, abgedruckt bei Grundmann S. 41-42). Nach der Vertreibung anfänglich nach Weiden/Oberpfalz verschlagen, begann Rülke in Stuttgart eine Meisterschule für Holzbildhauer aufzubauen, die er bis zu seinem Tode leitete.
Eigene Schriften u. a.: Von der Holzschnitzschule zur deutschen Meisterschule. 1942 – Eine Stadtgeschichte in Holz geschnitzt: Schlesien 5, 1943, Nr. 1-3, 2-6 – Bildhauerei in Holz. Karlsruhe 1962.
Lit. u. a.: Vollmer Hans, Allgemeines Lexikon der bildenden Künstler des 20. Jahrhundert. Bd. 4. Leipzig 1958, 128 – Schremmer, Ernst Rülke, ein Sechziger: Der Schlesier Nr. 48, 1956, 6 – Grundmann Günther, Die Warmbrunner Holzschnitzschule im Riesengebirge. München 1968 = Silesia Folge 1 [passim]; [Besprechung] Asche Sigfried: Schlesien 19, 1969, H. 1, 54-55. – Siebenbürger Elsbeth, 20 Jahre Bildhauerkreis Ernst Rülke: Schlesien 19, 1974, H. 2, 103 – dies., Eine schlesische Stadtgeschichte in Holz geschnitzt: Schlesien 25, 1980, H. 2, 113-114 – dies., Gedenken an Ernst Rülke: Schlesien 29, 1984, H. 4, 233 – [Kat. Ausst.] Kunst in Schlesien. Künstler aus Schlesien. Ostdeutsche Galerie Regensburg. Würzburg 1985, 138.

Ernst Rülke, Hirschberg wehrt den Hussitensturm 1427 ab. Ausschnitt aus einem Holzrelief. Aus dem im Hirschberger Ratsherrensaal ab 1935 ausgeführten Zyklus von Ereignissen der Stadtgeschichte

Fritz Rumpf

16. 2. 1856 Frankfurt/M. – 23. 7. 1927 Potsdam
Maler, Zeichner, Schriftsteller, Stadtrat in Berlin
Studium am Städel in Frankfurt/M., an der Akademie in Kassel und Berlin. 1893-1895 in Würzburg, ab 1895 in Potsdam ansässig. 1905/06 künstlerischer Beirat des Düsseldorfer Schauspielhauses. Malte Landschaften und Architekturdarstellungen, auch Wandgemälde. Hatte sich im Schreiberhauer Siebenhäusertal einen Sommersitz geschaffen.
Eigene Schriften u. a.: Der Mensch und seine Tracht. Berlin 1905.
Lit. u. a.: Thieme U., F. Becker u. H. Vollmer Allgemeines Lexikon der bildenden Künstler. Bd. 29. Leipzig 1935, 204 [dort weit. Lit.] – Die Schreiberhauer Künstlerkolonie einst und jetzt: Der Wanderer im Riesengebirge 50, 1930, Nr. 2, 24.

E. Sachse

Zeichner, Lithograph, Verleger
Hatte um die Mitte des 19. Jahrhunderts einen Verlag in Hirschberg, in dem er eine große Zahl von Lithographien kleineren Formats in Mappen oder Serien edierte (vgl. auch Abb. S. 201).
Lit. u. a.: Grundmann Günther, Das Riesengebirge in der Malerei der Romantik. 3. Aufl. München 1965, 171 – [Kat. Ausst.] Das Riesengebirge in der Graphik des 18. und 19. Jahrhunderts. Bensheim. Marktoberdorf 1993, 89, Nr. 16, 36, 37, 52, 139, 143.

E. Sachse, Der Kleine Teich, 1. H. 19. Jh.; Lithographie, 12,3 cm × 19,1 cm; Bes. u. a.: Riesengebirgsmuseum, Hirschberg

Schaffgotsch

Mäzene, Bauherren, Unternehmer
Altadliges Geschlecht in Schlesien und Böhmen u. a. mit Besitz der freien Standesherrschaft Kynast, dem Badeort Warmbrunn, dem Dorf Hermsdorf, der Herrschaft Greiffenstein, Boberröhrsdorf, Flinsberg. Diesem Geschlecht gehörten bis 1945 große Teile des Iser- und Riesengebirge an seinen Nordabhängen.

Johann Nepomuk Reichsgraf Schaffgotsch
(22. 6. 1732 – 30. 01. 1808)
Stiftungen für katholische und evangelische Kirchen in Warmbrunn, Flinsberg u. a. O. Veränderungen am Badehaus in Warmbrunn, Wirtschaftsgebäude, Pfarrhäuser. Wiederaufbau des Schloßes nach Brand von 1777, Amtshaus in Greiffenberg, Errichtung des Warmbrunner Bräuhauses. Durch → Carl Gottfried Geisler 1797/99 Bau der reizvollen »Galerie«, eines Zentralbaus als Fluchtpunkt einer Allee, weiterhin Amtsbauten.

Leopold Gotthard Reichsgraf Schaffgotsch
(2. 11. 1764 – 24. 1. 1834)
Fertigstellung der Einrichtung des Schloßes, vor allem der Hauskapelle. Beschloß die Errichtung eines eigenen Bauamtes. → Carl Anton Mallickh ab 10. 10. 1809 erster Leiter. Amts- und Wirtschaftsbauten. Ab 1818 Parkveränderungen unter Heranziehung des Ziergärtners Walter aus Buchwald um ähnliche Anlagen wie die Schlösser Buchwald, Erdmannsdorf, Fischbach etc. zu schaffen. Errichtung einer Orangerie (Fertigstellung 1822). Amts- und Wirtschaftsbauten für Giersdorf, Hermsdorf etc. 1825-1826 Errichtung eines neuen Badehauses in Warmbrunn.

Leopold Christian Gotthard Reichsgraf Schaffgotsch
(5.5.1793 – 19.10.1864)
Engagierte den Schüler → K. F. Schinkels → Albert Tollberg als Leiter des Bauamtes. 1836 Bau des Warmbrunner Theaters; 1840/41 Errichtung der → Josephinenglashütte oberhalb Schreiberhaus als beispielgebenden Industriebau, Bau des Badehauses in Flinsberg. 1838 Heranziehung des Fürst Pücklerschen Gartendirektors Ritter, um eine Kuranlage zu gestalten. Erwog 1844 eine Schweizer Viehzuchtanlage, um den Kurgästen bei dem Blick auf das Riesengebirge den Vordergrund ländlich zu bereichern und zu verschönern. 1852 Errichtung von gedeckten Kolonnaden zum Kurhaus in Warmbrunn. Dedizierte 1842 das Grundstück auf dem die Kirche Wang bei Brückenberg errichtet wurde.

Ludwig Gotthard Reichsgraf Schaffgotsch
(4.9.1842 – 15.6.1891)
Verwaltungs- und Wirtschaftsbauten; Erweiterung der Josephinenhütte; Stiftungen.

Friedrich Gotthard Reichsgraf Schaffgotsch
(18.2.1883 – 26.5.1947)
Ließ nach Brand des Flinsberger Kurhauses dieses 1898/99 nach Plänen des Breslauer Baurates → Karl Grosser neu errichten »ohne bewußte architektonische Gesinnung« (Grundmann G., Der Wanderer im Riesengebirge 49, 1929). 1928 Abbruch des Warmbrunner Bassins; 1929 ff. entstanden die neuen großzügigen Badehausbauten nach Plänen der Architekten Treiber und → Dr. Ing. e.h. Georg Steinmetz unter Mithilfe des Brunneningenieurs Scherrer in Warmbrunn. Setzte sich für die familiengeschichtliche Forschung seiner Ländereien ein. Erweiterung der Josephinenhütte, vorbildliche Sozialbauten für Mitarbeiter (Glasschleifersiedlung in Josephinenhütte. 1923 Zusammenführung der Glashersteller Neumann & Staebe, → Fritz Heckert und Josephinenhütte zu einem leistungsfähigen Großbetrieb. Entscheidend an Gründung und Erhaltung der Warmbrunner Holzschnitzschule beteiligt.
Lit. u. a.: Gothaisches Genealogisches Taschenbuch der Gräflichen Häuser. 1894 – Grundmann Günther, Schlesische Architekten im Dienste der Herrschaft Schaffgotsch und der Propstei Warmbrunn. Straßburg 1930 = Studien zur deutschen Kunstgeschichte H. 274 – ders., Erlebter Jahre Widerschein. München 1972, 72-81 – Europäische Stammtafel, Stammtafeln zur Geschichte der Europäischen Staaten. Bd. 9. 1987.

Friedrich Reichsgraf Schaffgotsch. Nach einer Aufnahme aus dem reichsgräflichen Archiv

Johann Caspar Nepomuk Scheuren

22.8.1810 Aachen – 12.6.1887 Düsseldorf
Maler und Radierer, Professor
Ab 1829 Studium an der Düsseldorfer Akademie unter Karl Friedrich Lessing und J. W. Schirmer. Seit 1855 dort Professor. Zahlreiche Reisen nach Süddeutschland, Tirol, Oberitalien, die Niederlande. Vor allem Maler des Rheins. 1843 besuchte er auch das Riesengebirge und malte hier die bekannten Motive vom »Zillertal«, der Neuansiedlung Tiroler Exulanten bei Buchwald, den Garten dieses Schloßes, bzw. die Kirche in Erdmannsdorf, kleine Aquarelle von großer Frische.
Lit. u. a.: Boetticher Friedrich v., Malerwerke des neunzehnten Jahrhunderts. Bd. 2, 2. Leipzig 1901, 545 – Koetschau K., Rheinische Malerei in der Biedermeierzeit. Düsseldorf 1926 – Köhne C., Caspar Scheuren: Zeitschrift des Aachener Geschichtsvereins, 59, 1938 – Grundmann Günther, Das Riesengebirge in der Malerei der Romantik. 3. Aufl. München 1965, 120-121 – Kocks D., Zu unveröffentlichten Zeichnungen von C. Scheuren: Aachener Kunstblätter 41, 1971 – Puhvogel R., [Kat. Ausst.] Caspar Scheuren 1810-1887. Suermondt-Ludwig-Museum. Aachen 1980 – ders., Caspar Scheuren. Ein Maler und Illustrator der deutschen Spätromantik. Aachen 1980 – Sitt Martina u. Bettina Baumgärtel, [Kat. Ausst.] Angesichts der Natur. Kunstmuseum Düsseldorf. Köln/Weimar/Wien 1995, passim.

Johann Caspar Nepomuk Scheuren, Burg Rheinstein im Winter; aquarellierte Federzeichnung, weiß gehöht, 13,3 cm × 19 cm; bez. l. u.: C. Scheuren 1852; Bes.: Kunstmuseum, Düsseldorf

Franz Schier

23.10.1901 Ober-Polaun – 16.2.1984 Weinheim/Bergstraße
Maler, Zeichner
Ausbildung als Porzellanmaler im väterlichen Betrieb in Polaun. Im Anschluß Studium an der Kunstakademie in Prag, vor allem bei Professor Nowak. Ließ sich nach dem Studium im Isergebirge als freischaffender Maler nieder und malte zugleich zahlreiche Riesengebirgsmotive. Nach der Vertreibung in Weinheim im Odenwald ansässig.
Lit. u. a.: Isergebirgs-Rundschau 38, 1984, F. 2, April-H. – Künstler aus dem Jeschken-Isergebirge. Böblingen 1988, 189-191.

Karl Friedrich Schinkel

13.3.1781 Neuruppin – 9.10.1841 Berlin
Architekt, Maler und Bühnenbildner
Der große preußische Baumeister – 1830 zum Oberbaudirektor, 1838 zum Oberlandbaudirektor befördert und damit Leiter des gesamten preußischen Bauwesens – besuchte im Auftrag des preußischen → Ministers von Rother am 4. Juli 1832 das von König → Friedrich Wilhelm III. 1831 erworbene Gut Erdmannsdorf in der Nähe Hirschbergs vor den Falkenbergen. Es sollte den Wohnbedürfnissen des Königs angepaßt werden. Ebenso erhielt Schinkel den Auftrag für den Entwurf einer protestantischen Kirche am gleichen Ort. Die ersten Ideenskizzen der Kirche stammen von 1836, die in einem von Lenné mit gestalteten Park errichtet werden sollte. Die Entwürfe sind in Aquarelltechnik ausgeführt und befanden sich einst in den Kunstsammlungen in Breslau. Die Ausführung der Kirche wich von dem Schinkelschen Entwurf ab, zumal der Turm bei der Errichtung einstürzte und das Schiff aufgrund der Ansiedlung von Zillertaler Exulanten auf königlichen Boden verlängert wurde. Schinkel entwarf auch, dem Wunsche des Königs folgend, auf dem Zoelvel – später Rotherberg ein Tirolerhaus, dessen Zeichnungen am 8.4.1839 dem Minister übermittelt wurden. Es wurde 1839/40 errichtet und 1841 zum ersten Mal benutzt.
Lit. u. a.: Thieme U., F. Becker u. H. Vollmer, Allgemeines Lexikon der bildenden Künstler. Bd. 30. Leipzig 1936, 77-83 [dort weit. Lit.] – Karl Friedrich Schinkel Lebenswerk. Hrsgg. v. Paul Ortwin Rave. Bd. 1-15. Berlin 1939-1989 [insbesondere der 1941 erschienene Bd., 207-216] – Grundmann Günther, Das Riesengebirge in der Malerei der Romantik. 3. Aufl. München 1965, 116-117 – ders., Kunstwanderungen im Riesengebirge. München 1969, 139-158 [dort in den Anm. S. 235 weit. Lit.] – Ullmann Klaus, Schlesien-Lexikon. 3. Aufl. Würzburg 1982, 83-84; 6. Aufl. Würzburg 1992, 88.

Karl Friedrich Schinkel, Kirche in Erdmannsdorf, 1836; Ideenskizze, aquarelliert; einst im Besitz des Schlesischen Museums für Kunstgewerbe und Altertümer in Breslau

Wilhelm August Schirmer

6.5.1802 Berlin – 8.6.1866 in Nyon (Genfer See)
Maler, Professor
Anfänglich Blumen- und Porzellanmaler an der Berliner Manufaktur und Besuch der Berliner Akademie, gefördert von Schinkel. 1827-1831 in Italien und Bekanntschaft mit Josef Anton Koch, Johann Christian Reinhardt und William Turner, die ihn beeinflußten. 1835 Mitglied der Berliner Akademie, 1839 als Nachfolger Blechens Lehrer an der Landschaftsklasse, 1843 Professur. 1845 erneute Studienreise nach Italien. Seit 1850 die Zyklen der ägyptischen und griechischen Landschaften im Neuen Museum als stereochrome Gemälde. Fertigte 1834 nach Schinkels Entwürfen die Phantasiepläne für Parkbauten und Landschaftsgestaltungen des Fürsten Pückler-Muskau (»Andeutungen über Landschaftsgärtnerei«), nach 1842 entstand das große Gemälde von Erdmannsdorf mit dem Bergpanorama der Falkenberge und des Schmiedeberger Kammes, 1844 im Auftrag des Königs ein Gemälde der Stabwerkkirche Wang.
Lit. u. a.: Thieme U., F. Becker u. H. Vollmer, Allgemeines Lexikon der bildenden Künstler. Bd. 30, Leipzig 1936, 89-90 [dort weit. Lit.] – Boetticher Friedrich v., Malerwerke des neunzehnten Jahrhunderts. Bd. 2, 2. Leipzig 1901, 570-572 – Grundmann Günther, Das Riesengebirge in der Malerei der Romantik. 3. Aufl. München 1965, 119-120 – Scheunchen Helmut, Zeichnungen aus der Biedermeierzeit. Esslingen 1990.

Wilhelm August Schirmer, Erdmannsdorf (Ausschnitt), nach 1842; Öl auf Leinwand, 85 cm × 174 cm; ehemals im Schlesischen Museum der bildenden Künste, Breslau

Bernhard Schmidt

21. 3. 1820 Zettemin bei Stavenhagen – 4. 12. 1870 Niesky
Landschafts- und Architekturmaler
Studium an den Akademien in Berlin, Düsseldorf und München. Lebte einige Jahre als Zeichenlehrer in Rostock und Schwerin und ging dann nach Berlin, dort befreundet mit Professor Pfannschmidt. Seine letzten Lebensjahre verbrachte er in der Herrnhuter Kolonie Niesky bei Rothenburg/Reg. Bezirk Liegnitz. Während zahlreicher Studienreisen, besuchte er auch in den sechziger Jahren das Riesengebirge und malte dort u. a. Partien bei Warmbrunn, die in Ausstellungen in Berlin 1866 und 1867 gezeigt wurden.
Lit. u. a.: Thieme U., F. Becker u. H. Vollmer, Allgemeines Lexikon der bildenden Künste. Bd. 30. Leipzig 1936, 135 [dort weit. Lit.] – Boetticher Friedrich v., Malerwerke des neunzehnten Jahrhunderts. Bd. 2, 2. Leipzig 1901, 591 – [Kat. Ausst.] Das Rostocker Stadtbild in alter Zeit. Rostock 1930.

Ludwig Schmidtbauer (auch Schmiedbaur oder Schmidbauer)

Maler, Radierer
Wird von → Cyrillo dell'Antonio als ein in München lebender Schlesier bezeichnet. Trat vor 1926 in die Künstlervereinigung St. Lukas in Ober-Schreiberhau ein. Zeigte dort vor allem Darstellungen aus dem oberschlesischen Industriegebiet. Hielt sich um 1930 in Afrika auf.
Lit. u. a.: Castelle Friedrich, Die Lukasmühle in Schreiberhau: Die Bergstadt 14, 1926, 581, 582 [Erwähnung] – Die Schreiberhauer Künstlerkolonie einst und jetzt: Der Wanderer im Riesengebirge 50, 1930, Nr. 2, 24 [erwähnt als Mitglied der Künstlergilde] – Dressler Walther, »St. Lukas« neugestaltet: Hirschberger Beobachter v. 12. 1. 1937 – dell'Antonio [Cyrillo], St. Lukas in Ober-Schreiberhau: Der Schlesier 8, 1956, Nr. 48, 6.

Ludwig Schmidtbauer, Im Bergwerk, um 1925; Gemälde; aus: Die Bergstadt 1926, 581

Hermann Schneider

Geboren am 11. 11. 1897 in Tiefhartmannsdorf
Bildhauer
War 1930 in der von Günther Grundmann anläßlich des 50jährigen Jubiläums des Riesengebirgsvereins organisierten Ausstellung in Bad Warmbrunn »Das Riesengebirge in der Malerei der Gegenwart« (12.-26. 6.) beteiligt. Lebte zuletzt in Breslau.
Lit. u. a.: Vollmer Hans, Allgemeines Lexikon der bildenden Künstler des 20. Jahrhunderts. Bd. 4. Leipzig 1958, 207 [dort weit. Lit.] – Gruhn Herbert, Das Riesengebirge in der Malerei der Gegenwart: Der Wanderer im Riesengebirge 50, 1930, Nr. 8, 129 [Erwähnung].

Dora Scholz

In den zwanziger Jahren und um 1930 wohnhaft in Bad Warmbrunn; Malerin
Stellte in der Jubiläumsausstellung des Riesengebirgsvereins, die vom 12.-26. 6. 1930 in Bad Warmbrunn gezeigt wurde, aus.
Lit. u. a.: Grundmann Günther, Die Maler des Riesengebirges. In: Kraftpostführer für den Oberpostdirektionsbezirk Liegnitz. Liegnitz 1926, 51 [Erwähnung] – Gruhn Herbert, Das Riesengebirge in der Malerei der Gegenwart: Der Wanderer im Riesengebirge 50, 1930, Nr. 8, 129 [Erwähnung].

Johann Gottlob Schumann, Nördliche Ansicht des Riesengebirges von der Kleinen Sturmhaube bis zum Reifträger, um 1804; Aquatinta, 33 cm × 57,5 cm; gestochen vermutlich nach einer Zeichnung von Christoph Nathe; Privatbesitz

Johann Gottlob Schumann

1761 Dresden – 11. 11. 1819 Dresden
Maler und Radierer
Schüler von J. C. Klengel, weitergebildet in London. 1805 Mitglied der Akademie in Dresden. Schumann hat wiederholt Riesengebirgsmotive für den Dresdner Landschaftszeichner → Johann Philipp Veith, vermutlich auch für → Christoph Nathe gestochen.
Lit. u. a.: Thieme U., F. Becker u. H. Vollmer, Allgemeines Lexikon der bildenden Künstler. Bd. 30. Leipzig 1936, 341 [dort weit. Lit.] – Grundmann Günther, Das Riesengebirge in der Malerei der Romantik. 3. Aufl. München 1965, 40, 41, 46 – [Kat. Ausst.] Das Riesengebirge in der Graphik des 18. und 19. Jahrhunderts. Bensheim. Marktoberdorf 1993, 89, Nr. 6, 7.

Regierungsbaurat Schumann

Architekt
War Eisenbahnarchitekt und als Kriegsflüchtling nach dem Ersten Weltkrieg aus Oberschlesien nach Ober-Schreiberhau gekommen. Befreundet mit dem Hirschberger Architekten → Valerius Siedler. Errichtete 1921/22 im Ortsteil Mariental die am kleinen Zacken (»Zackerle«) gelegene Lukasmühle. Der Bau wurde auf granitenen Grundmauern einer aufgelassenen Brettschneide in Fachwerk mit tief herabgezogenen Dächern errichtet und setzte einen vorzüglichen architektonischen Akzent und Maßstab im Zentrum des Marientals. Bis 1930 beherbergte die Lukasmühle die Künstlervereinigung St. Lukas. Baurat Schumann – zeitweise Vorsitzender der Künstlergruppe – war befreundet mit → Georg Wichmann und häufiger Gast in seinem nur etwa 100 Meter oberhalb der Lukasmühle gelegenem Haus, → Arnold Busch hat ihn in Halbfigur porträtiert.
Eigene Schriften u. a.: Die Lukasmühle im Mariental: Der Wanderer im Riesengebirge 42, Juni 1922, 48.
Lit. u. a.: Castelle Friedrich, Die Lukasmühle in Schreiberhau: Die Bergstadt 14, 1926 [dort auf S. 572 sein Porträt von A. Busch abgebildet] – Die Schreiberhauer Künstlerkolonie einst und jetzt: Der Wanderer im Riesengebirge 50, Febr. 1930, 24 [Erwähnung] – Grundmann Günther, Künstler und Künstlerkolonien im Riesengebirge: Jahrbuch der Schlesischen Friedrich-Wilhelms-Universität zu Breslau 17, 1972, 367, 368-369 – Wietek Gerhard (Hrsg.), Deutsche Künstlerkolonien. München 1976, 140 [Erwähnung].

Heinrich Rudolf Schuster

1. 9. 1848 Markneukirchen (Vogtland) – 30. 6. 1902 Markneukirchen
Maler, Zeichner
1863-1865 Besuch der Akademie in Dresden, 1867-1873 dort Schüler → Ludwig Richters. Während seines Aufenthalts in München nahm er Einflüsse von Eduard Schleich d. Ä. und A. Lier auf. Erste Italienreise 1879. 1886 bis 1888 in Berlin ansässig, von 1890-1894 lebte Schuster in Dresden und von 1894-1896 in Weimar. Seine zahlreichen Reisen führten ihn wiederholt durch Deutschland, nach Tirol, in die Schweiz und nach Italien.
Schuster besuchte mehrmals, wie die Datierungen seiner Zeichnungen bzw. Ölskizzen zeigen, das Riesengebirge und zwar 1882, 1885, 1886 und 1891. Er malte dort Motive in Agnetendorf, Schreiberhau, auf dem Riesengebirgskamm (Elbquelle, Schneegruben). Seine Koloristik ist differenziert, das Atmosphärische der Jahreszeiten (Winter, Tauwetter) vorzüglich charakterisiert.
Lit. u. a.: Thieme U., F. Becker u. H. Vollmer, Allgemeines Lexikon der bildenden Künstler. Bd. 30. Leipzig 1936, 345 [dort weit. Lit.] – Hempel E., [Kat.] Rudolf-Schuster-Ausstellung. Sächsischer Kunstverein. Dresden/Chemnitz 1936 – ders., Das Böhmische Mittelgebirge in seiner Bedeutung für die Kunst Ludwig Richters und Rudolf Schusters: Forschungen zur Geschichte Sachsens und Böh-

Heinrich Rudolf Schuster, Bei Agnetendorf, 1882; Bleistift auf Papier; bez. r. u.: bei Agnetendorf d. 8. Aug. 82; Privatbesitz; aus: Grundmann, Romantik, 183

mens (Dresden) 1937, 194-215 – [Kat. Ausst.] Das Riesengebirge in der Kunst des 19. Jahrhunderts. Museum der Bildenden Künste. Breslau 1937, 24-25 – [Kat. Ausst.] Deutsche Landschaftsmalerei 1800-1914. Nationalgalerie. Berlin 1957, 92 – Grundmann Günther, Das Riesengebirge in der Malerei der Romantik. 3. Aufl. München 1965, 181-184.

Carl Friedrich Seiffert

6. 9. 1809 Grünberg/Schlesien – 25. 4. 1891 Berlin
Landschafts- und Porträtmaler
Studium an der Berliner Akademie und im Atelier von Carl Eduard Biermann. Danach zahlreiche Studienreisen in die Schweiz, Tirol, Kärnten und Krain. 1845-1847 Aufenthalt in Italien und auf Sizilien. 1852 und 1853 unterstützte er Eduard Pape bei dessen enkaustischen Wandmalereien im Neuen Museum in Berlin. War an zahlreichen Ausstellungen der Berliner Akademie beteiligt. 1841 führte ihn auch eine Studienreise ins Riesengebirge, vor allem zu den fürstlichen Schlössern. Seine Arbeiten werden in zahlreichen Museen bewahrt.
Lit. u. a.: Thieme U., F. Becker u. H. Vollmer, Allgemeines Lexikon der bildenden Künstler. Bd. 30. Leipzig 1936, 461 [dort weit. Lit.] – Boetticher Friedrich v., Malerwerke des neunzehnten Jahrhunderts. Bd. 2,2. Leipzig 1901, 729-730 – Trux Elisabeth, [Kat. Ausst.] Schlesien in der Biedermeierzeit. Museum der Stadt Wertheim. Würzburg 1987, 155 – Scheunchen Helmut, Adolph von Menzel und ostdeutsche Malerkollegen in Berlin. Esslingen 1993.

Hugo Seydel

12. 11. 1840 Liegnitz – 8. 10. 1932 Hirschberg
Jurist und Kulturförderer, Geheimer Justizrat, Dr. h. c.
War Landtagsabgeordneter und setzte sich insbesondere für die Konstituierung des Riesengebirgsmuseums in Hirschberg ein. Für dieses 1912/14 durch → Carl Grosser erbaute Museum hat er einen großen Teil der Sammlungen im Rahmen des Riesengebirgsvereins (→ Theodor Donat) zusammengetragen und dediziert. Darüber hinaus erwarb sich Hugo Seydel bei der Gründung der Warmbrunner Holzschnitzschule besondere Verdienste. Von ihm entwarf → Cyrillo dell'Antonio eine Porträtplakette. »Das Interesse Seydels an der Schulgründung und ihrem späteren Schicksal fand eine dankbare Entsprechung in Ehrengaben, Arbeiten für das von Seydel neu erbaute Riesengebirgsmuseum (die lebensvolle Plastik des Steinschneiders → Siebenhaar und die Bauersfrau mit der schlesischen Barthaube und dem großen Korb)« (Grundmann S. 49).
Eigene Schriften u. a.: Der Holzschnitzer Sigismund Kahl: Der Wanderer im Riesengebirge 12, 1890 – Die Holzschnitzschule zu Warmbrunn: Der Wanderer im Riesengebirge 22, 1902, Nr. 10.
Lit. u. a.: Antonio Cyrillo dell', Die Holzschnitzschule in Bad Warmbrunn, von Bruce Stiftung. Warmbrunn 1927 [dort Biographie] – Grundmann Günther, Die Warmbrunner Holzschnitzschule im Riesengebirge. München 1968, 9 ff. = Silesia 1 – Krause Erhard, Die Riesengebirgsmuseen in Hirschberg und Hohenelbe: Schlesische Bergwacht 44, 1994, 147 [Erwähnung].

Karl Friedrich Wilhelm Heinrich Siebenhaar

12. 7. 1814 Warmbrunn – 22. 10. 1895 Warmbrunn
Sohn des Schuhmachers und Schneekoppenwirts Carl Siebenhaar. Lehre bei seinem Onkel O. A. Reichstein als Glasschneider, um sich danach noch weitere zwei Jahre bei seinem anderen Onkel K. S. G. Müller, genannt »Der kleine Müller«, im Steinschnitt ausbilden zu lassen. Nach diesen Lehrjahren ließ er sich 1832 in seinem Vaterhaus in Warmbrunn als Meister des Glas- und Steinschnitts nieder, half aber im Sommer in der Gastwirtschaft der Schneekoppe seinem Vater, der 1824 die ehemalige Koppenkapelle der Zisterzienser mit Genehmigung des Grafen Schaffgotsch in ein »Hospiz für Gebirgswanderer« umgewandelt hatte. König Friedrich Wilhelm III. legte dem jungen Siebenhaar bei einem Besuch der Scheekoppe nahe, sich lieber seinem Metier, dem Glasschnitt, zu widmen. Brigitte Klesse betrachtet Siebenhaar als Repräsentanten seines Jahrhunderts, »in dem sich ... Tradition und Leistungsfähigkeit nochmals zur höchsten Blüte entfalteten«. Seine besondere Begabung kam im Porträtschnitt zum Ausdruck, wie die Darstellung der preußischen Könige, Blüchers oder Napoleons zeigten. Eines seine bedeutendsten Werke ist der sog. Brookpokal, der heute im Kunstgewerbemuseum in Köln bewahrt wird. Er stellt in exzellentem Hochschnitt die Porträts von den Berliner Bankiers Richard und Joseph Brook neben einer Fülle von Szenen aus Handel, Verkehr, Bergbau etc. dar. Siebenhaar an seinem Schneidrad, geschnitzt in der Warmbrunner Holzschnitzschule, schmückte den Eingang des Riesengebirgsmuseums in Hirschberg.
Lit. u. a.: Klesse Brigitte, Glassammlung Helfried Krug. Bd. 2. Bonn 1973 – Zoedler Dietmar, Schlesisches Glas. Schlesisches Glas. Würzburg 1996. [Dieser Text wurde von Dietmar Zoedler verfaßt].

Valerius Siedler

Lebte im ersten Viertel des 20. Jahrhunderts in Hirschberg
Architekt
Setzte sich für die Erneuerung der heimischen Bau- und Siedlungsformen ein, und veröffentlichte in diesem Zusammenhang das Buch »Heimatkunst im Schlesischen Gebirge« in Warmbrunn bei Max Leipelt (o. J. ca. 1910). Er war befreundet mit dem Erbauer der Lukasmühle in Ober-Schreiberhau Baurat → Schumann.
Lit. u. a.: Grundmann Günther, Künstler und Künstlerkolonien im Riesengebirge: Jahrbuch der Schlesischen Friedrich-Wilhelms-Universität zu Breslau 17, 1972, 369 [Erwähnung].

Margarete Siegert, geborene Hoppe

19. 3. 1876 Schmiedeberg – 6. 11. 1965 Isny
Kunstgewerblerin
Leiterin der Schlesischen Spitzenschulen in Hirschberg, die 1904 begründet wurden und bis 1945 bestanden. Diese waren beteiligt an der Gründung des Schlesischen Hausfleißvereins, der ein Verkaufsgebäude in Bad Warmbrunn unterhielt. → Günther Grundmann übernahm 1919 die dortige Geschäftsführung (1927 liquidiert).
Lit. u. a.: Grundmann Günther, Die Warmbrunner Holzschnitzschule im Riesengebirge. Bad Windsheim 1968, 16 [Erwähnung] – Graff-Höfgen Gisela, Schlesische Spitzen. Eine Dokumentation über die schlesische Klöppel- und Nadelspitzenherstellung. München 1974 – Ullmann Klaus, Schlesien-Lexikon. 6. Aufl. Würzburg 1992, 284, 287.

Paul Siegert

27. 6. 1905 Mühlhausen/Thüringen – 1982 Trier
Bildhauer (vgl. Abb. S. 46)
Lehre als Holzbildhauer in Mühlhausen, weitere Ausbildung in mehreren westfälischen Werkstätten und der Kunstgewerbeschule in Münster. 1926 bis 1928 Besuch der Holzschnitzschule in Warmbrunn unter → Cyrillo dell'Antonio, 1929 der Staatsschule für angewandte Kunst bei Heinrich Waderé und der Akademie bei Hermann Hahn in München. 1935 Leiter der Klasse für Bildhauerei und Plastik an der Meisterschule des Deutschen Handwerks in Trier. Nach Kriegsteilnahme und Gefangenschaft in Ehrang bei Trier ansässig. Arbeitete in Holz, Stein und Bronze, 1934 Porträt in Stein von → Hermann Stehr (im Besitz des Landes Rheinland Pfalz), 1974 Porträt in Bronze von Günther Grundmann (Museum Ostdeutsche Galerie, Regensburg).
Lit. u. a.: Vollmer Hans, Allgemeines Lexikon der bildenden Künstler des 20. Jahrhunderts. Bd. 4. Leipzig 1958, 277-278 [dort weit. Lit.] – Grundmann Günther, Die Warmbrunner Holzschnitzschule im Riesengebirge. München/Bad Windsheim 1968, 52, Abb. 27 – [Kat. Ausst.] Kunst in Schlesien. Künstler aus Schlesien. Ostdeutsche Galerie Regensburg. Würzburg 1985, 140.

Ernst Simon

3. 4. 1817 Warmbrunn – 2. 3. 1894 Schreiberhau
Glasgraveur
Gravierte u. a. die beiden während der Weltausstellung in London 1851 gezeigten Kristallpokale mit den Bildnissen von Königin Victoria von England und des Prinzgemahls Albert. Sie wurden bis 1945 im Schaffgotschen Schloß in Bad Warmbrunn bewahrt. Die Arabesken auf Deckel und Fuß gravierte der spätere Hüttenbeamte Wilhelm Häckel (1831-1908).
Lit. u. a.: Thieme U., F. Becker u. H. Vollmer Allgemeines Lexikon der bildenden Künstler. Bd. 31. Leipzig 1937, 54 – Tichy Hans, Alte und neue Gläser der Josephinenhütte: Der Wanderer im Riesengebirge 52, 1932, Nr. 5, 79.

Werner Sombart

19. 1. 1863 Ermsleben (Harz) – 18. 5. 1941 Berlin
Nationalökonom, Soziologe, Professor
Studierte in Berlin, Pisa und Rom Wirtschaftswissenschaften, Philosophie und Geschichte und wurde 1888 promoviert. Er lehrte 1890-1906 Nationalökonomie in Breslau, 1906-1917 an der Handelshochschule Berlin, danach bis 1931 an der Universität Berlin. Sombart versuchte durch die Synthese theoretischer und historischer Verfahren sowie durch die Anwendung und Weiterentwicklung des Begriffes »Wirtschaftssystem« die Sinnzusammenhänge der Wirtschaft als Kulturwirklichkeit zu erklären. Auch Untersuchungen über den Kapitalismus. Zahlreiche Buchpublikationen u. a.: Sozialismus und soziale Bewegung im 19. Jahrhundert. 1896 – Der moderne Kapitalismus. Bd. 1-2. 1903 u. 1908 – Vom Menschen. 1938. Sombart hielt sich häufig, besonders in der Zeit der Jahrhundertwende bis zum Ersten Weltkrieg, in Schreiberhau auf und besaß am Oberweg in Mittel-Schreiberhau ein stattliches Haus, bevor er sich in Berlin niederließ, war befreundet mit → Gerhart Hauptmann, Robert Kahn, → Hermann Stehr, Margarete Marschalk, Samuel Fischer und vor allem → mit Carl Hauptmann. Bei diesem schrieb er an seinen wissenschaftlichen Arbeiten und debattierte, wie Paula Modersohn-Becker in einem Brief vom 17. 1. 1906 an ihr Schwester Milly berichtet.
Lit. u. a.: Spiethoff A. v., Festgabe für Werner Sombart zum 70. Geburtstag. In: Schmollers Jahrbuch 56, 1932 – Tiburtius J., Zum Gedenken Werner Sombarts. In: Schmollers Jahrbuch 84, 1964 – Benz Wolfgang u. Hermann Graml, Biographisches Lexikon zur Weimarer Republik. München 1988, 318-319 [dort weit. Lit.] – Kosel Gerhard, Schreiberhau im Riesengebirge, das schlesische Worpswede: Schlesische Bergwacht 1994, Nr. 44/2, 53 [dort Abb. Sombarts mit seinen Schreiberhauer Freunden] – Lenger Friedrich, Werner Sombart 1863-1941. München 1994.

Fedor Sommer

1864 Hohenfriedeberg – 1930 Hirschberg
Pädagoge, Schriftsteller und Dichter
War Präparandenlehrer in Reichenbach (Oberlausitz), Seminarlehrer in Drossen, Liegnitz, Münsterberg und Schulrat in Hirschberg.
Verfaßte Gedichte, Erzählungen und Romane sowie 1913 eine »Schlesische Landeskunde« und 1908 eine »Geschichte Schlesiens«. 1890 erschien der Gedichtsband »Auf der Wanderschaft«; in der Romantrilogie »Um Glauben und Heimat« schildert er die Situation des Protestantismus in Schlesien. Oft klingt wie in dem Roman »Die Schwenckfelder« (1911) die schlesische Sehnsuchtsromantik auf.
Lit. u. a.: Lubos Arno, Die schlesische Dichtung im 20. Jahrhundert. München 1961, 88-89 – Ullmann Klaus, Schlesien-Lexikon. 6. Aufl. Würzburg 1992, 285.

Sidonie Springer

4. 5. 1878 Wechseldorf – Adersbach
Malerin, Graphikerin
Studium an der Prager Kunstgewerbeschule und an der Graphischen Lehr- und Versuchs-Anstalt in Wien. Tätig vor allem in München, vormals verheiratet mit Ferdinand Staeger.
Wurde 1930 als Mitglied der »Vereinigung bildender Künstler St. Lukas« in Ober-Schreiberhau bezeichnet.
Lit. u. a.: Thieme U., F. Becker u. H. Vollmer, Allge-

meines Lexikon der bildenden Künstler. Bd. 31. Leipzig 1937, 411 – Die Schreiberhauer Künstlerkolonie einst und jetzt: Der Wanderer im Riesengebirge 50, 1930, Nr. 2, 25 [Erwähnung].

Gertrud Staats

21. 2. 1859 Breslau – 21. 6. 1938 Breslau
Landschaftsmalerin
Privatschülerin → Adolf Dresslers in Breslau, weitere Ausbildung bei Hans Gude in Berlin, 1887 Studienreise nach Rügen, 1889 und 1900 nach Dachau; dort insbesondere durch Adolf Hölzel angeregt. Lebte vor allem im elterlichen Haus in Neudorf-Kommende, Kaiser-Wilhelm-Str. 23, Breslau, dem 1890 ein Atelier angebaut wurde. Neben → Georg Müller-Breslau war sie die einzige Schülerin Dresslers, die wiederholt ihren Lehrer bei Riesengebirgsbesuchen begleitete. Sie führte seine Freilicht- und Valeurmalerei mit gesteigerter Farbkraft weiter. 1939 gemeinsam mit Eugen Burkert und Robert Sliwinski Ausstellung im Schlesischen Museum der bildenden Künste. Der größte Teil ihres Werkes wurde durch die Vertreibung zerstört. Unter den noch etwa 70 zur Zeit nachweisbaren Bildern vorzügliche Riesengebirgsbilder (u. a. Schneegrubenlandschaft).
Lit. u. a.: Thieme U., F. Becker u. H. Vollmer, Allgemeines Lexikon der bildenden Künstler. Bd. 31, 1937, 430 [dort weit. Lit.] – Vollmer Hans, Allgemeines Lexikon der bildenden Künstler des 20. Jahrhunderts. Bd. 4. Leipzig 1958, 336 [dort weit. Lit.] – [Kat. Ausst.] Schlesische Landschaftskunst vor dreißig Jahren. Schlesisches Museum der bildenden Künste. Breslau 1939 – Müller-Hofstede C., Gertrud Staats: Schlesien 2, Juli/August 1940, 136-137 – Scheyer Ernst, Gertrud Staats und die Landschaftsmalerei in Schlesien: Schlesien 25, 1980, H. 2, 108-112 – Lossow Hubertus, Gertrud Staats. Der schlesische Beitrag zur deutschen Freilichtmalerei: Schlesien 34, 1989, H. 3, 162-166.

Gertrud Staats, Stilles Wasser an der Oder, um 1938; Ölskizze; ehemals Schlesisches Museum der bildenden Künste, Breslau, aus: Müller-Hofstede 1940, 136

Franz Stadler

Um 1762 Dresden – nach 1811 Dresden
Maler, Radierer (vgl. auch Abb. S. 182)
1799 Schüler der Dresdner Akademie. Stach einige Blätter der von → Anton Balzer in Aquatintamanier 1794 in Prag herausgegebenen 24 Blätter »Das Riesengebirge nebst einigen Gegenden von Adersbach ... «
Lit. u. a.: Thieme U., F. Becker u. H. Vollmer, Allgemeines Lexikon der bildenden Künstler. Bd. 31. Leipzig 1937, 436 [dort weit. Lit.] – Grundmann Günther, Das Riesengebirge in der Malerei der Romantik. 3. Aufl. München 1965, 48, 49 – [Kat. Ausst.] Das Riesengebirge in der Graphik des 18. und 19. Jahrhunderts. Bensheim. Marktoberdorf 1993, 89, Nr. 67, 136.

Franz Stadler, »Der Schwarze Teich im Riesen-Gebirge« (Großer Teich mit Schneekoppe), 1794; Radierung, koloriert, 32,6 cm × 42,2 cm; Zeichnung von Anton Balzer; Privatbesitz

Hermann Stehr

16. 2. 1864 Habelschwerdt – 11. 9. 1940 Ober-Schreiberhau
Dichter, Lehrer
Besuch des Lehrerseminars in Habelschwerdt und in Landeck. Volksschullehrer in Pohldorf und Dittersbach bis 1911, danach freier Schriftsteller. Sein Erstlingswerk, zwei Novellen mit dem Titel »Der Graveur« und »Meicke, der Teufel«, erschien bei Samuel Fischer in Berlin 1898. Es folgte eine ungemein fruchtbare Zeit mit zahlreichen Romanen, Novellen, Erzählungen und Gedichten. Sie stehen in der Tradition der schlesischen Mystik, sind auf der Schwelle des Seins angesiedelt und tauchen in die menschlichen Abgründe, seine geistige und wirtschaftliche Not mit einer starken bildhaften Sprache.
Stehr war selbst von wirtschaftlicher Not bedrängt, fand in Walther Rathenau einen treuen Förderer, der ihm die Loslösung vom abnützenden Lehrerdienst ermöglichte. In dieser Zeit begann auch die Arbeit – ausgelöst durch das 1911 in der Schweidnitzer Kunst- und Industrieausstellung gezeigte Bild »Alter Mann mit Pelzmütze« von → Arnold Busch – an dem erst 1918 abgeschlossenen Werk »Peter Brindeisener«. 1915 übersiedelte er von Dittersbach nach Warmbrunn und konnte dort mit Hilfe Rathenaus ein Haus, das »Mandelhaus«, erwerben. Zu seinem 60. Geburtstag wurde ihm dort eine Hermann-Stehr-Straße gewidmet, modellierte → Cyrillo dell'Antonio eine Plakette und versammelte sich ein Freundeskreis mit Karl Lintz, Max Tau, Max Odoy, → Hans Christoph Kaergel, dell'Antonio u. a. 1926 zog die Familie ins »Faberhaus« nach Ober-Schreiberhau/Mariental, nahe bei der Lukasmühle, dem damaligen Domizil der Künstlervereinigung St. Lukas, deren Ehrenmitglied er war. Hier beschäftigte ihn vor allem die »Maechler-Trilogie«. Er lebte in Schreiberhau zurückgezogen. Lediglich sein siebzigster Geburtstag wurde im Hirschberger Kunst- und Vereinshaus öffentlich begangen. Seine gesammelten Werke erschienen in 12 Bänden zwischen 1927 und 1936.
Lit. u. a.: Richter Fritz, Hermann Stehr-Bibliographie: Jahrbuch der Schlesischen Friedrich-Wilhelms-Universität zu Breslau 10, 1965, 305-349; 14, 1969, 368-392 – Mühlberger Josef, Hermann Stehr. Schlesien 1, 1956, H. 4, 275-280 – Alker Ernst, Hermann Stehr. Schlesier, Deutscher Europäer: Schlesien 5, 1960, H. 3, 170-175 – Meridies Wilhelm, Hermann Stehr. Sein Leben und Werk. Würzburg 1964 – Richter Fritz, Hermann Stehr. Schlesier, Deutscher Europäer. Würzburg 1964 – Hupka Herbert (Hrsg.), Große Deutsche aus Schlesien. München/Wien 1978, 3. Aufl. Sigmaringen 1985, 199-207 (Fritz Richter) – Kirchner Doris, Hermann Stehr. In: Literatur-Lexikon. Hrsgg. v. Walther Killy. Bd. 11. Gütersloh/München 1991, 150.

Georg Steinmetz

Geboren am 28. 9. 1882 in Kassel
Architekt, Dr. Ing. e. h.
Meisterschüler von F. Schwechten. 1908-1918 Mitarbeiter von → H. Grisebach. Errichtete ab 1929 im Verein mit Architekt Treiber und dem Brunneningenieur Scherrer in Bad Warmbrunn einen großzügigen badetechnischen Neubau, den »Quellenhof«, inmitten alter Baumsubstanz im Auftrag der Landesversicherungsanstalt Schlesien. Sachlicher Baukomplex mit zum Teil zurückgestufter Fassade, zusammengebunden durch einheitliche Fensterbänder und Balkonstreifen. Die verhaltene Instrumentierung läßt die umgebenden Barockbauten zu guter Entfaltung gelangen.
Lit. u. a.: Thieme U., F. Becker u. H. Vollmer, Allgemeines Lexikon der bildenden Künstler. Bd. 31. Leipzig 1937, 576 – Grundmann Günther, Kunstwanderungen im Riesengebirge. München 1969, 100, 205-207.

Georg Steinmetz, Der Quellenhof in Bad Warmbrunn, 1929/30; aus: Unser Schlesien 1954, 321

Herta Stock

Malerin
Lebte um 1940 im Riesengebirge und ist 1941 in einer Ausstellung in Hirschberg mit dem Bild »Flieder« vertreten.
Lit. u. a.: Fierke Otto, Künstler des Riesengebirges. Ausstellung in Hirschberg: Schlesische Tageszeitg. v. 27. 5. 1941, Nr. 146 [Erwähnung].

Ruth Storm

1. 6. 1905 Kattowitz – 13. 12. 1993 Berlin
Schriftstellerin
Geborene Siwinna, besuchte das Schulinternat der Brüdergemeine in Gnadenfrei. 1922 Übersiedlung nach Mittel-Schreiberhau. 1923-1925 Landwirtschaftliches Praktikum und Studium an der Landwirtschaftlichen Hochschule in Berlin. Dort Heirat mit Professor Storm der Technischen Hochschule. Während des Zweiten Weltkrieges erneuter Aufenthalt in Schreiberhau. Lebte nach Vertreibung in Peine, später in Wangen im Allgäu. Erste schriftstellerische Arbeiten in den dreißiger Jahren, erster Roman 1953 »Das vorletzte Gericht«. Weitere Werke: »Ein Stückchen Erde (Kurz vor dem 2. Weltkrieg)«; »... und wurden nicht gefragt (1910-1921)«. 1972. In dem Buch »Ich schrieb es auf. Das letzte Schreiberhauer Jahr«. Würzburg 1961 schildert sie das Schicksal Schlesiens und die Vertreibung seiner Menschen. 1983 Eichendorff-Literaturpreis; 1984

Sonderpreis des schlesischen Kulturpreises, 1984 Bundesverdienstkreuz.
Lit. u. a.: Lubos Arno, Die schlesische Dichtung im 20. Jahrhundert. München 1961 – Köhler Meinrad, Ruth Storm … [Nekrolog]: Schlesischer Kulturspiegel 29, 1994, Nr. 1, 8-9 – Klin Eugeniusz, Vertreibung und Verständigung … Ruth Storm: Schlesien 38, 1993, H. 1, 43-51.

Friedrich August Stüler, Entwurf für den Umbau des Schlosses Erdmannsdorf von Norden, entnommen einem Blatt mit drei Ansichten; Feder über Graphit, laviert, 47,6 cm × 61,2 cm. Der Entwurf wurde 1841/44 realisiert; Bes.: Kunstbibliothek, Museum für Architektur, Berlin

Friedrich August Stüler

28. 1. 1800 Mühlhausen/Thüringen – 18. 3. 1865 Berlin
Architekt, Professor
Seit 1818 Studium an der Berliner Bauakademie und Universität. 1827 Baumeisterprüfung. 1829 Hofbauinspektor, 1831 Direktor der Schloßbaukommission und Hofbaurat. Ab 1834 Dozent an der Bauakademie, seit 1849 dort Mitdirektor. Nach → Schinkels Tod zunächst mit Ludwig Persius (1803-1845) und ab 1845 alleiniger Leiter des gesamten preußischen Hof- und Staatsbauwesens. Umfangreiches Werk, darunter in Berlin die Jacobi-, Matthäi-, Bartholomäus-, Marcuskirche und das Neue Museum.
Im Auftrag von König → Friedrich Wilhelm IV. erhielt er 1840 den Auftrag zum Umbau des Schlosses Erdmannsdorf (Fertigstellung 1844), führte auch die Umgestaltung von Schloß Fischbach durch (bis 1846), ebenso wie die des Schloßes Schildau. Bei diesen Arbeiten setzte sich, entgegen dem strengen antikisch orientierten Schinkelschen Stil, eine romantisierende, an der englischen Gotik orientierte Haltung mit Zinnenmotiven durch. Es entstand in Tal und Hügelgelände vor den Falkenbergen und dem Bergkamm im Verein mit den großzügigen Parkanlangen der fürstlichen Schlösser eine gehegte Kulturlandschaft in der die landwirtschaftlichen Eingliederungen, auch der Dörfer der seit 1837 angesiedelten Exulanten mit ihren alpenländischen Bauernhäusern, den Charakter einer geborgenen Welt ergaben. Im Verein mit den zahlreichen Parkbauten formte sich eine vorsichtig gelenkte Landschaft, durchsetzt von uralten Baum- und Landschaftsbeständen von wahrhaft zauberhaftem, verinnerlichtem Reiz. Eine Zeichnung des Schlosses Erdmannsdorf wird in der Berliner Kunstbibliothek bewahrt.
Lit. u. a.: Zeitschrift für Bauwesen 15, 1865, 508 ff. [zum Werk Stülers] – Börsch-Supan Helmut, Berliner Baukunst nach Schinkel 1840-1870. München 1977 [zum Werk Stülers] – Donat Theodor, Erdmannsdorf, seine Sehenswürdigkeiten und Geschichte. Hirschberg 1887 – Gerhard E., Der geschichtliche Wert des Schlosses Erdmannsdorf: Zeitschrift Schlesien 1910, Nr. 3 – Grundmann Günther, Schlesien. In: Karl Friedrich Schinkels Lebenswerk. Berlin 1941 [mit Akten- und Bilderverzeichnis auch Erdmannsdorf mit Park] – Rave Paul Ortwin, Stülers Entwurf für Schloß Erdmannsdorf: Schlesien 1, 1956 H. 3, 199-200 – Grundmann Günther, Die königlichen Schlösser Erdmannsdorf, Fischbach und Schildau mit ihren Parkanlagen. In: Kunstwanderungen im Riesengebirge. München 1969, 139-152 – Berckenhagen Ekhart, Architektenzeichnungen 1479-1979. Berlin 1979, 196-198 [dort weit. Lit.].

Gustav Täubert

21. 2. 1817 Dresden – 5. 2. 1913 Dresden
Zeichner, Aquarellist und Stecher
1831-1836 Schüler der Dresdner Akademie bei C. A. Richter. Seit 1843 selbständig. Gründete bald danach einen Kunstverlag, in dem er kolorierte Lithographien und Mappenwerke veröffentlichte, darunter zahlreiche Riesengebirgsdartellungen u. a. die Serie »Riesengebirge«. War auch für den Verlag A. Meisel in Dresden tätig. 1850-1877 Lehrer für Freihandzeichnen an der Annenschule in Dresden.
Lit. u. a.: Thieme U., F. Becker u. H. Vollmer, Allgemeines Lexikon der bildenden Künstler. Bd. 32. Leipzig 1938, 401-402 [dort weit. Lit.] – [Kat. Ausst.] Das Riesengebirge in der Kunst des 19. Jahrhunderts. Museum der bildenden Künste. Breslau 1937 – Wiese Erich, Biedermeierreise durch Schlesien. Darmstadt 1966, 378, Nr. 80 – [Kat. Ausst.] Das Riesengebirge in der Graphik des 18. und 19. Jahrhunderts. Bensheim. Marktoberdorf 1993, 90, Nr. 17, 62, 65, 82, 148, 150, 156, 167, 177, 183, 212.

Gustav Täubert, Gebirgsbaude, um 1875; Lithographie, koloriert, 7,3 cm × 10,8 cm; Privatbesitz

Adolf Thiel

1. 8. 1886 Essen – 29. 4. 1969 Einbeck
Lehrer, Maler
Ausbildung zum Lehrer an der Präparandenanstalt in Bunzlau. Ab 1909 Lehrer in Kiesewald. Erteilte dort u. a. 1912/13 Benvenuto, dem Sohn → Gerhart Hauptmanns, Elementarunterricht. Lebte bis 1945, unterbrochen von Kriegseinsätzen, in Kiesewald und wurde 1946 ausgewiesen. 1947 Lehrer in Einbeck. Dilettierte neben seinem Beruf als Pädagoge als Zeichner und Maler. Befreundet mit → Herbert Martin Hübner, → Hans Oberländer, → Artur Ressel. → Georg Wichmann vermittelte ihm Anregungen. War mit Arbeiten in der Jubiläumsausstellung des Riesengebirgsvereins in Bad Warmbrunn 1930 vertreten.
Lit. u. a.: Gruhn Herbert, Das Riesengebirge in der Malerei der Gegenwart: Der Wanderer im Riesengebirge 50, 1930, H. 8, 12 [Erwähnung] – Fierke Otto, Künstler des Riesengebirges. Ausstellung in Hirschberg: Schlesische Tagesztg. v. 27. 5. 1941, Nr. 146 [Erwähnung].

Adolf Thiel, Im Riesengebirge, 1927; bez. r. u.: Ad. Thiel 27; befand sich einst im Besitz von Hermann Stehr (Ausschnitt)

Friedrich August Tittel

Um 1770 Schmiedeberg – um 1833 Schmiedeberg (vgl. auch Abb. S. 201)
Maler, Kupferstecher, Verleger
Schüler von → Adrian Zingg und Mitschüler von → Ludwig Richter in Dresden. Arbeiten zwischen 1798 und 1833 nachweisbar. Gründete in Schmiedeberg einen Verlag für in »Aberlinischer Manier radierte und colorierte schlesische Gebirgsansichten«, die man auch lithographierte. Die Ansichten, die per Katalog angeboten wurden, sind ein Beispiel für die serielle Fertigung von Andenken. Nach Tittels Tod übernahm sein Konkurrent → Carl Theodor Mattis den Verlag, der später von → Ernst Wilhelm Knippel und → Rieden weitergeführt wurde. Vor allem wurden Motive aus den Vorbergen mit dem Riesengebirge als Hintergrund hergestellt, besonders beliebt waren die fürstlichen Schlösser Fischbach, Erdmannsdorf, Warmbrunn, ferner die Schneekoppe, die Elbquelle und die Bauden.
Lit. u. a.: Thieme U., F. Becker u. H. Vollmer, Allgemeines Lexikon der bildenden Künstler. Bd. 33. Leipzig 1939, 226 [dort weit. Lit.] – [Kat. Ausst.] Das Riesengebirge in der Kunst des 19. Jahrhunderts. Museum der bildenden Künste. Breslau 1937 – Grundmann Günther, Das Riesengebirge in der Malerei der Romantik. 3. Aufl. München 1965, 155-161 – Wiese Erich, Biedermeierreise durch Schlesien. Darmstadt 1966, 378 [dort weit. Lit., zahlreiche Nrn.) – [Kat. Ausst.] Das Riesengebirge in der Graphik des 18. und 19. Jahrhunderts. Bensheim. Marktoberdorf 1993, 90, Nr. 11-13, 46, 51, 58, 77, 135, 158, 160, 171, 173, 178, 179.

Friedrich August Tittel, Hörnerschlittenfahrt, um 1820; Lithographie, koloriert, 14,2 cm × 18,5 cm, lithographiert von Carl Mattis; Privatbesitz

Albert Tollberg

April 1803 – 8. 7. 1845 Herischdorf bei Hirschberg
Architekt, Baumeister
Schüler → Karl Friedrich Schinkels in Berlin. Übernahm 1835 die Leitung des Gräflich Schaffgotschen Bauamtes, war zuvor in Muskau und vor der Übernahme seines Amtes in Warmbrunn diätarisch als Königlicher Regierungsbaukondukteur in Liegnitz tätig. Tollberg arbeitete in Warmbrunn nur bis 1841 und errichtete 1836 in nur dreieinhalb Monaten das dortige Theater und 1840/41 den vorzüglichen Industriebau der Josephinenhütte in Ober-Schreiberhau.
Unter seiner Bauägide tritt an Stelle der freundlichen Behaglichkeit der Biedermeierzeit eine kühlere, distanzierte Gundhaltung. Weiterhin entwarf er

das Badehaus in Flinsberg und wohl auch das Hotel Preußischer Hof in Warmbrunn (1835/45).
Unter diesen Bauten ist das Theater sein Hauptwerk, das die letzte noch von klassizistischem Geist geprägte Architektur in Warmbrunn verkörpert. Es besitzt quadratischen Grundriß, ein flaches Satteldach und wurde durch eine Freitreppe im Mittelrisalit erschlossen.
Lit. u. a.: Thieme U., F. Becker u. H. Vollmer, Allgemeines Lexikon der bildenden Künstler. Bd. 33. Leipzig 1939, 254 [dort weit. Lit.] – Nentwig H., Geschichte des Reichsgräflich Schaffgotschen Theaters zu Warmbrunn. Warmbrunn 1896 – Grundmann Günther, Schlesische Architekten im Dienst der Herrschaft Schaffgotsch und der Propstei Warmbrunn. Straßburg 1930, 166-183 = Studien zur deutschen Kunstgeschichte H. 274.

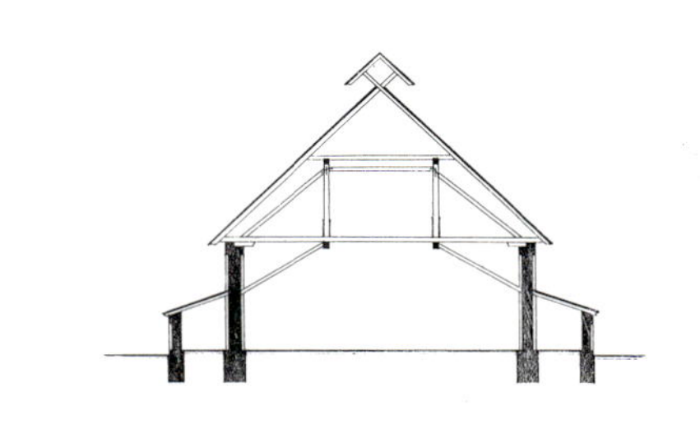

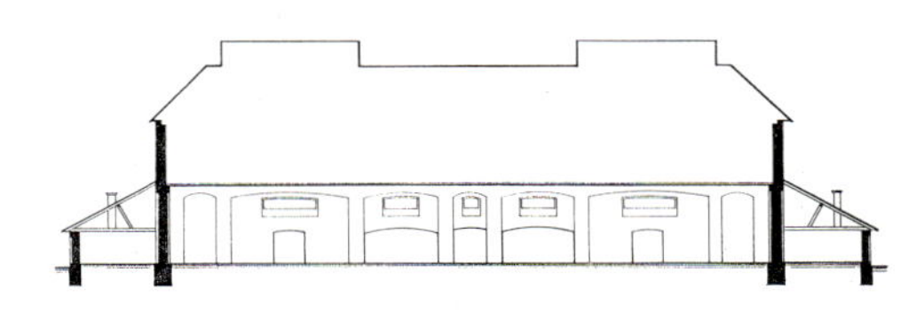

Albert Tollberg, Quer- und Längsschnitt der 1841 in Ober-Schreiberhau errichteten Gräflich Schaffgotschschen Josephinenhütte

Georg Trautmann

3. 3. 1865 Breslau – 12. 6. 1935 Breslau
Porträt- und Landschaftsmaler, Graphiker
Studium bei Albrecht Bräuer an der Breslauer Kunstschule, Fortsetzung der Studien 1885-1886 an der Berliner Akademie, 1889 in Dresden, 1890 Frankfurt/M., 1891 Rückkehr nach Breslau. Beteiligte sich an Ausstellungen des Schlesischen Kunstvereins, zeigte seine Arbeiten in der Kunsthandlung Lichtenberg, der 1. Schlesischen Ausstellung in Beuthen 1904 und der 3. Kulturwoche in Hohenelbe 1927. Georg Trautmann porträtierte Darsteller der Breslauer Bühnen. Arbeiten befanden sich auch in den Riesengebirgsbauden bzw. im Schlesischen Museum in Breslau (Zeichnung). Er hielt sich wiederholt im Riesengebirge auf und aquarellierte zahlreiche Motive, u. a. im Melzergrund.
Lit. u. a.: Thieme U., F. Becker u. H. Vollmer, Allgemeines Lexikon der bildenden Künstler. Bd. 33, 1939, 355 [dort weit. Lit.] – Scheunchen Helmut, Im Osten. Stätten und Landschaften der Erinnerung. Esslingen 1994.

Georg Trautmann, Weg nach dem Melzergrund mit Blick auf die Schneekoppe, 1. V. 20. Jh.; Aquarell, 22,5 cm × 31,5 cm; Bes.: Ostdeutsche Studiensammlung Helmut Scheunchen, Esslingen

Heinrich Tüpke

28. 5. 1876 Breslau – 14. 9. 1951 Belzig/Mark
Maler, Radierer
War Meisterschüler von → Carl Ernst Morgenstern (1847-1928) an der Breslauer Akademie. Studienreisen nach Oberägypten und Polen (Hohe Tatra). Weilte mit → Otto Fischer und → Alfred Nickisch viele Winter auf der Wiesenbaude des Riesengebirges.
Lit. u. a.: Thieme U., F. Becker u. H. Vollmer, Allgemeines Lexikon der bildenden Künstler. Bd. 33. Leipzig 1939, 473 [dort weit. Lit.] – Vollmer Hans, Allgemeines Lexikon der bildenden Künstler des 20. Jahrhunderts. Bd. 4. Leipzig, 1958, 481 [dort weit. Lit.] – Ziekursch Else, Künstler und Kunstausstellung in Schreiberhau: Der Wanderer im Riesengebirge 52, 1932, Nr. 5, 76 [Erwähnung].

Michael Uhlig

1896 Ober-Schreiberhau – 4. 2. 1966 Salem
Gärtner, Landwirt, Maler
Erlernte den Beruf des Gärtners und betreute ein landwirtschaftliches Gut in Schreiberhau, das einer von seinen Eltern geleiteten Anstalt der Inneren Mission (Rettungshaus) angeschlossen war. Bis 1924 erwarb er sich den Ruf eines vorzüglichen Landwirts und Tierzüchters. Besonders durch den Maler → Alfred Nickisch gefördert, begann er daneben seine künstlerische Begabung auszubilden und besuchte mit Hilfe eines Museumsstipendiums zwischen 1924 und 1928 die Kunstakademie in Breslau unter Oskar Moll (1875-1947) und Konrad von Kardorff (1877-1945). Ab 1933 wurden seine Arbeiten verfehmt und unterlagen einem Ausstellungsverbot. 1944 inhaftiert. Sein Werk wurde unter polnischer Ägide beschlagnahmt, er selbst 1946 ausgewiesen. Ließ sich dann in Salem nieder.
Uhlig war Mitglied der Künstlervereinigung St. Lukas in Ober-Schreiberhau. In seiner neuen Heimat setzte er sein Werk fort (gehörte zur Künstlergruppe Überlinger Bodenseeklub), erteilte zugleich in zwei Dorfschulen Religionsunterricht.
Lit. u. a.: In memoriam Michael Uhlig: Südkurier Nr. 103 v. 5. 5. 1966 – Grundmann Günther, Künstler und Künstlerkolonien im Riesengebirge: Jahrbuch der Schlesischen Friedrich-Wilhelms-Universität zu Breslau 17, 1972, 380-381.

Rudolf Veit, Schneekoppe im Winter, dreißiger Jahre 20. Jh.; Radierung; bez. am unteren Rand: Schneekoppe im Winter, Orig. Rad. v. R. Veit; aus: Künstler ... Jeschken-Isergebirge 1988, 218

Rudolf Veit

10. 7. 1892 Bensen bei Tetschen – 21. 2. 1979 Breitbrunn/Ammersee
Radierer, Maler
Studium der Architektur an der Technischen Hochschule in Prag, unterbrochen durch Teilnahme am Ersten Weltkrieg. Diplom 1920. Dann Besuch der Akademie in Prag (August Brömse) und Dresden (Richard Müller). Wandte sich vor allem der Darstellung des Stadtbildes zu. Nach Vertreibung Ansiedlung in Breitbrunn. Radierte auch wiederholt Riesengebirgsmotive, so u. a. die Schneekoppe. Zahlreiche Ausstellungen seiner farbigen Radierungen.
Lit. u. a.: Vollmer Hans, Allgemeines Lexikon der bildenden Künstler des 20. Jahrhunderts. Bd. 5. Leipzig 1961, 18 – Künstler aus dem Jeschken-Isergebirge. Böblingen 1988, 216-218.

Johann Philipp Veith

8. 2. 1768 Dresden – 18. 6. 1837 Dresden
Landschaftszeichner, Radierer und Kupferstecher, Professor (vgl. auch Abb. S. 185)
Studium bei → Adrian Zingg an der Dresdner Akademie. 1798 Studienreise nach Italien, im Anschluß Mitglied und Lehrer der Dresdner Akademie. War vor allem als Radierer von Landschaften tätig. Mit Vignetten illustrierte er 1791 die »Beobachtungen auf Reisen nach dem Riesengebirge« (hrsgg. von der Königlichen Böhmischen Gesellschaft der Wissenschaften durch Johann Jirasek, Abbé Gruber, Thaddäus Haenke, Franz Gruber). Veith besuchte auch 1801 das Riesengebirge.
Lit. u. a.: Thieme U., F. Becker u. H. Vollmer, Allgemeines Lexikon der bildenden Künstler. Bd. 34, 1940, 182-183 [dort weit. Lit.] – Singer Hans Wolfgang, Allgemeines Lexikon der bildenden Künstler. Bd. 4. Frankfurt/M. 1901, 491 – [Kat. Ausst.] Das Riesengebirge in der Kunst des 19. Jahrhunderts. Museum der Bildenden Künste. Breslau 1937 – [Kat. Ausst.] Zwei Jahrhunderte deutscher Landschaftsmalerei 1700/1900. Landesmuseum. Wiesbaden 1956 – Grundmann Günther, Das Riesengebirge in der Malerei der Romantik. 3. Aufl. München 1965, 41, 46, 47, 48, 49, 153 – [Kat. Ausst.] Das Riesengebirge in der Graphik des 18. und 19. Jahrhunderts. Bensheim. Marktoberdorf 1993, 90, Nr. 106.

Johann Philipp Veith (Stecher), »Aussicht am Fuße der Schnee-kuppe ... nach Böhmen«; aus: Beobachtungen auf Reisen nach dem Riesengebirge. 1791. Zeichnung Abbé Gruber

Walter Volland

2. 8. 1898 Greiffenberg/Schlesien – 7. 9. 1980 Goslar
Holzbildhauer
1912-1916 Studium an der Holzschnitzschule in Bad Warmbrunn im Riesengebirge bei → Cyrillo dell'Antonio. Weitergebildet an den Kunstgewerbeschulen in Berlin, Bremen und München. Dann in verschiedenen Holzbildhauerwerkstätten in Würzburg, Nürnberg, Leipzig, Berlin, Bremen, München und Goslar tätig. 1922 als Dozent einer Bildhauerklasse an die Meisterschule für Holzbildhauer in Bad Warmbrunn berufen (bis 1943). Erhielt 1935 den Kunstpreis der Stadt Breslau (Knabenakt). Seit 1945 freischaffend in Goslar tätig.
Lit. u. a.: Vollmer Hans, Allgemeines Lexikon der bildenden Künstler des 20. Jahrhunderts. Bd. 5. Leipzig 1961, 50 [dort weit. Lit.] – Grundmann Günther, Die Warmbrunner Holzschnitzschule im Riesengebirge. München 1968, 25, 53 = Silesia Folge 1. [dort weit. Lit.] – Kumter Franz, Der Bildhauer Walter Volland: Schlesien 18, 1973, H. 3, 176-177 – Hoffbauer

Jochen, Künstler und Heimat. Zum 80. Geburtstag des Bildhauers Walter Volland: Schlesien 23, 1978, 244-246 – Siebenbürger E[lsbeth], Ausstellung Walter Volland in Goslar: Schlesischer Kulturspiegel 14, 1979, F. 2, 4-5 [im Museum der Stadt] – [Kat. Ausst.] Kunst in Schlesien. Künstler aus Schlesien. Ostdeutsche Galerie Regensburg. Würzburg 1985, 158.

Walter Volland, Der Heimkehrer, 1950; Holzskulptur; Privatbesitz

Oskar Wache, Der Hochzeitsbitter, um 1940; Lindenholz, H. 16 cm; Privatbesitz

Oskar Wache

Geboren 1892 in Hermsdorf
Bildhauer
Besuchte von 1906 bis 1919 mit Kriegsunterbrechung die Holzschnitzschule in Warmbrunn und ließ sich dort als selbständiger Bildhauer nieder. Nach der Vertreibung 1946 als freischaffender Bildhauer in Vilseck bei Amberg in der Oberpfalz tätig.
Lit. u. a.: Fierke Otto, Künstler des Riesengebirges. Ausstellung in Hirschberg: Schlesische Tagesztg. v. 27. 5. 1941, Nr. 146 [Erwähnung] – Grundmann Günther, Die Warmbrunner Holzschnitzschule im Riesengebirge. München 1968, 53 = Silesia Folge 1.

Carl Wagner

19. 10. 1796 Rossdorf (Rhön) – 10. 2. 1867 Meiningen
Maler, Radierer, Galerieinspektor
Studierte 1815-1817 Forstwirtschaft in Dreißigacker und Tharandt und bezog von 1817-1820 die Akademie in Dresden bei Traugott Faber und Karl August Richter. Während seines Italienaufenthaltes (Rom) 1822-1825 mit → Ludwig Richter befreundet. 1825 erhielt er in Meiningen eine Anstellung als Hofmaler und Galerieinspektor; seitdem dort ansässig. Alljährliche Reisen führten ihn in die Schweiz, nach Tirol, Belgien, Nordfrankreich und auch ins Riesengebirge. Hier zeichnete und aquarellierte er u. a. in den vierziger Jahren die Schneegruben und das Hohe Rad. Das anfänglich zeichnerische Interesse wandelt sich zu einer großzügigen Sicht mit breiterem Pinselduktus.
Lit. u. a.: Thieme U., F. Becker u. H. Vollmer, Allgemeines Lexikon der bildenden Künstler. Bd. 35. Leipzig 1942, 40 [dort weit. Lit.] – Boetticher Friedrich v., Malerwerke des neunzehnten Jahrhunderts. Bd. 2, 2. Leipzig 1901, 964 – Förster Otto H., Der Maler Carl Wagner: Zeitschrift des deutschen Vereins für Kunstwissenschaft 1, 1934, 275-283 – Schröder A., Carl Wagner: Kunst- und Antiquitätenrundschau 42, 1934, 137-138 – [Kat. Ausst.] Das Riesengebirge in der Kunst des 19. Jahrhunderts. Museum der bildenden Künste. Breslau 1937 – [Kat. Ausst.] Deutsche Landschaftsmalerei 1800-1914. Nationalgalerie. Berlin 1957, 100 – Grundmann Günther, Das Riesengebirge in der Malerei der Romantik. 3. Aufl. München 1965, 112-113.

Carl Wagner, Die Große Schneegrube, um 1850; schwarze Kreide, aquarelliert, 33,5 cm × 41,8 cm; Bes.: Wallraf-Richartz-Museum, Köln

Karl Friedrich Wander

27. 12. 1803 Fischbach – 4. 6. 1879 Quirl
Pädagoge
Trat als Lehrer für liberale und demokratische Ideen, Abschaffung der geistlichen Schulaufsicht, akademische Lehrerbildung und Lehrerzusammenschlüsse ein. 1848 rief er zur Gründung des »Allgemeinen Deutschen Lehrervereins« auf. Wurde 1848 vom Amt suspendiert und war wiederholten Verfolgungen ausgesetzt. Hielt sich zeitweise in den Vereinigten Staaten auf.
Lit. u. a.: Thiele F., Der rote Wander und seine Zeit. 2. Aufl. 1954 – Hoffmann F., Karl Friedrich Wilhelm Wander. 1961 – Neubach Helmut, Karl Friedrich Wander (1803-1879). Ein Beitrag Schlesiens zur deutschen Pädagogik: Jahrbuch der Schlesischen Friedrich-Wilhelms-Universität zu Breslau 16, 1971, 324-340.

Art(h)ur Wasner

10. 5. 1887 Mittel-Laczisk – 3. 2. 1939 Breslau
Maler (vor allem von Landschaften)
Mußte aufgrund des frühen Todes seines Vaters das Gymnasium verlassen und wurde Bergmann. Noch während seiner Ausbildungszeit verlor er durch eine Grubenexplosion sein Gehör und wurde Anstreicher. Schließlich ermöglichte ihm eine Tante das Studium der Malerei 1906-1909 an der Breslauer Akademie als Schüler → Eduard Kaempffers und → Carl Ernst Morgensterns. Studienreisen nach Holland, Spanien, Skandinavien, Frankreich, Italien und Rußland. Ließ sich schließlich auch in Schreiberhau nieder, um von Breslau aus mitten in der Landschaft arbeiten zu können. Malte Porträts und Landschaften mit breitem pastosen Auftrag unter Freisetzung der unmittelbaren Farbwirkung. Daneben hatte er ein Domizil in Eichgrund, Kreis Oels.
Lit. u. a.: Thieme U., F. Becker u. H. Vollmer, Allgemeines Lexikon der bildenden Künstler. Bd. 35. Leipzig 1942, 174 [dort weit. Lit.] – Vollmer Hans, Allgemeines Lexikon der bildenden Künstler des 20. Jahrhunderts. Bd. 5. Leipzig 1961, 83 [dort weit. Lit.] – Storm Ruth, Artur Wasner: Schlesien 31, 1986, H. 1, 51-52; 32 1987, 247 – Grieschat Jürgen, Arthur Wasner (1887-1939): Schlesischer Kulturspiegel 25, 1990, Nr. 2, 1-2.

Arthur Wasner, Blick aus Zimmer auf die Schneekoppe, zwanziger Jahre; Öl auf Leinwand, 60,5 cm × 50 cm; bez. l. u.: A. Wasner; bewahrt im Haus Schlesien, Königswinter (Leihgabe)

Paul Weimann

30. 11. 1867 Breslau – 1945?
Maler und Zeichner
Schüler von → C. E. Morgenstern in Breslau und Eugen Bracht (1842-1921) in Berlin. Ab 1900 in Schönau an der Katzbach ansässig, 1918 Übersiedlung nach Hirschberg. Malte, wie der Chronist mitteilt, »volkstümliche« Bilder, eingängiger Riesengebirgsmotive. Sein Sohn Heinrich Weimann, geb. 6. 6. 1907 in Schönau, war Schüler der Breslauer Akademie, bildete sich nach kurzer Ausbildungsdauer autodidaktisch weiter, erhielt 1937 den schlesischen Kunstpreis und war seit 1939 in Berlin ansässig.
Lit. u. a.: Thieme U., F. Becker u. H. Vollmer, Allgemeines Lexikon der bildenden Künstler. Bd. 35, 1942, 285 [dort weit. Lit.] – Baer O., Paul Weimann: Der Wanderer im Riesengebirge 45, 1925 – Paul Weimann zum 70. Geburtstag am 30. November

1937: Der Wanderer im Riesengebirge 11, 1937, Wiederabdruck: Schlesische Bergwacht 44, 1995, Nr. 1, 16-18 – [Kat. Ausst.] Kunst in Schlesien. Künstler aus Schlesien. Ostdeutsche Galerie Regensburg. Würzburg 1985, 164.

Georg Heinrich Wichmann

11. 3. 1876 Löwenberg/Schlesien – 28. 11. 1944 Ober-Schreiberhau
Porträt- und Landschaftsmaler
Verbrachte seine Kindheits- und Jugendjahre in Westpreußen, in Danzig und im Marienburger Land, besonders in Riesenburg, als Sohn des preußischen Waffenoffiziers der 7. Königsgrenadiere Georg Wichmann (1837-1932). Nach Beendigung seiner Gymnasialzeit 1895-1898 Besuch der Berliner Kunstakademie unter Anton von Werner. Dort entstand in Abstimmung mit Theodor Fontane, dem Kriegsberichterstatter des preußisch-österreichischen Krieges, ein großformatiges Gemälde der Schlacht von Königgrätz mit hunderten von Figuren. Im Anschluß Meisterschüler von Leopold Graf von Kalckreuth (1855-1928) in Karlsruhe und an der Akademie in Königsberg bei Olof Jernberg. Dort Prämiierung im Wettbewerb vor allem mit Theo Brockhusen (1882-1919). Der Abschluß der Studien erfolgte bei → Carl Ernst Morgenstern (1847-1928) und → Eduard Kaempffer (1859-1926) an der Breslauer Akademie. Zwischen 1901 und 1903 selbständig in seiner Geburtsstadt Löwenberg, dabei auch zeitweise Restaurator der Gemäldegalerien der Grafen Eduard von Pückler (1853-1924) in Schedlau, Kreis Falkenberg und von Praschma ebendort. Ließ sich 1903 im Riesengebirge nieder und lebte von 1904 bis 1914 in Kiesewald in der Nähe von Agnetendorf. Hier errichtete er ein eigenes Haus im Sinne der damaligen Riesengebirgs-Architektur. 1907 Heirat, 1908 Reise an die Ostsee, Aufenthalt auf Rügen. 1914 Übersiedlung nach Bärndorf in der Nähe von Schloß Fischbach. Dort – im Verein mit seinem Bruder → Joachim – Ausbau mehrerer Bauernhäuser zur Rettung bäuerlichen Kulturerbes. Er lebte in diesem einst schönen Dorf bis 1924. 1915-1917 Soldat an der Ostfront (zahlreiche Kriegsskizzenbücher). Ab 1924 nach Bau eines Hauses in Ober-Schreiberhau an einer Hügelkante inmitten des Marientals, oberhalb des »Zackerles« ansässig. 1922 Gründungsmitglied der »Vereinigung bildender Künstler St. Lukas« in Ober-Schreiberhau und Mitglied des Künstlerbundes Schlesien, enge Freundschaft mit → Hanns Fechner und den Dichtern → Carl und → Gerhart Hauptmann, → Hermann Stehr und → Wilhelm Bölsche. Im Rahmen seiner Bildnisse sind das frühe Porträt seiner Mutter (1896), Selbstporträts (1913 und 1937) sowie die Dreiviertelbildnisse seiner Söhne Hans und Siegfried (1939) hervorzuheben. 1901 beteiligt an der 40. in der Sommerbörse in Königsberg durchgeführten Kunstausstellung, 1907/08 erste Sonderausstellung in Hirschberg-Cunnersdorf im Hause seines Vaters. 1926 Sonderausstellung zum 50. Geburtstag in der Lukasmühle (→ Baurat Schumann), dem Ausstellungslokal der Künstlervereinigung St. Lukas, 1936 Sonderausstellung in Hirschberg (Kunstsalon Röpke) und in der Künstlervereinigung St. Lukas in Ober-Schreiberhau; 1941 Sonderausstellung in der Marienkirche in Hirschberg und Teilnahme an der 9. u. 10. Niederschlesischen Kunstausstellung 1942, 1943 im Museum der bildenden Künste in Breslau. Daneben Beteiligung an zahlreichen deutschen und internationalen Ausstellungen. Bilder u. a. im Museum der bildenden Künste in Breslau, im Hirschberger Museum, im Altonaer Museum in Hamburg, im Museum in Görlitz. Der größte Teil der Gemälde Georg Wichmanns ist durch Krieg und Vertreibung heute nicht mehr auffindbar. Auch fiel der gesamte zeichnerische Nachlaß von annähernd 5000 Blättern wohl der Zerstörung zum Opfer. Nur selten taucht heute im internationalen Kunsthandel ein Bild auf.
Lit. u. a.: Thieme U., F. Becker u. H. Vollmer, Allgemeines Lexikon der bildenden Künstler. Bd. 35. Leipzig 1942, 508 [dort weit. Lit.] – Vollmer H., Allgemeines Lexikon der bildenden Künstler des 20. Jahrhunderts. Bd. 5. Leipzig 1961, 125 [dort weit. Lit.] – Castelle Friedrich, Die Lukasmühle in Schreiberhau: Die Bergstadt 14, 1926, 569, 576, 579 – Grundmann Günther, Die Maler des Riesengebirges. In: Kraftpostführer für den Oberpostdirektionsbezirk Liegnitz. Liegnitz 1926, 49-50 – Dresslers Kunsthandbuch. Berlin 1930, Bd. 2 – Ziekursch Else, Künstler und Kunstausstellung in Schreiberhau: Der Wanderer im Riesengebirge 52, 1932, Nr. 5, 76 – Breslauer Neueste Nachrichten v. 11. 3. 1936 – Schlesische Zeitung (Breslau) v. 11. 3. 1936 – Hirschberger Beobachter Folge 60 v. 11. 3. 1936; Folge 222 v. 22. 9. 1936 – Dressler Walther, »St. Lukas« neu gestaltet: Hirschberger Beobachter Folge 9 v. 12. 1. 1937 – Müller-Eberhart, Georg Wichmann – Oberschreiberhau und andere Schlesier: Deutsches Bild 12, 1942, 206 – [Nekrolog] Leipziger Neueste Nachrichten v. 7. 12. 1944 – Georg Wichmann, der Malerpoet: Der Schlesier 6, 1954, Nr. 13, 6 – Antonio [Cyrillo] dell', St. Lukas in Ober-Schreiberhau: Der Schlesier 8, 1956, Nr. 48, 6 – Grundmann Günther, Künstler und Künstlerkolonien im Riesengebirge: Jahrbuch der Schlesischen Friedrich-Wilhelms-Universität zu Breslau 17, 1972, 371-372 – ders., Erlebter Jahre Widerschein. München 1972, 63 – Wietek Gerhard, Deutsche Künstlerkolonien. München 1976, 140 – [Auktions-Kat.] Kunsthaus Nagel, Stuttgart v. 5. 12. 1987, Nr. 3448-3451 – [Auktions-Kat.] Galerie Vindobona, Krakau v. 24. 4. 1993, Nr. 43 – Scheunchen Helmut, Im Osten. Stätten und Landschaften der Erinnerung. Esslingen 1994.

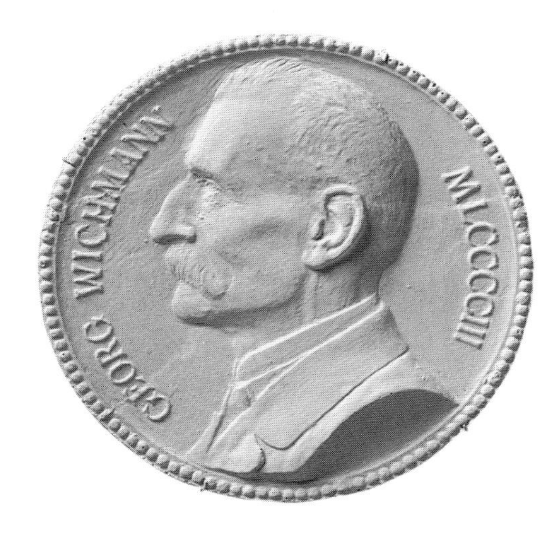

Joachim Wichmann, Porträtplakette von Georg Wichmann d. Ä. (1837–1932), 1903; Gipsabformung, Durchmesser 16,8 cm; bez.: GEORG WICHMANN MLCCCCIII; Privatbesitz

Joachim Wichmann

31. 5. 1882 Löwenberg – 17. 4. 1963 Lauenburg
Bildhauer und Medailleur
Bruder von → Georg Wichmann. Nach handwerklicher Ausbildung als Waffenmeister, auf Grund der Eingabe des Regierungspräsidenten, Staatsstipendium zum Besuch der Berliner Akademie; weitere Ausbildung an der Akademie der bildenden Künste in Dresden. Ließ sich nach seinem Studium in Ober-Schreiberhau nieder und war später in Bärndorf/Kreis Hirschberg ansässig. Befreundet u. a. mit → Carl Hauptmann. Mit hoher Einfühlung in das Wesen der bäuerlich-regionalen Baukunst sanierte er in Bärndorf einen alten bäuerlichen Kretscham (»Goldene 70« genannt) und baute das Fachwerkhaus zu einem weiträumigen Wohnhaus mit Atelier aus, das er, als es 1916 abbrannte, nach der Rückkehr aus dem Krieg, unterstützt von → Gerhart Hauptmann, durch einen gleichartigen Neubau ersetzte, den er selbst in allen Details errichtete. 1937 ließ sich Joachim Wichmann in Freiwaldau bei Sorau, ab 1939 in Seidenberg nieder. Nach der Vertreibung und anfänglichem Aufenthalt in Hahnenklee (Harz) baute er in Lauenburg an der Elbe erneut ein Wohnhaus mit Rietdach, das sich vorzüglich der Elblandschaft integrierte.
Seine Arbeit konzentrierte sich auf Grabdenkmale, Gedenktafeln und Plaketten. So schuf er u. a. Familiengrabmale auf dem Hirschberger Friedhof der Gnadenkirche, Gedenktafeln an der Talsperrenmauer Goldentraum, im Sitzungssaal des Provinzialausschusses in Breslau und im Auftrag des Reichsgrafen → Friedrich Gotthard Schaffgotsch ein Muschelkalkrelief am Kaiserturm auf dem Hausberg in Hirschberg. Seine Plaketten zeichnen sich durch Spontaneität, Charakterisierungsfähigkeit und formale Konzentration aus. In Lauenburg leitete er die Restaurierung einer Friedhofskirche und entwarf Glasfenster für die Lauenburger Hauptkirche.
Neben seiner bildhauerischen und architektonischen Begabung besaß er eine ebensolche auf musikalischem Gebiet und interpretierte auf Klavier und Orgel vor allem klassische Musik.
Lit. u. a.: Thieme U., F. Becker u. H. Vollmer Allgemeines Lexikon der bildenden Künstler. Bd. 35. Leipzig 1942, 508 – Antonio [Cyrillo] dell', Der Bildhauer Joachim Wichmann: Nordschlesische Tageszeitung v. 25. 6. 1938 – Dem Bildhauer Joachim Wichmann zum 75. Geburtstag: Schlesische Bergwacht 8, Nr. 15 v. 25. 5. 1957 – Der Bildhauer Joachim Wichmann: Der Schlesier 1957, Nr. 16, 5 (E. B.) – Grundmann Günther, Verlust für das kulturelle Leben Lauenburgs. Am 17. April starb Joachim Wichmann: Lauenburgische Landesztg. v. 20. /21. 4. 1963 – ders., Künstler und Künstlerkolonien im Riesengebirge. In: Jahrbuch der Schlesischen Friedrich-Wilhelms-Universität zu Breslau 17, 1972, 372.

Erich Wiese

30. 8. 1891 Hirschberg – 24. 11. 1979 München
Kunsthistoriker, Museumsleiter
Besuchte die Hirschberger Oberrealschule. Studium der Kunstgeschichte in Jena, München, Göttingen, Lausanne und Breslau. Promotion bei Wilhelm Pinder, dann Leiter des Kunstvereins in Leipzig. 1924 als Kustos ans Schlesische Museum in Breslau berufen, 1928 dort Direktor. 1933 Entlassung, lebte bis zur Vertreibung in Hirschberg. 1947 Berufung als Leiter der Kunstsammlungen der Veste Coburg. 1950-1959 Direktor des Hessischen Landesmuseums in Darmstadt.
Eigene Schriften u. a.: Schlesische Plastik vom Beginn des 14. bis zur Mitte des 15. Jahrhunderts. Leipzig 1923 – Braune H. u. E. Wiese, Schlesische Plastik und Malerei des Mittelalters. Leipzig 1929 – Biedermeierreise durch Schlesien. Darmstadt 1966.
Lit. u. a.: Grundmann Günther, Gleichzeitig erlebte Jahre in Ost und West. Erich Wiese zum 85. Geburtstag: Schlesien 21., 1976, H. 3, 165-171 [dort weit. Lit.] – Erich Wiese: Kunst in Hessen und am Mittelrhein. Jahrbuch der hessischen Museen. 1981, H. 20.

Wilhelm (Friedrich Wilhelm Karl) Prinz von Preußen

3. 7. 1783 Berlin – 28. 9. 1851 Berlin
Soldat, Bauherr, Mäzen
Sohn von König Friedrich Wilhelm II. Diente seit 1799 in der Garde, nahm u. a. an den Schlachten von Auerstedt 1806, bei Lützen 1813 teil, führte die 8. Brigade des Yorckschen Korps über den Rhein und zeichnete sich bei Chateau-Thierry, Laon und vor Paris aus. Nahm 1815 am Wiener Kongreß teil. 1824-1829 Gouverneur der Bundesfestung Mainz und 1830/31 Generalgouverneur der Rheinprovinz und Westfalens. 1834 General der Kavallerie. Erwarb 1822 das Schloß Fischbach im Hirschberger Tal. Obwohl → Karl Friedrich Schinkel im Juli 1832 Fischbach besuchte, erfolgte der 1846 abgeschlossenen Umbau erst nach dessen Tode durch → August Stüler in gotisierender Manier nach den Vorbild von Schloß Erdmannsdorf. Dabei versuchte man Zierglieder und vorgefundene Bausubstanz aufeinander abzustimmen. Der Haupteingang erhielt einen gotisierenden Vorbau, Der Turm wurde achteckig erhöht und durch einen Zinnenkranz ebenso wie die anderen Wandungen abgeschlossen.
Der Prinz und seine Gemahlin, die Prinzessin Maria Anna, benutzten das Schloß vor allem als Sommersitz, auf dem zahlreiche Gäste, auch das Kronprinzenpaar 1831 (vgl. → Friedrich Wilhelm III.), empfangen wurden. Nach dem Tod seiner Frau 1846 zog sich der Prinz völlig nach Fischbach zurück. Gut

und Schloß gingen an seine älteste Tochter Elisabeth, Gemahlin des Prinzen Carl von Hessen und bei Rhein, über.
Lit. u. a.: Grundmann Günther, Kunstwanderungen im Riesengebirge. München 1969, 145-148 – ders., Erlebter Jahre Widerschein. München 1972, 337 ff.

Bruno Wille

6. 2. 1860 Magdeburg – 4. 9. 1928 Schloß Senftenau bei Lindau (vgl. auch Abb. S. 39)
Dichter, Schriftsteller
Seit 1892 Herausgeber der Zeitschrift »Der Freidenker«, gründete 1889 mit Otto Brahm, Paul Schlenther u. a. die »Freie Volksbühne« in Berlin, 1900 den »Giordano-Bruno-Bund«, mit → Wilhelm Bölsche die »Freie Hochschule«; weiterhin mit Bölsche Mitbegründer der deutschen Gartenstadtbewegung. Wille war romantischer Lyriker, Erzähler, philosophischer Monist und Sozialist, schrieb Bekenntnisbücher, freie religiös-weltanschauliche Schriften, Gedichte und naturalistisch-grüblerische Romane. Er lebte zeitweise in Schreiberhau und übte starken Einfluß auf → Hermann Hendrich aus, mit dem er 1903 die Sagenhalle in Mittel-Schreiberhau konzipierte (vgl. Wille Bruno, Die Sagenhalle zu Schreiberhau. Der Mythos von Wotan-Rübezahl in Werken der Bildenden Kunst. Berlin/Mittelschreiberhau 1903).
Werke u. a.: Philosophie der Befreiung durch das reine Mittel. 1894 – Die Chrystus-Mythe als monistische Weltanschauung. 1903 – Das Lebendige All. 1905 – Der Ewige und seine Masken (aus dem Nachlaß). 1929 – Die Philosophie der Liebe (aus dem Nachlaß). 1930.
Gedichte: Einsiedler und Genosse. 1894 – Einsiedlerkunst aus der Kiefernheide. 1897 – Der heilige Hain. 1908.
Romane: Offenbarungen des Wacholderbaums. 1901 – Die Abendburg. 1909 – Der Glasberg. 1920 – Hölderlin und seine heimliche Maid. 1921 – Die Maid aus Senftenau. 1922 – Der Maschinenmensch und seine Erlösung (aus dem Nachlaß). 1930.
Autobiographie: Mein sechzigjähriges Leben. 1920.
Lit. u. a.: Voigt Felix A., Gerhart Hauptmann der Schlesier. Breslau 1942. – Weiss Hansgerhard, Schreiberhau. »Die Magische Talsenke«: Schlesien 14, 1969, H. 1, 38-42 – Müller Angelika, Bruno Wille. In: Literatur-Lexikon. Hrsgg. v. Walther Killy. Bd. 12. Gütersloh/München 1992, 335.

Alfred Wilm

25. 6. 1869 Niederschellendorf/Schlesien – 6. 8. 1937 Saalberg (Riesengebirge)
Hütteningenieur
Erfand 1906/07 die Leichtmetall-Legierung-Duraluminium, durch die u. a. erst die rasche Entwicklung der Leichtbautechnik möglich wurde. Siedelte sich um 1900 in Saalberg, oberhalb von Giersdorf und Hermsdorf an. Hier entstand eine Kolonie von Sommerhäusern, die von Menschen mit besonderer Aufgeschlossenheit für Kunst und Kultur bewohnt wurden.
Eigene Schriften u. a.: Physikalisch-metallurgische Untersuchungen über magnesiumhaltige Aluminiumlegierungen: Metallurgie 8, 1911.

Bernhard Wilm

Lebte in der ersten Hälfte des 20. Jahrhunderts in Saalberg
Schriftsteller
Sohn von → Alfred Wilm. Schrieb Theaterstücke u. a.: »Der Streußelkuchen«, »Goldmacher Michael«. Machte sich verdient bei der Bemühung um Pflege von Volkskunst und Tracht. Mitbegründer des Warmbrunner Hausfleißvereins, dem → Günther Grundmann von 1919 bis 1927 vorstand und der eng mit der Warmbrunner Holzschnitzschule zusammenarbeitete. Seine Tochter Ottegrebe heiratete den Maler → Artur Ressel.
Lit. u. a.: [Erwähnung] Grundmann Günther, Künstler und Künstlerkolonien im Riesengebirge: Jahrbuch der Schlesischen Friedrich-Wilhelms-Universität zu Breslau 17, 1972, 365, 380.

Max Wislicenus, Verschneite Felsgruppe (»Sausteine« am Reifträger), 1910/19; Öl auf Leinwand, 100 cm × 100 cm; bez. r. u.: Max Wislicenus; Bes.: Museum Ostdeutsche Galerie, Regensburg; aus: [Kat.] Kunst aus Schlesien . . . 1985, 26

Max Wislicenus

17. 7. 1861 Weimar – 25. 5. 1957 Dresden-Pillnitz
Maler, Entwerfer für das Kunsthandwerk, Professor
Besuchte 1880-1888 die Düsseldorfer Akademie unter E. v. Gebhardt, war dann Schüler von Bruno Piglhein in München. 1896 bis 1921 Professur an der Kunstschule in Breslau. Leitete dort neben einer Malklasse, eine Textilwerkstatt an der Else Wislicenus und → Wanda Bibrowicz als Lehrkräfte wirkten. Gemeinsam mit Hans Poelzig, Theodor von Gosen, → Alfred Nickisch u. a. gründete er 1908 den »Künstlerbund Schlesien«. Entwarf für die von → Sombart und Klossowski herausgegebene Zeitschrift »Die Eule« den Titelkopf. Durch Poelzig 1921 nach Dresden berufen, baute Wislicenus dort mit Wanda Bibrowicz in Pillnitz die »Werkstätte für Bildwirkerei« auf. Als Porträtist malte er u. a. Taschner, von Gosen, Pederewski, → Carl Hauptmann und → Alfred Nickisch. Weilte oft in Schreiberhau bei Carl Hauptmann und in der von W. Bibrowicz aufgebauten Webwerkstätte, für die er Gobelins entwarf. 1955/56 Sonderausstellung im Albertinum in Dresden.
Lit. u. a.: Thieme U., F. Becker u. H. Vollmer, Allgemeines Lexikon der bildenden Künstler. Bd. 36, 1947, 108 [dort weit. Lit.] – Vollmer Hans, Allgemeines Lexikon der bildenden Künstler des 20. Jahrhunderts. Bd. 5. Leipzig 1961, 151 [dort weit. Lit.] – Effenberger Theo, Max Wislicenus [Nekrolog]: Schlesien 2, 1957, H. 2, 127-128 – Grundmann Günther, Künstler und Künstlerkolonien im Riesengebirge: Jahrbuch der Schlesischen Friedrich-Wilhelms-Universität zu Breslau 17, 1972, 364 – [Kat. Ausst.] Kunst in Schlesien. Künstler aus Schlesien. Ostdeutsche Galerie Regensburg. Würzburg 1985, 166.

Wilhelm Witthöft

11. 8. 1816 Stralsund – 24. 7. 1874 Berlin
Radierer und Stecher
Lernte seit 1835 in Dresden bei Anton Krüger und kurze Zeit 1839 in München bei Samuel Amsler. Lebte bis 1845 in Dresden, dann in Berlin. Schuf von den Riesengebirgszeichnungen → Ludwig Richters wohl die besten Stahlstiche. Sie wurden koloriert veröffentlicht und erschienen unkoloriert in Carl Herloßsohns »Wanderungen durch das Riesengebirge«.
Lit. u. a.: Thieme U., F. Becker u. H. Vollmer, Allgemeines Lexikon der bildenden Künstler. Bd. 36, 1947, 134-135 [dort weit. Lit.] – Grundmann Günther, Das Riesengebirge in der Malerei der Romantik. 3. Aufl. München 1965, 125 – [Kat. Ausst.] Das Riesengebirge in der Graphik des 18. und 19. Jahrhunderts. Bensheim. Marktoberdorf 1993, 90, Nr. 127, 164.

Heinrich Wolff

18. 5. 1875 Nimptsch – März 1940 München
Graphiker, Dr. med. h. c., Professor
1891-1893 Studium an der Breslauer Kunst- und Kunstgewerbeschule bei Albrecht Bräuer. 1893-1896 an der Berliner Akademie bei Janensch und Hans Meyer und 1896-1900 an der Münchner Akademie bei Peter Halm. Seit 1902 Professur an der Kunstakademie in Königsberg. 1927 Mitorganisator der Ausstellung »Ostpreußenkunst« im Berliner Schloß. 1932 Ehrendoktor der medizinischen Fakultät in Königsberg. 1936/37 wohnhaft in München. 1940 Gedächtnisausstellung in Königsberg.
Weilte gegen 1913 auch im Riesengebirge und zeichnete dort im Hirschberger Tal. Beispiele (Algraphien) bewahrt in dem Museum Ostdeutsche Galerie in Regensburg.

Wilhelm Witthöft, Stahlstich der Hampelbaude, 1841; nach einer Zeichnung von Ludwig Richter (1838); koloriert, 10,9 cm × 15 cm; Privatbesitz

Lit. u. a: Thieme U., F. Becker u. H. Vollmer, Allgemeines Lexikon der bildenden Künstler. Bd. 36, 1947, 199-200 [dort weit. Lit.] – Vollmer Hans, Allgemeines Lexikon der bildenden Künstler des 20. Jahrhunderts. Bd. 6. Leipzig 1962, 483 [dort weit. Lit.] – Miegel Agnes, Heinrich Wolff. Königsberg 1932 = Bilderhefte des deutschen Ostens 11 – [Kat. Ausst.] Heinrich Wolff 1875-1940. Druckgraphik. Ostdeutsche Galerie Regensburg. 1984 – [Kat. Ausst.] Kunst in Schlesien. Künstler aus Schlesien. Ostdeutsche Galerie Regensburg. Würzburg 1985, 166-167.

Heinrich Wolff, Blick auf Hermsdorf am Kynast, um 1913; Algraphie, 23,5 cm × 29 cm; bez. l. u. ligiert: H. W.; Privatbesitz; aus: [Kat.] Kunst aus Schlesien... 1985, 167

Karl Würbs

1807 Prag – 6. 7. 1876 Prag
Maler und Zeichner
Seit 1823 Studium an der Prager Akademie unter J. Bergler und F. Ch. Waldherr, später im Atelier K. Funks und Henischs. 1839 Reise nach den Niederlanden. Seit 1858 Inspektor der Prager Galerie und Lehrer am Technischen Institut in Prag. Malte Stadtansichten, Architekturbilder und Landschaften, auch im Riesengebirge.
Lit. u. a.: Thieme U. F., Becker u. H. Vollmer, Allgemeines Lexikon der bildenden Künstler. Bd. 36. Leipzig 1947, 292 [dort weit. Lit.] – [Kat. Ausst.] Das Riesengebirge in der Graphik des 18. und 19. Jahrhunderts. Bensheim. Marktoberdorf 1993, 90, Nr. 76.

Bodo Zimmermann

29. 5. 1902 Filehne/Provinz Posen – starb am 26. 8. 1945 während der Rückkehr aus russischer Kriegsgefangenschaft in Frankfurt/Oder
Maler und Graphiker
Schüler von Rudolf Schiestl (1878-1931) in Nürnberg, weitergebildet an den Kunstschulen Nürnberg, München und Breslau. Ließ sich dort 1927 nieder. 1937 Kunstpreis der Stadt Breslau, 1938 Schlesischer Kunstpreis. Vor allem als Holzschneider tätig. Stellte wiederholt Riesengebirgsmotive dar.
Lit. u. a.: Thieme U., F. Becker u. H. Vollmer, Allgemeines Lexikon der bildenden Künstler. Bd. 36. Leipzig 1947, 505 [dort weit. Lit.] – Vollmer Hans, Allgemeines Lexikon der bildenden Künstler des 20. Jahrhunderts. Bd. 5. Leipzig 1961, 208 [dort weit. Lit.] – Pampusch A., Bodo Zimmermann, ein schlesisch-fränkischer Künstler. Würzburg 1956 – ders., Bodo Zimmermann. Ein Meister des Holzschnitts: Schlesien 17, 1972, H. 4 – [Kat. Ausst.] Kunst in Schlesien. Künstler aus Schlesien. Ostdeutsche Galerie Regensburg. Würzburg 1985, 168 – Tyrell Albrecht, BOZI. Holzschnitte von Bodo Zimmermann: Schlesischer Kulturspiegel 30, 1995, H. 3, 51-53.

Joachim (Jochen) Zimmermann

10. 12. 1875 Berlin – 1947 Leipzig (nach Ausweisung)
Historiker, Schriftsteller
Ab 1895 Studium bei Heinrich von Treitschke in Berlin, Kuno Fischer und Erdmannsdörffer in Heidelberg, dazwischen zwei Semester in Leipzig. Lernte 1895 → Johannes Guthmann kennen, mit dem er bis zu seinem Tode zusammenlebte. Wohnte ab 1909 mit Guthmann in Neu-Kladow bei Berlin. Übersiedelte mit diesem 1921 nach Mittel-Schreiberhau in das Haus seiner Mutter, das beide bereits zuvor wiederholt besucht hatten. Weilte 1914 mit Max Slevogt in Ägypten, 1915 Kriegsfreiwilliger. 1918 Uraufführung seines Dramas »Das neue Leben« (Münchner Schauspielhaus), 1941 der Komödie »Madame Kegels Geheimnis« (mit Käthe Dorsch am Wiener Burgtheater).
Lit. u. a.: Guthmann Johannes, Goldene Frucht. Begegnungen mit Menschen, Gärten und Häusern. Tübingen 1955.

Adrian Zingg

15. 4. 1734 St. Gallen – 26. 5. 1816 Leipzig
Landschaftszeichner, Kupferstecher und Radierer, Professor
Sohn eines Stahlstechers, ging in die Lehre bei dem Kupferstecher Holzbach in Zürich und wurde 1754 nach Bern berufen, um für J. L. Aberli (1723-1786) Schweizer Prospekte zu stechen. Weilte mit diesem in Paris. 1766 Professor für Kupferstechkunst in Dresden. Dort auch Lehrer für Landschaftsmalerei mit großem Einfluß. 1804 veröffentlichte er »Adrian Zinggs Kupferstichwerk« (47 Bll.) und 1808-1811 seine »Studienblätter für Landschaftszeichner«. Zu seinen Gehilfen gehörte auch → Ludwig Richter. Galt zu seiner Zeit als bedeutendster Landschaftszeichner und -stecher und aquarellierte in seiner Dresdner Zeit auch Riesengebirgsmotive.
Eigene Schriften u. a.: Gründliche Zeichenschule für Landschafter. H. 1-2. [o. J. um 1805] – Erste Anfangsgründe der Landschafts-Zeichenkunst und Malerey. Leipzig 1811.
Lit. u. a.: Nagler G. K., Neues allgemeines Künstlerlexikon. Bd. 25. 3. Aufl. Leipzig [o. J.], 294 ff. – Thieme U., F. Becker u. H. Vollmer, Allgemeines Lexikon der bildenden Künstler. Bd. 36. Leipzig 1947, 521-523 [dort ausführliche weit. Lit.] – Grundmann Günther, Das Riesengebirge in der Malerei der Romantik. 3. Aufl. München 1965, 35 – Sitt Martina u. Bettina Baumgärtel, [Kat. Ausst.] Angesichts der Natur. Kunstmuseum Düsseldorf. Köln/Weimar/Wien 1995, 149-150 [Vita].

Bodo Zimmermann, Riesengebirge mit Schneekoppe, um 1935/40; Holzschnitt, 33 cm × 24,5 cm; Privatbesitz

Bibliographie

Allgemeine Literatur zu Kunst und Kultur des Riesengebirges

Vorbemerkung

Die nachfolgenden rund 190 Titel geben Hinweise auf Periodika, Nachschlagewerke, Buchveröffentlichungen, Ausstellungskataloge und Zeitschriftenartikel. Sie sind allgemeiner Art und personenübergreifend. Literatur zu einzelnen Künstlern, Schriftstellern, Wissenschaftlern und Mäzenen, die im Riesengebirge tätig waren oder es bildmäßig darstellten, ist in der Vitensammlung bei der jeweiligen Person zitiert. Insgesamt werden in Vitensammlung und Bibliographie mehr als 1000 Literaturhinweise unterbreitet.

Diese selektive Bibliographie konzentriert sich auf den schlesischen Teil des Riesengebirges, verzeichnet zuerst einige wichtigere Periodika und Nachschlagwerke, im Anschluß allgemeine Literatur, die 1736 einsetzt und im Anfang vor allem illustrierte Beschreibungen, Reisebücher, einige Orts- und Stadtchroniken neben topographischen und geologischen Führern umfaßt. 1908 taucht der erste Titel auf, der Schreiberhau und seine Künstlerkolonie behandelt. Generell gibt es bisher keine zusammenfassende Abhandlung oder interdisziplinäre Auseinandersetzung über die Gruppierung von Dichtern und Künstlern oder über die Gesamtgeschichte der Malerei des Riesengebirges. Zu einer solchen Abhandlung hat Günther Grundmann entscheidende Vorarbeiten in seinem Buch »Das Riesengebirge in der Malerei der Romantik« (1932; 3. Aufl. 1965) und in seinem Aufsatz »Künstler und Künstlerkolonien im Riesengebirge« (1972) geleistet. Beide Veröffentlichungen sind in Anbetracht der Abtrennung Schlesiens von Deutschland von grundlegender Bedeutung, heben sie doch schon beinahe untergesunkenes geistiges Gut erneut ins Gedächtnis und rekonstruieren damit Teilbereiche des ehemaligen breiten Kulturfeldes. Dieses verlischt, wenn nur die bereits ausgetretene Straße bekannter Namen gebetsmühlenartig rekapituliert wird. Zugleich erfolgt dadurch eine Verengung und Verfälschung des Geschichtsbildes.

Periodika, Nachschlagewerke

(chronologisch geordnet)

Der Wanderer im Riesengebirge. Zeitschrift des Riesen- und Isergebirgsvereins. Breslau 1881-1943.

Schlesische Bergwacht. Hrsg.: H. D. Bittkau. Zeitschrift der Heimatvertriebenen aus Stadt und Kreis Hirschberg, dem Riesen- und Isergebirge und des Riesengebirgsvereins. 1-45-Hannover 1950-1995-

Jahrbuch der Schlesischen Friedrich-Wilhelms-Universität zu Breslau. Bd. 1-36-Würzburg/Sigmaringen 1955-1995-

Vierteljahresschrift Schlesien. Gegründet von Karl Schodrok 1-38-Würzburg 1956-1995-

Schlesischer Kulturspiegel. Literatur, Bildende Kunst, Musik, Geschichte, Volkskund. Informationen über das schlesische Kulturleben. 1-30, Würzburg 1966-1995.

Golitschek Josef u. Hans Lutsch, Schlesiens Kunstdenkmäler. Breslau 1903. [Nachdruck] Mannheim 1979.

Thieme Ulrich, Becker Felix u. Hans Vollmer, Allgemeines Lexikon der bildenden Künstler von der Antike bis zur Gegenwart. Bd. 1-36. Leipzig 1907-1947.

Schlesische Lebensbilder. Bd. 1-4. Breslau 1922-1931; Bd. 5. Sigmaringen 1968; [2. Aufl.] Sigmaringen 1985; Bd. 6. Sigmaringen 1990.

Künstler Schlesiens. Hrsgg. vom Künstlerbund Schlesien. Bd. 1-3. Frankfurt/M./Schweidnitz/Breslau 1925-1929.

Gruhn Herbert, Bibliographie der schlesischen Kunstgeschichte. Breslau 1933 = Schles. Bibl. 6,1.

Vollmer Hans, Allgemeines Lexikon der bildenden Künstler des 20. Jahrhunderts. Bd. 1-6. Leipzig 1953-1962.

Lubos Arno, Geschichte der Literatur Schlesiens. Bd. 1-3. München 1960-1977; Bd. 1,1 [Neufassung]. Würzburg 1995.

Sturm Heribert u. a. (Hrsg.), Biographisches Lexikon für Geschichte der böhmischen Länder. Bd. 1, Lief. 1. München/Wien 1974 ff.

Ullmann Klaus, Schlesien Lexikon. Würzburg 1979; 6. Aufl. Würzburg 1992 = Deutsche Landschaften im Lexikon Bd. 2.

Meißner/Saur (Hrsg.), Allgemeines Künstler-Lexikon. Die bildenden Künstler aller Zeiten und Völker. Bd. 1– Leipzig/München 1983–

Allgemeine Literatur

Reise- und Ortsbeschreibungen, Führer zur Kunst- und Künstlergeschichte, Berichte über das Künstlerleben etc. (chronologisch geordnet)

[Schmolck Benjamin (Hrsg.)], Die wundervolle Schnee-Koppe, oder Beschreibung des Schlesischen Riesen-Gebirges. Aus denen Nachrichten einiger Personen, welche diesen hohen Berg selbst überstiegen haben...Leipzig 1736.

Lindner Caspar, Vergnügte und unvergnügte Reisen auf das weltberuffene Schlesische Riesengebirge. Hirschberg 1736.

Zimmermann Friedrich Albert, Beyträge zur Beschreibung von Schlesien. Bd. 1-10. Brieg 1783 ff.

Zöllner Joh. Friedrich, Briefe über Schlesien... Auf einer Reise 1791. T. 1-2. Berlin 1792/1793 [mit Kupfern u. a. von C. D. Berger].

Beobachtungen auf Reisen nach dem Riesengebirge. Hrsgg. von der Königlichen Böhmischen Gesellschaft der Wissenschaften durch Johann Jirasek, Abbé Gruber, Thaddäus Haenke, Franz Gruber [Vignetten: Johann Philipp Veith]. Prag 1791.

Das Riesengebirge nebst einigen Gegenden von Adersbach in vier und zwanzig Prospecten auf einer Reise entworfen und in Kupfer geaezet und ausgemahlt von Anton Balzer, Kupferstecher und Landschaftszeichner, nebst einem Verzeichnisse der Kupfertafeln und beigefügten kurzen Erläuterungen. Prag 1794.

Morino Johann, Topographie pittoresque des Etats Prussiens. Sammlung aller schönen und merkwürdigen Gegenden in sämtlichen Königlichen Preußischen Staaten. Berlin [um 1795. In Heft 6 Riesengebirgsansichten].

Endler Friedrich Gottlob, Abbildungen Schlesischer und Glätzischer Gegenden. Breslau 1798/1801.

[Gutmuths Christoph Friedrich], Meine Reise im deutschen Vaterlande, aus Thüringen ins Riesengebirge zu den Elbquellen... Breslau/Hirschberg/Lissa 1799.

Schlesische Ansichten aus dem Riesegebirge in 14 großen Aquatinta-Blättern, gezeichnet von Nathe, gestochen von Haldenwang, Rössel und Ebener, im Auftrag des Industriekomtoirs Weimar. 1801.

Hoser Joseph Carl Eduard, Das Riesengebirge in einer statistisch-topographischen und pittoresken Übersicht. Bd. 1. Wien 1803; Bd. 2. Wien/Triest 1804; Bd. 3. Wien 1805.

Adams John Quincy, Briefe über Schlesien. Geschrieben auf einer in dem Jahre 1800 unternommenen Reise. Aus dem Englischen übersetzt von Friedrich Gotthelf Friese. Anmerkungen von Friedrich Albert Zimmermann. Breslau 1805.

Nathe Christoph, Mahlerische Wanderungen durch das Riesengebirge in Schlesien. Hrsgg. von F. J. Bertuch. Weimar 1806 [14 Aquatinta-Blätter].

Büsching Johann Gustav, Bruchstücke einer Geschäftsreise durch Schlesien, unternommen in den Jahren 1810, 11, 12. Breslau 1813.

Dittrich J. J., Bemerkungen auf einer Reise durch Niederschlesiens schönste Gegenden. Schweidnitz 1815.

Mattis Carl Theodor, Das Riesengebirge und dessen merkwürdigste Parthien der Reihen-Folge nach durch zweiundzwanzig Ansichten dargestellt und beschrieben von C. M. ... Schmiedeberg 1815.

Fritsch Johann Heinrich, Taschenbuch für Reisende ins Riesengebirge. Leipzig 1816.

Schmidt W. L. v., Das Riesengebirge. Ein Taschenbuch für Reisende und Badegäste. Hirschberg 1817.

Martiny Friedrich Wilhelm, Handbuch für Reisende nach dem Schlesischen Riesengebirge und der Grafschaft Glatz... 2. Aufl. Breslau/ Leipzig 1818.

Mosch Carl Friedrich, Die Heilquellen Schlesiens und der Grafschaft Glatz. Mit Kupfern. Breslau 1821 [gestochen nach den Zeichnungen Moschs von F. Rosmäsler].

Berndt Johann Christian Gottlieb, Wegweiser durch das Sudeten-Gebirge. Breslau 1828.

Erinnerungen an das Riesengebirge [Dresden um 1830] – [20 Ansichten als Kupferstiche von Carl Ludwig Justus Peschek (1803-1847). Richtungweisend für die künstlerische Tendenz der Zeit.]

Prudlo, Bergansichten oder Was sieht man von den verschiedenen Bergen des schlesischen und Glätzer Gebirges? Breslau 1834.

Krebs Julius, Der Sudetenführer. Taschenbuch für Lust- und Badereisende. Breslau 1839; 2. verbesserte Aufl. Breslau 1852 [mit 11 Stahlstichen].

Wendt Joh., Die Thermen zu Warmbrunn... Breslau/Warmbrunn 1840.

Hoser Joseph Carl Eduard, Das Riesengebirge und seine Bewohner. Hrsgg. von der Gesellschaft des vaterländischen Museums in Böhmen. Prag 1841 [mit Stahlstichen und Holzschnitten].

Herloßsohn Carl, Wanderungen durch das Riesengebirge und die Grafschaft Glatz. Leipzig [o. J. 1841] = Das malerische und romantische Deutschland. Bd. 6; Neuausgabe München 1978 [mit Stahlstichen nach Zeichnungen Ludwig Richters].

Koska Louis Ferdinand, Sudeten-Album. Breslau 1846-1862 [mit 48 Ansichten schlesischer Bäder und ihrer Umgebung].

Herbst J. K., Chronik der Stadt Hirschberg in Schlesien bis zum Jahr 1847. Hirschberg 1849.

John C. F., Illustrirtes Reisebuch. Ein Führer durch Deutschland. Berlin 1850; Reprint: Leipzig 1985 [Enthält als Route 38 Das Riesengebirge S. 271-279].

Koska Louis Ferdinand, Schlesisches Album. Breslau 1854-1862 [mit 49 nach der Natur aufgenommenen Blättern].

Mosch Carl Friedrich, Das Riesengebirge, seine Täler und Vorberge und das Isergebirge. Leipzig 1858.

Duncker Alexander, Die ländlichen Wohnsitze, Schlösser und Residenzen der ritterschaftlichen Grundbesitzer in der Preußischen Monarchie. Bd. 1-3 [Schlesien]. Berlin 1859-1864.

Vogt M., Illustrierte Chronik der Stadt Hirschberg in Schlesien... Hirschberg 1875. [Basiert auf Chroniken von Joh. Daniel Hensel. 1797 und Joh. Karl Herbst. 1849 und führt sie bis 1874 weiter].

Schroller Franz, Schlesien. Eine Schilderung des Schlesierlandes. Mit Stahlstichen von Theodor Blätterbauer. Bd. 1-3. Glogau [1885, 1887, 1888; Unveränderter Nachdruck] Frankfurt/M. 1980; Augsburg 1993.

Hahn Gustav, Die Zillerthaler im Riesengebirge. Schmiedeberg 1887.

Donat Theodor, Erdmannsdorf, seine Sehenswürdigkeiten und Geschichte. Hirschberg 1887.

Petrák Eduard R., Illustrierte Führer durch das Riesengebirge. Wien 1891.

Czihak E. v., Schlesische Gläser und Gläsersammlung des Museums schlesischer Altertümer in Breslau. Breslau 1891.

Kloidt, Schreiberhau im Riesengebirge. Breslau 1893.

Partsch Joseph, Die Vergletscherung des Riesengebirges zur Eiszeit. Stuttgart 1894.

Nentwig Heinrich, Geschichte des Reichsgräflichen Theaters zu Warmbrunn. Warmbrunn 1896 = Mitteilungen aus dem Reichsgr. Schaffgotsch'schen Archive. H. 1.

Hoffmann Adalbert, Deutsche Dichter im schlesischen Gebirge. Warmbrunn [1897].

Nentwig Heinrich, Schaffgotsch'sche Gotteshäuser und Denkmäler im Riesen- und Isergebirge. Warmbrunn 1898 = Mitteilungen aus dem Reichsgräfl. Schaffgotsch'schen Archive. H. 2.

Winkler W., Schreiberhau, seine Geschichte, Natur und Beschreibung. [o. O.] 1898, 5. Aufl. 1903.

Eisenmänger Theodor, Geschichte der Stadt Schmiedeberg im Riesengebirge. Breslau 1900.

Gürich G., Geologischer Führer in das Riesengebirge. Berlin 1900 = Sammlung geologischer Führer 6.

Lessenthien Berthold, Das Riesengebirge im Winter. Breslau 1901.

Die Sagenhalle des Riesengebirges (Schreiberhau). Der Mythos von Wotan-Rübezahl in Werken der bildenden Kunst. Acht Bilder von Hermann Hendrich; Bauwerk von Paul Engler, Rübezahl-Standbild von Hugo Schuchardt; Der schlafende Wotan, Standbild von Prof. Rudolf Maison. Erläuterung von Bruno Wille. Berlin/Mittel-Schreiberhau 1903; 11.-50. Tsd. 1904.

Muschner-Niedenführ Georg, Das Riesengebirge. Berlin 1904.

Regell Paul, Das Riesen- und Isergebirge. Bielefeld/Leipzig 1905; 2. Auflage 1927 = Monographien zur Erdkunde. Bd. 20.

Koeppen Alfred, Schreiberhau und seine Künstlerkolonie: Schlesien 2, 1908/09, 465-471.

Gebhardt Erich, Der geschichtliche Wert des Schlosses Erdmannsdorf: Schlesien 1910, Nr. 3.

Buchwald C., Künstlerbund Schlesien: Schlesien 3, 1909/10, 167-178; 6, 1912/13, 635-639.

Dressler Walter, Das Riesengebirge nebst Iser- und Bober-Katzbach Gebirge und der Grafschaft Glatz. Berlin 1914; 2. Aufl. Berlin 1928.

Schaetzke Viktor, Schlesische Burgen und Schlösser. Schweidnitz 1912.

Niemann A., Der Künstlerbund Schlesien: Schlesisches Jahrbuch 1913, 13-17.

Sommer Fedor, Landeskunde Schlesiens. Breslau 1913.

[Kat. Ausst.] Kunstausstellung Breslau 1920. Veranstaltet vom Künstlerbund Schlesien im Verein mit dem Schlesischen Museum der bildenden Künste und der Akademie für Kunst und Kunstgewerbe in Breslau. Breslau 1920.

Hahn Konrad (Hrsg.), Eröffnung. Almanach des Künstlerbundes zur Eröffnung seines Ausstellungshauses. Breslau 1922.

Schmidt Paul Ferdinand, Deutsche Landschaftsmalerei von 1750 bis 1830. München 1922 = Deutsche Malerei um 1800, 1.

Schumann, Die Lukasmühle im Marienthal [Schreiberhau] : Der Wanderer Im Riesengebirge 42, 1922, H. 6, 48.

Andreae Friedrich, Warmbrunn. Die Gesellschaft eines alten schlesischen Bades. Warmbrunn [o.J. 1923].

Pazaurek Gustav E., Gläser der Empire- und Biedermeierzeit. Leipzig 1923.

Koeppen Alfred, Die Schreiberhauer Künstlerkolonie: Wanderer im Riesengebirge 44, 1924, 237-240.

Schmidt Karl, Bilder aus der Heimatgeschichte des Hirschberger Tales. Hirschberg [1924].

Hallama Georg, Schlesien. Hrsgg. vom Schlesischen Verkehrsverband Breslau. Berlin-Halensee 1925.

Pazaurek Gustav E., Kunstgläser der Gegenwart. Leipzig 1925.

Müller-Rüdersdorf Wilhelm, Das Riesen- und Isergebirge. Ein schlesisch-böhmisches Heimatbuch. Leipzig 1925.

Antonio Cyrillo dell', Warmbrunn und sein Kunsthandwerk: Der Wanderer im Riesengebirge 46, 1926, 60.

Castelle Friedrich, Die Lukasmühle in Schreiberhau: Die Bergstadt 14, 1926, 569-584.

Grundmann Günther, Die Maler des Riesengebirges. In: Kraftpostführer für den Oberpostdirektionsbezirk Liegnitz. Liegnitz 1926, 48-52.

Antonio Cyrillo dell', die Holzschnitzschule in Warmbrunn: Der Wanderer im Riesengebirge 47, 1927, 147.

Grundmann Günther, Die Geschichte der Glasmacherkunst im Hirschberger Tal: Zeitschrift für technische Physik 8, 1927, 335-337.

Gruhn Herbert, Die Erschließung des Riesengebirges bis zum Jahre 1700: Zeitschrift des Vereins für Geschichte Schlesiens 62, 1928, 116.

Grundmann Günther, Kunst und Kunstgewerbe. In: Die Riesengebirgskreise. Berlin 1928, 116-123.

Grundmann Günther, Der niederschlesische Künstlerkreis (Bunzlau). In: Künstlerkreis Niederschlesien. 1. Veröffentlichung. Bunzlau 1928.

Gruhn Herbert, Das Riesengebirge in der Malerei der Gegenwart: Wanderer im Riesengebirge 50, 1930, 129 [zur Jubiläumsausst. des Riesengebirgsvereins in Bad Warmbrunn v. 12.-26.6.1930].

(H. R.), Die Schreiberhauer Künstlerkolonie einst und jetzt: Wanderer im Riesengebirge 50, 1930, 24-25.

Grundmann Günther, Schlesische Architekten im Dienste der Herrschaft Schaffgotsch und der Propstei Warmbrunn. Straßburg 1930 = Studien zur deutschen Kunstgeschichte H. 274.

Scheyer Ernst, Schlesische Maler der Biedermeierzeit: Schlesische Monatshefte 1930, Nr. 4.

Gruhn Herbert, Reisen zur Schneekoppe im frühen 18. Jahrhundert: Zeitschrift des Vereins für Geschichte Schlesiens 65, 1931, 391 ff.

Antonio Cyrillo dell', Holzschnitzschule in Bad Warmbrunn. Warmbrunn 1932.

Grundmann Günther, Das Riesengebirge in der Malerei der Romantik. Breslau [o. J. 1932] = Schlesien Bd. 1; 2. erweiterte und veränderte Aufl. München 1958; 3. erweiterte Aufl. München 1965.

Maier Walter, Künstlerkolonie Schreiberhau: Der Wanderer im Riesengebirge 52, 1932, Nr. 5, 75-76.

Ziekursch Else, Künstler und Kunstausstellung in Schreiberhau: Wanderer im Riesengebirge 52, 1932, Nr. 5, 76-78.

Just Hildegard, Der Hirschberger Dichterkreis. Diss. Breslau 1934.

Klante Margarete, Schlesisches Glas im Wandel der Jahrhunderte: Schlesisches Jahrbuch 1936.

Verkehrsbüchlein Schreiberhau 1936/1937. Hrsgg. von der Kurverwaltung Schreiberhau. Zeichnungen von H. M. Hübner. Schreiberhau 1936.

Dressler Walther, »St. Lukas« neu gestaltet: Hirschberger Beobachter Folge 9, 2-1 v. 12.1.1937.

Müller Cornelius, [Kat. Ausst.] Das Riesengebirge in der Kunst des 19. Jahrhunderts. Schlesisches Museum der bildenden Künste. Breslau 1937.

Marx Wolf, Schlesische Landschaftsmaler 1800-1850. Breslau 1938 = Die Hohe Straße Bd. 1.

Rohkam Heinrich, Vom Glasmacherdorf zum heilklimatischen Kurort [Schreiberhau]. Schreiberhau 1939.

Trillmich Werner, Siedlung und Wirtschaft im Isergebirgsland. Breslau 1939.

Schmidt Eva, [Kat. Ausst.] Lob der Heimat. Schlesiens Landschaft in Gemälden, Graphik und Handzeichnungen des 19. Jahrhunderts. Kunstsammlungen der Stadt Breslau. Breslau 1942.

Eichborn Wolfgang v., Das Schlesische Jahr. Stuttgart 1948.

Höhne Alfred (Hrsg.), Hirschberg im Riesengebirge, ein Heimatbuch. Wolfenbüttel 1953; 2. Aufl. Nürnberg 1985.

Hülsen Hans v., Die Schreiberhauer Dichterkolonie: Merian 6, 1953, H. 10, 22-25 [Erwähnt Carl und Gerhart Hauptmann, Wilhelm Bölsche, Bruno Wille, John Henry Mackay, Hermann Stehr. Illustriert mit Arbeiten dell'Antonios].

Wiese Erich, [Kat. Ausst.] Schlesische Ansichten. Aus Anlaß des 60jährigen Bestehens des Schlesier-Vereins von 1893. Hessisches Landesmuseum. Darmstadt 1953.

Richter Gustav, Die Gebirgsbauden. In: Unser Schlesien. Stuttgart 1954.

Antonio [Cyrillo] dell', St. Lukas in Ober-Schreiberhau: Der Schlesier 8, 1956, Nr. 48, 6.

Droysen Zoe, Wang im Riesengebirge. Ulm 1956.

Schier Bruno, Die Bauden des Riesengebirges: Schlesien 1, 1956, H. 2, 184-185.

Heimatbuch des Kreises Löwenberg in Schlesien. 3. neu bearb. erweit. Aufl. [o. Ort] 1959.

Worbs Erich, Von alten Vitriolwerken im Riesengebirge: Schlesien 4, 1959, H. 3, 144-147 [Werke u. a. im Riesengrund, Schreiberhau, Kupferberg].

Hillebrand Lucie, Das Riesengebirge in der Dichtung aus sechs Jahrhunderten. München 1960.

Scheyer Ernst, Biedermeier in der Literatur- und Kunstgeschichte. Mit Bildern schlesischer Künstler aus der ersten Hälfte des 19. Jahrhunderts. Würzburg 1960 = Schriften zur schlesischen Landeskunde 5.

Wiese Erich, Alte schlesische Blätter aus der Sammlung Albrecht Haselbach: Schlesien 5, 1960, H. 2, 65-69.

Grundmann Günther, [Kat. Ausst.] Schlesische Landschaft im Bild der Romantik. Wallraf-Richartz-Museum. Köln 1961.

Günther Rudolf u. Walter Jantsch, Künstler aus dem Isergebirge. Schwäbisch Gmünd 1961.

Liebich Curt, Werden und Wachsen von Petersdorf im Riesengebirge. Würzburg 1961 = Quellen und Darstellungen zur schlesischen Geschichte. Bd. 6.

Lossow Hubertus, Beispiele schlesischer Landschaftskunst zwischen 1820 und 1840: Schlesien 6, 1961, H. 3, 155-158.

Lubos Arno, Die schlesische Dichtung im 20. Jahrhundert. München 1961.

Brauner Heinrich, Schlesische Veduten und ihre Zeichner: Schlesien 7, 1962, H. 3, 150-154.

Fleischer K., 10 Jahre »Schlesische Künstlersiedlung« in Wangen: Der Schlesier 14/31, 1962, 5.

Sperlich Hans G., [Kat. Ausst.] Schlesische Ansichten aus Romantik und Biedermeier. Zum 70jährigen Bestehen des Schlesier-Vereins. Kunstverein. Darmstadt 1963.

Groeger Alfred Carl, Rübezahl. Wettermacher, Schatzhüter und Kobold. Enstehung, Wandlung und Verbreitung der Sage vom Geist des Riesengebirges: Schlesien 9, 1964, H. 4, 219-238.

Lossow Hubertus, [Kat. Ausst.] Schlesische Malerei vom 18. Jahrhundert bis zur Gegenwart. Rathaus Schöneberg. Berlin 1964.

Scheyer Ernst, Schlesische Malerei der Biedermeierzeit. Frankfurt/M. 1965.

Storm Ruth, Lebendige Schatten. Schlesische Künstlervereinigung St. Lukas in Schreiberhau. Kunstmaler Franz von Jackowsky 80 Jahre: Der Schlesier 17, 1965, Nr. 4, 5.

Wiese Erich, Biedermeierreise durch Schlesien. Darmstadt 1966.

Grundmann Günther, Die Warmbrunner Holzschnitzschule im Riesengebirge. München 1968 = Silesia Folge 1.

Zenker Karl, Die alten Glashütten des Isergebirges. Schwäbisch Gmünd 1968.

Weiss Hansgerhard, Schreiberhau – Die »Magische Talsenke«: Schlesien 14, 1969, H. 1, 38-42.

Grundmann Günther, Schlesische Landschaftsdarstellungen vom Ende des 18. Jahrhunderts im Besitz der Kunstsammlungen der Veste Coburg: Schlesien 14, 1969, H. 3, 169-182.

Grundmann Günther, Kunstwanderungen im Riesengebirge. München 1969.

Groeger Alfred Carl, Berggeist Rübezahl. Entstehung, Wandlung und Verbreitung der Sage: Jahrbuch der schlesischen Friedrich-Wilhelms-Universität zu Breslau 15, 1970, 256-279.

Roensch Herbert, Die Landesnatur Schlesiens. Dortmund 1971 = Nr. 19, Reihe A der Veröffentlichung der Ostdeutschen Forschungsstelle.

Grundmann Günther, Erlebter Jahre Widerschein. Von schönen Häusern, guten Freunden und alten Familien in Schlesien. München 1972.

Grundmann Günther, Künstler und Künstlerkolonien im Riesengebirge: Jahrbuch der Schlesischen Friedrich-Wilhelms-Universität zu Breslau 17, 1972, 349-384.

[Kat. Ausst.] Schlesien im Bild II. Das Riesengebirge und andere Landschaften. Ostdeutsche Galerie Regensburg. Regensburg 1972.

Reitzig Hans, Erdmannsdorf, ein deutsches Aranjuez: Schlesien 18, 1973, H. 3, 129-138 [mit ausführlicher Literatur].

Graff-Höfgen Gisela, Schlesische Spitzen. Eine Dokumentation über die schlesische Klöppel- und Nadelspitzenherstellung. München 1974.

Birke Ernst (Hrsg.), Das Riesengebirge und Isergebirge in 144 Bildern. Leer 1975.

Wietek Gerhard (Hrsg.), Deutsche Künstlerkolonien und Künstlerorte. München 1976 [S. 136-141 Schreiberhau im Riesengebirge von Günther Grundmann].

Parsche Friedrich, Das Glasherrengeschlecht der Preisler in Böhmen, Bayern und Schlesien. München 1977.

Erinnerungsschrift zum hundertjährigen Bestehen des Riesengebirgsvereins am 1. August 1980. Düsseldorf 1980.

Günther Rudolf, Künstler des Isergebirges und ihre Nachfolger. Schwäbisch Gmünd 1980.

Hoffbauer Jochen, Riesengebirge. Eine Landschaft im Bild ihrer Dichter. Tübingen/Stuttgart 1982.

Ullmann Klaus, Die Fischbacher Teller in der Münchner Residenz: Schlesien 27, 1982, H. 1, 47-52.

Swiechowski Zygmunt (Hrsg.), W kręgu sztuki ślaskiej pierwszejpolowy xx wieku [Im Kreis der schlesischen Kunst der ersten Hälfte des 20. Jahrhunderts.] Wrocław 1983.

Stutzer Dietmar, Vom Sterben der schlesischen Gebirgswälder: Schlesien 28, 1983, H. 2, 116-118.

[Kat. Ausst.] Ostdeutsche Galerie Regensburg. Meisterwerke der Malerei und Plastik. Regensburg 1984.

Hartmann Kurt, Der Bunzlauer Kreis an Bober und Queis. 3. Aufl. Scheinfeld 1985.

Nogossek Hanna, [Kat. Ausst.] Kunst in Schlesien – Künstler aus Schlesien. Malerei, Graphik und Plastik im 20. Jahrhundert. Ostdeutsche Galerie Regensburg. Würzburg 1985.

Rondthaler W., Was verbindet den Schreiberhauer Zackelfall mit dem Londoner Tower?: Riesengebirgsbote 37, 1986, Nr. 2/3, 4-6.

Trierenberg Heinrich, Reiseführer Schlesien. Würzburg 1987.

Trux Elisabeth, [Kat. Ausst.] Schlesien in der Biedermeierzeit. Museum der Stadt Wertheim. Würzburg 1987.

Kunst und Kunsthandwerk im Riesengebirge (1880-1950): Schlesischer Kulturspiegel 22, 1987, F. 2, 1 [Ausstellung in der Otto-Richter-Halle in Würzburg].

Trux Elisabeth, [Kat. Ausst.] Schlesische Glaskunst des 18. bis 20. Jahrhunderts. Mainfränkisches Museum. Würzburg 1988.

Künstler aus dem Jeschken-Isergebirge. Böblingen 1988.

[Kat. Ausst.] Deutsche Kunst aus dem Osten. Erwerbungen der Bundesrepublik Deutschland. Stiftung Preußischer Kulturbesitz. Würzburg 1989.

Fuchs Hans, Die Geschichte der Wiesenbaude im Riesengebirge bis zur Vertreibung im Mai 1945. Marktoberdorf [Selbstverlag] 1989.

Hoffbauer Jochen, Das Riesengebirge. eine Landschaft im Bild ihrer Dichter. Jahrbuch der Schlesichen Friedrich-Wilhelms-Universität zu Breslau 31, 1990, 203-216.

[Kat. Ausst.] 200 Jahre Kunstschule in Breslau. Breslau 1990.

Werner Gisela, Kiesewald. Ein Dorf im schlesischen Riesengebirge. Goslar 1991 [Privatdruck].

Starzewska Maria, Zarys rozwoju ślaskiego szkolnictwa w zakresie rzemiost artystycznych (1791-1945): Roczniki Sztuki Ślaskiej (Wrocław) 15, 1991, 13-34 [Probleme des Schulwesens in Schlesien im Bereich des Kunstgewerbes].

Ullmann Klaus, Schlesische Veduten auf Porzellan: Schlesien 36, 1991, 1-7.

Nowak Leszek A., Kunstgewerbe in Schlesien 1900-1945. 1.Teil u. 2. Teil: Schlesien 37, 1992, H. 2, 87-97; H. 4, 217-224.

[Kat. Ausst.] Schlesisches Glas aus der 2. Hälfte des 19. Jahrhunderts. Haus Schlesien. Königswinter 1992.

Knebel Hajo (Hrsg.), Schlesien. Augsburg 1993 [behandelt ausführlich das Riesen- und Isergebirge].

Leistner Gerhard u. a., Gang durch die Sammlung. Gemälde, Skulpturen und Objekte. Museum Ostdeutsche Galerie. Regensburg 1993 [enthält auch einige Arbeiten von Malern des Riesengebirges].

Stilijanov-Nedo Ingrid u. a., Von Chodowiecki bis zur Gegenwart. Eine Auswahl aus der Graphiksammlung. Museum Ostdeutsche Galerie. Regensburg 1993 [enthält u. a. auch Darstellungen des Riesengebirges].

[Kat. Ausst.] Das Riesengebirge in der Graphik des 18. und 19. Jahrhunderts. Bensheim. Marktoberdorf 1993.

Kosel Gerhard, Schreiberhau im Riesengebirge – das schlesische Worpswede. Worpswede und Schreiberhau – Schauplätze deutscher Kulturgeschichte: Schlesische Bergwacht 1994, Nr. 44/2, 53-54; Nr. 44/3, 98; Nr. 44/4, 146.

Wolfrum Peter, Die Kirche Wang. Eine norwegische Stabkirche im schlesischen Riesengebirge. Würzburg 1994.

Sitt Martina u. Bettina Baumgärtel, [Kat. Ausst.] Angesichts der Natur.Positionen der Landschaft in Malerei und Zeichnung zwischen 1780 und 1850. Kunstmuseum Düsseldorf. Köln/Weimar/Wien 1995 [behandelt auch Maler, die das Riesengebirge malten].

Schmidt-Stein Gerhard, Schlesisches Porzellan vor 1945. Ein Beitrag zur Geschichte der deutschen Porzellanindustrie sowie ein Handbuch für Sammler. Würzburg 1995.

[Kat. Ausst.] Blaue Berge, grüne Täler. Reiseland Riesengebirge. Stiftung Deutschlandhaus. Berlin 1995.

Zoedler Dietmar, Schlesisches Glas. Schlesische Gläser. Geschichte und Geschichten. Würzburg 1996.

Verzeichnis von Gemälden und Zeichnungen

Nicht abgebildete Arbeiten

Porträt eines alten Mannes, 1895
Büste, Hände auf Stock gestützt, bartloses Gesicht
Kohlezeichnung, 48,4 cm × 41 cm
Bez. r. Mitte: G. Wichmann 95
Bes.: Muzeum Narodowe, Breslau
Inv. Nr. VII-15980.

Porträt eines jungen Mannes, 1895
Büste, en face, mit Oberlippenbart, Kopf leicht nach links geneigt
Kohle- und Kreidezeichnung, 55 cm × 42 cm
Bez. r.: Wichmann / 95
Bes.: Muzeum Narodowe, Breslau
Inv. Nr. VII-15978.

Porträt eines Knaben, 1897
Büste nach rechts
Kohlezeichnung, 56,5 cm × 38,8 cm
Bez. r.: G. Wichmann Febr. 97
Bes.: Muzeum Narodowe, Breslau
Inv. Nr. VII-15979.

Porträt eines bärtigen Mannes, 1897
Büste, Profil nach rechts, Kopf mit kurzem Haar, über den Schultern Umhang
Kohlezeichnung, 56,8 cm × 43,5 cm
Bez. r.: G. Wichmann / 27 / 3. 97 (aus dem Grund gewischt)
Bes.: Muzeum Narodowe, Breslau
Inv.Nr. VII-15982.

Motiv vom Werderschen Kirchhofe in Berlin, um 1898/99
Aquarell, nicht eruierbar
Lit. u. a.: [Kat. Ausst.] Verzeichnis der 40. Kunstausstellung zu Königsberg. Sommerbörse. Königsberg 1901, 41, Nr. 631.

Waldweg aus Schlesien, um 1900
Aquarell, nicht eruierbar
Lit. u. a.: [Kat. Ausst.] Verzeichnis der 40. Kunstausstellung zu Königsberg. Sommerbörse. Königsberg 1901, 41, Nr. 630.

Burgruine Kynast mit Höllengrund, 1910
Im Vordergrund Bauer mit Ochsengespann
Öl auf Leinwand, 70 cm × 90 cm
Bez.: Georg Wichmann 1910
Privatbesitz, Münster.

Winterlandschaft mit Schneegruben, 1910
Gegend um Kieselwald, Himmel bewölkt, nur über der Kammlinie gelblich geöffnet, rechts in Senke zwei Bauernhäuser, links im Schnee Gruppe mit Raben
Öl auf Leinwand, 78 cm × 120 cm
Bez. r. u. in Grau: G. Wichmann 1910
Privatbesitz, Detmold.

Aufkommende Nacht im Riesengebirge, um 1912
Links Bauernhaus mit zwei beleuchteten Fenstern
Ölskizze auf Leinwand, auf Karton kaschiert, 16,5 cm × 23 cm
Bez. r. u. in Schwarz: G. Wichmann
Bes.: Ostdeutsche Studiensammlung Helmut Scheunchen, Esslingen
Lit. u. a.: [Aukt. Kat.] Dr. Fritz Nagel. Stuttgart v. 5. 12. 1987, 238, Nr. 3450 – Freundschaftsgabe der Ostdeutschen Studiensammlung Helmut Scheunchen. Esslingen 1995.

Schneegruben mit Sturmgewölk, 1916
Im Vordergrund nach links abfallende Hügelkuppe, begrenzt von Waldsaum, Bergkamm von Wolken umhüllt
Öl auf Leinwand, 49 cm × 69 cm
Bez. r. u. in Zinnoberrot:
Georg Wichmann 1916
Auf der Rückseite Aufkleber beschriftet: Schneegruben mit Wolken
Bes.: Ostdeutsche Studiensammlung Helmut Scheunchen, Esslingen
Lit. u. a.: [Aukt. Kat.] Dr. Fritz Nagel. Stuttgart v. 5. 12. 1987, 238, Nr. 3448 – Freundschaftsgabe der Ostdeutschen Studiensammlung Helmut Scheunchen. Esslingen 1995.

Die Lukasmühle in Schreiberhau, um 1925
Ölgemälde, nicht eruierbar
Abb. in: Castelle Friedrich. Die Lukasmühle in Schreiberhau: Die Bergstadt 14, 1926, 569 – Allerlei Merkwürdigkeiten aus Schreiberhau: Der Schlesier Nr. 41 v. 10. 10. 1975.

Neuschnee, um 1925
Waldinneres mit von Herbstlaub bestreutem, teilweise verschneitem Weg. Rechts, angeschnitten, entlaubte Buche; im Hintergrund goldig durchleuchtetes Blattwerk
Ölbild, nicht mehr eruierbar
Abb. in: Castelle Friedrich, Die Lukasmühle in Schreiberhau: Die Bergstadt 14, 1926, 579.

Schneegruben vom Partschweg aus gesehen, um 1932
Morgenstimmung mit links vertieftem Weg; im Vordergrund herbstlich orangerotes, im Sonnenlicht aufglühendes Gras. Berge schneefrei
Öl auf Leinwand (auf Karton kaschiert), 36 cm × 48,5 cm
Bez. l. u. im Weg in Schwarz: G. Wichmann
Privatbesitz, Danzig.

Schneeschmelze mit Waldrand und Talblick, um 1932, nicht eruierbar
Ölgemälde; bez. r. u.: G. Wichmann
In: Ziekursch Else, Künstler und Kunstausstellung in Schreiberhau: Der Wanderer im Riesengebirge 52, 1932, Nr. 5, 76.

Schneegruben am Partschweg, dreißiger Jahre
Öl auf Sperrholz, 74,5 cn × 97,5 cm
Bez. G. Wichmann
Abb. in: [Aukt. Kat.] der Galerie Vindobona, Krakau v. 24. 4. 1993, Nr. 43.

Im Hirschberger Tal, dreißiger Jahre
Im Vordergrund Getreidefeld mit Schnitter, im Hintergrund Riesengebirgskamm mit Burgruine Kynast
Öl auf Sperrholz, 49 cm × 62 cm
Bez. r. u.: G. Wichmann
Privatbesitz, Breslau.

Die Lukasmühle in Ober-Schreiberhau, 1933/34
Winterbild mit verschneiter Landschaft; im Hintergrund links der »Reifträger«
Ölbild, nicht mehr eruierbar
Bez. r. u.: Georg Wichmann
Abb. in: Müller-Eberhart Waldemar, Georg Wichmann-Oberschreiberhau und andere Schlesier: Deutsches Bild 12, 1942, 207.

Reifträger in der Morgensonne, um 1935
Winterbild
Ölskizze auf Sperrholz, 13 cm × 19 cm
Privatbesitz, Starnberg.

Getreideernte im Hirschberger Tal bei Kaiserswaldau, um 1936
Im Vordergrund links Mähmaschine von Ochsen gezogen, in der Mitte einige Getreidepuppen, rechts Garbenbinderin im Tal vor dem entfernten Riesengebirgskamm
Ölskizze auf Sperrholz, 17,5 cm × 25,5 cm
Privatbesitz, Starnberg.

Pfad mit Birken, um 1936
Vorfrühlingslandschaft mit Schneefläche im rotbraunen, ockerfarbenen Gras; im Hintergrund Fichten vor bedecktem, dunstigem Himmel
Öl auf Sperrholz, 98 cm × 67 cm
Bez. r. u. in Zinnoberrot: G. Wichmann
Privatbesitz, Schlesien.

Porträt von Heinrich Rohkam als »Trachtenschulze«, 1938/39
Öl auf Sperrholz, nicht eruierbar
Abb. in: Rohkam Heinrich, Wir Trachtenleute des Riesengebirges: Der Wanderer im Riesengebirge 59, 1939, Nr. 7/8, 103.

Am Fuße der Schneegruben, um 1940
Öl auf Sperrholz, nicht eruierbar
Lit. u. a. [Kat. Ausst.] 9. Niederschlesische Kunstausstellung 1942. Museum der bildenden Künste. Breslau 1942, 28, Nr. 224.

Schneegruben vom Partschweg aus gesehen, um 1940
Sommerliches Motiv mit nach links abbiegendem Weg, vorn rechts großer Steinblock, erste Herbstfärbung an Laubbäumen im Mittelgrund. In den Schneegruben Schneereste
Öl auf Sperrholz, 60 cm × 76 cm
Bez. l. u. in Zinnoberrot: G. Wichmann
Privatbesitz, Starnberg.

Schneegruben vom Partschweg aus gesehen, um 1941
Frühherbstliches Motiv; der vertiefte Weg scharf nach links abbiegend. Die Laubbäume im Mittelgrund herbstlich verfärbt, die Berge teilweise beschneit. Himmel leicht bewölkt
Öl auf Sperrholz, 60,5 cm × 82 cm
Bez. l. u. in Braunrot: G. Wichmann
Privatbesitz.

Schneegruben mit Kochel, 1942
Frühlingsmotiv, Vordergrund mit Gewässer, weitgehend schneefrei; Berge noch im Schnee, der jedoch an den Graten bereits getaut ist; grau bewölkter Himmel
Öl auf Sperrholz, 50 cm × 71,5 cm
Bez. l. u. in Braunrot: G. Wichmann 42
Privatbesitz, Starnberg.

Nebel über den Schneegruben, um 1942
Öl auf Sperrholz, nicht eruierbar
Lit. u. a.: [Kat. Ausst.] 10. Niederschlesische Kunstausstellung 1943. Museum der bildenden Künste. Breslau 1943, 39, Nr. 444.

Sommertag, um 1942
Öl auf Sperrholz, nicht eruierbar
Lit. u. a.: [Kat. Ausst.] 10. Niederschlesische Kunstausstellung 1943. Museum der bildenden Künste. Breslau 1943, 39, Nr. 445.

Personenregister

Alle mit * versehenen Personen sind auch bei den Biographien ab S. 181 verzeichnet

Bergstadtverlag Wilhelm Gottlieb Korn

Aus dem sonstigen Verlagsprogramm

Günther Grundmann
Kunstwanderungen im Riesengebirge
245 Seiten mit 135 Abbildungen. 19 × 26 cm. Leinen
Enthält neunzehn Abhandlungen aus verschiedenen Epochen der Kunstgeschichte des schlesischen Riesengebirges. Die von zahlreichen Abbildungen begleiteten Aufsätze sind von hohem quellenkundlichen Wert und eine unentbehrliche Dokumentation deutscher Kulturleistung im Hirschberger Tal.

Ruth Storm
Ich schrieb es auf. Das letzte Schreiberhauer Jahr
121 Seiten. 12 × 18 cm. Leinen
Die Aufzeichnungen sind ein Katastrophenbericht über den »schlesischen Totentanz« in Schreiberhau von Ende Januar 1945 bis Ende Juni 1946.

Felix A. Voigt
Gerhart Hauptmann der Schlesier
4. Auflage. 106 Seiten mit 23 Abbildungen, darunter 2 Textabbildungen 12 × 19 cm. Leinen
Der Verfasser, langjähriger naher Freund Gerhart Hauptmanns, charakterisiert den bedeutenden Dichter und die Bildung seiner Gestalt vor allem unter dem Aspekt des Kulturgeflechts seiner Heimat, besonders des Riesengebirges.

Heinz Piontek
Goethe unterwegs in Schlesien
2. Auflage. 380 Seiten mit Quellennachweis und Karte in Tasche. 13 × 21 cm. Leinen
»Dieses Buch ist ein reines Vergnügen, nicht nur für Goethe-Kenner. Es besitzt die ganze Reife, Tiefe und auch Schwerelosigkeit eines Spätwerks. Heinz Piontek erweist sich damit einmal mehr als ein ›Klassiker‹ der Gegenwart.« *Die Welt, Bonn*

Klaus Ullmann
Wandern in Rübezahls Reich
166 Seiten 65 Abbildungen in Farbe, 41 Textillustrationen von E. Kobbe-von Kennel und 16 Karten, darunter 2 Ausschlagkarten. 15 × 21 cm. Kartoniert
Klaus Ullmann, einer der besten Kenner Schlesiens, hat sowohl den schlesischen als auch den böhmischen Teil des Riesengebirges selbst erwandert. In seinem Buch zeichnet er ein farbiges Bild von Rübezahls Reich und gibt dem Touristen zahlreiche wertvolle Hinweise für die Reisevorbereitung und den Aufenthalt.

Gerhard Schmidt-Stein
Schlesisches Porzellan vor 1945
336 Seiten mit 121 Abbildungen, davon 23 in Farbe. 21 × 20,5 cm. Leinen
Die Darstellung des passionierten Porzellansammlers Gerhard Schmidt-Stein ermöglicht zum ersten Mal eine Gesamtübersicht über die Entwicklung und die Bedeutung der schlesischen Porzellanindustrie von 1820 bis 1945. *Ein Beitrag zur Geschichte der deutschen Porzellanindustrie sowie ein Handbuch für Sammler*

Dietmar Zoedler
Schlesisches Glas – Schlesische Gläser
410 Seiten mit 118 Abbildungen. 21 × 20,5 cm. Leinen
Weniger die Massenproduktion von Gebrauchsglas als vielmehr das Kunstglas und seine Bearbeitung begründen die Bedeutung Schlesiens als Zentrum der Glasmacherkunst. Daher wird im ersten Teil des Buches auf die geschichtliche Entwicklung des Glasmachens in Schlesien und die sie tragenden Hütten und Veredelungsbetriebe eingegangen. Die Glasindustrie Schlesiens wurde von einzelnen bedeutenden Betrieben getragen, auf deren Einzelschicksale der zweite Teil des Buches eingeht.

Abbildungsnachweis

(soweit nicht bei den Abbildungen bereits vermerkt oder nicht eruierbar)

Frontispiz Margarethe Kühn, Hirschberg, 1928; S. 13 Bayer. Staatsgemäldesammlungen, München; S. 14 Jörg P. Anders, Berlin; S. 17, 181 rechts, 182 rechts unten, 183 rechts, 185 Mitte u. rechts unten, 194 rechts unten, 199 Mitte unten, 201 links und oben, 204 Mitte, 208 rechts oben, 211 oben, 213 Mitte, 214 Mitte oben u. rechts, 217, 218 unten, 219 unten Walter Gröber, München; S. 18 Herder-Institut, Marburg; S. 21, 184 rechts unten, 205 rechts Wolfram Schmidt, Regensburg; S. 36, 37, 38, 39, 40, 41, 43, 53 oben Wichmann, Starnberg; S. 44, 46 oben Haus Schlesien, Königswinter; S. 44 links unten, 50, 51, 52, 53 Mitte, 55, 57, 64, 163 Maria Valtingojer, Ober-Schreiberhau; S. 58 Edmund Witecki, Breslau; S. 87, 92, 93, 102, 107, 109, 111, 115, 119, 122, 125, 140, 141, 157, 167, 169 Jerzy Nysler, Breslau; S. 85 aus: Zs. Deutsches Bild 12, 1942, 206; S. 97 Ulrich Heinemann, Detmold; S. 130, 133 Dr. Klaus Ullmann, Königswinter; S. 136, 137 Sophie-Renate Gnamm; S. 148, 151, 164, 186 rechts unten, 197 links, 199 links, 200 Mitte, 203 rechts unten, 216 rechts Dr. Albrecht Tyrell, Königswinter; S. 159, 204 links Wolfgang Muthesius, Wolfsburg; S. 181 links, 182 Mitte oben, 192 links, 193 links unten, 210 rechts oben, 214 links aus: Grundmann, Kunstwanderungen 1969; S. 181 Mitte oben aus: Zs. Merian 6, 1953, 25; S. 182 Mitte unten aus: Zs. Schlesien 3, 1941, Nr. 6; S. 182 oben rechts, 183 rechts, 185 rechts oben, 186 Mitte, 188 rechts, 193 links oben, 200 links, 207 rechts, 208 Mitte, 210 rechts unten, 216 Mitte aus: Grundmann, Romantik 1965; S. 183 Edgar Benna, Hadamar; S. 183 Mitte unten, 194 links, 216 links aus: Grundmann, Holzschnitzschule 1968; S. 184 links oben aus: Zs. Schlesien 37, 1992, H. 2, Abb. 6; S. 185 rechts unten, 209 rechts aus: [Kat.] Das Riesengebirge in der Graphik 1993; S. 186 rechts, 195 rechts, 196 rechts unten, 203 rechts oben aus: [Kat.] Kunst aus Schlesien 1985; S. 188 links Ernst Müller, Frankfurt/M.; S. 188 rechts unten, 202 rechts Dr. Gerhard Leistner, Regensburg; S. 190 links, 196 links unten, 199 Mitte oben, 208 rechts unten Dr. Jan Sakwerda, Breslau; S. 191 Mitte aus: [Kat.] Caspar David Friedrich 1981; S. 194 rechts oben, 198 oben, 208 links Museum Ostdeutsche Galerie, Regensburg; S. 196 rechts oben aus: Die Sagenhalle 1904; S. 197 Mitte Gundula Jesumann, Lütjensee; S. 198 rechts unten aus: [Kat.] Schlesische Glaskunst 1988; S. 205 links unten aus: Willi Oltmanns 1982; S. 210 Mitte aus: Im Angesicht der Natur 1995; S. 214 Mitte unten Gisela Werner, Goslar; S. 215 links unten Helmut Scheunchen, Esslingen. Es wird der Stiftung Kulturwerk Schlesien, dem Bergstadtverlag, Würzburg, dem Museum für Landeskunde im Haus Schlesien, Königswinter, dem Museum Ostdeutsche Galerie, Regensburg, und zahlreichen anderen Galerien und privaten Bildeigentümern für die Genehmigung der Bildzitate gedankt.